WATER RESOURCES, EMPLOYMENT AND FLOOD CONTROL

T0078324

SANKAR LAL MUKHOPADHYAY

PARTRIDGE

A Penguin Company

ISBN: Hardcover   978-1-4828-1268-8
             Softcover   978-1-4828-1266-4
             Ebook   978-1-4828-1267-1

Partridge books may be ordered through booksellers or by contacting:

Partridge India
Penguin Books India Pvt.Ltd
11, Community Centre, Panchsheel Park, New Delhi 110017
India
www.partridgepublishing.com
Phone: 000.800.10062.62

মূল্যায়ন

জল এক অতি মূল্যবান সম্পদ। ভারতের ক্রমবর্ধমান জনসংখ্যার নানাবিধ গার্হস্থ্য কাজের প্রয়োজনে, শস্য উৎপাদনের জন্য সেচের কাজে এবং ভারি শিল্প ও কলকারখানায় প্রয়োজন মেটাতে জলের চাহিদা ক্রমশই বেড়ে চলেছে। তাই এই সীমিত সম্পদ যাতে কোনভাবেই অপব্যয়িত না হয় সেদিকে বিশেষ দৃষ্টি দেওয়া একান্ত প্রয়োজন।

প্রতি বছর ভারতের বিভিন্ন অংশে অতিরিক্ত বৃষ্টিপাতের দরুন নদীর অববাহিকার বিস্তীর্ণ অঞ্চলে ভয়ংকর জল প্লাবনের ফলে ধ্বংসলীলা সংঘটিত হয়। এই অতিরিক্ত জলকে যদি যথাযথভাবে সংরক্ষিত করার ব্যবস্থা হয়, তাহলে প্লাবনের ফলে ক্ষয়-ক্ষতির পরিমাণ অনেকখানি কম তো হবেই, তাছাড়া এই অতিরিক্ত জলকে সেচের এবং অন্যান্য কাজে লাগিয়ে দেশের সামগ্রিক উন্নয়নের গতিকে দ্রুততর করা যায়। বৃষ্টির অতিরিক্ত জলকে যাতে দেশের অভ্যন্তরে অবস্থিত বিভিন্ন জলাশয়, সংস্কারান্তে নানা জলাভূমিতে এবং খাল-বিল ইত্যাদিতে সঞ্চিত রেখে পরে প্রয়োজনমতো কৃষির কাজে লাগানো যেতে পারে এবং সেই সঙ্গে ভূমি অবক্ষয় রোধ করে পরিবেশের ভারসাম্য রক্ষার সহায়ক হতে পারে।

উপরোক্ত দৃষ্টিকোণ থেকে বিচার করলে "জলসম্পদ, কর্মসংস্থান ও বন্যা নিয়ন্ত্রণ" পুস্তকটি একটি কার্যকরী ব্যবহারযোগ্য সংযোজন হিসাবে বিবেচিত হবে বলে আমার মনে হয়।

১৭।৮।২০০০

লক্ষ্মীনারায়ণ মণ্ডল
প্রাক্তন উপাচার্য,
বিধানচন্দ্র কৃষি বিশ্ববিদ্যালয়

নিবেদন

বৃষ্টির জলকে নদীপথে চলে যেতে না দিয়ে রাজ্যের সর্বত্র সুবিধাজনক স্থানে সংরক্ষন করে তার দ্বারা সময়ে সেচের জল ও অন্যান্য প্রয়োজনে জল সরবরাহ সম্ভব। জলকষ্ট অনেক লাঘব হবে এবং পরিবেশ সুস্থ থাকবে।

বৃষ্টির জলকে বর্ষন এলাকাতেই সংগ্রহ ক'রে রাখা এবং ব্যবহার করার বিষয়ে নদী-গবেষণা সংস্থায় যুক্ত থাকাকালীন অভিজ্ঞতা হচ্ছিল। কর্মজীবনের বিভিন্ন সময়ে খরা, বন্যা, পানীয় জল, সেচের জল এবং দূষিত জল প্রভৃতির হতাশাময় চিত্রের অভিজ্ঞতা হল। সাথে সাথে প্রদেশের প্রায় সর্বত্রই জলাশয়, জলাভূমি সমূহ অনাদিকাল থেকে অবহেলায় পড়ে থাকতে দেখা গেল। সু-বৃষ্টিও প্রদেশে প্রায় অধিকাংশ বছরেই হল। কিন্তু জলকষ্ট দিন দিন বেড়েই চলল। প্রতি বছরই বন্যার করুন চিত্রের পরিধি বেড়ে চলল।

জল সম্পদের হতাশাময় চিত্রসমূহ প্রভাবিত করলো জলসম্পদের আঞ্চলিক অবস্থানের বাস্তবায়নের একটি বই সহজ সরল ভাষায় লেখার। সরল ভাষায় প্রদেশের বর্তমান আর্থসামাজিক অবস্থার উপর জোর দিয়ে জল সংরক্ষনের বিষয়সমূহ বলা হয়েছে। চাষী পরিবার, শ্রমজীবি মানুষ অতি সহজেই জলসম্পদের আঞ্চলিক ব্যবস্থাপনা পাঠ করে নিজ নিজ অঞ্চলের জলসম্পদ সংরক্ষণ করতে পারেন।

একজনের নাম এই বই প্রকাশ করার সঙ্গে নিবিড়ভাবে যুক্ত থাকবে। তিনি হলেন আমার অনুজপ্রতীম অধ্যাপক তরুণকুমার চট্টোপাধ্যায়। তাঁর সক্রিয় সহযোগিতায় ও নিরলস প্রেরণায় এই বই লেখা সম্ভব হল। তার প্রতি আমার অন্তরের কৃতজ্ঞতা জ্ঞাপন করলাম।

ইতি

কল্যাণী

শ্রী শংকরলাল মুখোপাধ্যায়

ভূমিকা

উন্নয়নশীল দেশের অর্থনৈতিক অগ্রগতির ক্ষেত্রে জলসম্পদের অবদান অনস্বীকার্য। বৃষ্টির জলকে সহজ উপায়ে রাজ্যের সর্বত্র উপযুক্তস্থানে সংরক্ষণ করে তার দ্বারা সময়ে সেচের জল, বিশুদ্ধ পানীয় জল, শিল্পে, নিত্য অন্যান্য প্রয়োজনে জল আমরা অনায়াসেই পেতে পারি। জলসম্পদের সুব্যবহার এবং যথেচ্ছ সেচের জলের নিমিত্ত কেন্দ্রীয় ও রাজ্যসরাকর অনেক রকম পরিকল্পনা ও পরিচলন ব্যবস্থার চেষ্টা করে চলেছে। কৃষির প্রসার বর্তমানে বহুগুণ বৃদ্ধি পেয়েছে। নানা প্রকার প্রচলিত ও অপ্রচলিত কৃষি সামগ্রী বছরের সব মাসেই উৎপাদিত হয়ে চলেছে। তার সাথে নানা প্রকারের শংকর জাতীয় ফসল ও উচ্চফলনশীল শস্য পর্যাপ্ত পরিমাণে উৎপাদনের প্রচেষ্টা চলেছে। কৃষি সামগ্রী বছরের সব মাসেই উৎপাদিত হচ্ছে। বছরের প্রত্যেক মাসে নানা প্রকারের ফসল ও উচ্চফলনশীল শস্য উৎপাদন করতে প্রচুর পরিমাণে সেচের জলের প্রয়োজন। সামান্য কিছু জলপ্রকল্পের মাধ্যমে ও চাষী পরিবারের ব্যক্তিগত প্রচেষ্টায় আমরা গত কয়েক বছর হতে মোটা খাদ্য শস্য উৎপাদনে মোটামুটি সক্ষম হয়েছি। সুবৃষ্টির বছরে বৃষ্টির জলের (surface water) দ্বারাই উদ্বৃত্ত খাদ্যশস্য উৎপাদিত হয়েছে। ফসলের জমিতে প্রয়োজনীয় সময়ে প্রয়োজনীয় বৃষ্টির জলের সাহায্যেই উদ্বৃত্ত ফসল উৎপাদনে সক্ষম হয়েছি। কৃষি ব্যবস্থার দ্বারা আমাদের সমগ্র দেশের নানারকম খাদ্য সামগ্রী ও অন্যান্য ব্যবহারের জিনিস তার সাথে রপ্তানীর উপযুক্ত অর্থকরী ফসল উৎপাদনের জন্য সরকারের বিভিন্ন মন্ত্রক, বিশেষ করে, কৃষি মন্ত্রক, জলসম্পদ মন্ত্রক নানাপ্রকার নূতন নূতন সম্ভাবনাময় দিকগুলোর উন্মোচনের নিমিত্ত অনুসন্ধান, গবেষণার বিভাগগুলি নিরন্তর কাজ করে চলেছে। প্রয়োজনে সময়োপযোগী যথেষ্ট সেচের জল যাতে সব মাসেই পাওয়া যায় তার জন্য নিরলস প্রচেষ্টা চালিয়ে যাচ্ছে। সেচের জলের নিশ্চয়তা বছরের বিভিন্ন সময়ের নানাপ্রকার কৃষিজাত দ্রব্য উৎপাদনের গুরুত্বপূর্ণ বিষয়। কিন্তু জলের সুপ্রাপ্তির বিষয়টি এখনও অনেক জটিল আকারে আছে। প্রয়োজনে সেচের জল মহামূল্যবান বস্তু হয়ে উঠেছে। নিরন্তর গবেষণা হয়ে চলেছে। অনুসন্ধান আরও হওয়া দরকার। জলের সুপ্রাপ্তি ও সুব্যবস্থা হলে সেই জলের দ্বারা সেচের জল, জলে মাছ চাষ আমাদের রাজ্যে তথা ভারতবর্ষের অর্থনৈতিক উন্নয়নের একটি সম্ভাবনাময় দিক। পশ্চিমবঙ্গ ভারতবর্ষের মধ্যে অন্যতম নদীমাতৃক দেশ। তার জলসম্পদ অতীব সম্ভাবনাময় উজ্জ্বল অর্থনৈতিক উন্নয়নের সম্পদ।

জলসম্পদের সহজ, সরল বাস্তবায়নের সঠিকরূপ দেবার পূর্বে আমাদের এই রাজ্যের ভৌগোলিক অবস্থান, নদীর সংখ্যা এবং সেগুলির অববাহিকা অঞ্চল, ক্যাচমেন্ট অঞ্চল, জলের সরবরাহ, অববাহিকার প্রকৃতি জানা দরকার। আরও জানা দরকার অঞ্চলের ঢাল,

মাটির গঠন, মাটির রাসায়নিক বস্তুসমূহ, সমগ্র রাজ্যের বৃষ্টিপাতের জলের গড় পরিমাণ, ভিন্ন ভিন্ন অঞ্চলের বার্ষিক গড় বৃষ্টিপাতের পরিমাণ, গড় বৃষ্টিপাতের পরিবর্তনের ধারা বার মাসের বৃষ্টিপাতের নিয়ম ও সময়ের ব্যবধান প্রভৃতি তথ্য সমূহ। উল্লেখযোগ্য অতিবৃষ্টি ও অনাবৃষ্টির সাল, তারিখ অতীতে কি পরিমাণ এবং কত বছরের ব্যবধানে অতি বৃষ্টি বা অনাবৃষ্টি হয়েছিল তার তথ্য জানা প্রয়োজন। অতি বৃষ্টি বা অনাবৃষ্টির ব্যবধান কোন নিয়মের দ্বারা চালিত কিনা প্রভৃতি বিষয়গুলি প্রাথমিক জ্ঞাতব্য বিষয়। সমগ্র রাজ্যে কত প্রাকৃতিক বিল, খাল, হ্রদ আছে, তার সঠিক তথ্য জানা দরকার। অঞ্চলভিত্তিক প্রাকৃতিক জলাশয়ের সংখ্যা এবং কত পরিমাণ জমি এইসব প্রাকৃতিক জলাশয় দখলে আছে তার পরিমাণ জানা দরকার। পশ্চিমবঙ্গের আয়তন ৮৭,৮৫৩ বর্গ কিলোমিটার। বিভিন্ন তথ্যে যা জানা যায় তাতে সরকারী ও বেসরকারী জলাভূমি ও প্রায়শঃই বন্যা হওয়ার প্রবণতাযুক্ত জমির পরিমাণ সমগ্র প্রদেশের প্রায় এক তৃতীয়াংশ হতেও বেশি। এই এক তৃতীয়াংশ জলাঞ্চলের কি পরিমাণ প্রাকৃতিক জলাশয় ভরাট করা হয়েছে, জলাশয়ের সংখ্যা ও পরিমাণ জানা দরকার। ভরাট জমি জনবসতি, কলকারখানা বা চাষের প্রয়োজনে ব্যবহার হয়ে থাকলে জলের ঢল কিরূপ ভিন্ন পথে প্রবাহিত হওয়ার প্রবণতা তার অনুসন্ধান করে দেখা দরকার। মনুষ্যকৃত ছোট বড় জলাশয়ের সংখ্যা অতীতে অর্থাৎ পঞ্চাশ বছর পূর্বে এবং এ পর্যন্ত আরও কত পরিমাণ মনুষ্যকৃত জলাশয় হয়েছে তার সংখ্যা ও আয়তন। কত পরিমাণ তৈরি জলাশয় ভরাট করে জনবসতি বা কলকারকানা তৈরি হয়েছে তার সংখ্যা ও পরিমাণ। কতগুলো নদী বাঁধ প্রকল্প বৃহৎ কিংবা ক্ষুদ্র তৈরি করা হয়েছে তার সংখ্যা ও আয়তন। বাঁধ প্রকল্প সমাপ্তির পর তাৎক্ষনিক সুফল এবং সময়ের ব্যবধানে কিংবা সমাপ্তির পর হতে কি প্রকার সুবিধা ও অসুবিধা হয়েছে তার বিবরণ। জলাধারে অতিবৃষ্টির জলের কি প্রকারে সারানো হয়, এবং বছরে কি পরিমাণ জলাধারের তলদেশে থিতিয়ে থাকা পলিমাটি জলাধারের ক্ষমতা কমিয়ে দেয় তার বিবরণ জানা খুবই প্রয়োজন। বর্তমানে বাধ-প্রকল্পে এবং সহায়ক খাল (Feeder Canal) পূর্বের মতই সুবিধাজনক অবস্থায় আছে কি না, কিংবা কি পরিমাণে অসুবিধার দিকগুলির প্রকাশ পাচ্ছে তার তথ্যও জানা দরকার। অধুনা জলের বর্ধিত ব্যবহারের পরিমাণ এবং তার প্রাপ্তি, ভূমির তলদেশের জলের পরিমাণ, ভূমির কত গভীরে জল আছে এবং ভূমির তলদেশে বছরে জলের সঞ্চয় এবং খরচের সামঞ্জস্য ঠিক আছে কি না তার তথ্য প্রয়োজন। ভূমির উপরিভাগের জল (Surface water) এবং ভূমির তলদেশের জলের (Ground water) অনুপাত ও জলের গুণগতমান সঠিক আছে কিনা বিষয়গুলির সুস্পষ্ট চিত্র জলসম্পদের ব্যবস্থাপনার জন্য খুবই জরুরী তথ্য।

অতঃপর অনুসন্ধানের বিষয় বার মাসের বৃষ্টির জলের পরিমাণ কত। গড় বৃষ্টিপাতের উর্ধ্বসীমায় বছরে বৃষ্টির জলের মোট পরিমাণ, নিম্নসীমাতেই বছরে কি পরিমাণ জল পাওয়া যায় জানা থাকলে সর্বোচ্চ পরিমাণের জলসম্পদকে সংরক্ষণ করার প্রচেষ্টার কথা ভাবা যায়।

আবার সম্পূর্ণ বছরে প্রাপ্ত জলের কত অংশ আমরা কৃষি কাজে, মৎস চাষে, শিল্পে ও প্রাত্যহিক সাংসারিক কাজে ব্যবহার করি এবং কি পরিমাণ জল আমরা বিভিন্ন জলাশয়ে যেমন পুকুর, বিল, ছোট বড় জলাধার প্রভৃতিতে সঞ্চয় করে রাখতে পারি, নদী-সমূহের দ্বারা কত পরিমাণ জল বয়ে চলে যায় তার একটা পরিষ্কার ধারণা দরকার।

আরও অনুসন্ধানের বিষয় সমতলের উপরিতলের জল, জলাধার, পুকুর, খাল, বিল, প্রভৃতির জল হতে কি পরিমাণ জল মাটির তলদেশে প্রবেশ করে তার সঠিক পরিমাণ জানা থাকলে মাটির অভ্যন্তরের জলের পরিমাণ জানা যায়। মাটির তলার জলের ভারসাম্য ঠিক না থাকলে অভ্যন্তরের জলের তলের ভারসাম্য ঠিক রাখার প্রচেষ্টা বিফল হয়। রাজ্যের ভিন্ন ভিন্ন অঞ্চলে মাটির অভ্যন্তরে জল প্রবেশের পরিমাণ ভিন্ন ভিন্ন। কোথাও বেশি মাত্রায় জল ভূ-অভ্যন্তরে প্রবেশ করে, কোথাও আবার অভ্যন্তরে জলের প্রবেশের পরিমাণ অতি কম।

এ রাজ্যের অনেক স্থানে স্বাভাবিক বৃষ্টিপাতে বিস্তীর্ণ অঞ্চল জলমগ্ন হয়ে যায়। ফলে সেই সব অঞ্চলে না হয় চাষ, না হয় বসবাস বা কলকারখানা স্থাপন। আবার সেই জলমগ্ন অঞ্চল মৎস চাষের পক্ষেও উপযুক্ত অঞ্চল হয় না। কিন্তু ঐ সব অঞ্চল একত্রে অনেকটাই জায়গা উদ্দেশ্যহীনভাবে অবহেলিত হয়ে পড়ে আছে। তার সঠিক পরিমাণের আয়তন জানা আবশ্যক। জলসম্পদ ব্যবস্থাপনায় আমাদের রাজ্যের স্থায়ী অধিবাসীর সংখ্যাকে ভিত্তি করে এবং পরিবেশকে অক্ষুণ্ণ রেখে এই রাজ্যের মোট আয়তনের কত ভাগ জমি চাষ যোগ্য, বর্তমানে কত পরিমাণ জমিতে চাষ করা হচ্ছে এবং আরও কত পরিমাণ জমিকে চাষের উপযোগী করা যায়, কত ভাগ জমি রাস্তা, রেলপথ ও অন্যান্য কাজে ব্যবহৃত হয়। নদী, নালা, পুকুর, খাল, জলাজমি প্রভৃতি কত পরিমাণ জমি দখল করে আছে তার পরিমাণ প্রভৃতি বিষয়গুলির পরিষ্কার চিত্র থাকার দরকার।

আমাদের রাজ্যে প্রাপ্ত জলের (surface water) কত পরিমাণ অংশ আমরা কৃষিকাজে, মৎস চাষে, শিল্পে ও প্রাত্যহিক নানা কাজে ব্যবহার করি (আন্তরাজ্যের জলের পরিমাণ সরিয়ে রেখে) এবং কত পরিমাণ জল আমরা বিভিন্ন জলাশয়ে যেমন পুকুর, বিল, ছোট বড় জলাধার প্রভৃতিতে সঞ্চয় করে রাখতে পারি, নদীসমূহের দ্বারা কত পরিমাণ জল বয়ে চলে যায় তার সঠিক তথ্য জানা প্রয়োজন। ভূ-পৃষ্ঠের উপরিভাগের জল এবং জলাধার, পুকুর প্রভৃতির জল কি পরিমাণে মাটির অভ্যন্তরে চলে যায়, দ্রুত ভূ-অভ্যন্তরে জল প্রবেশ কোন কোন অঞ্চলে হয়। সেইসব অঞ্চলের মাটির প্রকৃতি ও গঠন প্রণালী কিরূপ তার তথ্য প্রয়োজন। সেই সঙ্গে ভূ-অভ্যন্তরের জলের সহজে প্রবেশ ও অভ্যন্তরে বিভিন্ন গভীরতায় জলের পরিমাণ জানা প্রয়োজন। তারপর আছে বাষ্পীভবনে কত পরিমাণ জল উর্দ্ধাকাংশে উঠে যায়, অঞ্চলের উদ্ভিদ কি পরিমাণ গ্রহণ করে প্রভৃতির তথ্য। এই সমুদয় তথ্য নিবিড়ভাবে জরিপ ও স্থানীয়ভাবে অন্যান্য অনুসন্ধানের দ্বারা পাওয়া যায়। অতি উচ্চস্তরের গবেষণালব্ধ ফলাফলের চিত্র না হলেও চলে।

স্বাভাবিকভাবেই, দেখা যায় আমাদের রাজ্যে গড় বাৎসরিক বৃষ্টিপাতের পরিমাণ সন্তোষজনক। তাই জল সম্পদের ব্যবস্থাপনা ও সময়োপযোগী ব্যবহারের উপরেই রাজ্যের সমৃদ্ধি নির্ভর করছে। বলতে কি অতি পুরানো এবং বারংবার উল্লেখিত উক্তি, "আমাদের দেশ ভারতবর্ষে, বিশেষ করে পশ্চিমবঙ্গ সর্বাবস্থায় ও সর্বতোভাবে কৃষিপ্রধান দেশ। কৃষি কাজে জল একটি অতি সহায়ক বস্তু। তাই সমৃদ্ধির সহায়ক বস্তুর যথাযথ গুরুত্ব নিয়ে তার ব্যবস্থাপনা ও সংরক্ষণ সব সময়েই বিভিন্ন প্রকার কৃষিজাত সামগ্রীর উৎপাদনের পথ খোলা থাকে। পরবর্তী সময়ে ঐ সব উৎপাদিত কৃষিজাত সামগ্রীর দ্বারা বর্তমানের আধুনিক উন্নতমানের প্রযুক্তির সাহায্যে বহু শিল্পের প্রসার হতে পারে। এইরূপ জল সংরক্ষণ, নিবিড় কৃষি কর্ম এবং তার শিল্প সবই আগামী দিনের সমৃদ্ধির পথ।

যে সব অনুসন্ধানের বিষয়গুলি বলা হল সেগুলির সঠিক তথ্য থাকলে পরে অঞ্চলভিত্তিক সুব্যবস্থার দ্বারা ভূ-পৃষ্ঠের জল (surface water) সংরক্ষণ ও বিভিন্ন জনকল্যাণ বিষয়গুলি সঠিকভাবে কাজে রূপান্তরিত করা খুবই সুবিধার হয়। কিছু কিছু তথ্য অতীতের অনুসন্ধানের তথ্য হাতে পাওয়া যাবে। আবার সম্প্রতিকালের নানাপ্রকার অনুসন্ধানের তথ্য হতেও পাওয়া যাবে। হাল আমলের নানারূপ সমস্যার বিবরণও এই সঙ্গে দরকার। অতীতের তথ্যের সহিত হাল আমলের তথ্যের যদি কোন কোন বিষয়ে পরিবর্তন দেখা যায়, লক্ষণীয় বিষয়গুলির পুনর্বার অনুসন্ধান করা দরকার। বর্তমান সময়ে জলসম্পদের সু-ব্যবস্থাপনায় প্রদেশের সম্প্রতিকালের চিত্র তৎসহ অন্যান্য জ্ঞাতব্য বিষয় জানা থাকলে বৃষ্টিপাতের জলের অনেক অংশ-ই আমরা সুপরিবেশে ও নির্ভাবনায় প্রদেশের বিভিন্ন স্থানে সংরক্ষণ করে রাখতে পারি। জলসম্পদ যথাযথ সংরক্ষিত হলে অহেতুক বন্যা, জলডুবিও বন্ধ হবে সেই সঙ্গে অর্থকরী সম্পদও উৎপন্ন হবে।

জলসম্পদের প্রয়োজনীয় অঞ্চলভিত্তিক ব্যবস্থাপনার বিষয়ে বর্তমান অবস্থার উপর নির্ভর করে কিছু কিছু বিষয়ের প্রতি আলোচনা ও আলোকপাত করার প্রচেষ্টা নেয়া হয়েছে। যদি আলোচিত বিষয়বস্তুর বিন্দুমাত্রও আমাদের প্রদেশের জল সম্পদের সু-ব্যবস্থাপনার কাজে সহায়ক হয় তবে প্রচেষ্টা সার্থক হয়েছে বলে মনে করব।

সূচিপত্র

১

জলসম্পদের ব্যবস্থাপনার প্রাথমিক গতিপ্রকৃতি

পশ্চিমবঙ্গের ভৌগোলিক অবস্থান, নদীর উৎস, অববাহিকা, অববাহিকার কোন কোন স্থানে এবং কি কি অবস্থায় নদীর প্রকৃতি অস্থির ও চলন প্রক্রিয়া বেসামাল হয় অববাহিকার এবং উভয় তীরের মাটির গঠন, প্রকৃতি এবং ভূমিক্ষয়ের প্রকৃতি বা নদীবাহিত পলিমাটির পরিমাণ কত। পলিমাটির আধিক্যের কারণ এবং পলিকণার শ্রেণী বিভাগ, পলিমাটি দূরিকরণ ব্যবস্থাদি এবং জলসম্পদের ব্যবহার বিশেষ করে কৃষি ব্যবস্থায়, সংরক্ষণে এবং অন্যান্য প্রয়োজনে, বন্যার প্রশমন ব্যবস্থা এবং অতিরিক্ত জলসম্পদ যা ব্যবহার করতে আমরা সক্ষম নই তাকে ক্ষয়ক্ষতি ব্যতিরেকে কি উপায়ে অপসারণ করি প্রভৃতির বিষয়গুলির সম্যক ধারণার পর পরবর্তী ব্যবস্থাগুলি নির্ভর করে। অধুনা জলসম্পদের গুণগত মানের নিরুপনতার সাথে গুণগত মানকে ব্যবহারোপযোগী রাখা প্রভৃতি বিষয়গুলির অনুসন্ধানও বিশ্লেষণের উপর ভিত্তি করে ব্যবস্থাপনা অনেকাংশেই নির্ভর করে। জল পরিচলনের সঙ্গে কোন কোন স্থানে ঢাল আছে। ঢালের মন্দভাব বা তীব্রভাব, মাটির গঠন ও মাটির বাঁধন ও নানাপ্রকার পদার্থের সংমিশ্রণ ও তাদের আকার এবং বাৎসরিক মোট জলের পরিমান সম্বন্ধে অনেক তথ্য পাওয়া যাবে। তাই নদী-অববাহিকার সম্পূর্ণ বছরের স্বাভাবিক গড় বৃষ্টিপাতের সম্পূর্ণ জল পরিচলন ব্যবস্থার সম্যক ধারনা, জলের পরিমান, কি পরিমান জলকে সংরক্ষণ করে যথাযথ কাজে লাগানো যায় তার পরিমাপ করা সম্ভব হয়। ভূমির উপরিভাগের জলকে (Surface water) ব্যবহারিক প্রয়োজনে সর্বোচ্চ পরিমান ব্যবহার, সম্পদ সৃষ্টি, জলসম্পদের ভারসাম্য, গুণগত মানের উন্নতি, সু-পরিবেশ রক্ষার প্রসারতা এবং ক্ষয়ক্ষতি হ্রাসের পক্ষে অতিমাত্রায় প্রায়োজন। উপরিভাগের জলের যথেষ্ট ব্যবহারের ফলে মাটির তলদেশের জল অকারনে অধিক পরিমাণে উত্তোলনের প্রয়োজন হবে না। তার ফলে উত্তোলনজনিত অর্থব্যয় হ্রাস পাবে। তলদেশের জলের ভারসাম্য রক্ষা পাবে। এই কারণে তলদেশে যে যে স্থানে ক্ষতিকারক পদার্থের বিশেষ করে আর্সেনিকের আধিক্য আছে জল সর্বত্র একই সমতায় (level) থাকার দরুন অহেতুক স্থানচ্যুত হবার সম্ভাবনা কম থাকবে। আমাদের প্রদেশে হিমালয় অঞ্চলের ভূগর্ভের মাটিতে আর্সেনিকের পরিমাণ বেশি। আবার সমুদ্র নিকটবর্তী অঞ্চলের অভ্যন্তরের জল ধীরগতিতে ঢালু অঞ্চলের দিকে অগ্রসর হয়ে সমুদ্রে যাওয়ার প্রবণতাও থাকছে। এই অবস্থায় যদি মধ্যবর্তী অঞ্চলে তলদেশের জলের পরিমান উল্লেখযোগ্যভাবে কম থাকে স্বভাবতই উপরাঞ্চলের তলদেশের জল ক্রম নিম্নাঞ্চলে যেখানে জলের ভাণ্ডার

বেসামাল সেখানে যেতে বাধ্য হবে। যে জল কোনভাবেই স্থানচ্যুত হতো না অহেতুক আলোড়নের ফলে স্থানচ্যুত হয়ে পূর্বে যে জল বিশুদ্ধ ছিল, বর্তমানে তা মারাত্মক আর্সেনিক দূষণে দূষিত হয়ে চলেছে ও দূষণ প্রক্রিয়া ক্রমান্বয়ে বৃদ্ধি পেয়েই চলছে।

বছরের একটি নির্দিষ্ট সময়সীমার মধ্যে বাৎসরিক গড় বৃষ্টিপাতের বেশীর ভাগ জল এই রাজ্যের উপর বর্ষিত হয়। বছরের অন্যান্য সময়েও কম, বেশী বৃষ্টিপাত হয়ে থাকে। বৃষ্টি সমানভাবে সব অঞ্চলে একই সময়ে হয় না। ভিন্ন ভিন্ন অঞ্চলে ভিন্ন ভিন্ন সময়ে কম বা বেশী পরিমাণে বৃষ্টিপাত হয়ে থাকে। কোথাও এক নাগাড়ে বেশ কয়েক দিন ধরে মুষলধারে বৃষ্টি হয়। আবার কোথাও কয়েকদিন অন্তর, এক বা দুই দিনে একনাগাড়ে মাঝারি বা ভারী ধরনের বৃষ্টিপাত হয়। আবার কোথাও বা বেশী দিনের ব্যবধানে সামান্য, মাঝারি বা ভারী ধরনের বৃষ্টিপাত হয়। আমাদের এই রাজ্যে উত্তর পূর্বাঞ্চলে বৃষ্টিপাতের পরিমান পশ্চিমাঞ্চলের বৃষ্টিপাতের পরিমাণ হতে বেশী। এই প্রদেশের পশ্চিম সীমান্তে বৃষ্টিপাতের পরিমান উল্লেখযোগ্যভাবে কম। আবার সমুদ্র উপকূলবর্তী অঞ্চলে বৃষ্টিপাতের পরিমান বেশী। বৃষ্টির জল বর্ষারম্ভে বা গ্রীষ্মের শেষে বাষ্পাকারে, মাটির তলদেশে এবং উদ্ভিদের দ্বারা শেষ হয়। পরে বৃষ্টির জলের পরিমান বেশী এবং ঘন ঘন হতে থাকলে উঁচু অঞ্চল হতে জল সুবিধাজনক নালার দ্বারা, নিম্নভূমি অবলম্বন করে বা মনুষ্যকৃত জলাশয়ে এসে জমা হয়। নালা দ্বারা জল বাহিত হয়ে ছোট ছোট নদী, তারপর বড় বড় নদীতে এবং সর্বশেষে সাগরে চলে যায়। খুব অল্প সময়ের জন্য অধিকাংশ বৃষ্টিপাতে জল আমাদের এই প্রদেশে অবস্থান করে।

২

পশ্চিমবঙ্গে জলসম্পদের উৎস

পশ্চিমবঙ্গ পৃথিবীর উত্তর গোলার্দ্ধে অবস্থিত। ৮°৪' উত্তর হতে ৩৭°৬' উত্তর অক্ষাংশের মধ্যে এবং এবং ৬৮°৭' পূর্ব হতে ৯৭°২৫' পূর্ব দ্রাঘিমাংশের মধ্যে পশ্চিমবঙ্গের অবস্থান। পশ্চিমবঙ্গ উষ্ণমণ্ডলে অবস্থিত। পৃথিবী পৃষ্ঠের বায়ু উষ্ণমণ্ডলে অধিক উত্তপ্ত হয়। এই অঞ্চল উষ্ণমণ্ডল বা গ্রীষ্মমণ্ডল। পশ্চিমবঙ্গের প্রায় মধ্য বরাবর দিয়ে কর্কটক্রান্তি রেখা চলে যাওয়ার সাধারণভাবে পশ্চিমবঙ্গের জলবায়ু ক্রান্তিয় প্রকৃতির (অর্থাৎ শীতের চেয়ে গরম বা গ্রীষ্মকাল অনেকদিন অবস্থান করে)। পশ্চিমবঙ্গের গড় উত্তাপ ২০-৩০ সেলসিয়াসের মধ্যে থাকে। ভূ-পৃষ্ঠের বায়ু উত্তপ্ত হয়ে হালকা হয় ও হালকা হয়ে উপরে উঠে গেলে ভূ-পৃষ্ঠের শূন্যস্থান পূরণ করার জন্য পশ্চিমবঙ্গের দক্ষিণ-পশ্চিম দিকের বঙ্গোপসাগরের অপেক্ষাকৃত ঠাণ্ডা বাতাস আসতে থাকে। বঙ্গোপসাগরের দিক হতে বায়ু আসবার সময়ে সমুদ্রপৃষ্ঠ হতে উদ্ভূত প্রচুর জলীয় বাষ্প নিয়ে পশ্চিমবঙ্গে প্রবেশ করে। আবার স্থলদেশের হ্রদ নদ, নদী, খাল, বিল ও সমস্ত উন্মুক্ত জলাশয়ের জল উত্তপ্ত হয়ে বাষ্পে পরিণত হয়। ভূ-পৃষ্ঠের উত্তপ্ত হালকা বায়ুর সঙ্গে জলীয় বাষ্প আকাশে উঠে যায়।

জলীয় বাষ্পযুক্ত হালকা বাতাস তার সাথে বঙ্গোপসাগরের জলীয় বাতাস (যে বাতাসের গতি বেশী) উত্তরদিকে চলতে থাকে এবং ক্রমান্বয়ে উপরে উঠতে থাকে। উপরে উঠে গেলে জলীয় বাষ্পযুক্ত উত্তপ্ত বায়ু ক্রমে ঠাণ্ডা হতে থাকে। আবার এই বায়ুপ্রবাহ হিমালয় পর্বতে বাধাপ্রাপ্ত হয়ে ক্রমে ক্রমে আরও উপরে ওঠার চেষ্টা করে ও ক্রমান্বয়ে অধিক বড়দানার জলকণায় পরিণত হয়। হিমালয় পর্বতের সন্নিকটে এই জলীয় বাষ্পপূর্ণ বায়ু বা মেঘ ঘন আকারে থাকে। তাই ঠাণ্ডা পেয়ে জলীয় বষ্পপূর্ণ ক্রম-বৃদ্ধিপ্রাপ্ত বড় জলকণা হিমালয়ের পাদদেশে বৃষ্টি আকারে পতিত হয়। আমাদের এই ভারতবর্ষ সমগ্র উত্তর সীমায় অতি উচ্চ হিমালয় পর্বতমালা অবস্থান করার দরুন জলীয় বাষ্পপূর্ণ বাতাস ক্রমান্বয়ে পূর্ব-উত্তর সীমান্ত হতে উত্তর-পশ্চিম সীমান্ত বরাবর যাবার চেষ্টা করে এবং উর্দ্ধাকাশে উঠে যাওয়ার জন্য উত্তর-পূর্ব সীমান্তের দিক হতে উত্তর-পশ্চিম দিক বরাবর বৃষ্টি হতে হতে চলে। উত্তর-পূর্ব সীমান্তের দিক মেঘের ঘনত্ব বেশী বা ক্রম উত্তর-পশ্চিম বরাবর ততটা নয়। তাই উত্তর-পূর্ব সীমান্ত অঞ্চলে বৃষ্টিপাতের পরিমাণ সবচেয়ে বেশী। হালকা জলীয় বাষ্পপূর্ণ বাতাস পশ্চিমদিকে যেতে যেতে ক্রমশ: বৃষ্টিপাতের পরিমাণ কমতে থাকে। আমাদের প্রদেশের অতি নিকটে হিমালয় পর্বত উত্তর-পূর্বাঞ্চলে অবস্থান করার জন্য বৃষ্টিপাতের পরিমাণ বেশী, বিশেষ করে হিমালয় পাদদেশে তরাই

অঞ্চলে বেশী পরিমানে বৃষ্টিপাত হয়। উত্তর-পশ্চিম অঞ্চলে বৃষ্টিপাত অপেক্ষাকৃত কম হয়। পশ্চিমবঙ্গের ভৌগলিক অবস্থানের কারণে বছরের একটি নির্দিষ্ট সময়ে যথা জুন মাস (বাংলা আষাঢ় মাস) হতে সেপ্টেম্বর মাস (বাংলা আশ্বিন মাস) পর্যন্ত পশ্চিমবঙ্গের দক্ষিণ-পশ্চিম দিকের বঙ্গোপসাগরের জলীয় বাষ্পপূর্ণ বাতাস উত্তর-পূর্ব দিক হতে বৃষ্টিপাতের নির্দেশ পেয়ে আমাদের সমগ্র প্রদেশে বৃষ্টিপাত হয়ে চলে। তাই আমাদের এই রাজ্যের উপর বছরের এই সময়ে সাধারণভাবে প্রায় সর্বত্রই কম বেশী বৃষ্টিপাত হয়।

আবার দক্ষিণ-পশ্চিম হতে নির্দিষ্ট সময়ের বায়ুপ্রবাহ বঙ্গোপসাগরের উপর দিয়ে আসার সময়ে প্রচুর জলীয় বাষ্প সংগ্রহ করে এই রাজ্যের অভ্যন্তরে প্রবেশ করে। জলীয় বাষ্প সম্বলিত বায়ুপ্রবাহ উত্তর বরাবর গিয়ে প্রতিহত হয় এবং উচ্চতায় ও শীতলতায় প্রচুর বৃষ্টিপাত ঘটায়। অতঃপর এই জলীয় বাষ্পপূর্ণ বায়ুপ্রবাহ প্রদেশের অভ্যন্তর সর্বত্র ছড়িয়ে পড়ে এবং প্রদেশের সর্বত্র বৃষ্টিপাত ঘটে। জলীয় বাষ্পপূর্ণ বাতাস বাঁধাপ্রাপ্ত স্থানে বা হিমালয় সংলগ্ন অঞ্চলে অধিক পরিমানে জমা হয় ও বেশী বেশী বৃষ্টিপাত ঘটায়। জলীয় বাষ্পপূর্ণ বায়ুপ্রবাহ ক্রমে ক্রমে উত্তর ভারতের হিমালয় সংলগ্ন অঞ্চল ধরে পশ্চিমের দিকে যায় এবং যাওয়ার পথে বর্ষণের দ্বারা বাতাসের জলীয় বাষ্প ক্রমান্বয়ে শেষ হতে থাকে। তাই হিমালয়ের উত্তর-পূর্ব অঞ্চল হতে যতই উত্তর-পশ্চিমে অগ্রসর হওয়া যায় ততই উত্তর-পশ্চিমাঞ্চলে বাৎসরিক গড় বৃষ্টিপাতের পরিমাণ ক্রমশই হ্রাস পেতে থাকে।

আমাদের এই প্রদেশের ক্ষেত্রে বৃষ্টিপাতের পরিমাণ অঞ্চলবিশেষে ভিন্ন ভিন্ন। হিমালয়ের অংশ অর্থাৎ দার্জিলিং জেলার পার্বত্য অঞ্চলে বৃষ্টিপাতের পরিমাণ সর্বাধিক। বাৎসরিক গড় ৪০০ সেমি এর মত। হিমালয় সংলগ্ন অপেক্ষাকৃত কম উচ্চ অঞ্চল যথা—তরাই অঞ্চল—কুচবিহার, জলপাইগুড়ি জেলা সমূহতে গড় বৃষ্টিপাতের পরিমাণ ৩০০ সেমি হতে ৩৫০ সেমি-এর মধ্যে থাকে। হিমালয় পর্বত হতে দূরবর্তী অঞ্চল যথা, দিনাজপুর। সাধারণ গড় বৃষ্টিপাত প্রায় ৩০০ সেমি-এর মত। মালদহে গড় বৃষ্টিপাত প্রায় ২৫০ সেমি। মুর্শিদাবাদ, নদীয়া, ২৪ পরগনা (উত্তর), বর্ধমান ও মেদিনীপুরের পূর্বাঞ্চলে এবং হাওড়ায় গড় বৃষ্টিপাত প্রায় ১৫০ সেমি হতে ২০০ সেমি-এর মধ্যে। বর্ধমান ও মেদিনীপুর জেলার পশ্চিমাংশ, বীরভূম, বাঁকুড়ায় গড় বৃষ্টিপাতের পরিমাণ সামান্য কম. প্রায় ১৩০ সেমি হতে ১৫০ সেমি-এর মধ্যে। সমুদ্র উপকূল অঞ্চল অর্থাৎ ২৪ পরগনার (দক্ষিণ) দক্ষিণাঞ্চল ও মেদিনীপুর জেলার দক্ষিণের উপকূল নিকটবর্তী অঞ্চলে বৃষ্টিপাতের পরিমাণ বেশী, প্রায় ২০০ সেমি-এর মত। স্বল্প বৃষ্টিপাতের অঞ্চল পুরুলিয়া জেলা। গড় বৃষ্টিপাতের পরিমাণ ১০০ সেমি বা তারও কম।

সমগ্র বছরের বেশীর ভাগ বর্ষণ সাধারণত: জুন মাস (আষাঢ়) হতে সেপ্টেম্বর মাসের (আশ্বিন) মধ্যে হয়ে থাকে। পশ্চিমবঙ্গের বার্ষিক গড় বৃষ্টিপাতের পরিমাণ প্রায় ১৭৫ সেমি। তারমধ্যে জুন (আষাঢ়) সেপ্টেম্বর (আশ্বিন) এই চার মাসে বৃষ্টিপাতের

পরিমাণ প্রায় ১২৫ সেমি। পরিসংখ্যানে দেখা যায় এই প্রদেশে বৃষ্টিপাতের পরিমাণ অস্বাভাবিকভাবে হ্রাস বা বৃদ্ধি প্রায় অনেক বছর ব্যবধানেই লক্ষ্য করা যায়। এই অস্বাভাবিকতাকে যদি প্রাথমিকভাবে দূরে সরিয়ে রাখা যায় তবে দেখা যায় যে বৃষ্টিপাতের সর্বনিম্ন গড় হ্রাসের পরিমাণ ১০০ সেমি ও সর্বোচ্চ গড় ৩০০ সেমি।

অর্থাৎ প্রদেশকে যদি সর্বোত্র সমানভাবে সমতল হিসাবে ধরা যায় তবে সম্পূর্ণ বছরে সমতলে জলের গভীরতা সর্বনিম্ন ১০০ সেমি বা তিন ফুটের মত এবং সর্বোচ্চ ৩০০ সেমি বা দশ ফুটের মত।

৩

ভূ-প্রকৃতি ও নদীর উৎপত্তি

জল তরল পদার্থ। তরল পদার্থের ধর্মানুসারে জল উঁচু অঞ্চল থেকে নিচু অঞ্চলে ধাবিত হওয়া বা চলে যাওয়ার প্রবণতা থাকে এবং সুবিধাজনক স্থান অবলম্বন করে চলতে থাকে। আমাদের এই প্রদেশে ভিন্ন ভিন্ন অঞ্চলে এমন সব সুবিধাজনক স্থান আছে সেইসব সুবিধাজনক স্থানকে অবলম্বন করে বৃষ্টিপাতের জল গড়িয়ে চলতে থাকে এবং জলের গতিশক্তির ফলে মাটির গঠন প্রণালীর প্রকারভেদে মাটি স্থানান্তরিত হয়ে জল প্রবাহকে সহজ ও স্বচ্ছন্দভাবে বয়ে যেতে সাহায্য করে। এই প্রক্রিয়ায় ধীরে ধীরে স্থায়ী জলবাহিত নালার সৃষ্টি হয়। যাকে আমরা নদী বলি। এই নদীসমূহ অতিতকাল হতেই আমাদের দেশে বিরাজ করছে। জলের প্রাচুর্যতা, ভূ-প্রকৃতির গঠনশৈলী এবং ভূমির ঢালের তারতম্যের উপর নদীর আকৃতি, নদীর গতি-প্রকৃতি বা চরিত্র নির্ভর করে। তাছাড়া নদীপথের কোথাও কোথাও বৃষ্টির প্রাবল্য ভূমির গঠন। মাটির হালকা বাঁধন, বৃক্ষাদির অপ্রাচুর্যতার উপরও জলধারার গতি প্রকৃতি অনেকটাই নির্ভর করে। আমাদের এই পশ্চিমবঙ্গের মানচিত্রে বৃষ্টির জলের জলপ্রবাহ চিত্র যদি পর্যবেক্ষণ করা যায় তবে দেখা যায় যে একটি সুনির্দিষ্ট জল প্রবাহ সহজ চলন পথে উত্তর ও পশ্চিম দিক থেকে বেশ ছন্দ সহকারে বিশেষ করে বর্ষা ঋতুতে উত্তরোত্তর কলেবর বৃদ্ধি করে দক্ষিণে বঙ্গোপসাগরে গিয়ে যাত্রা শেষ করেছে।

পশ্চিমবঙ্গের ভৌগৌলিক অবস্থান এবং প্রকৃতির আচরণ লক্ষ্য করলে দেখা যায় সম্পূর্ণ বছরের বৃষ্টিপাতের জলবাহিত হওয়ার অববাহিকা, জলের পরিমাণ, গতি ও প্রকৃতি চার প্রকার লক্ষ্য করা যায়।

(১) উত্তরবঙ্গের সমগ্র উত্তরাংশের নদীসমূহ।

(২) গাঙ্গেয় উপত্যকার নদীসমূহ।

(৩) পশ্চিমের পশ্চিম সীমান্তে উচ্চ মালভূমি হতে উৎপন্ন নদীসমূহ।

(৪) দক্ষিণের উপকূলবর্তী অঞ্চলের অসংখ্য নদী, খাল, খাড়ি, নালা প্রভৃতি।

(১) উত্তরবঙ্গের সমগ্র উত্তরাংশের নদীসমূহ

উত্তরবঙ্গের উত্তরাংশের বৃষ্টিপাতের জল সেইসঙ্গে উত্তরাংশের হিমালয়ের বরফগলা জল প্রথম হতেই অতি খাড়াই পথ বেয়ে নিচে নামতে থাকে। উত্তরাংশে বাৎসরিক গড় বৃষ্টিপাতের পরিমাণ প্রদেশের অন্যান্য স্থান হতে বেশী এবং এক নাগাড়ে বৃষ্টিপাতের কালও বেশী। তাই বিশাল জলভাণ্ডার প্রবল বেগে নিচে নেমে আসতে থাকলে যদি না সেই পরিমাণ জলের সুপ্রশস্ত পথ থাকে তবে আশেপাশের অঞ্চল ও নিম্নবর্তী অঞ্চল

ক্ষতিগ্রস্ত হওয়ার সম্ভাবনা বেশী হয়। এইরূপ ধ্বংসরূপ উত্তরবঙ্গে নদীসমূহে যথা তিস্তা, তোরসা, মহানন্দা, কালজানি, জলঢাকা প্রভৃতিতে প্রায়ই ঘটে। তাছাড়া উত্তরবঙ্গের এইসব নদীসমূহের প্রকৃতি খুবই অস্থির। এইসব নদী তৎসহ আরও বহু ছোট, বড় নালা এবং খাল জলের প্রাচুর্যে পারিপার্শ্বিক স্থানের জীবনযাত্রা প্রায়ই বর্ষাকালে বিঘ্নিত করে। এই নদীগুলিই যখন সমতল ধরে বয়ে চলে এবং গড় বৃষ্টিপাতের পরিমাণ এবং সময়ের ব্যবধান যদি সুবিধাজনক অবস্থায় থাকে তবে এই নদীগুলিই কল্যাণময়ী। অতীতের বিভিন্ন ঘটনায় দেখা যায় এই নদীসমূহের প্রকৃতি এবং চলনপথ প্রায়ই বিশৃঙ্খলিত হয়। এই নদীগুলি ছয়টি জেলার যথা দার্জিলিং, জলপাইগুড়ি, কুচবিহার, পশ্চিম দিনাজপুর, পুর্ব দিনাজপুর এবং মালদহের বিভিন্ন অঞ্চল দিয়ে বাহিত হয়ে আসামে ব্রহ্মপুত্রে বা বাংলাদেশে পদ্মানদীতে গিয়ে মিশেছে।

(২) গাঙ্গেয় উপত্যকার নদীসমূহ

গাঙ্গেয় উপত্যকার নদীগুলির প্রকৃতি খুবই শান্ত। অস্বাভাবিক প্রবল বৃষ্টিপাত একনাগাড়ে না হলে নদীসমূহের জলপ্রবাহের ধারা খুবই ভাল। ঢাল এই অঞ্চলে প্রতি কিলোমিটারে ২০ থেকে ২৫ সেমি-এর মত। তাই এই অঞ্চলের নদীসমূহ কখনই খরস্রোতা হতে পারে না। এই অঞ্চল মুর্শিদাবাদ, নদীয়া, হুগলী, হাওড়া, বর্ধমান জেলার পূর্বাংশ এবং দুই ২৪ পরগনার পশ্চিমাংশ গাঙ্গেয় উপত্যকার সহিত যুক্ত। মাটির উপরিভাগ প্রায় সবটাই পলিমাটির স্তর দ্বারা (Alluvial soil) গঠিত। এই অঞ্চলে স্তরে স্তরে পলিমাটির অবস্থান। এই মাটি খুবই উর্বর এবং কৃষিকাজের পক্ষে খুবই উপযোগী। মাটি সাধারণতঃ দুর্বল বাঁধনযুক্ত এবং অতি ক্ষুদ্র পলিকণা বা বালুকণার প্রাধান্যই বেশী। এই মাটিতে চাষের কাজ অনবরত হয় বলে মাটি আলগা হয় এবং সেই আলগা মাটি বৃষ্টির জলে বাহিত হয়ে নদীবক্ষে অনবরত পড়তেই থাকে ফলে নদীসমূহের গতি ও ধারা বিঘ্নিত হয় ও পলিমাটির চরা পড়ে। নদীর গতির পরিবর্তনের কারণে হামেসাই এইসব নদী আশঙ্কার কারণ হয়। এইসব নদীসমূহ যদি জলে বাহিত হওয়া পলিমাটি ব্যতিরেকে বইতে পারত তবে এই নদীগুলি শান্ত হত।

(৩) পশ্চিমের পশ্চিম সীমান্তে উচ্চ মালভূমি হতে উৎপন্ন নদীসমূহ।

পশ্চিম সীমান্তে উচ্চ মালভূমি হতে উৎপন্ন নদীসমূহ বর্ধমান, মেদিনীপুর, পুরুলিয়া, বাঁকুড়া, বীরভূম প্রভৃতি জেলার মধ্য দিয়ে প্রবাহিত হয়ে ভাগীরথী বা হুগলী নদীতে পড়েছে। এইসব নদীসমূহ বর্ষাকালের বৃষ্টিপাতের জল বিভিন্ন ঢেউ খেলান রাস্তা ধরে নানারকম বাঁক সৃষ্টি করে বয়ে চলে। বর্ষাশেষে এইসব নদীতে জল প্রায় থাকেই না। আবার কোন কোন নদী-অববাহিকা সমস্তটাই জলবিহীন অবস্থায় একটি বালুকাময় প্রান্তর হিসাবে পড়ে থাকে বছরের প্রায় অধিকাংশ মাস।

(৪) দক্ষিণের উপকূলবর্তী অঞ্চলের অসংখ্য নদী, খাল, খাড়ি, নালা প্রভৃতি।

দক্ষিণের অসংখ্য খাড়ি, খাল, নালা প্রভৃতি সমুদ্রের জলের জোয়ার ভাঁটার কারণে জলের স্ফীতি এবং ক্ষীণভাব ঐ অঞ্চলে একটি চিরাচরিত ঘটনা। তাছাড়া কিছু নদী ইছামতি,

মাতলা, বিদ্যাধরী হয় পদ্মানদীর শাখানদী বা সমুদ্রের জোয়ারের জল বা শহরাঞ্চলের নালার জলে প্রবাহ চলে। এইসব নদী, নালা, খাড়ি, খালে অনবরত সমুদ্র জলের জোয়ার ভাঁটার কারণে তাদের গতি প্রকৃতি কোন সময়েই একটি স্থির অবস্থায় থাকে না।

এই চার প্রকার নদীর অববাহিকা দেখা যায়। বৃষ্টিপাতের জল অপেক্ষাকৃত উচ্চতর অঞ্চলের যথা উত্তরাংশের হিমালয়ের ভিন্ন ভিন্ন স্থান হতে এবং পশ্চিমের উচ্চ মালভূমি অঞ্চল হতে সাবলিল ঢালে বয়ে চলে।

হিমালয় পর্বতশৃঙ্গ হতে যে জল নেমে আসে তা উত্তরবঙ্গের বিভিন্ন জেলা পরিক্রমা করে এই প্রদেশের পূর্ব সীমান্তে অতি প্রশস্ত নদী ব্রহ্মপুত্রে গিয়ে মিলিত হয়। আবার উত্তরবঙ্গের কোন কোন নদীর ঢাল পশ্চিম-দক্ষিণ দিকে হওয়াতে সেইসব নদী-সমূহ পদ্মা নদীর জলের সাথে মিশেছে। অপরদিকে পশ্চিমের মালভূমি হতে বৃষ্টির জলধারা মাঝে মাঝে খরস্রোতা হয়ে দক্ষিণ পশ্চিম দিকে চলে আসার সুবিধাজনক পথে প্রবাহিত হয়। এই নিয়মে এবং ভৌগোলিক অবস্থার সুবিধার জন্য রাজ্যের বিভিন্ন স্থান হতে নানা আকারের নদী এবং নালা বা খাল বাহিত হয়ে এই রাজ্যের প্রায় অনেক অংশ দিয়ে জল প্রবাহিত হয়ে নালা হতে খাল, খাল হতে ছোট নদী সর্বশেষে ছোট নদী হতে বড় নদীতে সমতলের জল গিয়ে জমা হয় এবং বয়ে চলে সাগরের জলে মিশে যায়। এই ভাবেই আমাদের এই রাজ্যের সমস্ত গড়ানো জল দুটি বিশেষ বড় নদীতে গিয়ে মিশেছে। পূর্বসীমান্তে ব্রহ্মপুত্র এবং মধ্যবর্তী নদী অববাহিকা বাংলাদেশে পদ্মানদী এবং আমাদের প্রদেশে গঙ্গা, তার দক্ষিণে ভাগীরথী, এবং সর্ব দক্ষিণে হুগলি নাম নিয়ে গঙ্গা নদীরই একটি গুরুত্বপূর্ণ শাখা নদী। রাজ্যের অধিকাংশ জল এইভাবেই দুইটি প্রশস্ত নদীতে পড়েছে। হিমালয় পর্বত হতে যে সব নদী ব্রহ্মপুত্রে গিয়ে মিশেছে তাদের মধ্যে উল্লেখযোগ্য নদী হল তিস্তা, তোরসা, জলঢাকা, কালজানি প্রভৃতি। আবার বাংলাদেশের পদ্মনদীতে যে সব নদী এসে মিশেছে তাদের মধ্যে উল্লেখযোগ্য নদী হল কালিন্দী, মহানন্দা। পশ্চিমের মালভূমি হতে ভাগীরথী হুগলি নদীতে যে সমস্ত নদী এসে মিশেছে তাদের মধ্যে ময়ূরাক্ষী, অজয়, দামোদর, রূপনারায়ণ, শিলাবতী, কংসাবতী ও হুগলী নদীগুলি উল্লেখযোগ্য।

পশ্চিমবঙ্গের ভূগঠনে আছে কোথাও পর্বত, কোথাও মালভূমির সীমান্ত, কোথাও সমভূমি। কিন্তু একটি অতি সুশৃঙ্খলভাবে উত্তরের পার্বত্য অঞ্চল হতে দক্ষিণ বা দক্ষিণ পূর্ব দিকে এবং পশ্চিমের মালভূমি হতে দক্ষিণ বা দক্ষিণ পূর্ব দিকে একটি সাবলীল ঢালে উত্তর পশ্চিম দিক হতে ভূমি ক্রমে নিচু হয়ে নেমে এসেছে। ঢাল প্রতি কিলোমিটারে সর্বাধিক দশ মিটার হতে সর্বনিম্ন এক মিটার বা তা চেয়েও কম। অবশ্য বিচ্ছিন্নভাবে কোন কোন অঞ্চলের ঢাল বেশি মাপেরও দেখা যায়। বিশেষ করে খর ঢাল হিমালয় সংলগ্ন অঞ্চল ও তরাই অঞ্চল এবং মালভূমির নিম্নাঞ্চল যেমন পুরুলিয়া, বাঁকুড়া মেদিনীপুর ও বর্ধমান জেলাসমূহের পশ্চিমাংশ। তাছাড়া প্রদেশের বেশির ভাগ অঞ্চলেই ঢাল প্রতি কিলোমিটারে সর্বোচ্চ এক মিটারের মতো।

গাঙ্গেয় ব-দ্বীপের
নদ-নদী

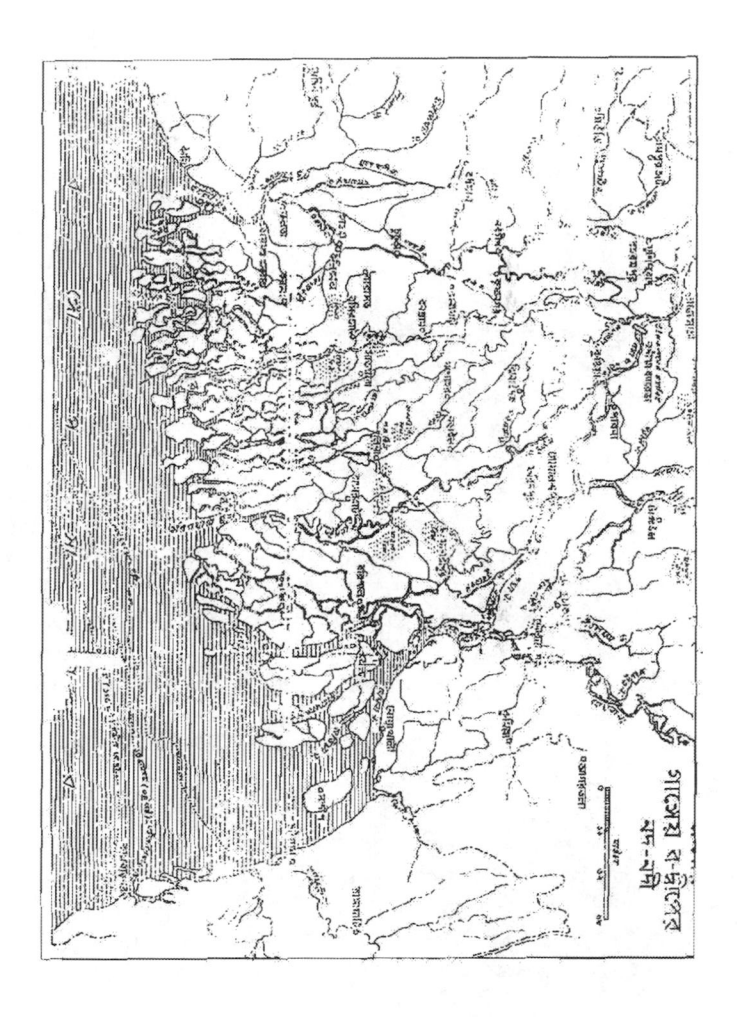

৪

জলসম্পদ প্রবাহের ধারাবাহিকতায় পশ্চিমবঙ্গের মধ্যস্থল ধরে প্রবাহিত নদী গঙ্গার (ভাগীরথী-হুগলী) অববাহিকার গুরুত্ব।

পশ্চিমবঙ্গের বিশেষ করে মধ্যবর্তী অঞ্চল এবং পশ্চিমাঞ্চলের অধিকাংশ জলের আশ্রয়স্থল গঙ্গা (ভাগীরথী, হুগলী)। পশ্চিম বাংলাকে উত্তর হতে দক্ষিণে বঙ্গোপসাগর পর্যন্ত প্রায় মধ্যবর্তী অঞ্চল দিয়ে বয়ে চলেছে গঙ্গা (ভাগীরথী, হুগলী)। এই নদী প. বঙ্গ বিহার প্রদেশের সীমান্ত হতে মুর্শিদাবাদ জেলার ধুলিয়ানের নিকট নূরপুর গিরীয়া পর্যন্ত গঙ্গা নামে অভিহিত। অতঃপর নূরপুর হতে নদীয়া জেলার নবদ্বীপের স্বরূপগঞ্জ পর্যন্ত এই নদী ভাগীরথী নামে চিহ্নিত। তৃতীয় অবস্থায় স্বরূপগঞ্জ হতে বঙ্গোপসাগরের মোহনা পর্যন্ত এই নদী হুগলী নামে পরিচিত। ভাগীরথী বা হুগলী নদীর পশ্চিমদিক হতে প্রবাহিত হয়ে যে সমস্ত নদী, ভাগীরথী-হুগলী-নদীতে এসে মিশেছে তাদের মধ্যে কিছু নদীর উৎপত্তিস্থল সাঁওতাল পরগণার পাহাড়ি অঞ্চল, পশ্চিমের উচ্চ মালভূমি ও ছোটনাগপুরের পাহাড়ী অঞ্চল। আবার গঙ্গানদীর পূর্বদিকের নদীসমূহ উত্তরের হিমালয়ে পর্বত হতে উৎপন্ন হয়ে উত্তবঙ্গের বিভিন্ন পাহাড়ী পথ পরিক্রমা করে ব্রহ্মপুত্র নদীতে গিয়ে মিশেছে। কিছু কিছু নদী উত্তরবঙ্গের দক্ষিণাংশের জেলাগুলির মধ্য দিয়ে বয়ে এসে ফরাক্কার দক্ষিণ পূর্বাংশে বাংলাদেশের পদ্মানদীতে এসে পড়েছে। এই দুই নদী উপত্যকা অর্থাৎ পূর্ব ব্রহ্মপুত্র তার মধ্যাঞ্চলে গঙ্গা, (ভাগীরথী ও হুগলী) উত্তর ভারতের বৃষ্টিপাতের জল তার সাথে বরফগল জল বঙ্গোপসাগরে গিয়ে পড়ে। এ ছাড়া সর্বদক্ষিণে বঙ্গোপসাগরের উপকূল অঞ্চলের অসংখ্য খাড়ি, ছোট বড় খাল ও কয়েকটি নদী সর্বসময়ের সমুদ্রের জলের উচ্ছাসের উপর ভর করে জল রাজ্যের অভ্যন্তরে প্রবেশ করছে এবং বের হয়ে আসছে। তাই এই সব নদী নালায় জোয়ার ভাঁটার জন্য এবং মাটির গঠন প্রকৃতির জন্য নদী, নালার গতি, প্রকৃতি সর্বসময়েই পরিবর্তনশীল। নালা বা খাল দিয়ে সমুদ্রের জল জোয়ার ভাঁটায় আসছে, যাচ্ছে। আবার কখন হঠাৎ জলস্ফীতির কারণে ও মাটির দুর্বল বাঁধনের কারণে সহজেই নূতন নালা বা পার্শ্ববর্তী নীচু জমিকে জলে ভাসিয়ে জনপদ, শস্যক্ষেত্র নোনা জলে ডুবিয়ে দিচ্ছে এবং নূতন নূতন নালার সৃষ্টি করছে। এই কারণে ঐ সব অঞ্চলের নদী-নালার প্রকৃতি সব সময়েই অস্থির, এবং পরিবর্তনশীল। হুগলী নদীর সঙ্গেও এই সব নদী, নালা, খাল সংযুক্ত।

গাঙ্গেয় উপত্যকা বা গঙ্গা নদী পশ্চিমবঙ্গে অতি সামান্য দূরত্ব পর্যন্ত বয়ে চলে বাংলাদেশে পদ্মানদীর নামে প্রবেশ করেছে। কিন্তু বক্রপথে ও কৃত্রিম ব্যবস্থার দ্বারা

গঙ্গানদীর কিছু জল মুর্শিদাবাদ, নদীয়া, ২৪ পরগণা, বর্ধমান, হুগলী, হাওড়া, মেদিনীপুর জেলাসমূহকে হয় জেলার মধ্যস্থান দিয়ে অথবা জেলার সীমান্ত দিয়ে বয়ে চলে সমুদ্রে মিশেছে। প্রদেশের প্রায় মাঝামাঝি স্থান দিয়ে যাওয়াতে এবং প্রদেশের সর্বপশ্চিম দিক হতে ক্রমান্বয়ে ঢালু হয়ে আসার কারণে প্রায় প্রদেশের অভ্যন্তরের সব জল এই গঙ্গা নদীতে এসে মিশছে, কিন্তু সাবলীলভাবে নয়, একটু অস্থিরতায়। এই গঙ্গা, ভাগীরথী বা বা হুগলী নদীর গুরুত্ব পশ্চিমবঙ্গের ক্ষেত্রে অপরিসীম। গঙ্গা (ভাগীরথী, হুগলী) পশ্চিম-বঙ্গের মধ্যাঞ্চল দিয়ে বাহিত হওয়া একমাত্র নদী যার ধারায় বছরের সব সময়েই জল বাহিত হয়। বর্ষাকালে বৃষ্টিপাতের জলের কারণে জলের পরিমাণ বৃদ্ধি পায়। বর্ষাশেষে হিমালয় পর্বতের বরফগলা জল বয়ে চলে। গঙ্গা সর্বতোভাবে স্থায়ী নদী (perrinial river) এবং তার অংশ ভাগীরথী, হুগলী যা একই ধারা তাও স্থায়ী নদী। ভাগীরথী বা হুগলী নদীর স্থায়িত্ব রক্ষা এবং জলের কলেবর বৃদ্ধির কারণে বিভিন্ন প্রচেষ্টা নেয়া হয়েছে তার মধ্যে অধুনা ফরাক্কার নিকট গঙ্গা নদীতে বাঁধের সাহায্যে জলের কলেবর বৃদ্ধিকরণ এবং ঐ বর্ধিত জলের কিয়দংশ কৃত্রিম খালের সাহায্যে ভাগীরথী হুগলী নদীতে প্রবেশ করিয়ে হুগলী নদীর জল তার সাথে প্রবাহ বৃদ্ধিকরণ। উদ্দেশ্য ভাগীরথী, হুগলী নদীর নাব্যতা রক্ষা করা এবং স্রোত বেগে জলে মিশ্রিত পলিমাটি বাহিত হয়ে সাগরে যাতে পড়ে। এই কার্যকরী ব্যবস্থায় বঙ্গোপসাগরের মোহনা হতে হুগলী নদীর অভ্যন্তরে ছোট, বড়, মাঝারি এমন কি বড় বড় জাহাজ প্রবেশ করে সহজেই কলকাতা বন্দরে এসে নোঙ্গর করতে পারে।

কিন্তু এই প্রচেষ্টা বর্তমানের প্রেক্ষাপটে খুব একটা কার্যকরী হবে বলে মনে হয় না। ভারতবর্ষের ভৌগোলিক, জলবায়ু এবং অধিবাসীদের জীবনযাত্রার পটভূমিকায় এবং বর্তমানকালের অর্থনৈতিক উন্নয়নের কারণে জল-ফসল সংরক্ষণ (water Harvest) ভারত সরকারের সঙ্গে সঙ্গে একক বা গোষ্ঠির, অঞ্চলের, জেলার এমনকি প্রদেশসমূহের ও অর্থনৈতিক উন্নয়নের একটি উজ্জ্বল সম্ভাবনাময় দিক।

বছরে একই পরিমাণ জলের জোগান এবং একই প্রকার বর্ধিত জলস্রোত যে জলস্রোত কলকাতা বন্দরকে সচল রাখার জন্য একটি নির্দিষ্ট গভীরতায় জল থাকবে এবং বর্ধিত জলস্রোত বন্দরের তৎসহ সমগ্র ভাগীরথী হুগলীর পলিমাটিও নানারকম আবর্জনা বাহিত হয়ে সমুদ্রে পতিত হবে তা বর্তমান সময়ে আর কোনমতেই সম্ভব হয়ে উঠবে না। বর্ষার জল নিজের জমিতে বা নিজস্ব এলাকায় তৈরি জলাধার বা পুকুর, সংস্কার পরবর্তী বিল, সরোবর, বড় দীঘিতে আবদ্ধ করে সেই জলে সমগ্রে বছর একাধিক অর্থকরী ফসলের উৎপাদন করার প্রবণতা দিন দিন বাড়ছে এবং সরকারের সহানুভূতি এবং প্রচেষ্টা যথেষ্ট আছে। কৃষি ব্যবস্থাকে উন্নত করে, উৎপাদিত ফসলের মাধ্যমে, দারিদ্রতা দূরীকরণ, কর্মসংস্থান, অপরাপর বিষয়গুলির যে উন্নতি হবে এবং সমগ্র ভারতবর্ষের সর্বাঙ্গীণ উন্নয়নের সঠিক এবং সার্থক দিক তা সরকারের উন্নয়নমূলক পরিকল্পনা সমূহতেই আমরা

অধিবাসীরা প্রায়ই শুনে আসছি। এই ব্যবস্থায় নির্দিষ্ট সময়ে নির্দিষ্ট পরিমাণ জল প্রাপ্তি অত্যন্ত প্রয়োজনীয় বিষয়। সরকারের বড় বড় পরিকল্পনা এবং ব্যবস্থাপনা এবং সম্পাদনার কথা বলে আসছেন। সম্পাদনার বাস্তবক্ষেত্রে অস্থিরতা, অসংগত ব্যবস্থা, নির্দিষ্ট সময়সীমা, অতিক্রম ও অসফলতার জন্য উপযুক্ত ফল পাওয়া যাচ্ছে না। উন্নয়নকামী, দেশের বাস্তব অবস্থাকে দূরে সরিয়ে রেখে অতি আধুনিক উন্নত ধারা প্রয়োগ করা দেশের অবস্থা এবং প্রাথমিক ব্যবস্থাকে সরাসরি দূরে সরিয়ে রেখে সর্বাধুনিক অনেকাংশে-কাল্পনিক ব্যবস্থাকে নিয়োগ করে অযথা পর্বত প্রমাণ অতিকষ্টে সংগৃহিত অর্থ বিনিয়োগের পর যে ফল পাওয়া গেল তার সুফল সবাই পেলই না। উপরন্তু বিভিন্ন নূতন নূতন বিশৃঙ্খলার দিকগুলি এসে গেল। চিরাচরিত কথায় গোদের উপর বিষফোঁড়া। আমার মনে হয় এবং অনেক চাষী ভাইরাও আমার সঙ্গে সহমত পোষণ করবেন যে বিশাল, বিশাল অতি আধুনিক ব্যবস্থা, গবেষণা, পরিকল্পনা, অনুসন্ধান কাজগুলি যেন মনে হয়, কোন একটা বহুতল অট্টালিকার ভূমির নিকটবর্তী কিছুতলকে সরাসরি না গঠন করে বা অসম্পূর্ণভাবে গঠন করে দশতলার কি কি সর্বাধুনিক ব্যবস্থা করা যায় তার কথা ভাবা। জলসম্পদের ব্যবস্থাপনা ও ব্যবহার যেন সার্থকভাবে তুলনীয়। সোজা কথায় জল পড়ে ঢালু পথে গড়িয়ে চলে, জলের পরিমাণ, অঞ্চলের প্রকৃতি, প্রভৃতি বিষয়গুলির যথাযথ অনুসন্ধান, ব্যবস্থা, জলসম্পদের ব্যবহার অনেকটাই নির্ভর করে। এই ব্যবস্থা ছোট, বড় সবরকমই হতে পারে। সাধারণ কৃষককুল, নিজস্ব অঞ্চলে জল ধরে রেখে সম্পূর্ণ বছরে চাষ ব্যবস্থায় সাফল্য আনার জন্য প্রচেষ্টা চালিয়ে যায়। সরকার যত্রতত্র বিভিন্ন নলকূপের ব্যবস্থা করে জল সরবরাহ করার ব্যবস্থা করছে। কিন্তু অনায়াসলব্ধ জল সর্বস্থানে ধরে রাখার প্রচেষ্টাকে যথাযথ গুরুত্ব দিচ্ছে না। কিছু কিছু দূরদর্শী চাষী-ভাই বৃষ্টির জল ধরে রেখে নিশ্চিন্তে ফসল উৎপাদন করে চলেছে। এই ভবিষ্যৎ দ্রষ্টা কিছু কিছু চাষী সম্প্রদায় গঙ্গানদীর উৎপত্তিস্থল হতে ফরাক্কার বাঁধ পর্যন্ত নদীর উভয় পার্শ্বে অনেক সংখ্যাতেই আছে। তাই গঙ্গা বক্ষে (ভাগীরথী) নির্দিষ্ট পরিমাণ প্রয়োজনীয় জল স্থায়ী ভাবে এবং অধিক বছরের জন্য প্রাপ্তির অবস্থা এখন আর হবে না বরঞ্চ জলের পরিমাণ ক্রমশই হ্রাস পেতে থাকবে।

নদীতে জলের পরিমাণ ক্রমশই যে কমতে থাকবে এবং ধারা ক্ষীণ থেকে ক্ষীণতর হতে থাকবে তার প্রধান এবং একমাত্র কারণ যার যেমন জমির পরিমাণ এবং ক্ষমতা সে সেই রকম ব্যবস্থা করে বৃষ্টির জল ধরে রাখছে এবং ভবিষ্যতে বহুসংখ্যায় এবং বিস্তীর্ণ অঞ্চল ধরে জল নিজেদের অঞ্চলেই ধরে রাখার চেষ্টা করবে। একক ব্যক্তি, গোষ্ঠি বা সমগ্র অঞ্চলের অধিবাসী তাদের মাঠে লাগানো ফসল কিংবা একাধিক অর্থকরী ফসল উৎপাদনের কারণে প্রয়োজনীয় জল সময়মত পেতে চায়।

গঙ্গানদীর অববাহিকার দুই পার্শ্বের বিস্তীর্ণ এলাকার অতি উৎকৃষ্ট চাষের জমিতে অর্থকরী ফসল উৎপাদনের প্রয়োজনে চাষে আলোকপ্রাপ্ত ব্যক্তি বা ব্যক্তিবর্গ আর সময়ের

জলের জন্য সে বা তারা আর অনিশ্চয়তায় থাকতে রাজি নয়। সাধ্যের অতিরিক্তি অর্থ ব্যয় করে যে তার নিজের প্রয়োজনীয় এবং মূল্যবান উন্নতমানের অধিক ফসল উৎপাদনকারী বীজ, সার, জল, ও কীটনাশক ঔষধের ব্যবস্থা করে নিজের এবং দেশের স্বার্থে যে ফসল আশা করে তার জন্য সময়ে জলের ব্যবস্থা সে করবেই। এইরূপ যদি দুই তীরবর্তী অঞ্চলের ছোট বড় আয়তনের জমির উপর বর্ষিত বৃষ্টির জল স্থানান্তরিত হতে না দেয় তবে গঙ্গানদীর ভাণ্ডার অপূর্ণ এবং ক্ষীয়মাণ হতে থাকবেই।

গঙ্গা নদীর জলভাণ্ডার ক্রমশই যে কমে আসবে তার প্রধানতম কারণ হিসাবে তিনটি বিষয় উল্লেখ করা যায়।

(১) বৈজ্ঞানিকভাবে চাষপ্রথায় অভিজ্ঞ একক চাষী-যার চাষের জমির পরিমাণ এক লপ্তে (কিছু-পরিমাণ জমি নিজের এবং কিছু পরিমাণ জমি লিজ নেওয়া) আনুমানিক ১০০ একরের মতো। কৃষির উপরেই তার জীবিকা ও বাড়বাড়ন্ত। সে বছরে যে রূপ-পরিমাণ বৃষ্টিপাত তার অঞ্চলে বা জমিতে হোক না কেন সে সমস্ত পরিমাণ জলই ধরে রাখার চেষ্টা করবে। সারা বছরের সংরক্ষিত জলের দ্বারা চাষই যাদের জীবিকা এবং স্বাচ্ছন্দ্যের একমাত্র সোপান তারা বছরে একাধিক অর্থকরী ফসল উৎপাদন করবে। ঐ জল আর অনায়াসে গঙ্গানদী পড়বে না।

(২) যে সব ব্যক্তি বা ব্যক্তিবর্গ সঙ্ঘবদ্ধভাবে একই এলাকায় সর্বাধিক ১০০০ একর বা হেক্টর পরিমাণ জমিতে অর্থকরী ফসল লাগিয়েছে। অবশ্য ঐ সব এলাকা নদীর উভয় তীরবর্তী অঞ্চলই সর্বাধিক। ঐ সব ব্যক্তি বর্গ প্রয়োজনে নদী হতে পাম্প বা অন্য ব্যবস্থার সাহায্যে গঙ্গা নদীর জল তুলে তার কৃষিজাত ফসলকে প্রয়োজনে সেচ দেওয়ার কাজে ব্যবহার করছে। এই প্রকারেও গঙ্গার জল কমতে থাকছে।

(৩) সুবিধামতো স্থানে বিশেষ করে সাবলীল ঢালের সুবিধা যদি উভয়তীরের কোন অঞ্চলে থাকে তবে সেইসব অঞ্চলের কৃষি বিদ্যায় পারদর্শী ও বৈজ্ঞানিকভাবে উন্নত হাই-টেক কৃষি বিজ্ঞানে আলোকপ্রাপ্ত ব্যক্তিবর্গ যাদের চাষই একমাত্র জীবিকা তারা অঞ্চলের সবাইয়ের সম্মিলিত প্রচেষ্টায় বিভিন্ন পরিসরের নালা কেটে গঙ্গানদীর জলকে তাদের এলাকায় চালিত করে চাষ আবাদ করছে। এই ব্যবস্থার দ্বারাও গঙ্গানদীর জল কমছে।

এইভাবে গঙ্গানদীর (গঙ্গোত্রী হতে ফরাক্কা পর্যন্ত) অববাহিকার দুই তীরের ক্যাচমেন্টের (catchment) এর জল এবং হিমবাহ হতে বরফ গলা জল ক্রমশই আবদ্ধ ও স্থানান্তরিত হতে থাকে তবে গঙ্গার জল অবধারিত ভাবে কমবেই।

জলের পরিমাণ ক্রমশই যে কমছে এবং হ্রাস প্রাপ্তির সংবাদ ক্রমশই বৃদ্ধি পাচ্ছে তার বিবরণ সংবাদপত্রে প্রকাশিত বক্তব্যের মধ্যেই পাওয়া যায়।

ষাট দশকে ফরাক্কা দিয়ে বর্ষার মরসুমে সর্বাধিক ১৬ থেকে ১৮ লাখ কিউসেক জল প্রবাহিত হত। সংবাদপত্রে প্রকাশিত বক্তব্যে জানা যায় (১৯৯৬ সালের নভেম্বর বা ডিসেম্বর মাস) বাংলা দেশের সঙ্গে স্থায়ী জল সরবরাহের প্রাক্কালে গঙ্গা দিয়ে বর্ষার

মরসুমে সর্বাধিক জল প্রবাহিত হয় ১০ লাখ কিউসেক এবং খরা মরসুমে সর্বনিম্ন এক লাখেরও কম কিউসেক পরিমাণ জল বর্তমানে ফরাক্কা দিয়ে প্রবাহিত হচ্ছে।

উত্তরবঙ্গের পাঁচটি জেলাকে বাদ দিলে এই গঙ্গানদী (ভাগীরথী, হুগলী) পশ্চিমবঙ্গের ক্ষেত্রে জলসম্পদের স্থানান্তরে পরিচলন ব্যবস্থার বেস লাইন মনে করে উত্তরবঙ্গ বাদে উভয় তীরের নদী-সমূহের অবস্থান আলোচনা করা যায় তবে জলসম্পদের ব্যবহারিক দিক ও গতি প্রকৃতির বিষয়ে একটি সঠিক ধারণা পাওয়া যায়। ভাগীরথী-হুগলীর পশ্চিম পার্শ্বের নদীসমূহকে মানচিত্রে দেখলে মনে হয় যে ঈশ্বর সৃষ্ট জলধারার উপহার। উপহারস্বরূপ সেই জলপ্রবাহকে সুন্দরভাবে কাজে লাগিয়ে ঈশ্বরসৃষ্ট এই ভূমিকে ফুল, ফল ও শষ্যের প্রাচুর্য্যে আনা সম্ভব হয়।

জলসম্পদের বাৎসরিক সরবরাহ অর্থাৎ বৃষ্টিপাত জনিত জলের পরিমাপের পরিসংখ্যান এবং সেই সম্পদের ব্যবহারিক দিকও খুবই তাৎপর্যপূর্ণ। সম্বৎসরের বৃষ্টিপাত জনিত জলসম্পদের পরিমাণ ও চলন জানতে হলে এই রাজ্যের উত্তরে হিমালয় পর্বত হতে আগত জলধারা এবং প্রবাহিত হবার ক্ষেত্র, ক্ষেত্রের ক্ষমতা ও পশ্চিমের মালভূমি হতে যে জলধারা দক্ষিণ, পূর্বদিকে আসে তার প্রবাহিত হবার স্থান, পরিসর, ক্ষমতা জানা থাকলে অববাহিকাগুলির ক্ষমতা সম্বন্ধে সঠিক চিত্র পাওয়া যায়। এই রাজ্যের প্রায় প্রত্যেক নদী অববাহিকাই বৃষ্টিপাতের সামান্য তারতম্যে বন্যা, জলমগ্ন হওয়া জাতিয় অশুভ দিকগুলি প্রকাশ পায়। নদী-উপত্যকা কখনই স্থিতিশীল এবং একই রকম থাকতে পারে না। জল সম্পদের কম, বেশীর জন্য পরিবর্তিত জলভাণ্ডার ও জলস্রোত হবেই। কিন্তু জল সম্পদের কম, বেশীর জন্য নদী অববাহিকার যে কোন পরিবির্তন ক্ষতিকারক দিকগুলির অনেক দূরে থাকবে। রাজ্যের জলসম্পদের পরিচলন অবস্থা তার সাথে একটি পূর্ণ বছরের বা বার মাসের যে পরিমাণ বৃষ্টিপাত এ রাজ্যের সমগ্র আয়তনের উপর বর্ষিত হয় তা অঙ্গাঙ্গীভাবে যুক্ত। পূর্ণ বছরের সম্পূর্ণ বৃষ্টিপাত সাধারণত: অনেক কয় বছরের গড় বৃষ্টিপাত। একই মাত্রায়, একই ধারায়, একই সময়ের ব্যবধানে, একই রকম মাসে বৃষ্টিপাত প্রায় কোন বছরেই হয় না। কিন্তু এই রাজ্যের ক্ষেত্রে সাধারণভাবে কিছু পরিমাণ বৃষ্টিপাত প্রতি বছরে হয়ই। কোন বছর কম পরিমাণে, কোন বছর বেশী পরিমাণে, কোন বছর অস্বাভাবিকভাবে বেশী আবার কোন বছর উল্লেখযোগ্যভাবে কম। বৃষ্টিপাতের এই অনিশ্চয়তা অতিতে ছিল, আজও আছে এবং ভবিষ্যতে থাকবে কিনা বলা শক্ত। কিন্তু অতিতকাল হতেই শুনে ও দেখে আসছি এই রাজ্যে একটি ভাল পরিমাণ বৃষ্টিপাত প্রায় প্রতি বছরেই হয়। বাৎসরিক বৃষ্টিপাতের মোট পরিমাণের পরিসংখ্যান সুদূর অতিতকাল থেকে বর্তমান পর্যন্ত সে তথ্য পাওয়া যায় তার পরিমাপের মিল কোন বছরেই এক হয় না। হয় কোন বছর অধিক বৃষ্টি না হয় কোন বছর অনাবৃষ্টি বা অল্পবৃষ্টি। আবার কোন বছরে বৃষ্টিপাতের পরিমাণ উল্লেখযোগ্যভাবে অত্যধিক বেশী বা কোন বছর অতি প্রকোটভাবে খরা দেখা যায়। এইরূপ উল্লেখযোগ্যভাবে অতিবৃষ্টি অনাবৃষ্টি প্রায় সচরাচর

প্রতি বছর কখনই হয় না। অতিতের তথ্য হতে জানা যায় উল্লেখযোগ্যভাবে ব্যতিক্রম বেশ কয়েক বছরের ব্যবধানেই হয়। হয় অতিবৃষ্টি বা অনাবৃষ্টি। অতিবৃষ্টি ও অনাবৃষ্টি হলে অশেষ দুর্ভোগ হয় এবং সম্পদও যথেষ্ট নষ্ট হয়—গৃহ, জনপদ, গবাদি পশুর বিনাশ। সেই সঙ্গে দুর্ভিক্ষ ও মহামারী ঘটে। নির্দিষ্ট ও জ্ঞাত মাপের বৃষ্টিপাতের অনিশ্চয়তা আছেই। কিন্তু সুব্যবস্থার মাধ্যমে অনেক অসুবিধা দূর করা সম্ভব হয় এবং প্রাপ্ত জলসম্পদের দ্বারা প্রয়োজনীয় কাজ করা সম্ভব হয়। বৃষ্টিপাতের উল্লেখযোগ্য ব্যতিক্রমকে দূরে সরিয়ে রাখলে দেখা যায় যে প্রায় প্রতি বছরই রাজ্যের বিভিন্ন অঞ্চলে কম, বেশী বৃষ্টিপাতের জলকে যুক্ত করলে জলের পরিমাণ মোটামুটি সামঞ্জস্যপূর্ণই থাকে। এই প্রদেশের হিমালয় সংলগ্ন অংশে বৈজ্ঞানিক রীতি অনুযায়ী বা মৌসুমী বায়ুর প্রভাবে গড় বৃষ্টিপাতের পরিমাণ তুলনামূলকভাবে বেশী। গাঙ্গেয় সমভূমিতে বৃষ্টিপাতের পরিমাণ উত্তরাংশ হতে সামান্য কম এবং গাঙ্গেয় সমভূমি হতে পশ্চিমের মালভূমি অঞ্চলে বৃষ্টিপাতের পরিমাণ আরও কম। অতিতের গড় বৃষ্টিপাতের তথ্য হতে জানা যায় নির্ধারিত পরিমাপের শতকরা ২৫ থেকে ৩০ ভাগ পরিমাণ অঞ্চল বিশেষে বেশী বা কম হয়। সুদূর অতিতের গড় বৃষ্টিপাতের তথ্য তার ব্যতিক্রম প্রভৃতি বিষয়গুলি অবলম্বন করে বর্তমানের প্রয়োজনের পরিপ্রেক্ষিতে ও সুষ্ঠ বন্টনের দিকে লক্ষ্য রেখে চিরাচরিত ব্যবস্থাপনার পরিবর্তন সাপেক্ষে জলসম্পদের ব্যবহারিক দিক আলোচিত হবে।

৫

প্রদেশের ভিন্ন ভিন্ন অঞ্চলের গঠনগত অবস্থায় জল সম্পদের চলন, ভূতলে গমন ও মাটি অপসারণ প্রক্রিয়া

পশ্চিমবঙ্গের প্রাকৃতিক গঠনগত অবস্থা বা ভূ-প্রকৃতির পার্থক্য অনুসারে সমগ্রম পশ্চিমবঙ্গকে মোটামুটি আটটি ভিন্ন ভিন্ন অঞ্চলে বিভক্ত করা যায়।

(১) পার্বত্য অঞ্চল

পশ্চিমবঙ্গের সমগ্র উত্তর সীমান্ত অঞ্চল হিমালয় পর্বত শ্রেণীর অর্ন্তগত। সম্পূর্ণ দার্জিলিং জেলা, কুচবিহার ও জলপাইগুড়ির উত্তর প্রান্তিক অঞ্চল পার্বত্য অঞ্চল। এই অঞ্চলে প্রায় সর্বত্রই উঁচু, নীচু, গভীর গিরিখাত এবং প্রখর ঢাল দেখা যায়। এই অঞ্চলের বৃষ্টিপাতও বরফগলা জল পরিবহনের জন্য খাত ও বহু বছর ধরে জলবাহিত হওয়ার প্রধান প্রধান নদী-পথ—যথা জলঢাকা, মহানন্দা, তিস্তা, তোরসা। তাছাড়া অসংখ্য নালার মাধ্যমে জলে বাহিত হয়ে এইসব নদীগুলিতে এসে মেশে। অত্যধিক পরিমাণে বৃষ্টিপাত যার ফলে রাতারাতি বাড়ী, ঘর, শহর, শস্যক্ষেত্র জলে ভাসিয়ে দেয়। এইসব নদীগুলিকে সংযত জলসম্ভার বহন করার প্রয়োজনীয় ব্যবস্থা করা যায়নি। যথাযথভাবে জল চলাচলকে শৃঙ্খলায় আনতে পারলে পর্যাপ্ত জলসম্পদকে কাজে লাগান যায়। দার্জিলিং জেলায় পর্যাপ্ত পরিমাণ বৃষ্টিপাত, কিন্তু দারুণ জলকষ্ট। এসব নদীসমূহ স্থায়ী নদী। বর্ষা শেষে হিমবাহের বরফগলা জলও এই সব নদী দ্বারা বাহিত হয়।

(২) তরাই অঞ্চল

হিমালয়ের পাদদেশে অপেক্ষাকৃত নীচু-জমির অঞ্চল—তরাই অঞ্চল। সমগ্র তরাই অঞ্চল উত্তর হতে দক্ষিণ দিক বরাবর ঢালু হয়ে এসেছে। উঁচু অঞ্চলের ছোট, বড় পাথর, বালি, পলি ও গাছপালার দ্বারা এই অঞ্চল গঠিত। দার্জিলিং জেলার শিলিগুড়ি মহকুমা, জলপাইগুড়ি জেলার পূর্ব ও উত্তর সীমান্ত এবং উভয় দিনাজপুর জেলার উত্তরাংশ এই অঞ্চলের অর্ন্তগত। এই অঞ্চলের জমির ঢাল অপেক্ষাকৃত কম। এই অঞ্চলের প্রধান প্রধান নদীসমূহ যথা মহানন্দা, তিস্তা, জলঢাকা, তোরসা, কালজানি, রায়ডাক ইত্যাদি। এই নদীসমূহের কোন কোন নদী হিমবাহের বরফগলা জল সমস্ত বছর পায় তাই এইসব নদীতে বছরের সব সময়েই জল থাকে। তাছাড়া অন্যান্য ছোট, বড় বহু নদী, নালা, বৃষ্টির জলে পুষ্ট হয় কিন্তু গ্রীষ্মকালে জলশূন্য থাকে।

(৩) উত্তরের সমভূমি অঞ্চল

তরাই অঞ্চলের দক্ষিণ দিকে গঙ্গানদীর তীরবর্তী অঞ্চল পর্যন্ত উত্তরের সমভূমি অঞ্চল।

এই অঞ্চলের অন্তর্গত কুচবিহার, জলপাইগুড়ির দক্ষিণাংশ, সমগ্র দুই দিনাজপুর জেলা এবং সমগ্র মালদহ জেলা। এই অঞ্চলের প্রধান নদীগুলি হল, তিস্তা, মহানন্দা, তোরসা, রায়ঢাক, কালজানি প্রভৃতি। তাছাড়া ছোট ছোট নদী, বৃহৎপরিসরের অসংখ্য নালাও আছে। এই সব ছোট বড় নদী এবং নালা বর্ষার জলে স্ফীত হয়ে মাঝে মাঝে ভয়ংকর আকার ধারন করে এবং ধ্বংশলীলা চালায় কিন্তু গ্রীষ্মকালে কোন কোন নদী এবং নালাতে ক্ষীন ধারায় জল প্রবাহিত হলেও অধিকাংশ নদী, নালাই প্রায় জলশূন্য হয়ে যায়। মাটির গঠন—অতি সূক্ষ্ম পলিমাটি এবং ছোট দানার বালির মিশ্রণ। মাটি খুব নমনীয় এবং নানাপ্রকার ফুল, ফল, ফসলের চাষের জন্য অতি পরিমাণে উপযুক্ত মাটি। বৃষ্টিপাত হলে বিশেষ করে মুষলধারে তীব্র আকারে বৃষ্টিপাত হলে সূক্ষ্ম পলি ও ছোট দানার বালি জলদ্বারা বাহিত হয়ে নদীতে পড়ে এবং জল মিশ্রিত পলিমাটির পরিমাণ বৃদ্ধি করে।

পূর্বেই বলা হয়েছে উত্তরবঙ্গের নদীসমূহের অস্থিরতা এবং অঞ্চলবিশেষে ঢাল এবং মাটির প্রকৃতির কারণে চিরাচরিত প্রথার বাইরে জলসম্পদের সুশৃঙ্খল ব্যবস্থাপনার দিকগুলি পরবর্তী দ্বিতীয় ভাগের প্রকাশনায় বিস্তারিত ভাবে আলোচনা করা হবে।

(৪) রাঢ় অঞ্চল

বীরভূম, বাঁকুড়া, বর্ধমান, মুর্শিদাবাদ ও মেদিনীপুর জেলার কিছু অংশ নিয়ে এই অঞ্চল গঠিত। মালভূমি ও পাহাড়ী অঞ্চলের ক্ষয়িভূত পলিমাটি জল দ্বারা বাহিত হয়ে সমতলের এই সমভূমির সৃষ্টি। ল্যাটারাইট জাতীয় লালমাটি তৎসহ ছোট, ছোট কাঁকড় পাথরের আধিক্য—এ অঞ্চলে দেখা যায়। এই অঞ্চলের প্রধান প্রধান নদীসমূহ ময়ুরাক্ষী, অজয়, দামোদর, দ্বারকেশ্বর, রূপনারায়ণ, শিলাবতী, কংসাবতী, হলদী ও সামান্যভাবে সুবর্ণরেখা প্রভৃতি। তাছাড়া হুগলী নদীর উপকূলবর্তী অঞ্চলে বহুসংখ্যক খালের দ্বারা জোয়ার এবং বর্ষার জলে খাল পরিপূর্ণ থাকে এবং অত্যাধিক জলাগমে আশপাশের অঞ্চল প্রায়ই জলমগ্ন থাকে। এই অঞ্চলের নদীগুলি সাঁওতাল পরগণার পাহাড়ী অঞ্চল এবং ছোটনাগপুরের মালভূমি হতে উৎপন্ন হয়ে ভাগীরথী, হুগলী নদীতে পড়েছে।

(৫) উপকূলের বালুকাময় সমভূমি অঞ্চল

মেদিনীপুর জেলার সমুদ্র উপকূলবর্তী সমগ্র সমতলভূমি উপকূলের বালুকাময় সমভূমি অঞ্চল। সমুদ্রের জলের হ্রাস, বৃদ্ধি এবং অত্যাধিক বৃষ্টিপাতের ঢলের দরুন উপকূলবর্তী অঞ্চল ক্ষয়প্রাপ্ত হচ্ছে এবং তটভূমির ভাঙনের দরুন অঞ্চলের তল প্রায়ই পরিবর্তিত হচ্ছে। এই অঞ্চলের একমাত্র নদী রসুলপুর নদী। জোঁয়ার ভাটার কারণে এ নদীর প্রকৃতি অস্থির। বর্ষাকালে জলের পরিমাণ বেশী হয় এবং দুকূল ছাপিয়ে জল আশেপাশে গ্রাম, গঞ্জে ঢুকে পড়ে এবং বেশ কিছুদিন অঞ্চলকে জলমগ্ন করে রাখে। গ্রীষ্মকালে কেবলমাত্র জোয়ারের জলেই নদী পূর্ণ হয় এবং ভাটার টানে সেই নদী আববাহিকা জলশূন্য হয় এবং

বিস্তীর্ণ অঞ্চল কর্দমাক্ত হয়ে থাকে। এই জলপূর্ণ হওয়া এবং তা সরে যাওয়া জোয়ার ভাটারা জন্যই হয়ে থাকে দিনরাতের বিভিন্ন সময়ে কয়েক ঘণ্টার জন্য। অঞ্চলে বেশী পরিমাণ বৃষ্টিপাত হলে কিংবা পশ্চিমের নদীগুলির দ্বারা বেশী পরিমাণ জল বয়ে আসলে বিস্তীর্ণ অঞ্চল বেশ কিছুদিনের জন্য জলমগ্ন থাকে।

(৬) দক্ষিণ-পূর্বের সুন্দরবন অঞ্চল

ক্যানিং, বাসন্তি, গোসাবা, কাকদ্বীপ, নামখানা, সাগরদ্বীপ, দক্ষিণ ২৪ পরগনার জেলার দক্ষিণ অঞ্চলগুলি এবং দক্ষিণ-পূর্বের সুন্দরবন অঞ্চল। সমুদ্র সংলগ্ন থাকার জন্য এবং বৃষ্টি বেশী হওয়ার কারণে অসংখ্য খাল, খাড়ি অঞ্চলের বিভিন্ন দিক দিয়ে বয়ে চলে সমগ্র অঞ্চলকেই অসংখ্য ব-দ্বীপের আকারে অঞ্চল গঠিত হয়েছে। এই অঞ্চল নদীর পলিমাটি দিয়ে সৃষ্ট। তল সমুদ্র জলতল হতে সামান্য উঁচু থাকার জন্য ভরা জোয়ারে সমগ্র অঞ্চল নোনাজলে পূর্ণ হয় এবং নুন অধঃক্ষেপিত হওয়ার জন্য ঐসব জমি নোনাজমি বা সেলাইন সয়েল (saline soil) রূপে গণ্য হয়। নোনা জমিতে তথাকথিত চাষ ব্যবস্থায় ফসল ফলা সম্ভব হয় না। কিন্তু বর্তমানে কিছু কিছু বিষয়ের সংশোধনের ফলে ঐ স্থানে বিশেষ বিশেষ ফল, সবজী এবং ফসলের চাষ করার চেষ্টা চলছে এবং আংশিক সাফল্যও দেখা যাচ্ছে। ঐ জোয়ার ভাটা তার সঙ্গে উপর প্রদেশের জলের ঢল প্রভৃতি বিষয়গুলিকে অনুসন্ধান এবং প্রয়োজনমত সুব্যবস্থার মাধ্যমে ঐ অঞ্চলই অতি সম্ভাবনাময় স্থান হতে পারে।

(৭) পশ্চিমের মালভূমি—ঢেউ এর মত উঁচু নীচু অঞ্চল

পুরুলিয়া জেলা এবং মেদিনীপুর, বর্ধমান, বীরভূম, বাঁকুড়া জেলার পশ্চিমাংশ নিয়ে এই অঞ্চল গঠিত। এই অঞ্চলের মাটি গ্রানাইট পাথরযুক্ত। এই পাথর অনায়াসেই টুকরো টুকরো হয়ে ভেঙ্গে যায়। নানারকম প্রাকৃতিক দুর্যোগ এবং জমি উঁচু, নীচু বলে জোর জলের ঢলে এই অঞ্চলের পাথর ক্ষয়প্রাপ্ত হয়ে নিম্নতর অঞ্চলে এবং বৃষ্টির জলের গতির পথে যখন জল ও স্রোতের বেগ কমতে থাকে ঐ জলে ধোয়া বালিমাটি দক্ষিণ, পূর্বদিকের অঞ্চলে জমা হয়। পলিমাটি বা অতি সূক্ষ্ম বালিকণা বা মাঝারি বালিকণার সঙ্গে সঙ্গে, ছোট, ছোট পাথর, বড় দানার বালিমাটির পরিমাণ ঐ পলিমাটির সঙ্গে মিশে আছে। সূক্ষ্ম মাটির কণা বা কাদা মাটির পরিমাণ ঐ অঞ্চলের মাটিতে কম, তার সাথে আছে আবার বড় দানার বালিকণা ও ছোট দানার পাথর। ভূতলের স্বল্প গভীরতায় অঞ্চল এইরূপ মাটির স্তর (alluvial soil) দ্বারা গঠিত। আবার মাটির স্তরের (alluvial soil) গভীরতার নীচেই বা মাটির স্তরের মধ্যেও ছোট, বড় পাথরের স্তর থাকার দরুন বৃষ্টিপাতের জল প্রথমে মাটির স্তরের প্রকৃতি অনুযায়ী অতি সহজেই অভ্যন্তরে চলে যায় এবং পরবর্তী নীচু দেশে পাথরের নানারকম ফাঁক ফোকর দিয়ে অতি নীচে চলে যায়। জল সমতলে বর্ষিত হয়, অভ্যন্তরে অনায়াসে অতি অল্প-সময়ের মধ্যেই প্রবেশ করে। কিন্তু প্রয়োজনে ভূতলের

জল এই প্রদেশের অন্যান্য অঞ্চলে যেমন সহজেই নলকূপের সাহায্যে তোলা যায় এ অঞ্চলে তা সহজে হয় না। মাটির অভ্যন্তরে সামান্য গভীরতাতেই পাথরের নীরেট স্তর থাকার দরুন নলকূপ বসানোর সাধারণ প্রক্রিয়ায় এ অঞ্চলে নলকূপ বসানো সম্ভব হয় না। বিশেষ প্রক্রিয়ায় এইসব অঞ্চলে নলকূপ বসানো হয়। যেসব জলাশয় বহু বছরের পুরাতন, যার তলদেশে অনেক বছরের অধঃক্ষেপিত সূক্ষ্ম পলির স্তর পড়েছে, যে সব জলাশয়ের জল সহজে তলদেশে প্রবেশ করতে পারে না বলে বর্ষার সঞ্চিত জল পরবর্তী বর্ষা পর্যন্ত থাকে। কিন্তু নূতন খনন করা জলাশয়ের জল অতি দ্রুত অভ্যন্তরে চলে যায় বলে জল অনেক বেশীদিন থাকতে পারে না। খনন করা জলাশয়ে দ্বিতীয় বা তৃতীয় বছরে জল অনেক বেশীদিন জলাশয়ে থাকে। এইসব অঞ্চলের গঠনগত সুবিধার জন্য জমির উপরিভাগেই জল ধরে রাখা শ্রেয়। নলকূপ এমনকি পানীয় জলের প্রয়োজনেও নলকূপ বসানো অতি ব্যয়সাপেক্ষ। তলদেশের বিভিন্ন গভীরতায়, দৃঢ় ও ভঙ্গুর পাথরের স্তর থাকার দরুন জল যদি অতি সহজে অতি গভীরে প্রবেশ করে কিন্তু তাকে উপরে তুলে আনার জন্য যেসব নলকূপের পাইপ গভীরে প্রবেশ করানো দরকার তা অতিব কঠিন এবং ব্যয়সাপেক্ষ। এই অঞ্চলের প্রায় সব নদীই পশ্চিমের মালভূমি এবং ছোটনাগপুরের পাহাড়ী অঞ্চলে উৎপন্ন হয়ে দক্ষিণ-পূর্বদিকে প্রবাহিত হয়েছে। জমির ঢাল প্রখর। তাই কোনসময়ে ঐসব উপর অঞ্চল বৃষ্টিপাতের পরিমাণ যদি বেশী হয় তবে নদীতে জলের ঢল খুবই বেড়ে যায়। এই নদীগুলি বিশেষ করে পশ্চিম সীমান্ত অঞ্চলে অতীব খরস্রোতা। বিশাল জলরাশি অত্যধিক বেগে বইতে থাকলে আশ পাশের অঞ্চল প্রায় ক্ষতিগ্রস্ত হয়ে থাকে। যেসব স্থানে সাধারণতঃ জলমগ্ন হয় না, স্বাভাবিক কারণেই সেখানে চাষবাস জনবসতির ব্যবস্থা হয়েছে। অতিবৃষ্টির জল হয় কোথাও বাধাপ্রাপ্ত হয়ে অগ্রগতির সাময়িক ভাবে স্তব্ধ হওয়াতে ঐসব অঞ্চলে মাঝে মাঝেই জলমগ্ন হয়ে অশেষ ক্ষতি করে। আবার উপারাঞ্চলের অতিবৃষ্টির জল বৃষ্টি বন্ধ হবার কয়েকদিন বাদেই ক্ষিন হতে ক্ষিনতর ধারায় বইতে লাগলো। তাই সাতদিনের মধ্যেই জল সব বয়ে চলে গেল, নদী, অববাহিকাও শুকিয়ে খটখটে হয়ে গেল। দেখা গেল যে ঐ অঞ্চলে, বিস্তীর্ণ অঞ্চল ধরে বেশ কিছু বৃষ্টিপাতের জল ভূতলে পড়লো। জমির গঠনের কারণে বহুকালের জল বাহিত হওয়ার স্থান দিয়ে অতি প্রবল বেগে প্রবাহিত হল। জল চলাকালে আশপাশের অঞ্চলের ক্ষতি করে সরে গেল। ধরে রাখা গেল না। একটি সুস্পষ্ট চিত্র রাজ্যের জনগণের বিশেষ করে ঐসব অঞ্চলের অধিবাসীদের নিকট পরিষ্কার যে বছরের বিশেষ করে বর্ষাকালে কোন না কোন সময়ে একনাগাড়ে দুই-চারদিন বৃষ্টিপাত হল, অনেক জল ঐসব অঞ্চলে জমা হলো। আমাদের সুরক্ষা ব্যবস্থার অভাবে অপসৃত হয়ে গেল। তাই কল্যাণমূলক কোনরূপ কাজে ঐ অমূল্য সম্পদকে লাগানো গেল না। ফলে আমাদের দারিদ্রতা মোচনের দিকগুলি আত্মপ্রকাশ করলো না। এই অঞ্চলের প্রধান প্রধান নদীগুলির মধ্যে অজয়, দামোদর, কংসাবতী, কুমারী, শিলাবতী প্রভৃতি অন্যতম। তাছাড়া অসংখ্য স্বল্প ও অধিক

দূরত্বের খালের বা নালার দ্বারা বর্ষাকালে জল প্রবাহিত হয়ে নিকটবর্তী কোন না কোন বড় নদীতে গিয়ে পড়েছে। অথবা ঐ সব খাল, নালার বাহিত জল কোন বিস্তীর্ণ অঞ্চলকে স্বল্পকালের জন্য জলমগ্ন করে অহেতুক স্থান দখল করে আছে কিংবা অঞ্চলের জনবসতির বা ফসলের ক্ষতি করে চলেছে।

(৮) গঙ্গার ব-দ্বীপ অঞ্চল

গঙ্গানদী ফরাক্কার সামান্য নীচে পদ্মানদী নাম নিয়ে বাংলাদেশে প্রবেশ করেছে। ফরাক্কা বাঁধের সন্নিকটে একটি মনুষ্যকৃত নালার সাহায্যে কিছু পরিমাণ জল পশ্চিমবঙ্গের মুর্শিদাবাদ, নদীয়া, ২৪-পরগনাতে প্রবেশ করানো হয়েছে। মনুষ্যকৃত খালের দ্বারা জল প্রবেশ করিয়ে ভাগীরথী হুগলী নদীর জলের পরিমাণ বাড়ানো হয়েছে। আবার বাংলাদেশের পদ্মানদী হতে দুইটি শাখানদী যথা জলঙ্গী ও চূর্ণী মুর্শিদাবাদ, নদীয়ার মধ্য দিয়ে প্রবাহিত হয়ে দক্ষিণে ঐ দুটি শাখানদীর জল হুগলী নদীতে এসে মিশেছে। ফরাক্কা পরবর্তী পদ্মানদী এবং ভাগীরথী-হুগলীর মধ্যবর্তী অঞ্চল গঙ্গার ব-দ্বীপ অঞ্চল। এই অঞ্চল যথার্থভাবে এবং সম্পূর্ণভাবে পলিমাটির স্তর (alluvial soil) দ্বারা গঠিত এবং ফসল, উদ্ভিদ ও বৃক্ষাদির পক্ষে অতি উৎকৃষ্ট মাটি। বৃষ্টিপাত হলে সেই জল এই অঞ্চলে অনেকদিন অবস্থান করে জমি যদি একই তলে থাকে কিংবা অতি ধীরে বাহিত হয়ে নিম্নতর অঞ্চলে গিয়ে জমা হয়। এই অঞ্চলের প্রধান প্রধান নদীসমূহের মধ্যে জলঙ্গী, ইছামতি, চূর্ণী অন্যতম। এই নদীগুলি পদ্মানদী থেকে বেড়িয়ে ভাগীরথ, হুগলীতে পড়েছে চূর্ণী, ইছামতি, জলঙ্গী পদ্মানদীর শাখানদী বলে এই নদীগুলিও স্থায়ী নদী। বছরের মধ্যে বারমাসই এইসব নদীর দ্বারা জল কম বেশী বয়ে চলে।

ভৌগলিক অবস্থা ও গঠনগত কারণে যদিও এই প্রদেশকে আটটি ভিন্ন ভিন্ন অঞ্চলে বিভক্ত করা হয়েছে কিন্তু প্রদেশের সমতলের ঢাল উত্তর হতে দক্ষিণ বা দক্ষিণ-পূর্ব ও পশ্চিম-উত্তর হতে দক্ষিণ-পূর্ব দিকে প্রায় সামঞ্জস্যভাবে নেমে এসেছে। অবশ্য ছোট খাট নীচু বা উঁচু অঞ্চল রাজ্যের বিভিন্ন স্থানে ছড়িয়ে ছিটিয়ে আছে। আর আছে বিশাল বিল, হ্রদ বা নিম্নভূমি বা জলাভূমি। পশ্চিম দিকে সর্বোচ্চ ৩০০ মিটার উচ্চতার অঞ্চল হতে ধাপে ধাপে সর্বনিম্ন অঞ্চল সমুদ্র জলতলে এসে মিশেছে। আবার উত্তরের হিমালয় পর্বত যার উচ্চতা আট হাজার ফুট এবং যে স্থান হতে জল আমাদের রাজ্যে প্রবেশ করে, সে স্থান হতে দক্ষিণ-পূর্ব দিকে ব্রহ্মপুত্র নদী এবং দক্ষিণে পদ্মানদী পর্যন্ত পবতাঞ্চলের তীব্র ঢাল বাদি দিয়ে ঢাল অতি সাবলিল ভাবে দক্ষিণ ও দক্ষিণ-পূর্ব দিকে এসেছে।

৬

রাজ্যের অঞ্চলভিত্তিক উল্লেখযোগ্য নদীসমূহ, সেগুলির উৎস, প্রকৃতি এবং সর্বশেষ অবস্থান

পশ্চিমবঙ্গের উল্লেখযোগ্য নদীসমূহকে মোটামুটি চারটি অঞ্চলে বিভক্ত করা যায়। যথা,

(১) উত্তরবঙ্গের নদীসমূহ

(২) গাঙ্গেয় উপত্যকার নদীসমূহ

(৩) পশ্চিমের মালভূমি অঞ্চলের নদীসমূহ

(৪) দক্ষিণের উপকূলভূমি অঞ্চলের নদীসমূহ

এই চারটি পৃথক পৃথক অঞ্চলের নদীসমূহের মধ্যে গাঙ্গেয় উপত্যকা, আমাদের এই রাজ্যে উত্তরে ভাগীরথী এবং তার দক্ষিণাংশের অববাহিকা হুগলী এই রাজ্যে একটি গুরুত্বপূর্ণ স্থান দখল করে আছে।

(১) উত্তরবঙ্গের নদীসমূহ

উত্তরবঙ্গের উত্তরাংশ থেকে উৎপন্ন নদীগুলি যথা—জলঢাকা, মহানন্দা, তিস্তা, তোরসা, রায়ডাক, কালিন্দি, পুর্নভবা, আত্রাই প্রভৃতি উল্লেখযোগ্য নদী। এই অঞ্চলের উত্তরাংশ অত্যন্ত এবড়ো-খেবড়ো পার্বত্যভূমি। পাহাড়ের অতি খাড়াই ঢাল এবং গভীর গিরিখাতযুক্ত। উত্তরাংশের ভূমি পাললিক এবং রূপান্তরিত শিলার সমন্বয়ে উত্তরাংশের মাটির স্তর। উত্তরাংশ হতে দক্ষিণ দিকের সর্বশেষ স্থলভূমি বঙ্গোপসাগরের উপকূল পর্যন্ত ক্রমশঃ নীচু হয়ে এসেছে। তিস্তা, জলঢাকা, তোরসা, মহানন্দা প্রভৃতি নদীগুলি হিমালয়ের ভিন্ন ভিন্ন হিমবাহ থেকে উৎপন্ন হয়েছে। হিমালয় পর্বতের বরফগলা জল এইসব নদী অববাহিকার দ্বারা বছরের সবসময়েই বাহিত হয়। তাই বছরের সব মাসেই এইসব নদীগুলিতে জল থাকে। হিমালয়ের পাদদেশ থেকে গঙ্গা নদীর বামতীর পর্যন্ত মিশ্র মাটির দ্বারা ভূমি গঠিত। হিমালয়ের পাদদেশের মাটি নুড়ি, বালি এবং পলি স্তরে স্তরে স্থাপিত। আবার পাদদেশ অঞ্চল হতে গঙ্গানদীর বামতীর পর্যন্ত অঞ্চলের মধ্যে পলিজাতীয় কাদামাটি তার সাথে মিহিদানার বালিমাটিও মিশে আছে। তিস্তা, জলঢাকা, তোরসা, রায়ডাক, দক্ষিণ-পূর্ব বাহিনী হয়ে বাংলাদেশের ব্রহ্মপুত্র নদী-উপত্যকায় পড়েছে এবং মহানন্দা, নাগর, কালিন্দী, পুর্নভবা, আত্রাই নদীগুলি বাংলাদেশের পদ্মানদী এবং যমুনা নদীতে গিয়ে মিশেছে।

(২) গাঙ্গেয় উপত্যকার নদীসমূহ

গঙ্গানদী পশ্চিমবঙ্গে একটি অতি গুরুত্বপূর্ণ নদী উপত্যকা। গঙ্গোত্রী হিমবাহ থেকে

উৎপন্ন হয়ে উত্তর প্রদেশ ও বিহার প্রদেশের মধ্য দিয়ে প্রবাহিত হয়ে বিহার রাজ্যে রাজমহল পর্যন্ত এসে মালদহ জেলার পশ্চিম সীমান্ত দিয়ে এই রাজ্যে গঙ্গানদী প্রবেশ করেছে। অতঃপর মালদহ জেলা অতিক্রম করে মুর্শিদাবাদ জেলার দক্ষিণ-পূর্ব সীমান্ত ধরে বয়ে এসে মূলধারা পদ্মানদী নাম নিয়ে বাংলাদেশে প্রবেশ করেছে। অতি সামান্য গঙ্গ নদীর জল গিরিয়া বা নুরপুরের নিকট সংকীর্ণ নালার দ্বারা বাহিত হয়ে মুর্শিদাবাদ ও নদীয়া জেলার মধ্য দিয়ে প্রবাহিত হয়ে দক্ষিণ দিকে অগ্রসর হয়েছে। অধুনা মুর্শিদাবাদ জেলার দক্ষিণ সীমান্তে ফরাক্কার নিকট একটি বাঁধ দিয়ে জলের পরিমাণ বাড়িয়ে সেই বর্ধিত আবদ্ধ জলের একাংশ ফরাক্কা হতে খালের সাহায্যে ভাগীরথী নদীর জলধারার সহিত মেলান হয়েছে। অতিরিক্ত জলধারা প্রবাহিত করে ভাগীরথী নদীর জলের পরিমাণ বৃদ্ধি করানো সেই সঙ্গে বর্ধিত স্রোতবেগে জল দক্ষিণ দিকে বয়ে চলবে এবং বছরের সবমাসেই একই প্রকার বর্ধিত স্রোতবেগে জলবাহিত হবে। নদীয়া জেলার দক্ষিণে স্বরূপগঞ্জ হতে বঙ্গোপসাগরের মোহনা পর্যন্ত এই নদী হুগলী নামে পরিচিত। গাঙ্গেয় উপত্যকারর ডান পাশের যে সকল নদীর জল এই গাঙ্গেয় উপত্যকায় এসে মিলিত হয়েছে তারা হল—বাঁশলই, ব্রাহ্মণী, ময়ূরাক্ষী, অজয়, দামোদর, দ্বারকেশ্বর, রূপনারায়ণ, কংশাবতী, শিলাবতী, হলদী নদীসমূহ। এই নদীসমূহ ভাগীরথী বা হুগলী নদীর উপনদী। গাঙ্গেয় উপত্যকার বামপার্শ্বের উপনদীগুলির মধ্যে জলঙ্গী এবং চূর্ণীই প্রধান। চূর্ণী এবং জলঙ্গীকে উপনদী না বলে শাখানদী বলাই শ্রেয়। কারণ পদ্মা নদী থেকে এদের উৎপত্তি। প্রায় এক ডজন নদীর জল এবং পলিমাটি ডান ও বাম পাশ হতে এসে চারশত কিলোমিটার দৈর্ঘ্যের ভাগীরথী-হুগলী নদীতে পড়েছে। পশ্চিমের নদীগুলি তরঙ্গায়িত উচ্চভূমির নদী। আবার পূর্বপার্শ্বের উপনদীগুলি পদ্মানদীর শাখানদী এবং শাখানদী দুটি স্থায়ী নদী হিসাবে পরিগণিত।

(৩) পশ্চিমের মালভূমি অঞ্চলের নদীসমূহ

পশ্চিমের পার্বত্য অঞ্চল ও মালভূমি হতে উৎপন্ন হয়ে পাহাড়ী অঞ্চল ধরে ও মালভূমির মধ্যবর্তী অঞ্চল দিয়ে বয়ে আসা নদীগুলির মধ্যে ময়ূরাক্ষী, অজয়, দামোদর, রূপনারায়ণ, কংসাবতী, শিলাবতী, হলদী নদীগুলি উল্লেখযোগ্য। মালভূমি হতে উৎপন্ন নদী সুবর্ণরেখা বিহার রাজ্যে বয়ে এসে পশ্চিম সীমান্তে এই রাজ্যে প্রবেশ করে মেদিনীপুর জেলার ঝাড়গ্রাম মহকুমার কিছু পরিমাণ অঞ্চল দিয়ে বাহিত হয়ে উড়িষ্যা রাজ্যে প্রবেশ করেছে। অধুনা তিনটি রাজ্য পশ্চিমবঙ্গ, বিহারা, উড়িষ্যা হালে গঠিত হবার মুখে ঝাড়খণ্ড রাজ্য সমিল্লিতভাবে এই নদীর জলকে কিভাবে কাজে লাগানো যায় তার মহড়া দিয়ে চলেছে। বিশাল আকারের কর্মকাণ্ড যাতে খরচের পরিমাণও যথেষ্ট তা না করে নিজ নিজ প্রদেশ তথা অঞ্চলে এই অববাহিকার ক্যাচমেন্টের জল সুবিধামত স্থানে রক্ষা করে কাজে লাগালে খরচও অনেক কম হবে জল সম্পদের ব্যবহারের সুবিধাগুলি বহুগুণে বেড়ে

বাংলার উত্তরাংশের
নদ-নদী
কাটিহার
রাজশাহী
নাটোর
পাবনা
ফরিদপুর

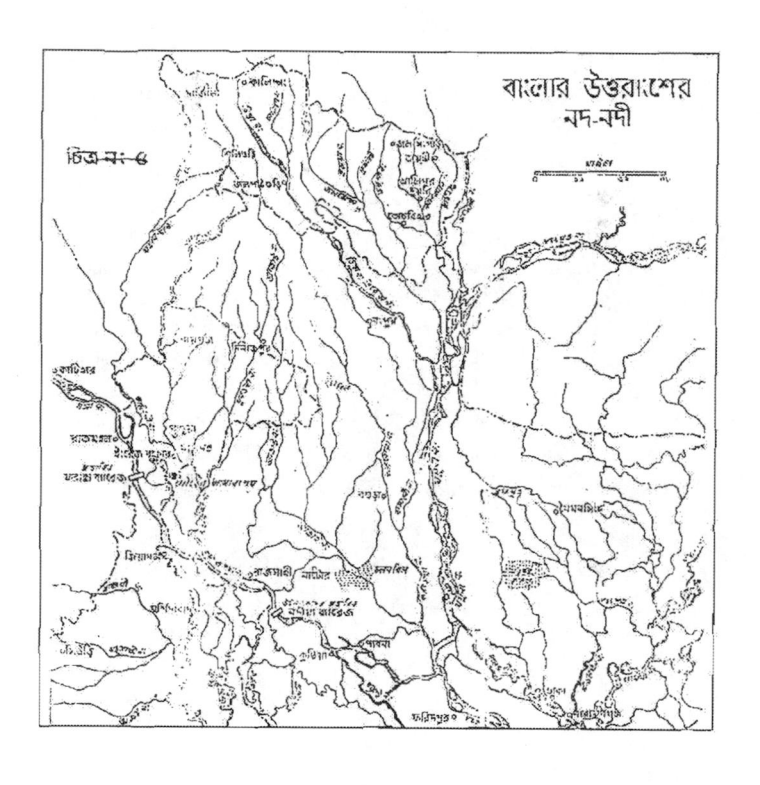

যাবে। সুবর্ণরেখা ছাড়া অন্যান্য নদীগুলি সাঁওতাল পরগনার পাহাড়ী অঞ্চল, মালভূমি অঞ্চল ও ছোটনাগপুরের পাহাড়ী অঞ্চল হতে উৎপন্ন হয়ে পূর্ব ও দক্ষিণ-পূর্ব দিকে বাহিত হয়ে ভাগীরথী বা হুগলী নদীর দক্ষিণ পাশে মিলিত হয়েছে। এইসব নদীসমূহ বর্ষাকালের বৃষ্টিপাতের জলেতেই তাদের অস্তিত্ব। বৃষ্টির জলের প্রাচুর্য ও স্বল্পতার উপর নদীসমূহের সচলতা, ভয়ঙ্কর ভাবের হ্রাস-বৃদ্ধি হয়। জলের অভাবে নদীর তল, চলন হ্রাস ও ক্ষীণ কলেবর ধারন করে। একমাত্র বর্ষাকালকে বাদ দিলে নদীর তল সূক্ষ্ম ও বালি কাঁকড়, মাঝে মাঝে পাথরের চাঁই। হুগলী বা ভাগীরথীতে আরও আশেপাশের বিক্ষিপ্ত নালা, নর্দমা, খালের জলের আগমনের ফলে ক্ষীণ জলধারা বছরের সব সময়েই বয়ে চলে। এই ক্ষীণধারার জল শহর, গ্রাম, গঞ্জের বর্জিত জল তাই এই জলধারা দূষিত।

(৪) দক্ষিণের উপকূল ভাগের নদীসমূহ

দক্ষিণের উপকূলবর্তী নদীগুলির মধ্যে বিদ্যাধরী, পিয়ালি, ইছামতি, মাতলা, রায়মঙ্গল প্রধান। উপকূলবর্তী অঞ্চলের মাটি দো-আঁশলা ও বেলেমাটি এবং বছরের সবমাসেই অতি-স্বল্প-গভীরের ভূতলের জলের তলের এবং সমুদ্রের জোয়ার ভাঁটার দরুন সমুদ্রের নিকটবর্তী বড়তলা, সপ্তমুখী, ঠাকুরুন, গোসাবা প্রভৃতি স্থানে সমুদ্রের সহিত সংযুক্ত অসংখ্য খাল, নালা ও খাড়ি দিয়ে জোয়ার ভাঁটার জলের স্ফীতি ও ক্ষীণতা দেখা যায়। তাই এসব খাড়ি বা খাল জলের ও জোয়ারের প্রবলতার উপর প্রায়শই গতিপথ পরিবর্তন করে চলে।

পশ্চিমবঙ্গের প্রধান প্রধান নদীসমূহের অববাহিকা দ্বারা বাৎসরিক জলসম্পদকে জমির ঢাল অনুসারে এবং অঞ্চলভিত্তিক অববাহিকার দ্বারা প্রবাহিত হয়ে বৃহৎ হতে বৃহত্তর জলধারা পরিণত হয়ে অন্তিম আশ্রয় সমুদ্রে পড়ে জলসম্পদের যাত্রাপথ সম্পূর্ণ করে।

৭

জলসম্পদের প্রাকৃতিক পরিক্রমার যথাযথ স্থান

বাৎসরিক বৃষ্টিপাতের পরিসংখ্যান হতে দেখা যায় বৃষ্টির জলধারার প্রবাহ মোটামুটি দুই দিকেই গড়িয়ে চলে। উত্তরাংশের হিমালয় পর্বত হতে উদ্ভূত নদীগুলিকে অনেক বেশী জল তাদের অববাহিকা দ্বারা স্থানান্তরিত করতে হয় কারণ উত্তরাংশে বৃষ্টিপাতের পরিমাণ বেশী। আবার উত্তর-পূর্ব দিক হতে পশ্চিম দিকের অঞ্চলে প্রাকৃতিক কারণেই বৃষ্টিপাতের পরিমাণ উত্তর-পূর্ব দিক হতে অনেক কম। তাই পশ্চিমবঙ্গের নদীগুলিকে সাধারণতঃ উত্তরাঞ্চল হতে কম জল বহন করতে হয়। অবশ্য যদি কোন সময়ে বৃষ্টিপাতের পরিমাণ বেশী হয় তবে নদী অববাহিকায় জলের পরিমাণও বেশী হবে এবং তীব্র স্রোতে জল বইতে থাকবে। আবার হিমালয় পর্বত অঞ্চলে জমির ঢাল উত্তর দিক হতে দক্ষিণ ও দক্ষিণ-পূর্ব দিকে। তাই অতি প্রবলবেগে জল প্রবাহিত হতে থাকে। আবার এই অঞ্চলে বৃষ্টিপাতের পরিমাণ অনেক বেশী। সেজন্য অত্যাধিক পরিমাণ জল প্রখর ঢালের কারণে সময় বিশেষে জলের ঢলের পরিমাণ ভয়ঙ্কর আকার ধারন করে। তীব্র গতিতে জল উত্তর হতে দক্ষিণ, দক্ষিণ-পূর্ব দিকে চলাকালে চলন পথের অনেক পাথর, বালুকণা, ছোট-বড় গাছপালা, সময় বিশেষে অনেকটা স্থানের ধ্বস জনিত বালি, পাথর বয়ে নিয়ে যাত্রাপথে সংহার মূর্তি ধারন করে। জলধারার সুষ্ঠু নিস্কাশনের পথ প্রাকৃতিক কার্য্যকারণে যা সম্পন্ন হয়েছিল আবার সেই প্রাকৃতিক ব্যবস্থা, যে ব্যবস্থায় এবং অবস্থায় সেই পাথর, বালি, মাটি, জলে ভেসে আসা গাছাপালা জলধারার গতিকে দমিত করে অশুভ দিকগুলি প্রকাশ করে যেমন নিকটবর্তী অঞ্চল জলমগ্ন করে, অথবা নদীর কোন ঢিলে ঢালা তীরে দুর্বল স্থানকে ভেঙ্গে প্রবলবেগে জল ধেয়ে চলে ঐ তীরবর্তী সমগ্র অঞ্চল জলপ্লাবিত করে। উত্তরাঞ্চলের উচ্চতর স্থানের অতি বৃষ্টির জল অতি তীব্রবেগে ধেয়ে নিচে নামবে তা অতি স্বাভাবিক ঘটনা। উঁচু অঞ্চল হতে কিছু পরিমাণ নীচু অঞ্চলে জলবাহিত হয়ে আসার পর অঞ্চল বিশেষে সুবিধাজনক উপত্যকা দিয়ে আশপাশের জল ক্রমে বৃদ্ধি প্রাপ্ত হয়ে ঢলের সৃষ্টি করে। কিন্তু সেখানে যে জলসম্পদ আমাদের দেশের সমৃদ্ধির মূল বিষয় তাকে পাহাড়ী অঞ্চলের বিক্ষিপ্ত প্রবাহের পর প্রয়োজনীয় জলের পরিমাণকে ভিন্ন ভিন্ন দিকে বইয়ে দিয়ে এবং ঐ জলের কিছু অংশকে সুবিধাজনক স্থানে আবদ্ধ করে রাখতে পারলে অবশিষ্ট জল নিম্নবর্তী অঞ্চলের অনেক বিষয়েই ক্ষতি না করে বয়ে চলতে পারে। বাৎসরিক ঘটনা, যেমন নানাস্থান, জলমগ্ন হওয়া নদীর তীর ভেঙ্গে প্রতি বছরই অনেক জায়গা জনবসতি, গ্রামগঞ্জ জলের তলে চলে যাওয়া অনেকটাই প্রশমিত হবে। উত্তরাঞ্চলের বিপুল

জলসম্পদ যা আমরা আমাদের প্রদেশে প্রতি বছর পাই তাকে ব্যবহারিক প্রয়োজনে কাজে লাগাতে হলে আমাদের তিনটি বিষয়ে অত্যধিক গুরুত্ব দিতে হবে। প্রথমত: স্বাভাবিক গড় বৃষ্টিপাতে সম্বৎসরে কি পরিমাণ জল ঐ অঞ্চলে বর্ষিত হয় তার অতীব সঠিক তথ্য। উচ্চতম অঞ্চল হতে বৃষ্টিপাতের জল বিশৃঙ্খলভাবে অতি তীব্র বেগে নিচে নামবে। কিছু পরিমাণ নিচে নেমে আসলে স্বাভাবিক ভাবেই অধিকাংশ জল কোন সুবিধাজনক নালার মাধ্যমে নিচে নামতে থাকবে এবং দুইপাশের নানা মাপের নালা এসে ঐ নালায় মিলবে এবং জলের পরিমাণও বাড়তে থাকবে। এই যদি উপরাঞ্চলের জলের নিচে নামার প্রক্রিয়া হয় তবে ঐ সমস্ত নালাগুলির সঠিক বিস্তারিত বিবরণ জানা প্রয়োজন এবং প্রয়োজনে সামান্য সামান্য সংস্কার করে নিলে অনেক দিকে অনিশ্চয়তার লাঘব হয়। দ্বিতীয়ত: জল নামার এই যে নানা আকারের, নানা ঢালের নালাগুলি জল নিয়ে এসে বৃহত্তর নালাতে ফেলছে সেইসব নালা বা প্রধান নালার কোন কোন স্থানে গঠনগত অবস্থা, পাথর, বালি, মাটির বাঁধন ঢিলেঢালা ভাব সেসব স্থানসমূহকে যথাযথ গুরুত্ব দিয়ে কি উপায়ে ধ্বস জাতীয় দিকগুলি প্রশমিত করা যায় তার ব্যবস্থা করা। সহজ পথে এবং ক্ষয়ক্ষতির দিকগুলিকে প্রশমিত করে উপরাঞ্চলের বিপুল জলরাশিকে তীব্র কিন্তু শান্ত ধারায় প্রবাহ করানো অতীব সুকঠিন, কিন্তু অসম্ভব নয়। আমাদের জনবল তো বিশাল, তার কিয়দংশ যথার্থভাবে যদি এইরূপ সুকঠিন মহান কাজে নিজেদের নিয়োজিত করেন তাতে পরবর্তী প্রজন্ম নিশ্চয় শান্ত ধারার বিশাল পরিমাণ জলসম্পদের স্থায়ী সরবরাহ পেতে সক্ষম হবে।

প্রাথমিক অনুসন্ধানের গুরুত্বপূর্ণ বিষয়গুলি হল প্রবাহিত নালার অস্বাভাবিকতা, সংকীর্ণতা, জলের প্রাবল্য প্রভৃতি। এই প্রকার স্থান দিয়ে জল তীব্রবেগে বাহিত হওয়ার কালে পথের দুই পাশের স্খলিত ছোট বড় পাথর, বালি, গাছপালা সেই উপত্যকার জলের পথ জটিল ও ভয়াবহ করে তোলে তার ফলে সমতল প্রদেশে পর্বতের পাথর, বালি, জলের তীব্রবেগ অনিশ্চয়তার এবং বিভিন্ন অঞ্চল দ্বারা প্রবাহিত হওয়ার কারণ হয়। এইসব প্রাকৃতিক দিকগুলির মধ্যে উপরোক্ত বিষয়গুলির অনেক বছরের প্রচেষ্টায় কিছু পরিমাণ সুবিধা করে নেওয়া সম্ভব হতে পারে। কিন্তু কিছু কিছু দিক যেমন অধিক বর্ষণ, দীর্ঘস্থায়ী বর্ষণ, পর্বতের তীব্র ঢাল, হিমবাহের স্খলন ও তীব্র গতির জল যদি ভীমবেগে ধেয়ে নীচে নামে তবে তার সাথে অনেক ছোটবড় মাপের পাথর, উৎপাটিত ছোটবড় গাছের সংখ্যা প্রথম থেকেই নিম্নবর্তী অঞ্চলের জলপ্রবাহকে শোকের দিকে নিয়ে যাবে। এই অবস্থায় কোথায় কোথায় জলকে ধরে রেখে ভয়ঙ্কর ধ্বংস লীলাকে প্রশমিত করা নিরলস প্রচেষ্টার উর্দ্ধে নয়।

প্রবল সম্মিলিত জলরাশি যে রাস্তা দিয়ে বইছে তার গতিপথের দুই পাশের অদ্রবনীয় পদার্থের ক্ষয়সাধন, বহন ও অবক্ষেপন করে ক্রমাগত বৃহৎ হতে বৃহত্তর কলেবরে অগ্রসর হতে থাকে। পার্বত্য অঞ্চলে নদী তার প্রবল জলস্রোতের সাহায্যে বড় বড় পাথরকে চলন

পথে ক্রমাগত ঘর্ষনে চূর্ণ করতে করতে নিচে নামে এবং ছোট ছোট পাথর, বড় দানার ছোট দানার বালিতে পরিণত করে সমতলে আসে। সমতলভূমিতে নদীর জলের স্রোত কম হয়। এইভাবে যদি জলপ্রবাহ চলতো তবে পরবর্তী গমনপথ অনেকটা নির্বিঘ্ন হত। কিন্তু যাত্রাপথের মধ্যবর্তী কোন স্থানের অতিবৃষ্টির জল যার আশ্রয় প্রায় দুই তীরের সবটাই ঐ নদী অববাহিকা, সেই অববাহিকায় ঐ অঞ্চলের জল সঙ্গে ঐ স্থানে ক্ষয়প্রাপ্ত, মাটি এবং আরও বিভিন্ন বস্তুসহ যুক্ত হয়ে চলা জলকে বিচলিত করে। আবার নদীর জলধারার যদি সহজ, সরল রেখায় গতি কোন স্থানে বাধাপ্রাপ্ত হয়ে বাকের সৃষ্টি করে তবে দুই পাশেই ক্ষয়কার্য্য বেড়ে যায়। বড় বড় পাথর যা উপরাঞ্চল হতে নীচে জমে চলতে থাকে তা সবদিকেই ক্ষতি করে না। নদীপথে ঐ পাথর অববাহিকাকে ঘর্ষণের সাহায্যে গভীর করে চলতে থাকে যা পরবর্তী বছরে জল কিছু পরিমাণে স্বাভাবিক ভাবে বয়ে চলে। নদীর চলন পথের বিভিন্ন কর্মকাণ্ডের ফলসমূহ যেমন ক্ষয়প্রাপ্ত শিলাখণ্ড, বালি, কাদা, গাছপালা উৎপত্তি স্থল হতেই বাহিত হতে থাকে। নদীর জলের এইসব বস্তুর বহন-ক্ষমতা প্রধানত: তার জলের গতিবেগের উপর নির্ভরশীল। নদী যদি তার চলন পথে ভূমির আকার প্রকারের জন্য তার স্রোতবেগ কমে যায় তবে নদীবাহিত ও জলে মিশ্রিত কাঁকড়, বালি, কাদা নদীর তলদেশে অধঃক্ষেপিত হয় ফলে নদীগর্ভ ভরাট হতে থাকে। পার্বত্যাঞ্চলের খাড়াই ঢাল এসে নদী যখন সমতলে পড়ে তখন বাহিত বস্তু স্রোতবেগের হ্রাসের দরুন অধঃক্ষেপিত হয়ে চরের সৃষ্টি করে নদীর স্বাভাবিক পথকে অনিশ্চয়তার দিকে নিয়ে যেতে প্ররোচিত করে। এই অবস্থায় ভূমির গঠন প্রকৃতি যদি ঢিলে ঢালা হয় তবে ঐ স্থানে চর সৃষ্টির দরুন জলধারা নূতন নূতন পথ অবলম্বন করে বাহিত হওয়ার চেষ্টা করে এবং অনেক ক্ষেত্রে লোকালয়, গ্রাম, গঞ্জ, চাসের জমির ক্ষয়সাধন করে। এই অবস্থা নূতন চর বা তীরের দুর্বল স্থান পাহাড়ের মাঝামাঝি স্থান হতে পরবর্তী অববাহিকার দুই তীরের যেকোন স্থানেই হতে পারে। তাই উপরাঞ্চল হতে হিমবাহ এবং হিমবাহের জল তার সঙ্গে বৃষ্টির জল যখন প্রবল বেগে নিম্নাভিমুখে নামতে থাকে তখন নিকটবর্তী অঞ্চলের অধিবাসীদের অতি দুর্ভাবনার মধ্যে দিনরাত কাটাতে হয়। এই জলধারা তার সঙ্গে বৃষ্টির জল, সম্পদ হিসাবে বিবেচনা করে কি উপায়ে সুষ্ঠ ব্যবস্থার মাধ্যমে পরিচালিত করা যায় তার ব্যবস্থা অতি কঠিন ও জটিল। দেশের সমৃদ্ধির স্বার্থে দেশবাসীর কাছে এই সমস্যা অতি প্রকোটভাবে চিহ্নিত হওয়া মহা জরুরী বিষয়। দেশবাসী যদি যথাযথ ভাবে এই অতি জরুরী সমস্যাকে জীবনমরন সমস্যা হিসাবে উপলব্ধি করেন তবে সরকারের তত্ত্বাবধানে এবং দেশবাসী যুদ্ধকালিন জরুরী সমস্যা মনে করে সক্রিয় তৎপরতায় সমস্যার সমাধান নিশ্চয়ই সম্ভব হবে।

পশ্চিমের মালভূমি ও পাহাড়ী অঞ্চল হতে যে সমস্ত নদী দক্ষিণ পূর্ব দিকের ঢালকে অবলম্বন করে প্রবাহিত হয় তার জলসম্পদ সম্পূর্ণভাবেই বর্ষা ঋতুর জল তৎসহ জলধারার চলন পথের উভয় পাশের বৃষ্টির জল। যে সব অঞ্চল দিয়ে পশ্চিমাঞ্চলের

নদীসমূহ প্রবাহিত হয়ে হুগলী নদীতে পড়েছে সেসব অঞ্চলের মৃত্তিকা প্রাচীন শিলাসমূহের ক্ষয়ীভূত পদার্থ। উঁচু পাহাড়ী অঞ্চল থেকে জলের দ্বারা বাহিত হয়ে নদীগুলিতে পড়েছে। এইসব ক্যাচমেন্ট অঞ্চলের অধিকাংশ স্থান ক্ষয়ীভূত পলিসঞ্চয়ের ফলেই গঠিত এইসব অঞ্চলের মৃত্তিকা। এই স্থানের মাটি ল্যাটারাইট জাতীয় মাটির আধিক্য দেখা যায়। এই মাটির স্তর অগভীর এবং মাটির দানা বেশ মোটা, ক্ষারের অংশ বেশী ও জৈব পদার্থের পরিমাণ কম। এইসব অঞ্চলের যেসব স্থান দিয়ে বৃষ্টির জল বাহিত হয় স্থানের পার্থক্যভেদে জলরাশি ভিন্ন ভিন্ন বেগে বাহিত হয়ে নদীতে এসে পড়ে। অবিরাম মুশল ধারে বৃষ্টিপাত হলে জলের ঢল প্রবল বেগে বইতে থাকে। সেই জলের সহিত বাহিত হওয়া জমির স্খলিত বালি, কাঁকড়, পাথর, কাদা, নদীর সঞ্চার পথে জমতে থাকে। কারণ বৃষ্টিপাতের জল কেবলমাত্র ঐসব নদী দ্বারা বাহিত হয়। ছোট ছোট নদী-নালা, খালের দুই তীরের ক্যাচমেন্টের পরিমাণ কম। দুই চার দিনের বৃষ্টিপাতের জল বেশী পরিমাণেই হোক বা কম পরিমাণেই হোক পরবর্তী দুই চারদিনেই নদীতে জলের ঢল কমতে থাকে এবং পরিশেষে বন্ধ হয়ে যায়। তাই যে সমস্ত পলিমাটি বাহিত হয়ে চলে তা জলের এবং ঢলের অভাবে নদীবক্ষের নিম্নভূমির উপর জমতে থাকে। জলপথের এই যে স্থানে স্থানে নদীবক্ষের পলি জমা হয় তার ফলে পরবর্তী বৃষ্টিধারা অন্য পথে বাহিত হবার প্রবণতা বাড়তে থাকে। যার জন্য নিকটবর্তী নিম্নতর অঞ্চলের শস্য ক্ষেত্রের জলপ্লাবন হবার কারণ হয় তাই এইসব অঞ্চলের বিশেষ করে নিম্নাঞ্চলে প্রত্যেক বছর বৃষ্টির জল যা আশির্বাদ ও সম্পদ সৃষ্টির একটি অতি আবশ্যকীয় সম্পদ তা প্রায়শই ধ্বংশ কার্যে ব্যবহৃত হয়। আজ পর্যন্তও আমরা এই প্রকার ভয়াবহ প্লাবনের দুর্ভাবনা হতে অব্যাহতি পাইনি। আশার বিষয় জল সম্পদের বর্তমান পরিপ্রেক্ষিতে অতি গুরুত্ব সহকারে অতি বিস্তারিত ভাবে মূল্যায়ন করার প্রচেষ্টা নেয়া হচ্ছে। যে জলসম্পদ স্বাভাবিক ভাবে পতন মুহূর্তে বিশুদ্ধ তাকে যথাযথ এবং ব্যবহারের সময়োপযোগী পদক্ষেপ নেবার প্রচেষ্টা হচ্ছে। আমাদের এই রাজ্যের আয়তন এবং সম্বৎসরে বৃষ্টিপাতের জলের পরিমাণ পরিমাপেরও সংরক্ষণের অতি উর্দ্ধে নয়। তাই নানা প্রকার সীমিত আয়তনের সুবিধামত স্থানে বৃষ্টিরূপে পতিত জলসম্পদের যথাযোগ্য স্থান। অহেতুক বিশৃঙ্খলভাবে জলপ্রবাহ ও অবস্থান তার সঙ্গে বিশৃঙ্খল চাষ ও জনবসতির বর্ষারম্ভের দুর্ভাবনা দূর করার একমাত্র উপায়।

৮

রাজ্যের বাৎসরিক প্রাপ্ত জলসম্পদের পরিমাণ

পশ্চিমবঙ্গে প্রাপ্ত জলসম্পদের পরিমাণ যে মাপকাঠির সাহায্যে হয় তার মাপ অতিতের পরিসংখ্যানে দেখা যায় যে সাধারণত: প্রতি বছরই ১৭৫ সে.মি. হতে ২০০ সে.মি. মধ্যেই থাকে। এই গড় বৃষ্টিপাতই প্রতি বছর এই প্রদেশের উপর বর্ষিত হয়। এইরূপ স্বাভাবিক গড় বৃষ্টিপাতের পরিবর্তন বেশ কয়েক বছর অন্তর অন্তর দেখা যায়। বিভিন্ন পরিসংখ্যান, হিসাব নিকাশ, পর্য্যবেক্ষণ অনুসন্ধান তৎসাপেক্ষে যে চিত্র পাওয়া যায় তার সত্যতার পঁয়ত্রিশ শতাংশ যদি সঠিক হিসাবে ধরা যায় তবে যেসব অঞ্চলের স্বাভাবিক গড় বৃষ্টিপাত ১০০ সে.মি. পরিমানমত হয় সেখানে একশত বছর পরপর শত বছরের যে কোন সময়ে দ্বিগুণ মাপের বৃষ্টিপাত হবার সম্ভাবনা থাকে। আবার এই সম্ভাবনাও পূর্ব পরিসংখ্যান অনুযায়ী প্রতি এক হাজার বছর অন্তর অন্তর সহস্র বছরের মধ্যে যে কোন বছরে সাধারণ গড় বৃষ্টিপাতের আড়াইগুণ পরিমাণ বৃষ্টিপাত হবার সম্ভাবনা থাকে। সেইরূপ প্রতি দশ সহস্র বছর অন্তর অন্তর সাধারণ বৃষ্টিপাতের সাড়ে তিন চার গুণ পর্যন্ত অধিক পরিমাণ বৃষ্টিপাত হতে পারে। আবার বিপরীতভাবে অল্প বৃষ্টি বা অনাবৃষ্টির উপরোক্ত সম্ভাবনার অনুরূপ চিত্র পরিলক্ষিত হতে পারে। প্রতি বছর কি পরিমাণ বৃষ্টিপাত কোন কোন স্থানে হবে তার সঠিক ধারণা এবং চিত্র এখনও আমাদের নিকট অজ্ঞাত তাই সম্ভাবনার এবং স্বাভাবিক জ্ঞাত চিত্রকেই মাপকাঠি ধরে তার পরিমাণ নির্ণয় করতে হবে। অনেক বছরের ব্যবধানে কি পরিমাণ অধিক বৃষ্টি বা অনাবৃষ্টি হতে পারে তার সম্ভাবনার কথা বলা হল। কিন্তু সচরাচর যা দেখা যায় তাহল কোন কোন বছর বৃষ্টিপাতের পরিমাণ বেশী হয় যেমন ৩০০ সে.মি. বা তার অধিক এবং কোন স্থানে অত্যাধিক আবার কোন স্থানে কম, গড়ে ৩০০ সে.মি.-এর মত। আবার কোন বছর অল্প পরিমাণের বৃষ্টিপাত হয়। ৮০ সে.মি. হতে ১০০ সে.মি.-এর মত। তাছাড়া ভিন্ন ভিন্ন অঞ্চলে অধিক বৃষ্টি অনাবৃষ্টি বা মাঝারি পরিমাণে বৃষ্টিপাত সচরাচরই ঘটে থাকে। ফলে অতি বৃষ্টির অঢেল জল কোন অঞ্চলে পতিত হলে সেই অঞ্চল জলমগ্ন হয়ে জীবন ও সম্পত্তির ক্ষতি হয়। আবার অনাবৃষ্টি অঞ্চলের অধিবাসীবৃন্দের খরার প্রকোপে পড়েও চাষবাস বন্ধ হয়ে যায়, লাগানো ফসল রোদে পুড়ে যায়। এমনকি তৃষ্ণার জলেরও অভাব দেখা যায় ও রোগ মহামারীর প্রার্দুভাব দেখা যায়। অবশ্য এরূপ অবস্থা বেশ কয়েক বছর পর পরই দেখা যায়। আপৎকালীন ব্যবস্থা যথাসময়ে নেয়া হলে মানুষ ও গৃহপালিত পশুপাখীর জীবনহানি কম হয়। কিন্তু চাষের ফসল ও জনপদ সম্পূর্ণভাবেই বিনষ্ট ও ছন্নছাড়া হয়ে যায়। পরবর্তী

সময়ে এই অবস্থাকে সামাল দিতে প্রচুর অর্থ বিনিয়োগ করতে হয় এবং ঐ অঞ্চলের দৈনন্দিন কর্মকাণ্ড বেশ কিছুদিন স্তব্ধ হয়ে থাকে।

আমাদের জ্ঞাত পরিসংখ্যান হতে দেখা যায় সাধারণভাবে সমস্ত রাজ্যে গড় বৃষ্টিপাত আনুমানিক ১৮০ সে.মি. হিসাবেই স্বিকৃত করা যায়। যদি এই পরিমাণের বৃষ্টিপাতের জল আমাদের এই রাজ্যে বর্ষিত হয় তবে ঐ জল প্রদেশের সমতলে কতটা জলের গভীরতা হয় ও কি পরিমাণ ঘনফল হয় তা পরিমাপ করে দেখা যাক।

এই রাজ্যের আয়তন বা ক্ষেত্রফল × বাৎসরিক গড় বৃষ্টিপাতের পরিমাণ = সমগ্র প্রদেশে প্রাপ্ত বৃষ্টিপাতের জলের পরিমাণ।

পশ্চিমবঙ্গের আয়তন = ৮৭,৮৫৩ ব. কি.মি

= ৮৭,৮৫৩ × ১০০ হেক্টর [১ ব. কিমি. = ১০০ হেক্টর]

= ৮৭,৮৫,৩০০ হেক্টর

প্রায় ৯০ লক্ষ হেক্টর

বাৎসরিক গড় বৃষ্টিপাতের পরিমাণ = ১৮০ সে.মি.

= ১·৮০ মিটার

প্রদেশের উপর বর্ষিত জলের পরিমাণ = ৮৭,৮৫,৩০০ হেক্টর × ১·৮০ মি.

= ১৫,৮১,৩৫,৪০ হেক্টর মি.

ভারতবর্ষের জনসংখ্যার সঙ্গে উন্নয়নের যে পরিমাপ করা হয়েছে তাতে বিভিন্ন কাজে ব্যবহারের নিমিত্তে আগামী শতাব্দীতে জলের প্রয়োজন হবে—

স্বাভাবিক জীবন যাত্রার কাজে (Domestic use)	—	প্রায় ৫২ লক্ষ হে. মি.
সেচের কাজে (Irrigation)	—	৭ কোটি ৮০ লক্ষ হে. মি.
শিল্প কাজে (Industrial use)	—	১ কোটি ২০ লক্ষ হে. মি.
বিদ্যুৎ উপাদানে (Energy)	—	৭০ লক্ষ হে. মি.
অন্যান্য কাজে	—	৪০ লক্ষ হে. মি.
মোট জলের প্রয়োজন	=	১০ কোটি ৬২ হে. মি
		প্রায় ১১ কোটি হে. মি.

এর মধ্যে মৎস চাষে প্রয়োজনীয় জলের উল্লেখ নেই, কারণ সব রাজ্য মৎস চাষও করে না এবং খায়ও না। আমরা মৎসভোজী, তাই চাষের জন্য বেশী জল প্রয়োজন। ভারতবর্ষের প্রয়োজনের উপর ভিত্তি করে আমাদের এই প্রদেশে আগামী শতাব্দীতে মোট জলের প্রয়োজন হবে তার পরিমাণ প্রায় ৫০ লক্ষ হে. মি.।

[illegible] এই [illegible] সবচেয়ে বেশি কৃষি এবং মৎস চাষের জন্য উপযুক্ত রাজ্য, তাই এই কারণে [illegible] জলের প্রয়োজনও বেশী হবে। মৎস চাষের জন্য বিশাল

আয়তন বিশিষ্ট স্থানে অনেক বেশী জলের প্রয়োজন হয়। এই যদি বাস্তব অবস্থা হয় তবে সর্বদিকে উন্নতি সাধনের নিমিত্ত আমাদের এই রাজ্যে জলের প্রয়োজন হবে এক কোটি হেক্টর মিটার। দেড় কোটি হেক্টর মিটার জলের মধ্যে এক কোটি হেক্টর মিটার জল কাজে লাগে তবে অবশিষ্ট জল যা নাকি পতন মুহূর্ত হতে আকাশে, পাতালে, গাছে, ঘাসে বিলিন হবে, শেষে যে পরিমাণ জল তলানি পড়ে থাকবে তা কোন ক্ষেত্রে, বন্যা, জলপ্লাবন, পাড় ভাঙন প্রভৃতি অশুভ কাজগুলি করার কাজে কোনক্রমেই লাগতে পারে না।

৯

ক্যাচমেন্ট (catchment) ও তার ব্যবস্থাপনা

বৃষ্টির জল উর্দ্ধাকাশ থেকে বিস্তীর্ণ অঞ্চলে পড়ে এবং সেই অঞ্চলের উপর দিয়ে গড়িয়ে ক্ষুদ্র, বৃহৎ বা ঢালু অঞ্চল ধরে বাহিত হয়ে নদী বা বৃহৎ জলাশয়, অন্য কোন জলাভূমি বা নিম্নভূমি বাহিত হয় বা জমা হয়। অথবা নদী বৃহৎ জলাশয় বা হ্রদ, বিল প্রভৃতি জলাধারের জলের পরিমাণ বৃদ্ধি করে সেই বিস্তৃত অঞ্চলকে সেই নদী, জলাশয়, জলাভূমি নিম্নভূমি বা হ্রদের ক্যাচমেন্ট (catchment) বলে। এই ক্যাচমেন্ট শব্দটি বিশেষ তাৎপর্যপূর্ণ। ক্যাচমেন্টের বিস্তৃতির উপর এবং বাৎসরিক গড় বৃষ্টিপাতের জলের উপর ভিত্তি করে সম্পূর্ণ বছরে কি পরিমাণ জল ক্যাচমেন্টে সর্বস্থান হতে নদী উপত্যকা, বৃহৎ জলাশয়, জলাভূমি, নিম্নভূমি, খাল, বিল, হ্রদে এসে আশ্রয় পাবে। আবার ঢালু পথে নদী উপত্যকা ধরে প্রবাহিত হবে অথবা চারিপাশ বেষ্টিত যেমন, বৃহৎ জলাশয়, জলাভূমি, নিম্নভূমি, খাল, বিল, হ্রদ জলে টইটুম্বুর হয়ে চারিদিকের অঞ্চলকে চতুষ্পার্শ্বের বৃষ্টির জল দিয়ে ভাসিয়ে দেবে তা সম্পূর্ণভাবে নির্ভর করে। কোন নদী-উপত্যকা, হ্রদ, জলাভূমি বা নিচু অঞ্চল যেখানে চতুর্দিকের বা উভয় পাশের জল এসে জমা হবে তার রক্ষন ও বহন ক্ষমতা যদি সম্পূর্ণ বছরের বর্ষিত জলের সমানুপাতিক হয় তবে কোনরূপ আশঙ্কার কারণই হয় না। ক্যাচমেন্টে জলের পরিমাণ যদি বেশী হয় এবং জল বহনের নালা যদি সঙ্কীর্ণ ও সুষম না হয় তবে জলের পরিমাণের জন্য নদী অস্বাভাবিক ভাবে স্ফীত হবে এবং বিশাল কলেবর ধারন করে অববাহিকা ধরে চলাকালে পার্শ্ববর্তী দুই তীরের অপেক্ষাকৃত নীচু অঞ্চলকে ভাসিয়ে এবং নানা প্রকার ক্ষতি সাধন করে অপসারিত হবে। তাই কোন অঞ্চলের নদী বা নালার সম্যক ধারণা অঞ্চলের আয়তনের পরিমাণ গড় বৃষ্টিপাতের পরিসংখ্যান যথাযথ সঠিকভাবে অবহিত হলে নদী বা নালার সর্বোচ্চ ক্ষমতার একটি সুস্পষ্ট পরিমাপ পাওয়া সম্ভব হয় তখন জলের প্রবাহকে ঘুরিয়ে, জলকে কোন সুবিধামত স্থানে আবদ্ধ করে প্রয়োজনে জলের ঢলকে প্রশমিত করে জল প্রবাহকে কিছু পরিমাণ শান্ত করা সম্ভব হয়। সে ব্যবস্থাকে বলে ক্যাচমেন্টের রক্ষণ ব্যবস্থা। প্রয়োজন অনুসারে ক্যাচমেন্টের নানারকম সুবিধাজনক স্থানে জলের ঢলকে যদি শান্তরূপ দেয়া যায় তবে সিমিত এবং নালা বা নদীর ক্ষমতা অনুযায়ী জলসম্পদ কখনই ভয়ঙ্কর রূপ ধারন করতে পারবে না। আর বর্তমানে যে পরিমাণ পলিমাটি ঢলের জলের সঙ্গে থাকে তার পরিমাণও অনেক কম হবে এবং অনেককাল পর্যন্ত নদী-অববাহিকা জল বহনের কারণে সহজ ও স্বাভাবিক অবস্থায় থাকবে। জলের ঢলকে প্রশমিত করার কাজে খুব সামান্য

পরিমাণেই পরিবেশ বিঘ্নিত হবে, কোন কোন ক্ষেত্রে অথবা বেশীর ভাগ ক্ষেত্রেই পরিবেশের উন্নতি হবে। ক্যাচমেন্ট একটি সক্রিয় এবং সংযুক্ত সামাজিক, অর্থনৈতিক ও প্রাকৃতিক অবস্থা। এই অবস্থার সঙ্গে যুক্ত মানব সমাজ এবং অপরাপর জীবজন্তু, কৃষি, শিল্প প্রভৃতি। জমিতে কৃষি কাজ, জলের অবস্থান, বনজ সম্পদ এবং অন্যান্য উদ্ভিদের অবস্থান পারস্পরিক সংযুক্ত। একক ভাবে নিজস্বার্থ রক্ষায় কেউ যদি পার্শ্ববর্তী অঞ্চলের অবস্থাকে না অনুভব করে একমাত্র নিজের বা গৌষ্ঠির বা স্থানের সুবিধার কথা ভাবে তবে তার পরবর্তী অবস্থার কুফল সুদূর প্রসারী। এইরকম একক স্বার্থপর ব্যবস্থায় সমস্ত ক্যাচমেন্টকে বিশৃঙ্খলার দিকে নিয়ে যাওয়া হয়। ক্যাচমেন্টকে সর্বদিক সুবিধার দিকে দৃষ্টি দিয়ে ব্যবস্থা করতে হলে এবং ক্যাচমেন্টের জলকে সাবলিল ভাবে ব্যবহার করতে হলে নিম্নবর্ণিত বিষয়গুলির প্রতি লক্ষ রাখতে হবে।

(১) ক্যাচমেন্ট অঞ্চলের জমি কোন অবস্থাতেই ব্যারেন (Barren) বা ফাঁকা রাখা অনুচিত। বনাঞ্চল, গাছাপালা, তৃণভূমি বা গুল্মাদির দ্বারা আবৃত থাকবে। এই ব্যবস্থায় জমির তল অক্ষুণ্ণ থাকবে। বৃষ্টির ফোটার চাপে বা জলের ঢলের কারণে মাটি সহজে স্থানচ্যুত হয়ে পড়বে না।

(২) প্রয়োজন অনুযায়ী জলাধার পল্লী অঞ্চলের জন্যই হোক অথবা শহরাঞ্চলের জন্যই হোক সুবিধামত স্থানে করতে হবে। সে জলের দ্বারা পল্লী অঞ্চলে কৃষিকাজ, মৎসচাষ ও দৈনন্দিন কাজে ব্যবহৃত হবে এবং শহরাঞ্চলের দৈনন্দিন পারিবারিক ব্যবহার এবং শিল্পকাজে প্রয়োজনীয় জলের সংস্থান করা সম্ভব হবে।

(৩) কৃষিকাজে ব্যবহৃত জমি আলগা বা স্খলিত বা বার বার লাঙ্গল দিয়ে মাটিকে চূর্ণ করে প্রায় ধুলিকণায় পরিণত করে রাখতে হয়। ধুলা সাদৃশ্য মাটি জলের সহযোগে ঘোলা বা ভাসমান পলিমাটি দ্বারা সমৃদ্ধ। সেই ঘোলা জল যাতে অনায়াসে চাষের জমিকে ভাসিয়ে জমি ছেড়ে বাইরে যেতে না পারে তা লক্ষ্য রাখা। বর্দ্ধিত জল যার সম্ভাব্য স্থান হবে কোন নিকটবর্তী জলাশয়। চাষের জমিতে বৃষ্টির জল পড়েই যাতে সরাসরি পলিমাটি বয়ে নিয়ে গিয়ে নদীতে না পড়ে তার দিকে লক্ষ্য রাখতে হবে। চাষের জমিকে ক্ষুদ্র, বৃহৎ যেকোন আয়তনেরই হোক চতুর্দিকে জলের সরে যাওয়া বন্ধ করার কারণে সামান্য উচ্চতায় মাটির ঘেরা দিয়ে রাখতে হবে। একস্থানে চাষের জমির পরিমাণ যদি বেশী হয় এবং যা খুবই দরকার তবে সেই বেশী আয়তনের চাষের জমির বর্দ্ধিত জলকে পরবর্তী ব্যবস্থামত স্থানে সহজেই আবদ্ধ করে রাখা সম্ভব হবে। উদ্বৃত্ত জল প্রথমে পার্শ্ববর্তী জলাধারে উন্মুক্ত চাষের জমির জলে মিশ্রিত পলিমাটি নিয়ে এসে জমা হবে। অতঃপর সময়ের ব্যবধানে ঐ জলাশয়ের জল যখন নদীবক্ষে পড়বে তাতে জলে মিশ্রিত পলিমাটির পরিমাণ অনেক কম থাকবে। আবার যদি কোন অবস্থায় বেশী আয়তনের বর্দ্ধিত জল অতিরিক্ত হয় এবং তাকে তখনই অপসারণ করার প্রয়োজন হয় তবে চারিদিকের জল অপসারণের একমাত্র নালার সাহায্যে অপেক্ষাকৃত মন্দ বেগে স্থান ত্যাগ করলে এবং

নদীতে পড়লে পলিমাটির পরিমাণ অনেকাংশে কম হবে। জল স্থানান্তকরণের এই জাতিয় ব্যবস্থাগুলো অবলম্বন করলে জলাশয়েই হোক বা নদী, নালাতেই হোক পলিমাটির দ্বারা জলাধার বা নদী অতি শীঘ্র ভরাট বা পলি অধঃক্ষেপ হয়ে অসুবিধার সৃষ্টি করতে পারবে না। জলাশায়ের সঞ্চিত পলিমাটি উত্তোলন করে এবং সেই পলিমাটিকেই স্ব স্ব স্থানে প্রতিষ্ঠিত করা যদিও বা সম্ভব হয় কিন্তু বিস্তীর্ণ অঞ্চলে স্খলিত পলিমাটি দূরবর্তী স্থানের বিশাল আয়তনের জমিতে গিয়ে জমা হলে তাকে সরিয়ে নদীর অববাহিকাকে স্বাভাবিক রাখা অতি দুরূহ কাজ। যদি জমিতে জল পড়া এর বাড়তি জল সরে যাওয়া উপরোক্ত ব্যবস্থামত হয় এবং ক্যাচমেন্টকে যদি সম্পূর্ণ ব্যবস্থাপনার মধ্যে রাখা যায় তবে নিম্নলিখিত সুবিধাগুলি পাওয়া যায়। যথা—

(১) খাল বাহিত জলধারাতে পলিমাটির পরিমাণ কম হবে। ফলস্বরূপ নদী বা জলাশয় বা জলাধারে অধিক পরিমাণ পলিমাটি অধঃক্ষেপ না হওয়ার কারণে জলাধারে জল সংরক্ষণ ক্ষমতা দীর্ঘস্থায়ী হবে এবং নদীপথে যে জলরাশি স্থানান্তরিত হয় সেই জলরাশিও বাধাবিহীন ভাবে এবং দুই তীরের কোন স্থানকে ক্ষতি না করে চলতে পারবে। স্থানীয় যেসব জলাধার বা জলাশয়ে জলের সহিত পলিমাটি বহন করে জলে ফেলছে তা জৈবসার সমৃদ্ধ। সেই পলিমাটি জলাশয়ে সঞ্চিত হওয়ার পরিমাণের উপর নির্ভর করে দুই তিন বছর অন্তর অন্তর অপসারণ করলে জলাশয়ের জলাধারন ক্ষমতা পূর্বের মতই থাকবে। পলিমাটির সঙ্গে মিশ্রিত মূল্যবান এবং পরিবেশ সহায়ক জৈবসার সম্বন্ধে পরে বিস্তারিত আলোচনা করা হয়েছে।

(২) মধ্যবর্তী স্থানে জল সংরক্ষণ এবং সুবিধাযুক্ত এবং উন্নত মানের নালার সাহায্যে জল ভিন্ন ভিন্ন পথে জলের চলকে পরিচালিত করার ব্যবস্থায় জলস্ফীতি ও বন্যার দিকগুলো প্রশমিত হবে এবং ক্ষয়ক্ষতিও কম হবে।

(৩) জমির উর্বরাশক্তি বৃদ্ধি পাবে কারণ মূল্যবান জমিতে দেয়া সারের সিংহভাগ জলে ভেসে চলে যাবে না এবং ফলনের পরিমাণও বৃদ্ধি পাবে।

(৪) নদী, নালা, জলাধার, জলাশয়ে যে জল প্রবাহিত হবে বা সংরক্ষিত হবে তার ব্যবহারের কারণে উপযুক্ত গুণগত মান অক্ষুন্ন থাকবে।

(৫) জমির অম্লতা এবং লবণাক্ততা যা পূর্বে স্থিরিকৃত ছিল তা সেরূপই থাকবে। কারণ অন্য স্থানের জল সচরাচর এবং সহজ উপায়ে চাষের জমির জলের সঙ্গে মিলিত হতে পারবে না এবং জমির মাটির গুণগত মান পরিবর্তিত হবে না।

(৬) ক্যাচমেন্টের বনাঞ্চলে বন্যপ্রাণীর অবাধ বিচরণ স্থানে বন্যার জল জমে থাকবে না এবং বন্যাজনিত এবং জলের চলজনিত শঙ্কারও অবসান হবে।

ক্যাচমেন্টের গঠনগত, প্রকৃতিগত ও ভৌগোলিক অবস্থার উপর নির্ভর করে ভূমিক্ষয় হয়। সেই ক্ষয়প্রাপ্ত মৃত্তিকা জলের স্রোতে বাহিত হয়ে নদী বা জলাশয়ে পড়ে। এইরূপ নদীবাহিত পলিমাটির পরিমাণ হ্রাসবৃদ্ধি নানা প্রকার প্রাকৃতিক কারণেই ঘটে থাকে।

কারণসমূহ প্রকৃতির বা পরিস্থিতির জন্যেই হয়ে থাকে। মানুষের বা জীবজন্তুর ভূমিকা নগন্য। কারণসমূহ যথাক্রমে ভূতত্ত্ব, স্থানের জলবায়ু ও আবহাওয়া, স্থানের ভূমির ঢাল ও মাটির প্রকৃতি। কোন একটি আয়তন বিশিষ্ট স্থানের মাটির স্খলন এবং চলন বহুলাংশে কম হয় যদি আলগা মাটির স্থান পরিবর্তন রোধে কয়েকটি জরুরি ব্যবস্থা অবলম্বন করা যায়, যেমন অঞ্চলে বিশেষ করে কৃষি জমির বাইরে বা বর্হিদেশের চতুস্পার্শ্বে উদ্ভিদ ও বৃক্ষাদি দ্বারা পরিবেষ্টিত থাকে। কর্ষণ কাজ যাতে সর্বদিকে আচ্ছাদিত স্থানেই করা হয় যেমন ঘেরা চাষ। ঘরবাড়ি, উঁচু টাওয়ার নির্মাণ করার সময়ে আলগা বা উত্থিত মাটি অপসারিত হয়ে জলের ধারায় স্থানান্তরিত না হয় তার প্রতি লক্ষ রাখা। বৃক্ষ ও বিভিন্ন উদ্ভিদ-বা তৃণ গুল্ম বৃহত্তর ক্যাচমেন্টের সুরক্ষা এবং মৃত্তিকা অপসারণকে প্রতিরোধ করে। তাই যতদূর সম্ভব ক্যাচমেন্টে যথেষ্ট পরিমাণ গাছপালা থাকা প্রয়োজন তাদের সংরক্ষণ খুবই প্রয়োজন। গাছপালাবিহীন উন্মুক্ত প্রাঙ্গণ নৈসর্গিক শোভাবিহীন তা কোন অবস্থাতেই দৃষ্টি নন্দন হয় না। উন্মুক্ত স্খলিত বা আলগা মাটি, রৌদ্রতাপ অতিশুষ্ক জীর্ণ ও বন্ধনহীন ধূলামাটি, বিভিন্ন প্রাকৃতিক ব্যবস্থায় এবং পশুপাখি, মনুষ্য চলাচলজনিত ঘর্ষণে আলগা মাটি বর্ষারম্ভে বা বৃষ্টিপাতের জলে বাহিত হয়ে নদীবক্ষে পতন ও জলের স্রোতের এবং ধারার ক্ষীণতায় বা অবসানে নদীবক্ষে অধঃক্ষেপ-মহাক্ষতির পূর্বাভাষ।

তাই ক্যাচমেন্টকে সুন্দর ব্যবস্থার মধ্যে-রাখতে হলে নিম্নলিখিত অতি আবশ্যাক বিষয়গুলির সম্পাদনের দিকে যথাযথ দৃষ্টি দেওয়া অতি আবশ্যক।

(১) সর্বপ্রথম অঞ্চলের অধিবাসীবৃন্দ এবং সরকারের যৌথ উদ্যোগে ক্যাচমেন্টের সম্পদের মূল্যায়ন যথাযথভাবে করা এবং এ বিষয়ে বিশেষ গুরুত্ব আরোপ করা। ক্যাচমেন্টের গুরুত্বপূর্ণ বিষয়ের মধ্যে আছে প্রাকৃতিক পরিবেশের সঙ্গে অঙ্গাঙ্গীভাবে যুক্ত এলাকা, বনসম্পদ, খনিজ সম্পদ, কৃষি বিষয়ক জমি, কর্ষণযুক্ত জমি;শহর, গ্রামাঞ্চল, গঞ্জ এলাকা, সড়ক ব্যবস্থা, জলাভূমি, স্থানে স্থানে নীচু জমি, প্রাকৃতিক জলাশয় ও মনুষ্যকৃত জলাশয়, আশেপাশের নালা নর্দমা প্রভৃতি।

(২) বিস্তীর্ণ ক্যাচমেন্ট অঞ্চলের উন্নতির বিষয়ে জনগণকে উৎসাহিত ও অনুপ্রাণিত করা। বিষয়ের গুরুত্ব যথাযথভাবে অনুভব করতে পারলে বা অনুভব করানো সম্ভব হলে ও অধিবাসীদের বা জনচেতনার স্বতঃস্ফূর্ত সহযোগিতায় তৎপরবর্তী সামাজিক, অর্থনৈতিক এবং পরিবেশের সামগ্রিক উন্নতির দিকগুলি প্রসার লাভ করবে। বর্তমানে সরকারি প্রচেষ্টা বা পঞ্চায়তী ব্যবস্থা তার যথাযথ কর্মপন্থাও ব্যবস্থার মধ্যে—ক্যাচমেন্ট ও জলসম্পদের উন্নয়ন এবং সুব্যবহার পুরোপুরি বাস্তবায়িত হওয়া সম্ভব। অবশ্য এরূপ উন্নয়মমূলক ব্যবস্থাপনায় অঞ্চলের সবারই সক্রিয় সহযোগিতার প্রয়োজন এবং তা একমাত্র অঞ্চলবাসীদের দ্বারাই সম্ভব। সরকারের ভিন্ন ভিন্ন বিভাগের উচিত এ ব্যাপারে জনচেতনার সামগ্রিক উন্নয়নের দিকে সজাগ দৃষ্টি রাখা।

(৩) অঞ্চলের অধিবাসীরা যদি সম্যকভাবে উপলব্ধি করতে পারেন যে ক্যাচমেন্টকে

সুচারুরূপে ব্যবহার করতে পারলে তাদের অর্থনৈতিক উন্নতির পথ প্রসারলাভ করবে তবে সর্বপ্রকার ব্যবস্থা অবলম্বন করে অঞ্চলের জনগণের দ্বারা পরবর্তী বিষয়গুলির দিকে অগ্রসর হওয়া।

(৪) ক্যাচমেন্টের অধিবাসীবৃন্দ উৎসাহ ও আগ্রহে ক্যাচমেন্টকে উপযুক্তভাবে কাজে লাগিয়ে তাদের দারিদ্রমোচন এবং অর্থনৈতিক উন্নতির বিষয় ভাবেন, সরকারও যাতে যথার্থভাবে এবং প্রয়োজনীয় করণীয় কাগজগুলি যথাসম্ভব সত্বর করে দেবার ব্যবস্থা করেন যাতে ক্যাচমেন্ট সর্বদিক থেকে সফলভাবে রক্ষিত হয়ে উন্নয়ন সুপরিকল্পিত ও ত্বরান্বিত হয়।

(৫) ক্যাচমেন্টকে সফল এবং সার্থকভাবে ব্যবহারের জন্য যে যে বিষয়গুলির ব্যবস্থা নেয়া হবে সেই সব ব্যবস্থার প্রতি বিশেষভাবে লক্ষ্য রাখতে হবে যাতে পরিবেশ যেন অবনতির দিকে না যায়।

(৬) অঞ্চলের অধিবাসীদের এই কাজে এমনভাবে যুক্ত হওয়া উচিত যাতে সমর্থ এবং যোগ্য ব্যক্তিদের প্রত্যেকের অংশ গ্রহণ সক্রিয়ভাবে হয়, তা নামমাত্রই হোক বা বেশি পরিমাণেই হোক। ক্যাচমেন্টের প্রয়োজনমত সংরক্ষণ ব্যবস্থাপনার প্রতিকূল কোনোরূপ কাজে কেহ না করেন। উপরন্তু যোগ্যতা অনুসারে উৎসাহের সহিত গুরুত্বপূর্ণ ব্যবস্থাপনার কার্য্যে যুক্ত থাকবেন। পরিকল্পনা এমনভাবে হওয়া উচিত বা করা উচিত যাতে অঞ্চলের প্রয়োজনে প্রত্যেক ব্যক্তির মতামত ভালমন্দ দিকগুলির বিশ্লেষণ, কারও কোন যুক্তি যথার্থ কার্যকরী বলে সবাই মনে করলে তা নিয়ে সেই কাজকে সঠিকভাবে রূপায়ণ করার ব্যাপারে সবাই অংশীদার হবেন এবং সবারই যাতে ধারণা থাকে যে তাদের যৌথ প্রচেষ্টার যেন সার্থকভাবে রূপায়িত হয় এবং উজ্জ্বল দৃষ্টান্ত স্থাপন করতে পারেন। অধিবাসীদের মধ্যে ক্যাচমেন্টকে বৈজ্ঞানিক উপায়ে সুরক্ষার বিষয়ে উদাসীন থাকবেন সেই সব ব্যক্তিদের সঠিকভাবে অনুপ্রেরিত করতে পারলে এবং ক্যাচমেন্টের গুরুত্বকে সুন্দরভাবে বোঝান গেলে সবরকম অধিবাসীর উৎসাহ, সহযোগিতা সহজেই পাওয়া যাবে এবং ক্যাচমেন্টের সুরক্ষা এবং সুব্যবহার ফলপ্রসূ হবে।

অতঃপর

(১) ক্যাচমেন্টের ভূমির আকৃতি বা কি প্রকারে মাটির স্তর অবস্থিত, মাটির প্রাকৃতিক অবস্থা ও রাসায়নিক পদার্থ এবং তা কি ভাবে ভূতলে অবস্থিত (অবশ্য অল্প গভীরতায়) হয়ে আছে, প্রথম হতে একই অবস্থায় আছে বা প্রাকৃতিক কার্যকারণে যেমন তাপের পরিবর্তনে, বায়ুর এবং মাটির চাপে কিংবা বৃষ্টিপাতের জলে রূপ-পালটিয়ে বা আলগা হয়ে স্থান ত্যাগ করার পরিস্থিতি আছে কি নেই তা অনুসন্ধান করা।

(২) কোন কোন বিষয়ে ভিন্ন ভিন্ন এবং গুরুত্বপূর্ণ ব্যবস্থার ও প্রচেষ্টার আশু প্রয়োজন হতে পারে। সে সব জরুরি কাজগুলি শীঘ্র সম্পাদনের জন্য ব্যবস্থা নেওয়ার দিকগুলিও প্রথম হতেই ভেবে রাখতে হবে। যেমন কোন অস্বাভাবিক ভৌগোলিক

অবস্থায় ক্যাচমেন্টের জমির আকৃতি জলসম্পদকে বেসামাল করার প্রবণতা অত্যাধিক থাকে। সেই সমস্ত স্থানকে যাতে স্থায়ী-সুঢাল ও স্থিতিশীল করা যায় ক্যাচমেন্টের স্থানকে ভিত্তি করে স্থির করা।

(৩) ক্যাচমেন্টের অভ্যন্তরে বা উপরিভাগে যে সব খনিজসম্পদ ও বনজ সম্পদ, বা বিভিন্ন আকরিক খনিজ পদার্থ উন্মুক্ত বা আচ্ছাদিত অবস্থায় আছে, সম্পদ-উত্তোলনের পর কিংবা বনজ সম্পদ-সংগ্রহ করার পর অনেক পরিমাণ স্থান নিয়ে উপরিভাগের এবং ভূমির অভ্যন্তরের শূন্যতার স্থান সমূহকে জরুরি ভিত্তিতে চিহ্নিত করা। ক্যাচমেন্টে বাৎসরিক গড় বৃষ্টিপাতের পরিসংখ্যান, চাষের কাজ যেসব জমিতে হয় তার পরিমাণ এবং আরও কত বেশি জমিকে চাষের জন্য নির্দিষ্ট করা যায় তার সঠিক পরিমাণও ক্যাচমেন্ট ব্যবস্থাপনার কাজের সঙ্গে যুক্ত থাকবে।

(৪) ক্যাচমেন্টের কোন কোন বিশেষ অঞ্চলে বৃষ্টিপাতের জলে মাটি সহজেই সরে যায়। তাছাড়া ক্যাচমেন্টের মাটির অম্লতা, লবণাক্ততা ও ক্ষারীয়ভাবের পরিমাণ পরীক্ষা করা।

(৫) জমির পরিমাণ, আকার, কোন কোন কাজে কোন কোন জমি অতি উপযুক্ত এবং সর্বদিকেরই সুবিধা আছে সেইসব বিষয়গুলিকে স্থির করে জমির শ্রেণীবিভাগ করা।

(৬) সমষ্টিগত উদ্যোগ ও উদ্যমকে নিজেরই উন্নয়নের কারণ ও বিষয় মনে করে জমি ও জলসম্পদের বিভিন্ন বিষয়গুলির উন্নয়ন করার মানসিকতা বৃদ্ধি করা।

(৭) সম্ভাব্য ব্যবস্থা অবলম্বন করে জমির এবং জলের সার্থক ব্যবহার অন্তে বহুবছর পর্যন্ত যাতে পর্যাপ্ত পরিমাণ ফসল উৎপাদন করা যায় এবং জমির গুণমান সামান্য পরিচর্যায় বহু বছর ফসল উৎপাদনের জন্য উপযুক্ত থাকে তার প্রতিও দৃষ্টি দেয়া।

উপরোক্ত ব্যবস্থাসমূহকে বাস্তবে পরিণত করতে হলে সর্বপ্রথম জনসচেতনতাকে উদ্বুদ্ধ করা। একক ব্যক্তি তার প্রতিবেশী-ব্যক্তিবর্গ একাত্ম হয়ে সবারই মঙ্গলের কারণে সবাই উৎসাহ, আগ্রহ ও শ্রমকে মূলধন করে সুশৃঙ্খলভাবে কাজে নামা। একমন, এক উদ্দেশ্য ও নিরলস শ্রম ও স্বচ্ছতা, সমমর্যাদা ও সরলতা যদি একই সুর ও ছন্দে থাকে তবে কোন কাজই যতই কঠিন ও অসম্ভব হোক না কেন, অসফল হয় না। এ হলো অঞ্চলের অধিবাসীদের কার্য্যসম্পাদনের অধুনালুপ্তপ্রায় মানসিকতার দিক। এই প্রজন্মেরও মূলমন্ত্র হওয়া উচিত। অপরদিকে জনগণকে যথার্থভাবে উৎসাহিত করার এবং নূতন নূতন কর্মপন্থায় উৎসাহিত করতে হলে সরকারের যে সব ভিন্ন ভিন্ন কার্যাবলী পরিচালনা করার বিভাগগুলি আছে এবং তার সঙ্গে বিশেষ গুণ এবং জ্ঞানসম্পন্ন সর্বজন স্বীকৃত ব্যক্তিবর্গ হাতে কলমে কাজ করে সাফল্য অর্জন করেছেন এবং অধিকাংশ জনগণের শ্রদ্ধাভাজন সেইসব সরকারি ও বেসরকারি ব্যক্তিবর্গের দ্বারা অঞ্চলের সবাইকে উদ্বুদ্ধ করা প্রাথমিকভাবে খুবই জরুরী। অতীতকাল হতে আরম্ভ করে আজ পর্যন্ত সর্ব বিষয়েই যথেষ্ট উন্নতি হয়েছে। জলসম্পদ সংরক্ষণ বৈজ্ঞানিক উপায়ে যে করা সম্ভব হয় এবং

সেই জলসম্পদের প্রয়োজনে সার্থক ব্যবহার অর্থনৈতিক উন্নয়নের যে প্রশস্ত পথ তা সবারই জানা আছে। কিন্তু তাকে সমষ্টিগত শ্রমের বিনিময়েই রূপায়ণ করা সম্ভব তাও সবার জানা আছে। কিন্তু প্রয়োজনীয় সহজ সরল প্রচেষ্টায় জনগণকে প্ররোচিত করা সরকার এবং প্রকৃত দেশপ্রেমীর আগ্রহেই সম্ভব। সরকারের বিভিন্ন বিভাগ—যেমন (১) মাটি সংরক্ষণ, (২) বনবিভাগ (৩) কৃষি (৪) পরিবেশ (৫) নানা প্রকার উদ্যান (৬) সড়ক (৭) অভয়াঞ্চল (৮) সেচ (৯) জল সম্পদ প্রভৃতি। উপরোক্ত বিভাগগুলি একে অন্যের সাথে ওতপ্রোতভাবে সম্পর্কযুক্ত। এই বিভাগগুলির যৌথ উদ্যোগ যদি উৎসাহ বর্ধনের এবং স্বতঃস্ফূর্ত প্রেরণার আধার না হয় তবে উপরোক্ত বিভাগগুলির কার্যাবলী খুব সামান্যই ফলপ্রসূ হয়। তাই এইসব বিভাগসমূহের সমগুরুত্ব নিয়ে একে অপরকে গুরুত্ব মর্যাদা দিয়ে জনগণকে নিকটজন ভেবে পরিকল্পিতভাবে ক্যাচমেন্টকে সংরক্ষণ ও সুব্যবস্থা করা। তবে স্বভাবতই উন্নয়নের দিক প্রসার লাভ করে যথাযথভাবে জল মহামূল্যবান সম্পদরূপেই চিহ্নিত হবে।

১০

রাজ্যে জলসম্পদের অবস্থান

পশ্চিমবঙ্গের আয়তন ৮৭,৮৫৩ বর্গ কিলোমিটার। এই জমি ভিন্ন ভিন্ন আকারে ভিন্ন ভিন্ন উদ্দেশ্যে ব্যবহৃত হয়। প্রথমত সমগ্র জমির বেশ একটা বড় অংশ চাষের কাজে ব্যবহৃত হয়। বেশ কিছু পরিমাণ জমি, ছোট, বড়, অল্প মাপের বা বেশি মাপের স্থান নিয়ে পাহাড়, পর্বত, টিলা, বেশ কিছু-পরিমাণের জমি বনাঞ্চলের জন্য নির্দিষ্ট করা আছে। তাছাড়া অন্যান্য নানা কাজের জন্য জমি বরাদ্দিকৃত হয়ে আছে। এই সব জমি সমুদয় মোট জমির পরিমাণ হতে সরিয়ে রাখলে অবশিষ্ট জমি জলের অবস্থানের জন্যই ব্যবহৃত হয়। জলের বা তরল পদার্থের স্বভাবগত কারণে জল ঢালু পথে গড়িয়ে চলে যায়। চতুর্দিকে আচ্ছাদিত স্থানের জল সেই স্থানেই অবস্থান করে। আবার অপেক্ষাকৃত উঁচু অঞ্চল হতে জল গড়িয়ে এসে নীচুর দিকে চলতে থাকে। ঘেরা স্থান বা নিম্ন বা নিম্নতর অঞ্চলে রক্ষণ ক্ষমতার অতিরিক্ত জল জমা হয়ে তা উপচিয়ে নিকটবর্তী নিম্নতর অঞ্চলে গমন করে। এইভাবে ক্রমশ নালা ও নর্দমার দ্বারা বাহিত হয়ে জল নদীতে পড়ে। ছোট ছোট নদীর জল বড় বড় নদীতে পড়ে এবং সর্বশেষে স্থায়ীভাবে অবস্থান করে সাগরের জলের সঙ্গে মিলিত হয়ে। যে সামান্য-পরিমাণ জল রাজ্যের অভ্যন্তরে অবস্থান করে তার আধার হলো অসংখ্য প্রাকৃতিক বিল, অত্যধিক নীচু অঞ্চল, জলাজমি, মনুষ্যকৃত বিশালাকার জলাধার, তার সাথে ছোট ছোট জলাধার (reservior), ছোট বড় হ্রদ, সরোবর, দীঘি অসংখ্য ছোট বড় পুষ্করিণী এবং সামান্য সময়ের জন্য জল অবস্থানকারী নদী, নালার অববাহিকা হলো জলের আশ্রয়স্থল। জল ভূতলে পড়ার পর কিছু পরিমাণ জল ভূমির তলদেশে চলে যায়। মাটির অভ্যন্তরে জল প্রবেশের গতি ও পরিমাণ তলদশের ভূমির গঠন প্রকৃতির উপর নির্ভর করে। ভাগীরথী, হুগলী নদীর অববাহিকার উভয় অঞ্চল ও উপকূলবর্তী অঞ্চলের ভূগর্ভস্থ জলের তল সমতলের খুব নিকটে। কিন্তু ভূমির গঠন জল অভ্যন্তরে প্রবেশের অনুকূল নয়। আবার মালভূমি অঞ্চলের ভূতলে প্রবেশের অনুকূল পরিশেষ থাকায় জল অতি শীঘ্র তলদেশে গমন করে। বিভিন্ন পাথরের ফাটল দিয়ে খুব তাড়াতাড়ি জল জমির নীচে চলে যায়। তাছাড়া ঐসব মালভূমি ও তার আশেপাশের অঞ্চলের মাটির প্রকৃতি (ছোট, বড়, কাঁকড়, পাথর, বড় দানার বালি) এমন যে সাময়িকভাবে অতিবৃষ্টির জল অবস্থান করলে বেশ কিছু পরিমাণ জল মাটির অভ্যন্তরে চলে যায়। এছাড়া বৃষ্টিপাত বন্ধ হবার পর সূর্যালোকের তাপে, চাপে, বাতাসের প্রবাহে জল বাষ্পাকারে উর্ধ্বে গমন করে। কিছু পরিমাণ জল গাছ, উদ্ভিদ, তৃণভূমি ও অন্যান্য কারণে শেষ হয়ে যায়। তরল জলের

নানা রকম অবস্থান আছে তাহলো প্রদেশে কিছু পরিমাণ জল সংরক্ষণ ও স্বাভাবিক অবস্থান, ভূতলে প্রবেশ ও উর্ধ্বালোকে গমন এবং সর্বশেষ স্থায়ী ও পাকাপাকি অবস্থানের ক্ষেত্র সাগর। ভূতলে প্রবেশ ও উর্ধ্বালোকে গমনকে বাদ দিলে সাধারণভাবে বর্ষিত জলের কেবলমাত্র শতকরা দশ থেকে বারো ভাগ জল আমরা আমাদের প্রয়োজনীয় কাজে লাগাই। অবশিষ্ট অষ্টাশি-শতাংশ জল আমরা কাজে লাগাতে পারি না।

১১

জলসম্পদের বিশৃঙ্খল অবস্থান

আমাদের এই রাজ্যে এমন এমন সব নীচু জায়গা আছে যার পরিমাণ সমগ্র প্রদেশের বেশ একটি উল্লেখযোগ্য অংশ। এইসব নীচু জায়গা প্রদেশের প্রায় সর্বস্থানেই আছে। উত্তরবঙ্গ এবং গঙ্গার ব-দ্বীপ অঞ্চলে এইরূপ জলাজমির পরিমাণ বেশি। পশ্চিমাঞ্চলে মালভূমির এবং পাহাড়ী অঞ্চলের পাদদেশের জিলাসমূহে স্থান সর্বত্রই উঁচুনীচু এবং স্থানে স্থানে বেশ কিছু পরিমাণ নীচু জমি আছে। কিন্তু গঙ্গা অববাহিকার পশ্চিমদিকের বৃষ্টিপাতের পরিমাণ কম এবং জলও বেশিদিন ধরে জমিতে অবস্থান করে। পশ্চিমাঞ্চলের নীচু অঞ্চলে বিক্ষিপ্তভাবে চাষ করা যায়। যদি বৃষ্টিপাতের সময় এবং পরিমাণ অনুকূল হয়। কিন্তু উত্তরবঙ্গে এবং ব-দ্বীপ অঞ্চলে পূর্বে যে সব খাল, বিল, নদী—বিভিন্ন স্থানে যথেষ্ট পরিমাণ জল ধরে রাখা বা প্রবাহিত হওয়া সম্ভব ছিল, বিভিন্ন কারণে সেই সব খাল, বিল, নদী, নালা মজে গিয়ে নীচু জমির সৃষ্টি হয়েছে। বর্ষাকালে বৃষ্টিপাতের জল ছাড়া এসব জমি বা এলাকা শুষ্কই থাকে বা কর্দমাক্ত জলাজমি হিসাবেই চিহ্নিত হয়ে আছে। যেহেতু মজা নদী, খাল, বিল, নালা স্বাভাবিক জমি হতে বেশ নীচু তাই বর্ষার জল ঐসব ঢালু এবং নীচু জায়গায় জমা হয়ে বিশাল জলাজমির সৃষ্টি করে। সেই বিরাট আকারের জলাজমিতে জল কোন কাজে না লেগে নানারূপ ক্ষতির কারণই হয়ে থাকে। ঐ সব অঞ্চলের জলের গভীরতা সর্বাধিক এক মিটারের মত বা তারও কম দেখা যায়। আমাদের এই রাজ্যে বেশ কিছু মজা, নদী, খাল, বিল, জল সংরক্ষণেরও আশ্রয় হয় না আবার স্বাভাবিক কৃষিকাজ বা চাষবাস করার পক্ষেও অনুপযোগী। বৃষ্টির জল জুন মাস হতে অক্টোবরের মাঝামাঝি ঐ স্থানে জমা হয়ে থাকে। তাছাড়া অনেক নীচু অঞ্চল এবং মজা ও শুষ্ক বিল ও নদীতে অগোছালো ভাবে যত্র তত্র বাসস্থানের জন্য তৈরি ঘর বাড়ি, এদিক ওদিক সামান্য মাটিকে উঁচু করে চাষ, ছোট খাট কলকারখানা প্রায় অনেক নীচু অঞ্চলেই দেখা যায়। যে সব অঞ্চল দিয়ে স্বাভাবিকভাবে জলের প্রবাহ চলতো এইরূপ বিচ্ছিন্নভাবে ঘরবাড়ি কলকারখানা বা পরিকল্পনাবিহীন জনপদসৃষ্টির কারণে জলের ঢল নানা স্থানে বাঁধাপ্রাপ্ত হয়ে আশেপাশের অঞ্চল বেশ কিছু দিনের জন্য জলমগ্ন হয়ে থাকে। কিংবা দুর্বলস্থানকে জলের তোড়ে সব কিছু ভাসিয়ে নিয়ে নীচু অঞ্চলের দিকে ধাবিত করতে থাকে। পূর্বে যেসব স্থান সাধারণ বৃষ্টিপাতে জলমগ্ন হত না সে সব অঞ্চল জলমগ্ন হয়ে অহেতুক অনেক স্থান দখল করে থাকে।

জলসম্পদ প্রবাহিত হওয়ার নদীর উপত্যকার সর্বোচ্চ ক্ষমতা
জলপ্লাবন ও বন্যা

স্থায়ী ও অস্থায়ী নদী অববাহিকা জল পরিচলন বা বাহিত হওয়ার একটি গুরুত্বপূর্ণ ব্যবস্থা। এই অবস্থা ও ব্যবস্থা প্রাকৃতিক কারণেই সম্ভব হয়েছে। ভূতলে বৃষ্টিপাত সামান্য পরিমাণেই হোক বা বেশি পরিমানেই হোক তার সাময়িক অবস্থান এবং সরণের মাধ্যম হিসাবে নদী উপত্যকাগুলি জল পরিবহণের রাস্তা হিসাবে গণ্য হয়েছে। নদী অববাহিকা যদি সর্বস্থানে সর্ব অবস্থায় এবং সর্ব সময়ে একই প্রকার থাকতো তবে নদী অববাহিকার সর্বোচ্চ ক্ষমতায় কত জল অবস্থান করে বাহিত হত তার একটা পরিমাপ জানা যেত। সেই সঙ্গে পুষ্করিণী, খাল, বিল, বড় বড় জলাধারগুলিতে সমগ্র প্রদেশের কত জল থাকতো তার হিসাব পাওয়া যেত মোট জলের একটা পরিমাপ পাওয়া যেত। সেই সঙ্গে ভিন্ন ভিন্ন অঞ্চলের মাটির গঠন অনুসারে জল তলদেশে যেত এবং বাষ্পে জল আকাশে উঠে যেত তার মাপ এবং পরিমাণ অতিসহজেই করা যেত। যদি কোন বছরে বেশি পরিমাণ বৃষ্টিপাত হতো তবে উপরোক্ত উপায়ে জল বিভিন্ন স্থানে থাকতো এবং মাটির অভ্যন্তরে যেত অবশিষ্ট জল সাবলীল এবং অপরিবর্তিত নদী অববাহিকার দ্বারা অপসারিত হতো। কিন্তু নদী-অববাহিকা একটি অত্যন্ত জটিল ব্যবস্থা। মুহূর্তে মুহূর্তে জলের চলনের রাস্তার পরিবর্তন হয়েই চলেছে। অববাহিকার কোন স্থানের সমস্যা যেমন পাড় ভাঙা, জলে পাড়ের মাটি ধুয়ে যাওয়া প্রভৃতি সাময়িকভাবে রোধ করা সম্ভব হলেও অন্য কোন নূতন সমস্যার উদ্ভব হয়ে জল চলার রাস্তাকে বিঘ্নিত করার দিক থেকেই যায়। স্থায়ী এবং অস্থায়ী নদী-অববাহিকাগুলির মধ্যে স্থায়ী নদীর অববাহিকা অধিক গুরুত্বপূর্ণ। কারণ স্থায়ী-নদীর দুই তীরবর্তী অঞ্চলে জনবসতি, বাণিজ্য, কৃষিকাজ, নদী-পথে পরিবহন ও মাছধরা প্রভৃতির কারণে জনবসতি এবং জনসমাগম বেশি হয়। স্থায়ী নদীর অববাহিকার দুই তীরের অধিবাসীদের দ্বারা নানাপ্রকার স্থায়ী কাজে ব্যবহারের নিমিত্ত জল বছরের সব সময়েই কাজে দরকার হয়। স্থায়ী নদীতে জুন মাস হতে অক্টোবর মাস পর্যন্ত জলের পরিমাণ বেশি থাকে। বছরের অন্যান্য মাসে হঠাৎ হঠাৎ বৃষ্টিপাতজনিত জল ও হিমবাহের বরফগলা জল স্থায়ী নদী পথে বয়ে চলে। জনগণ স্থায়ী নদীর দুই কূলে অবলম্বন করে বসতি গড়ে তুলেছে। সেখানে নানা কারণে অববাহিকার বিভিন্ন পরিবর্তনে এবং উপরাঞ্চলে অতি বৃষ্টি হলে দু-কূল ছাপিয়ে জল বয়ে যাওয়ার সম্ভাবনা থাকে। জল বাড়তে থাকলে তার সঙ্গে অনেক জটিলতার সৃষ্টি হয়। জনপদ-লণ্ডভণ্ড হয়। নদী

নদীতে পড়লে পলিমাটির পরিমাণ অনেকাংশে কম হবে। জল স্থানান্তকরণের এই জাতিয় ব্যবস্থাগুলো অবলম্বন করলে জলাশয়েই হোক বা নদী, নালাতেই হোক পলিমাটির দ্বারা জলাধার বা নদী অতি শীঘ্র ভরাট বা পলি অধঃক্ষেপ হয়ে অসুবিধার সৃষ্টি করতে পারবে না। জলাশায়ের সঞ্চিত পলিমাটি উত্তোলন করে এবং সেই পলিমাটিকেই স্ব স্ব স্থানে প্রতিষ্ঠিত করা যদিও বা সম্ভব হয় কিন্তু বিস্তীর্ণ অঞ্চলে স্থলিত পলিমাটি দূরবর্তী স্থানের বিশাল আয়তনের জমিতে গিয়ে জমা হলে তাকে সরিয়ে নদীর অববাহিকাকে স্বাভাবিক রাখা অতি দুরূহ কাজ। যদি জমিতে জল পড়া এর বাড়তি জল সরে যাওয়া উপরোক্ত ব্যবস্থামত হয় এবং ক্যাচমেন্টকে যদি সম্পূর্ণ ব্যবস্থাপনার মধ্যে রাখা যায় তবে নিম্নলিখিত সুবিধাগুলি পাওয়া যায়। যথা—

(১) খাল বাহিত জলধারাতে পলিমাটির পরিমাণ কম হবে। ফলস্বরূপ নদী বা জলাশয় বা জলাধারে অধিক পরিমাণ পলিমাটি অধঃক্ষেপ না হওয়ার কারণে জলাধারে জল সংরক্ষণ ক্ষমতা দীর্ঘস্থায়ী হবে এবং নদীপথে যে জলরাশি স্থানান্তরিত হয় সেই জলর‍্যাশিও বাধাবিহীন ভাবে এবং দুই তীরের কোন স্থানকে ক্ষতি না করে চলতে পারবে। স্থানীয় যেসব জলাধার বা জলাশয়ে জলের সহিত পলিমাটি বহন করে জলে ফেলছে তা জৈবসার সমৃদ্ধ। সেই পলিমাটি জলাশয়ে সঞ্চিত হওয়ার পরিমাণের উপর নির্ভর করে দুই তিন বছর অন্তর অন্তর অপসারণ করলে জলাশয়ের জলাধারন ক্ষমতা পূর্বের মতই থাকবে। পলিমাটির সঙ্গে মিশ্রিত মূল্যবান এবং পরিবেশ সহায়ক জৈবসার সম্বন্ধে পরে বিস্তারিত আলোচনা করা হয়েছে।

(২) মধ্যবর্তী স্থানে জল সংরক্ষণ এবং সুবিধাযুক্ত এবং উন্নত মানের নালার সাহায্যে জল ভিন্ন ভিন্ন পথে জলের ঢলকে পরিচালিত করার ব্যবস্থায় জলস্ফীতি ও বন্যার দিকগুলো প্রশমিত হবে এবং ক্ষয়ক্ষতিও কম হবে।

(৩) জমির উর্বরাশক্তি বৃদ্ধি পাবে কারণ মূল্যবান জমিতে দেয়া সারের সিংহভাগ জলে ভেসে চলে যাবে না এবং ফলনের পরিমাণও বৃদ্ধি পাবে।

(৪) নদী, নালা, জলাধার, জলাশয়ে যে জল প্রবাহিত হবে বা সংরক্ষিত হবে তার ব্যবহারের কারণে উপযুক্ত গুণগত মান অক্ষুণ্ণ থাকবে।

(৫) জমির অম্লতা এবং লবণাক্ততা যা পূর্বে স্থিরিকৃত ছিল তা সেরূপই থাকবে। কারণ অন্য স্থানের জল সচরাচর এবং সহজ উপায়ে চাষের জমির জলের সঙ্গে মিলিত হতে পারবে না এবং জমির মাটির গুণগত মান পরিবর্তিত হবে না।

(৬) ক্যাচমেন্টের বনাঞ্চলে বন্যপ্রাণীর অবাধ বিচরণ স্থানে বন্যার জল জমে থাকবে না এবং বন্যাজনিত এবং জলের ঢলজনিত শঙ্কারও অবসান হবে।

ক্যাচমেন্টের গঠনগত, প্রকৃতিগত ও ভৌগোলিক অবস্থার উপর নির্ভর করে ভূমিক্ষয় হয়। সেই ক্ষয়প্রাপ্ত মৃত্তিকা জলের স্রোতে বাহিত হয়ে নদী বা জলাশয়ে পড়ে। এইরূপ নদীবাহিত পলিমাটির পরিমাণ হ্রাসবৃদ্ধি নানা প্রকার প্রাকৃতিক কারণেই ঘটে থাকে।

ক্যাচমেন্ট এলাকার বৃষ্টিপাতের জলের একমাত্র প্রবাহ-নালা বা ঐ অঞ্চলের নদী দ্বারাই বাহিত হলে অনেক সুবিধা হতো। আর তা না হলে অঢেল জল, অস্বাভাবিক জলস্ফীতিজনিত জলমগ্ন হওয়া, জীবনহানি, ফসলহানি, বাসস্থান গবাদি পশু প্রভৃতির ক্ষয়ক্ষতির সম্ভাবনা বেশি থেকেই যায়। অবিরাম প্রবল বর্ষণের জল যাতে সাবলীলভাবে প্রবাহিত হয়ে ভিন্ন ভিন্ন পরিসরের এবং ক্যাচমেন্টের বিভিন্নস্থানে প্রাকৃতিক বা মনুষ্যকৃত নালার সাহায্যে পরিচালিত হতে পারে তার কারণে অনেক বেশি জল পরিচলনের ক্ষেত্রের প্রসার অতি আবশ্যক। সহজপথে জলবাহিত হয়ে নীচু এবং উপযুক্ত স্থানে ভিন্ন ভিন্ন অঞ্চলে সঞ্চিত হবে। এই প্রক্রিয়ায় জল সম্পদ ব্যবস্থায়িত হলে কোন অবস্থাতে এবং কোন একস্থানে অনেক জল স্থির থেকে বা বাহিত হয়ে ক্ষয়ক্ষতি করতে পারবে না।

বন্যা ও বন্যার কারণসমূহ

নদী অববাহিকায় তার ক্ষমতার অতিরিক্ত জল বাহিত হলে উভয় তীর ছাপিয়ে উভয়তীরের আশে-পাশের অঞ্চল জলমগ্ন করে রাখে ও তাতে জনবসতি, জীবন ও ধনসম্পত্তি, মাঠের ফসল, জলাশয়ের মাছ প্রভৃতি ভাসিয়ে নিয়ে অপরিসীম দুঃখ দুর্দশা, রোগ, শোকের সৃষ্টি করে তা হল বন্যা।

বন্যা নানারকম কারণে হতে পারে। বন্যা কি কি অবস্থার কারণে হয় তা হলো—

(১) নদী অববাহিকায় অত্যধিক পরিমাণ জল চলনের কারণে দুই তীর ছাপিয়ে জল প্রবাহিত হয়। পরবর্তী বর্দ্ধিত পরিমাণ জল উভয়তীরের বিস্তীর্ণ অঞ্চল জলমগ্ন করে।

(২) প্রধান প্রধান নদী-অববাহিকায় কোন না কোন সময়ে অত্যধিক পরিমাণ জল বয়ে চলে তার সাথে দুই কূলে বিভিন্ন শাখা নদীর জল দ্বারা পুষ্ট হয়ে কূল ছাপিয়ে জল দুই তীর ভাসিয়ে দেয়।

(৩) নদী পথের কোন অঞ্চলে উভয় তীরের ক্যাচমেন্টের বিস্তীর্ণ স্থান ধরে অবিরাম মুষলধারে বৃষ্টিপাত হলে জলের পরিমাণ নদীর ধারণ এবং বহন ক্ষমতা ছাড়িয়ে উভয় তীরের বিশাল আয়তনের স্থানকে জলমগ্ন করে।

(৪) নদী-অববাহিকার উপর অঞ্চলে অত্যধিক এবং অবিরাম বৃষ্টিপাতজনিত জল নদী-পথে বাহিত হয়। জলের পরিমাণ বেশি থাকে এবং সেই সঙ্গে সেই জলরাশির চলনে ক্ষিপ্রতা বৃদ্ধি পায়। সেই অবস্থায় যে সব নদীতে জোয়ার ভাটা হয় তাতে জোয়ারে আগত জলের ঢল ও উপরাঞ্চলের জলের সংঘর্ষ হয়, সংঘর্ষস্থানে জল ফুলে, ফেঁপে উঠে পার্শ্ববর্তী অঞ্চল ভাসিয়ে বন্যার সৃষ্টি করে।

(৫) নদী-অববাহিকায় কোন কোন স্থানে পলি জমে জমে নদী-পথের গভীরতা ক্রমশ কমতে থাকে অবশেষে নদীর মাঝে বিশাল চর জেগে উঠলে নদী পথ একাধিক হয়। নদীর মধ্যবর্তী অঞ্চলে চরা থাকায় সংকীর্ণ জলের পথগুলিতে জলের প্রাচুর্য্যের কারণে পাশ্ববর্তী অঞ্চল প্লাবিত হয়।

(৬) অপর্যাপ্ত জল বাহিত হওয়ার ফলে এবং জলধারে বা নদীতে পড়ার পথ যদি

সুগম ও প্রসারিত না থাকে তবে কোন বিশেষ অঞ্চলে জল আবদ্ধ থেকে বন্যার কারণ হয়।

তাছাড়া আরও অনেক রকম কারণ আছে যার জন্যে কোন কোন অঞ্চলে হয় প্রতি বছর বা কয়েক বছর অন্তর বন্যা হয়। খুবই সাধারণ এবং স্বাভাবিক বিষয়, তা হলো বৃষ্টির জল মাটিতে পড়ে, ক্রমশ নীচু অঞ্চল ধরে যাওয়ার পথে বাধা প্রাপ্ত হয় বা গতি স্তব্ধ হয়, সময় অতিবাহিত হয় সঙ্গে সঙ্গে জলের পরিমাণও ক্রমশ বৃদ্ধি পেতে থাকে। পরিশেষে বিস্তীর্ণ অঞ্চল জলমগ্ন করে—যা বন্যা তার সঙ্গে জীবন ও সম্পত্তির ক্ষতি।

সম্প্রতি দেখা যায় সমগ্র ভারতবর্ষে এমনকি আমাদের রাজ্যে প্রতি বছরই রাজ্যের কোন না কোন অঞ্চলে বন্যা হয়ে থাকে ও বন্যাজনিত ক্ষয়ক্ষতি হয়। পশ্চিমবঙ্গে বন্যা হবার প্রধান কারণ সমূহ নদী অববাহিকার জল বহন এবং ধারণের ক্ষমতা হ্রাস ও জল চলাচলের পথে অসংখ্য বাধা।

জলসম্পদের পরিমাণ ও জলস্রোতের হ্রাস বৃদ্ধি নিম্নলিখিত বিষয়গুলির উপর নির্ভর করে। যথা;

(১) বৃষ্টিপাতে বা বর্ষণের প্রকার ভেদ, ও অনিয়মিত বর্ষণ।

(২) বৃষ্টিপাতের প্রবলতা।

(৩) বৃষ্টিপাতের সময়সীমাও স্থায়িত্ব।

(৪) নদী-অববাহিকা ও ক্যাচমেন্টের গঠনগত অবস্থা।

(৫) বায়ু প্রবাহের দিক এবং তার গতিবেগ।

(৬) ক্যাচমেন্টের আয়তন। কত পরিমাণ অঞ্চলের বৃষ্টির জল নদী অববাহিকায় এসে পড়বে।

(৭) জল সরণের প্রয়োজনে কিরূপ জল নালা ক্যাচমেন্ট অঞ্চলে অবস্থিত।

(৮) প্রধান জল নালা বা নদী অববাহিকার ঢাল।

(৯) নদীর উভয় কুলের ঢালের প্রকৃতি।

(১০) ক্যাচমেন্ট অঞ্চলে কি পরিমাণ জল সংরক্ষণের প্রাকৃতিক ও মনুষ্যকৃত ব্যবস্থা আছে। যেমন প্রাকৃতিক হ্রদ, কৃত্রিম জলাধার, ছোট বড় পুষ্পরিণী, প্রাকৃতিক বিল, দীঘি। এছাড়া ছোট বড় জলাশয়।

(১১) কৃষি জমির প্রকৃতি ও পরিমাপ।

(১২) বনাঞ্চল—তার বিস্তৃতি ও ঘনত্ব।

(১৩) ভূমির এবং ভূগর্ভস্থ মাটির প্রকৃতি।

(১৪) বাষ্পীভবন।

(১৫) বৃক্ষ ও উদ্ভিদ ও তৃণভূমির দ্বারা জল গ্রহণ।

প্রতি বছর রাজ্যের নানা স্থানে বন্যা হয় এবং বিস্তীর্ণ এলাকা জলমগ্ন হয়ে নানাপ্রকার দুর্ভোগ এবং জীবন, সম্পত্তি, ঘরবাড়ি নিশ্চিহ্ন করে। তার সম্ভাব্য-প্রতিকারের ব্যবস্থা নিলে

বন্যার তাণ্ডবকে অনেক পরিমাণ কম করা সম্ভব। মোটামুটি নিম্নলিখিত দিকগুলির প্রতি দৃষ্টি দিলে বন্যা এবং বন্যাজনিত ক্ষয়ক্ষতি অনেক পরিমাণ লাঘব করা সম্ভব হয়।

(১) ছোট বড় অসংখ্য জলাধার বা পুকুর, দীঘি, সরোবর প্রভৃতি খনন তার সাথে সাথে মজা, জঞ্জালে প্রায় ভরা জলাশয় বহুদিনের পুরানো জলাশয় প্রাকৃতিক বিলসমূহের গভীরতা বৃদ্ধিকরণ।

(২) জলধারা বা জলের ঢল কূলের সর্বশেষ কিনারা বা উভয়তীর প্রবল জলের স্রোতেও যাতে ক্ষতিগ্রস্ত না হয় সে দিকে লক্ষ্য রাখা।

(৩) জল প্রবাহের নালা যেমন খাল, ছোট বড় নদী তাদের তলদেশের ঢাল যাতে ঠিকমতো থাকে এবং তীব্র জলের স্রোতেও কোনরূপ বাধা না পেয়ে সরাসরি বইতে পারে তার দিকে নজর রাখা। বিশেষ করে পলিমাটির স্তর পড়ে পড়ে সে সব নদীর তলদেশ-অসমান হয়েছে সেই সব নদী সমূহের দিকে যথাযথ দৃষ্টি দেয়া। প্রয়োজনীয় সংস্কারের দ্বারা কোন কোন নদীর কোন বিশেষ স্থানের অস্বাভাবিক বক্রতা যার ফলে জলের গতি বেসামাল হয় তার সংস্কার। নদী পথকে সহজ সরল রাখা গেলে জল সরতে পারে।

(৪) প্রয়োজনীয় এবং আশু সংস্কারের দিকে গুরুত্ব দিয়ে যাতে নদীর জল সরলপথে সহজেই বইতে পারে তার চেষ্টা করা এবং প্রয়োজনবোধে নদী অববাহিকার গভীরতা বৃদ্ধি করা। নদীর দুই কূল প্রশস্ত এবং ঢালু থাকলে তীরের মাটি তীব্র জলস্রোতে ক্ষয়প্রাপ্ত হয়ে পার্শ্ববর্তী অঞ্চল ক্ষতিগ্রস্ত হওয়ার সম্ভাবনা কম থাকবে। নদীর দুইপাশের তীরভূমি অল্প ঢালে জলের তলে বা জলের তলদেশ পর্যন্ত যায় এবং বাঁধের মাটি শক্ত হয় বা কঠিন বাঁধনযুক্ত করা যায়, তাহলে ধ্বস নামা এবং মাটি জলের ধাক্কায় খুলে গিয়ে জলে পলিমাটির পরিমাণ বৃদ্ধি কম হবে। জলও সহজভাবে চলতে পারবে।

উত্তরবঙ্গের নদীসমূহ যেমন রায়ডাক, তিস্তা, তোর্সা, মহানন্দা প্রভৃতির জলের ঢলের প্রকৃতি উপরাঞ্চলের জলাধিক্যের জন্য প্রায়শই কম বেশি দেখা যায়। যার ফলে নদীপথের এবং জলরাশির চলনের দিক পরিবর্তন হঠাৎ হঠাৎ জলের তোড়ে একদিন বা একরাত্রির মধ্যে হতে দেখা যায়।

মেদিনীপুরে এবং সুন্দরবনের উপকূলবর্তী অঞ্চলে বর্ষা ঋতু মেদিনীপুর জেলার নদী—কেলেঘাই, কপিলেশ্বরী নদীর জলের আধিক্যের কারণে প্রায় প্রতি বছরই বন্যায় বিশাল অঞ্চল প্লাবিত হয়। বন্যা হওয়ার প্রধান এবং একমাত্র কারণ ক্যাচমেন্টের উপরাঞ্চলের অতি বৃষ্টি বা জলের ঢল যথেচ্ছভাবে অনায়াসে কোন রকম বাধাবন্ধন না পেয়ে জলের পরিমাণ নীচু অঞ্চলের দিক আসার পথে বাড়তে বাড়তে এসে উপকূলবর্তী অঞ্চলে অর্থাৎ ঐ দুই নদীর সঙ্গে ছোট বড় খালের দুই কুলকে ছাপিয়ে জল চলতে থাকে এবং বিশাল আয়তনের স্থান জলমগ্ন করে থাকে। ঐসব নদী-অববাহিকার উপরাঞ্চলের ক্যাচমেন্ট অঞ্চলে গড় বৃষ্টিপাতের বেশ একটা বড় অংশ যদি উপরাঞ্চলের ভিন্ন ভিন্ন স্থানে আবদ্ধ করে রাখা যেত তবে সমস্ত জল এবং তার প্রবাহের কারণে উপকূলবর্তী অঞ্চলে নদী

WEST BENGAL
SHOWING FLOOD AFFECTED AREAS
IN DIFFERENT DISTRICTS DURING 1971

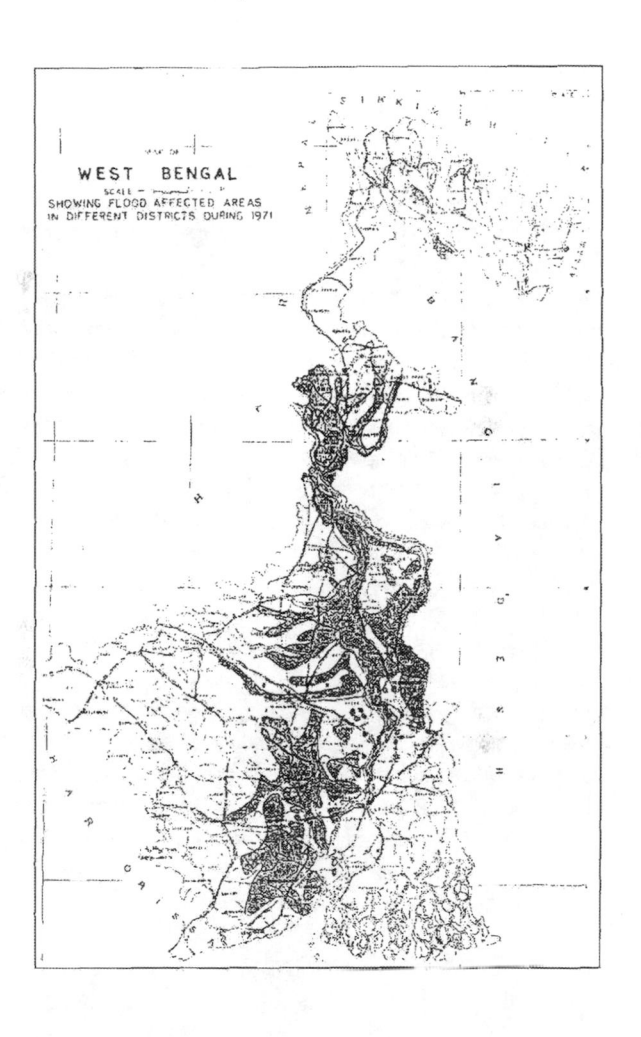

অববাহিকার জল বহনের ক্ষমতার অতিরিক্ত জল প্লাবন সৃষ্টি করত না। উপরাঞ্চলে জলের সঙ্গে মিশে ঐ সব স্থানে মাটি, বালি, এবং ভাসমান গাছপালার দ্বারা অববাহিকার তলদেশ দুর্বল হত না।

আমাদের এই রাজ্য উত্তর-পশ্চিম দিক হতে সরাসরি দক্ষিণ দিকে ক্রমান্বয়ে ঢালু হয়ে দক্ষিণ-পূর্ব দিকে অগ্রসর হয়ে অবশেষে সাগরের উপকূল পর্যন্ত এসেছে। আবার কিছু অঞ্চলের ঢাল উত্তর-পশ্চিম দিক হতে এসে দক্ষিণ-পূর্ব দিকে গিয়েছে। সর্বোচ্চ-সর্বনিম্ন ঢালের মধ্যবর্তী অঞ্চলের অনেক যায়গাই চারিদিকে ঘেরা বা স্বাভাবিক তল হতে লক্ষণীয় নীচু অঞ্চল কম বেশী আয়তনের অনেক জায়গাই আছে। এদের মধ্যে কিছু কিছু স্থানে অল্প বিস্তর জল বিশেষ করে বর্ষাকালে অবস্থান করে থাকে। যাকে আমরা জলাভূমি বলি। আবার কিছু কিছু স্থানে প্রবল বর্ষণে কয়েকদিনের জন্য জল জমে থাকে। সেইসব নীচু বা জলাভূমি সুপরিকল্পিত ভাবে বাসস্থান, কলকারখানা, হাট, বাজার, চলাচলের বা মৎস চাষের জন্য বা অঞ্চলের বৃষ্টির জল ধরে রাখার জন্য কোনরূপ চিন্তা, ভাবনা করা হয়নি। উদ্দেশ্যহীনভাবে ঐসব নীচু অঞ্চল বছর বছর ধরে পড়ে আছে। কিন্তু অনিয়ন্ত্রিতভাবে এবং যথেচ্ছভাবে ঐসব অঞ্চলে বিক্ষিপ্তভাবে ফসল উৎপাদন, বাসস্থান এমনকি কল-কারখানা এবং বছরের পর বছর আশে-পাশের এবং পার্শ্ববর্তী উপারঞ্চলের জলের সহিত বিভিন্ন প্রকার বস্তু ও পলিমাটি বাহিত হয়ে ঐসব নীচু অঞ্চলে পূর্বের জল অবস্থানের ক্ষমতাকে কমিয়ে ফেলেছে। পূর্বে যে পরিমাণ জল ঐসব নীচু এলাকায় অবস্থিত হয়ে পাশ্ববর্তী অঞ্চলকে জলমগ্ন হওয়া বা হওয়ার আশঙ্কাকে দূর করত তা আর ইদানিংকালে হচ্ছে না। তাই প্রবল বৃষ্টিপাতে তো বটেই এমনকি সাধারণ গড় বৃষ্টিপাতের জলেও ঐসব অঞ্চলের কোন কোন স্থান জলমগ্ন হয় এবং মাঝে মাঝে বন্যা হয়েছে বলেও স্বীকৃত হয়। এইরূপ জলজমা এবং বন্যা আমাদের এই রাজ্যে অনেক স্থানেই প্রায় প্রতি বছরই হয়েছে বলে শোনা যায়। এইরূপ প্রতি বছর বন্যা হচ্ছে এবং প্রতি বছরের বন্যা হওয়ার পরিসীমা বেড়ে চলেছে তার একমাত্র কারণ নিয়মশৃঙ্খলা বহির্ভূত নীচু জমির অধিগ্রহণ এবং যত্রতত্র ঘরবাড়ি ইত্যাদি এবং জলসম্পদের অনিয়ন্ত্রিত চলন ব্যবস্থা। এই দুই দিকে যথাযথ দৃষ্টি দিয়ে সুব্যবস্থা করতে পারলে আমাদের এই রাজ্যে বছরে যে পরিমাণ বৃষ্টিপাত হয় তাতে বন্যারূপ অশুভ দিক আসবেই না এবং বন্যার বিভীষিকাও ক্রমে বিলুপ্ত হয়ে যাবে।

১৩

নিম্ন অঞ্চল বা জলাভূমি

আমাদের রাজ্যের সর্বমোট আয়তন ৮৭,৮৫৩ বর্গ কিলোমিটার। এই পরিমাণ আয়তনবিশিষ্ট অঞ্চলে নদী, পাহাড়, বন, জনবসতি, কৃষিজমি, প্রাকৃতিক ও মনুষ্যকৃত জলাশয়, শিল্পাঞ্চল, সড়ক প্রভৃতি আছে। তার মধ্যে কিছু কিছু অঞ্চল বৃষ্টিপাতের জল বা অপেক্ষাকৃত উঁচু অঞ্চলের জল জমে থাকার প্রবণতাযুক্ত। সাধারণভাবে বৃষ্টিপাত হলে ঐসব অঞ্চলের ধারণ ক্ষমতায় জল অবস্থান করলে আশেপাশের অঞ্চল দুর্ভাবনামুক্ত থাকে। স্বাভাবিক বর্ষণ অপেক্ষা সামান্য পরিমাণ বেশী বর্ষণ হলে আশেপাশের অঞ্চল সামান্যভাবেই স্বল্পকালের জন্য জলের তলায় থাকে এবং ক্ষয়ক্ষতির কাবণ হয় না। কিন্তু ঐসব নীচু অঞ্চল একত্রে এই রাজ্যে প্রায় অনেক স্থান জুড়ে আছে এবং তা অতিতকাল হতে এখনও উদ্দেশ্যহীনভাবে পড়ে আছে। কোনরকম সম্পদই ঐসব স্থানসমূহ হতে পাওয়া যায় না। উপরন্তু যদি কোন বছর অতিবৃষ্টি হয় তবে বিস্তীর্ণ অঞ্চল জলমগ্ন হয়ে বন্যার কারণ হয় এবং জনজীবন, বসতি, রাস্তাঘাট ও বোনা ফসলের অশেষ ক্ষতি করে এবং ঐসব অঞ্চলের জীবনযাত্রা বিপর্য্যস্ত হয়ে যায়। জেলা ভিত্তিক অঞ্চলে বন্যার প্রকোপে ঐসব নীচু অঞ্চল একাধিকবার বা প্রতি বছরেই কিংবা একই বছরে বেশ কয়েকবার জলমগ্ন হয়ে বন্যার সৃষ্টি করে। প্রতি জেলাতেই এইরূপ নীচু অঞ্চল কম বেশী সর্বত্রই আছে। নদী ও বন্যা বিষয়ক অনুসন্ধান বিভাগ এবং জরিপ বিভাগগুলি প্রতি জেলাতে যেসব অঞ্চলকে বন্যা হওয়ার প্রবণতাযুক্ত অঞ্চল হিসাবে চিহ্নিত করেছে সেইরকম নীচু অঞ্চল বা গড় বৃষ্টির বেশী বৃষ্টিপাতে যেখানে জল জমার আশঙ্কা আছে তার আয়তনের পরিমাণ প্রতি জেলাতেই নির্ণয় করেছেন। উক্ত পরিসংখ্যানে জেলাভিত্তিক নিম্নভূমির পরিমাণ নিম্নরূপ :

ক্রমিক নং	জেলা	বন্যার প্রবণতাযুক্ত অঞ্চলের পরিমাণ (বর্গ কিমি)
১.	দার্জিলিং	৩৮·৮৫০
২.	কুচবিহার	২২০১·৪৮০
৩.	জলপাইগুড়ি	২৩০৪·৫৮০
৪.	দিনাজপুর (যুক্ত)	৫৯৩·১১০
৫.	মালদহ	২০৪০·৯২০
৬.	মুর্শিদাবাদ	২৯৯৪·০৪০
৭.	নদীয়া	৩০১৯·৯৪০
৮.	২৪ পরগনা (যুক্ত)	১০৯০·৯৫০

ক্রমিক নং	জেলা	বন্যার প্রবণতাযুক্ত অঞ্চলের পরিমাণ (বর্গ কিমি)
৯.	বীরভূম	৯৩·২৪০
১০.	বাঁকুড়া	১২৯·৫০০
১১.	হাওড়া	৯০৬·৫০০
১২.	হুগলী	১৭৮৭·১০০
১৩.	মেদিনীপুর	৫০৮৪·১৫০
		সর্বমোট—২২,৮৬৭·৬১০

এই যে বন্যার প্রবণতাযুক্ত ২২,৮৬৭·৬১০ বর্গ কিলোমিটার তা রাজ্যে যে বছর এবং যে সময়ে যে যে স্থানে প্রবল বারিপাত বা অন্যভাবে সর্বাধিক স্থান জলমগ্ন করেছিল বা বন্যার কবলে পড়েছিল তার পরিসংখ্যান উল্লেখিত হল। এই পরিসংখ্যানে দেখা যায় রাজ্যের মোট জমির এক চতুর্থাংশ অঞ্চল বারিপাতে বা প্রবল বর্ষণে জলমগ্ন হওয়ার প্রবণতাযুক্ত। এইসব অঞ্চলের প্রায় অধিকাংশ স্থান সরকারের মালিকানায় ন্যস্ত। যেহেতু সহজ পন্থায় ঐসব স্থানকে কাজে লাগানো সহজ নয় আর সরকারী প্রচেষ্টা এবং উদ্দেশ্যের অভাবে ঐসব অঞ্চল গুরুত্ব পায়নি, এবং না জল ধরার কাজে অথবা অন্য কাজে লাগানো হয়নি আজ পর্যন্ত। উপরন্তু বিশৃঙ্খলভাবে জমি দখল এবং তার ব্যবহার আরও বেশী সংশয়ের কারণ হয়ে বন্যার তাণ্ডবতা প্রসারিত করে চলেছে।

বিশেষভাবে জরিপ এবং পুঙ্খানুপুঙ্খ বিভিন্ন প্রকার অনুসন্ধানের দ্বারা রাজ্যের কোথায় কোন কোন এলাকা এবং কি পরিমাণ আয়তনের এবং কিভাবে এবং কোন কোন পাশ দিয়ে জল এসে ঐসব নীচু এলাকা পরিপূর্ণ করে তার বিষদ তথ্য আগামী জলসম্পদ ধরে রাখার প্রয়োজনে এবং ব্যবহারের কারণে অতি দরকারী বিষয়।

আজ পর্যন্ত ঐসব নীচু এলাকা বিশেষ করে সরকারী জমি, বেশী আয়তনেরই হোক বা কম আয়তনেরই হোক স্বাভাবিক বৃষ্টিপাতে জলমগ্ন হয়ে থাকে। বছরের বেশ কয়েক মাস কিংবা সারা বছরই জলমগ্ন থেকে না ফসল উৎপাদনের প্রয়োজনে, না বসতি স্থাপন, না সেচের প্রয়োজনীয় জলের সংস্থান প্রভৃতি কোন কাজে ব্যবহৃত না হয়ে অহেতুক আগাছা এবং তার কারণে মশা, মাছির ও নানা রকম অনিষ্টকারী কীটপতঙ্গের বৃদ্ধির কাজেই ব্যবহৃত হয়ে আসছে। আবার ব্যক্তিগত মালিকানায় যে সমস্ত নীচু এবং জলমগ্ন এলাকা আছে সেইসব স্থানের মালিকেরা বর্তমান অবস্থা এবং ব্যবস্থাকে যথাযথ অনুধাবন করে ঐসব নীচু জলমগ্ন এলাকাকে, চাষের কাজে, মৎস চাষের কাজে, সম্বৎসরের সেচের জল যোগানোর কাজে এবং পারিবারিক ব্যবহারের জন্য সুবিধামত কোন স্থান মাটি ফেলে উঁচুকরণ, মাটি তুলে নিয়ে সেই স্থানকে বেশ বেশী জল ধরে রাখার কাজের সুব্যবস্থা করে নানারকম অর্থাগমের ব্যবস্থা করছেন। এই জাতীয় নিজস্ব নীচু জলাজমির সুবন্দোবস্ত করার কাজ রাজ্যের অনেক স্থানেই দূরদৃষ্টিসম্পন্ন জমির মালিকেরা করেছেন। তার সংবাদও পাওয়া যায়। আবার কিছু কিছু ব্যক্তি কোন জমির মালিকের কাছ হতে কিছু

নীচু জমি লিজ নিয়ে জলরক্ষণ এবং মৎস চাষ করে স্বাধীনভাবে অর্থ উপার্জন করছেন। এত হল বেসরকারী মালিকানায় ক্ষুদ্র ক্ষুদ্র প্রচেষ্টা। কিন্তু বিরাট বিরাট সরকারী নীচু জমির সংস্কার এবং তার থেকে সুফল আদায় করা একমাত্র সরকারের পক্ষেই অঞ্চলে আশেপাশের লোকেদের নিয়ে করা সম্ভব। যদি সমস্ত নীচু এবং জলাজমি সংস্কার করে রাখা যায় তবে সমগ্র বছরের বৃষ্টিপাতের জল অনেকটাই ধরে রাখা সম্ভব হবে। নীচু জমি বা জলাজমি এই প্রদেশের প্রায় সর্বত্রই ছড়িয়ে ছিটিয়ে আছে। তাই সংস্কার পরবর্তী জল সঞ্চয়ও সর্বত্রই হবে এবং ঐ সঞ্চিত জলের সাহায্যে সেচ, মৎস চাষ এবং অন্যান্য প্রয়োজনীয় কাজ অনায়াসেই রাজ্যের সর্বস্থানে করা যাবে। সংরক্ষিত জল প্রথমত: ভিন্ন ভিন্ন অঞ্চলে সেচের প্রয়োজনে শতকরা একশত ভাগ নিশ্চয়তা দেবে। দ্বিতীয়ত: যেসব অঞ্চলে পূর্বে জলমগ্ন হওয়া, বন্যার আশঙ্কা, শ্রম এবং অর্থের বিনিময়ে চাষ করে ফসল বোনা হয়েছিল তা জলমগ্ন হওয়া রূপ ক্ষতিকারক দিকগুলির অবসান হবে। তৃতীয়ত: জলের ঢলে পার্শ্ববর্তী অঞ্চলে ভূমিক্ষয়ের পরিমাণ অনেকাংশে লাঘব হবে। এখনও পর্যন্ত বিশৃঙ্খলভাবে জল নানা স্থান হতে এসে সুবিধাজনক নীচু অঞ্চলে জমা হয় সেই জল ক্রমান্বয়ে বাড়তে বাড়তে নদীপথে বাহিত হয় এং আস্তে আস্তে জলের পরিমাণ বৃদ্ধি পায়, জলস্রোত, তীব্র হতে তীব্রতর আকার নেয়। তখন নদীর তীর এবং তীরবর্তী অঞ্চলে ধ্বস নেমে জলমগ্ন হওয়ার আশঙ্কা দেখা দেয়। তার ফলে ক্ষয়ক্ষতি, প্রতি বছর নদীর পাড় রক্ষণাবেক্ষন এবং সেই কাজে অহেতুক বিশাল ব্যয়ভার, জলে বেশী পলিমাটি ও অন্যান্য নানাবিধ সমস্যার সৃষ্টি হয়। উপরোক্ত দিকগুলি হতে রক্ষা পাওয়ার একটি সঠিক উপায় হল ঐসব নীচু এলাকায় ঐসব অঞ্চলের জল আবদ্ধ রাখার। অহেতুক অর্থব্যয় এই কারণেই বলা হল বিরাট আকারের ভাঙ্গন যা গঙ্গাবক্ষে ইদানিং হয়ে চলেছে, তাকে বন্ধ করার জন্য বহু চিন্তা, বহু অর্থব্যয় প্রতি বছরই করা হয়ে চলেছে। কিন্তু সমস্যার সমাধান তো হয়নি উপরন্তু বেড়ে চলেছে। এই অবস্থা সরল এবং সাধারণ চিন্তাধারা যা তা হলো স্থানে স্থানে জল আবদ্ধ করে রাখা যা বর্তমানের পরিপেক্ষিতেও অতি জরুরী বিষয়।

জলমগ্ন এলাকা, বন্যার প্রবণতাযুক্ত এলাকা, অত্যাধিক নীচু অঞ্চল যার আয়তনের পরিমাণ পূর্ব হিসাব অনুযায়ী প্রায় বাইশ হাজার বর্গ কিলোমিটারের মত। এই পরিমাণ জমি কিংবা সংস্কার অন্তে আরও কম আঠার থেকে কুড়ি হাজার বর্গকিলোমিটার পরিমাণ স্থান কেবলমাত্র জল ধারন এবং রক্ষণের প্রয়োজনে ব্যবহার করা যায় তবে আমাদের রাজ্যের সাধারণ গড় বৃষ্টিপাতের জলের যে সরবরাহ আমরা পাই তার দ্বারাই জলের সবরকম কাজ অতি অনায়াসেই করা সম্ভব হবে। এই ব্যবস্থায় বর্তমানে ঐসব নীচু স্থানে বিশৃঙ্খলভাবে বসতি, চাষ এবং বিচ্ছিন্নভাবে কলকারখানা প্রভৃতি স্থাপিত হয়েছে তারও অবসান হবে। সুনির্দিষ্ট স্থান সুনির্দিষ্টভাবেই জলরক্ষণ, বসবাস, কৃষি কাজ, শিল্প কারখানা অঞ্চল চিহ্নিত হয়ে থাকবে। জল সংরক্ষণের কাজে ব্যবহৃত জমি বা স্থান যেখানে সুগভীরতায় জলই কেবল আশ্রয় পাবে সেখানকার পরিবেশ যা অস্বাস্থ্যকর অবস্থায় আছে তারও অনেক উন্নতি হবে। সামান্য শ্রমযুক্ত কাজ অসামান্য তার প্রাপ্ত সুবিধা এবং ফললাভ।

১৪

রাজ্যে প্রাপ্ত জলসম্পদ জল সংরক্ষণের সম্ভাব্য জমির পরিমাণ এবং বর্তমানের সংরক্ষণ ব্যবস্থা

বৃষ্টিপাতের জল সম্পূর্ণ বছরে আমরা যে পরিমাণে পাই এবং যে পরিমাণ জল পার্শ্ববর্তী প্রদেশ হতে বাহিত হয়ে আমাদের এই প্রদেশে আসে যুক্তভাবে আমাদের রাজ্যে জলের বরাদ্দ। সর্বপ্রথম আমাদের রাজ্যে বৃষ্টির জলের পরিমাণ কত তা দেখা যাক। আমাদের রাজ্যে বৃষ্টিপাতের প্রায় স্বাভাবিক গড় মাত্রা ১৭৫ সেন্টিমিটার। অর্থাৎ বর্ষাকালে বৃষ্টির পরিমাণ বেশী হয়; অন্যান্য মাসে সামান্য পরিমাণে বৃষ্টি হয়ে সম্বৎসরে বৃষ্টিপাত প্রায় প্রতি বছরে উপরোক্ত মাপেরই হয়ে থাকে। অন্য রাজ্য হতে জল আসা বিশেষ করে গঙ্গা অববাহিকা অঞ্চলে একমাত্র গঙ্গানদী এবং বাংলাদেশের পদ্মানদী হতে সামান্য পরিমাণ জল এই রাজ্যে আসে। এই রাজ্যে জলের প্রাপ্তি সাধারণভাবে বৃষ্টির জল হতেই হয়। যদি বাৎসরিক গড় বৃষ্টিপাতে উর্দ্ধের অর্থাৎ স্বাভাবিক গড় বৃষ্টিপাত অপেক্ষা আরও পঁচিশ সেন্টিমিটার যুক্ত করে মোট সর্বোচ্চ পরিমাণ দুই শত সেন্টিমিটার বা সাড়ে সাতফুট (যা সাধারণত প্রায় বেশ কিছু বছরের ব্যবধানে এবং বিশেষ বিশেষ কিছু অঞ্চল ছাড়া বর্ষিত হয় না) তবে মোট জল আমাদের রাজ্যের ভূমির উপর সঞ্চিত হবে তার পরিমাণ নিম্নরূপ :

রাজ্যের মোট আয়তন ৮৭,৭৫৩ বর্গ কিলোমিটার

৮৭,৭৫৩ ব. কি.মি. × ১০০ = ৮৭,৭৫,৩০০ হেক্টর [১ ব. কি.মি = ১০০ হেক্টর]

৮৭,৭৫,৩০০ হেক্টর × ২ মিটার = ১,৭৫,৫০,৬০০ হেক্টর মিটার

[১০০ সে.মি= ১ মিটার]

পরিসংখ্যানে এবং পূর্ববর্তী অনুসন্ধানের তথ্য হতে দেখা যায় যে প্রদেশের ভিন্ন ভিন্ন অঞ্চলের ক্ষুদ্র, মাঝারি এবং কতিপয় বৃহৎ আকারের আধারসহ তার সঙ্গে জল বহনের নদী নালা যুক্তভাবে অনায়াসেই মোট স্থানের এক চতুর্থাংশ স্থান জল সংরক্ষণের কারণে ব্যবহার করা যায়। কোন কোন অঞ্চলে জলাজমি বা জলমগ্ন জমির পরিমাণ এক চতুর্থাংশ হতে অনেক বেশী আছে। আবার কোন অঞ্চলে জলাজমির পরিমাণ এক চতুর্থাংশ হতে সামান্য কম। আবার কোন কোন জেলায় এমনও সব জমি গুরুত্বহীন অবস্থায় আছে, যদি সেইসব জেলাতে জলের পরিমাণ বেশী হত তবে আশ্রয় পেতে পারতো। বর্তমানে যেসব জলাশয়, জলাভূমি, বড় বড় জলাধারসমূহ আছে তা অতীতকালের এবং সংস্কারবিহীন অবস্থায় প্রায় অথর্ব। এমনকি হালে যেসব বড় বড় জলাধার সৃষ্টি করা হয়েছে প্রতি বছর

পলির স্তর পড়তে পড়তে পূর্ব ক্ষমতার অনেকটাই কমে গিয়েছে। যদি সঠিকভাবে প্রদেশের বিভিন্ন অঞ্চলকে জল রাখার স্থান হিসাবে চিহ্নিত করে রাজ্যের আয়তনের এক চতুর্থাংশ জমি জল ধরে রাখা এবং চলনের কারণে নির্দিষ্ট করা যায় তবে যে পরিমান জল আমরা রাজ্যে ধরে রাখতে এবং স্থানান্তর করতে পারবো তা হবে এইরূপ :

৮৭,৭৫,৩০০ হে. ÷ ৪ = ২১,৯৩,৮২৫ হেক্টর জমি জলের আশ্রয়স্থল।

এই ২১,৯৩,৮২৫ হেক্টর পরিমাণ জমি কেবলমাত্র জলে ধরে রাখা এবং বাহিত করার কাজেই নিয়োজিত হবে।

জল সংরক্ষণের আধার বা স্থান যার গভীরতা হবে সমতল হতে ন্যূনতম ছয় মিটার গভীরতা যুক্ত এবং ঐ গভীরতার জলাধারে ন্যূনপক্ষে চার মিটার পরিমাণ গভীরতার, জল প্রতি বছরই ধরে রাখা সম্ভব হবে। বর্ষাকালের ঠিক শেষ মুহূর্তে জলের গভীরতার পরিমাণ আরও এক মিটার জল সময় বিশেষে বেশী রাখা যেতে পারে। যদি কোন বছর সাধারণ বার্ষিক গড় বৃষ্টিপাত হতে অনেক কম বৃষ্টিপাত হয় এবং বৃষ্টিপাতের সময়ের প্রভেদ বেশী হয় তবে জলের গভীরতা স্বভাবতই কম হবে। ২১,৯৩,৮২৫ হেক্টর পরিমাণ জমিতে এক মিটার গভীরতার জল ধরে রাখলে জলের পরিমাণ হবে ২১,৯৩,৮২৫ হেক্টর মিটার। সেইরূপ চার মিটার গভীর জল ঐ ২১,৯৩,৮২৫ হেক্টর পরিমাণ স্থানে রাখতে পারলে মোট জলের পরিমাণ হবে

২১,৯৩,৮২৫ হেক্টর × ৪ মিটার = ৮৭,৭৫,৩০০ হেক্টর মিটার

রাজ্যে বছরে প্রাপ্ত জলের পরিমাণ ১,৭৫,৫০,৬০০ হেক্টর মিটার

বছরে জল সংরক্ষণের পরিমাণ = ৮৭,৭৫,৩০০ হেক্টর মিটার

অর্থাৎ প্রায় পঞ্চাশ শতাংশ বর্ষিত জল আমরা আমাদের রাজ্যের অভ্যন্তরে নানা জায়গায় ধরে রাখতে পারি। অবশ্য তারজন্য প্রয়োজনীয় কিছু সুনির্দিষ্ট স্থানকে প্রয়োজনীয় সংস্কার করে সুগম করে রাখা দরকার। পঞ্চাশ শতাংশ বর্ষিত জল রাজ্যের নানা স্থানে ধরে রাখতে পারলে অহেতুক বন্যা, জীবনহানি, ফসলহানি সর্বোপরি বিপুল পরিমাণ অর্থের যে আপৎকালীন খরচ প্রতি বছরই হয়ে থাকে ত্রাণ, ফসল উৎপাদন এবং বাসগৃহ মেরামত ইত্যাদির জন্য তা প্রতিরোধ করতে পারি।

এখনও পর্যন্ত সম্বৎসরে প্রাপ্ত মোট জলসম্পদের কেবলমাত্র সর্বোচ্চ পরিমাণ বার শতাংশ জল আমরা আমাদের রাজ্যের প্রয়োজনে ব্যবহার করত সক্ষম। অবশিষ্ট অষ্টাশি শতাংশ জল অপচয় হয় এবং অপচয়ের কারণে জীবনহানি, সম্পদহানি এবং নানা প্রকার দুঃখ দুর্গতির পথগুলিকে সুপ্রশস্ত করে চলে।

জলসম্পদ মহার্ঘ এবং অতি মূল্যবান সম্পদ। এইরূপ মূল্যবান জলসম্পদ বিভিন্নভাবে ও বিভিন্ন দিকের অর্থনৈতিক উন্নতির একটি অতি জরুরী সহায়ক সম্পদ বিবেচনা করে তাকে রাজ্যের জনগণের সমৃদ্ধির কারণে ব্যবহার অনেক জটিলতার সরলীকরণের সম্ভাব্য দিকসমূহ। জলসম্পদ সুরক্ষার যথাযথ গুরুত্ব আরও প্রয়োজন।

১৫

অতিরিক্ত জলসম্পদের বর্তমানের সরনব্যবস্থা এবং সংস্কার ও সংরক্ষণ অন্তে স্থানান্তর ব্যবস্থা

অতি সাধারণ খসড়া ব্যবস্থায় আমরা পঞ্চাশ শতাংশ পরিমাণ জল আমাদের রাজ্যে ধরে রাখতে পারি। অবশিষ্ট পরিমাণ জল সহজ উপায়ে কোনরূপ ক্ষয়ক্ষতি না করে কি উপায়ে অপসারণ করানো যায় তার পথসমূহ নির্ণয় করা। বৃষ্টিপাতের জল ছাড়াও আমাদের রাজ্যে বিশেষ করে উত্তরাঞ্চলের নদীসমূহে হিমবাহের বরফগলা জলও বাহিত হয়ে আসে। অবশ্য প্রদেশে অল্প কয়েকটি নদীতেই বছরে সব সময়ে জল বাহিত হয়। সেইসব নদীতে জলের গতিপথকে সুগম রেখে সেই অতিরিক্ত এবং অব্যবহৃত সম্পদকে আমরা কতদূর পর্যন্ত আমাদের প্রয়োজনে ব্যবহার করতে পারি সে বিষয় যত্নসহকারে চিন্তাভাবনা করা। যেসব কতিপয় নদীর দ্বারা বছরের সব সময়েই জল বাহিত হয় সেসব নদীসমূহ বর্ষারাম্ভ এবং পূর্ণ বর্ষায় বিশাল কলেবর ধারণ করে। তারসঙ্গে দুই তীরের উভয় কূলের আশেপাশের অঞ্চল হতে জল গড়িয়ে আসে তার পরিমাণ যদি নদী উপত্যকার বহন ক্ষমতা হতে বেশী হয় তবে জলস্ফীতির কারণে দুই কূলের পার্শ্ববর্তী অঞ্চল জলপ্লাবিত হয়। এরূপ ঘটনা অনেক নদী-অববাহিকার আশপাশের অঞ্চলেই প্রায়শই বর্ষাকালে ঘটে থাকে। যদি নদী উপত্যকাকে প্রশস্ত করে বহন এবং ধারন ক্ষমতা বাড়ানো যায় তবে সমস্যার কিছু সমাধান হয়। কিন্তু বাস্তবে তা সম্ভব নয়। বিশাল জলরাশি নদীবক্ষে ধারন এবং বহনকে যদি লাঘব করা সম্ভব হয় তবে উপরোক্ত দুর্ঘটনাসমূহ অনেক কম ঘটে। অবশ্য এইরূপ জলপ্লাবন বেশ কিছু বছর অন্তর অতিবৃষ্টির জন্যই হয়ে থাকে। স্বাভাবিক বৃষ্টিপাতের জলকে সংরক্ষণ করে এবং অস্বাভাবিক অতিবৃষ্টির জলরাশির সর্বোচ্চ পরিমাণ জলকে উপযুক্ত স্থানে আবদ্ধ করে রেখে অবশিষ্ট জলকে অপসারিত করার উপর নদীপথে জল প্রবাহিত হওয়া সম্ভাব্য বিপদের আশঙ্কা হতে মুক্ত হয়।

অতিরিক্ত জল স্থানান্তর হওয়ার বিষয়ে উত্তরবঙ্গের নদীসমূহকে বলা হয়েছে স্থায়ী নদী। গঙ্গার বিষয়ে দুই একটি কথা বলা হয়েছে। কিন্তু মালভূমি হতে উৎপন্ন নদীসমূহের পরে বিশদ আলোচনা করা হয়েছে। স্থায়ী নদীসমূহের গতিপথ তাদের উৎস হতে সমুদ্র সংগম বা বড় নদীতে পতন পর্যন্ত সর্বসময়ে যাতে সর্বোচ্চ গড় বৃষ্টিপাতজনিত জল প্রয়োজনে স্বচ্ছন্দে বহানো যায় তার কারণে উপত্যকার সুব্যবস্থা এবং সক্ষম রাখা অতি জরুরী বিষয়। নদীপথ স্বচ্ছন্দ, সাবলীল এবং সচল রাখার প্রয়োজনে কতিপয় গুরুত্বপূর্ণ ব্যবস্থা অবলম্বন করলে স্বাভাবিকভাবে নদীর অববাহিকা জল চলাচল ক্ষতিকারক হতে পারে না।

নদী অববাহিকা সহজ ও স্বচ্ছন্দ রাখার পরিপ্রেক্ষিতে ব্যবস্থাসমূহ

স্থায়ী নদীর অববাহিকা উপরাঞ্চলের জলবাহিত হবার একটি চিরাচরিত স্বাভাবিক ব্যবস্থা। ভূতলে বৃষ্টিপাত বেশী পরিমাণেই হোক অথবা কমই হোক সেই জলের সরনের মাধ্যম হিসাবে নদী অববাহিকাগুলি বিশেষ ভূমিকা পালন করে। আমাদের এই রাজ্যে উল্লেখযোগ্য স্থায়ী নদী হিসাবে গঙ্গা, তিস্তা, মহানন্দা, তোরসা। এইসব নদীতে বছরের সব সময়েই জল থাকে এবং বাহিত হয়। এইসব স্থায়ী নদীর অববাহিকার ক্যাচমেন্ট যদি অনেক আয়তন বিশিষ্ট স্থান হয় এবং সেই ক্যাচমেন্ট এলাকার জল হয় সরাসরি নয়তো নানারকম, ছোটনদী, নালা বা খালের দ্বারা বাহিত হয়ে এসে স্থায়ী নদীতে জলের পরিমাণ বৃদ্ধি করে। যদি বিভিন্ন দিক হতে আসা জল অববাহিকার ক্ষমতার অতিরিক্ত হয় তবে অতিরিক্ত জলের ঢলের কারণে দুই তীরে অত্যধিক চাপের সৃষ্টি হয়। নদীর দুই তীর যদি যথেষ্ট পরিমাণ মজবুত না হয় এবং অতিরিক্ত জল চলার চাপ সহ্য করতে না পারে তবে দুই তীরবর্তী অঞ্চল প্রথমে দুর্বল হয়। তীর ভেঙে জল পার্শ্ববর্তী অঞ্চলে ছড়িয়ে যায় এবং বন্যার সৃষ্টি হয়। তাই স্থায়ী নদীর অববাহিকার দুই পার্শ্ববর্তী কতটা ক্যাচমেন্ট অঞ্চলের জলের শেষ অবস্থান কোন বিশেষ স্থায়ী নদী সুস্পষ্টভাবে স্থির হওয়া খুবই উচিত। সেইসঙ্গে সেই ক্যাচমেন্ট অঞ্চলের বার্ষিক বৃষ্টিপাতের সঠিক তথ্য সেইসঙ্গে উল্লেখযোগ্যভাবে অতিবৃষ্টির এবং অনাবৃষ্টির বছরের তথ্য। সঠিক তথ্য বারবার বলা হচ্ছে। আমার নিজস্ব অভিজ্ঞতায় দেখা গিয়েছে অতিমাত্রায় কম সংখ্যক নিরীক্ষণকারী ব্যক্তিই সঠিক তথ্য সরবরাহ করার আপ্রাণ চেষ্টা করেন। অধিকাংশ ব্যক্তি এই কাজে নিযুক্ত থেকে একটা ধারনার উপর এবং অতি অযত্নে যেসব তথ্য লিপিবদ্ধ করে বাস্তবের সাথে তার প্রভেদ অনেক। তাই বাস্তব অবস্থার সঠিক চিত্র না পাওয়ার দরুন পরবর্তীকালে যে সমস্ত কার্য্যকরী ব্যবস্থা নেওয়া হয় বা হয়েছিল তা পুরোপুরি সফল হয় না। এই কারণে সঠিক তথ্যের উপর জোর দেওয়া হয়েছে। এই কাজে সবদিক অনুসন্ধান এবং কাজের প্রতি যথাযথ আগ্রহী ব্যক্তিদেরই স্বাধীনভাবে কাজ করতে দিলে অনুসন্ধান এবং তথ্য সরবরাহের কাজ সর্বাংশে সঠিক হয়।

বার্ষিক বৃষ্টিপাতের সর্বাধিক পরিমাণকে নির্দিষ্ট রেখে এবং সেইমত ক্যাচমেন্ট অঞ্চলকে স্থির করলে এবং একই ধারায় বা বিচ্ছিন্নভাবে বা একনাগাড়ে বৃষ্টিপাত হলে কি পরিমাণ জল নদী অববাহিকা কোনরূপ ক্ষতি না করে ধারন এবং বহন করতে সক্ষম তার সঠিক ধারণা। তারপর যদি কোন বছর বা কোন সময়ে মাত্রাতিরিক্ত জল অঞ্চলে পতিত হয় সেই কথা মনে রেখে হয় অতিরিক্ত জলকে স্থানে স্থানে আবদ্ধ করে রাখতে হবে নয়তো বা ক্যাচমেন্ট অঞ্চলকে পৃথক করে ভাগে ভাগে জলকে অন্য নালায় বা অন্যভাবে পরিচালিত করতে হবে। দ্বিতীয় ব্যবস্থা কার্যকরী হবে না কারণ যেস্থান দিয়েই জল পরিচালিত করা যাক না কেন জলের সর্বশেষ অবস্থান পরিচলন ব্যবস্থা অতীতের নালার দ্বারাই সংগঠিত হবে। কারণ অতীতের জলবহন নালা বা নদীই জল পরিচলনের সর্বশ্রেষ্ঠ

অববাহিকা। এই ব্যবস্থা বন্যা, জলপ্লাবনের দুর্গতি হতে মুক্তি পাবার একমাত্র রাস্তা। পরবর্তী অবস্থা ক্যাচমেন্ট অঞ্চলের বিশদ তথ্য যত বেশী জানা থাকবে এবং তার সাথে বৃষ্টিপাতের পরিমাণ। ততই সহজ এবং সুন্দরভাবে জল পরিচলন এবং সংরক্ষণের কাজ করা সম্ভব হবে। কারণ তখন সেই ক্যাচমেন্টে আয়তন এবং অতীতের কোন কোন স্থানে জলসংরক্ষণের স্থান আছে এবং তাদের হালের অবস্থা কি জেনে প্রয়োজনীয় সংস্কার বা নূতন নূতন জলাশয় সৃষ্টি করা সহজ হয়। তার সাথে নদী-অববাহিকার ক্যাচমেন্টের উভয় দিকের আয়তন, জনবসতি, শহরাঞ্চল, কৃষির জমি, মৎস চাষের জলাশয় এবং নানা মাপের জলাশয় আছে যার সাহায্যে প্রয়োজনীয় কাজ মেটায় সেই তথ্য জানা থাকলে কত পরিমাণ জল সংগ্রহ করে রাখবেন অতি স্বচ্ছলভাবে জলের কাজ করা সম্ভব হয়, তারও ধারণা থাকলে কি পরিমাণ জল ধরে রাখতে হবে তার পরিমাণ জানা যায়। অতঃপর সঞ্চয়ের অতিরিক্ত জল যদি স্থায়ী নদীপথের দ্বারা পরিবাহিত হয় তবে বন্যা, দুর্বল নদীকূলের ভাঙনের ফলে বিস্তীর্ণ অঞ্চল জলমগ্ন হওয়া, জমির ফসল নষ্ট, অত্যধিক পরিমাণ পলিমাটি বহন, তীরবর্তী অঞ্চলের অধিবাসীদের ত্রাসের সম্ভাবনা প্রভৃতির দুর্ভাবনা থেকে অব্যহতি পাওয়া যায়।

উত্তরবঙ্গের স্থায়ী নদীসমূহের মধ্যে তিস্তা বিশেষ উল্লেখযোগ্য নদী। এই নদী উত্তর-পশ্চিম হতে বাহিত হয়ে দক্ষিণ-পূর্ব দিকে অগ্রসর হয়েছে। এ নদী অববাহিকার উত্তর ও দক্ষিণ পার্শ্বের দার্জিলিং, জলপাইগুড়ি এবং কুচবিহার জেলার অনেক পরিমাণ জমি, জনবসতি, শহরাঞ্চল, সড়ক পরিবহন ব্যবস্থা নদীর উভয় তীরবর্তী অঞ্চলে অবস্থিত। এই তিস্তা নদী হিমালয়ের হিমবাহ থেকে উৎপন্ন হয়ে অনেকটা খাড়াই অঞ্চল ধরে বয়ে নিচে নেমেছে। নদীর উভয়তীর সংলগ্ন জমি খাড়াইএ নেমেছে এবং বৃষ্টিপাতের পরিমাণ বেশী। এইসব কারণে তিস্তা নদীর গতিপথ খুবই জটিল। প্রায় এই নদী-অববাহিকা অঞ্চলে প্রবল বর্ষণের জন্য জনজীবন বিপর্য্যস্ত হয়ে যায়। খাড়াই ঢালে প্রবল বৃষ্টিপাত হলে বিশেষ করে নদী উপত্যকার উপরিভাগ অঞ্চলে জলের ঢল প্রবলবেগে নামতে থাকে। সেই অপর্য্যাপ্ত জল এবং খরস্রোতকে প্রশমিত করে সেই জলধারাকে উন্নয়নমূলক কাজে নিয়োজিত করতে না পারলে পার্শ্ববর্তী অঞ্চলের জনগণের দুর্ভাবনা কোনদিনই বন্ধ হবে না। এখনও পর্যন্ত এই বিশাল জলরাশি ক্ষতির কারণ হয়েই বয়ে চলেছে। হালে যে ব্যবস্থা নেয়া হয়ে চলেছে সামগ্রিকভাবে যে পরিমাণ অর্থব্যয় হবে তার অনেক কম ফল লাভ হবে। উচ্চ পর্বতের অফুরন্ত জলরাশি তীক্ষ্ণঢালে নামাকে আরও বেশী পরীক্ষা-নিরীক্ষা অনুসন্ধান প্রয়োজন। ঐ স্থানের, ঐ ঢলের এবং ঐ জলরাশির অবস্থা অনুধাবন করে রাষ্ট্রীয় ব্যবস্থায় যুদ্ধকালীন কর্মব্যবস্থায় শ্রম, অসংখ্য ব্যক্তির সার্থক সংযুক্তি এবং অধ্যাধুনিক কুশল ব্যবস্থাকে যথাযথ কাজে লাগাতে পারলে ঐ নদীর ঢল এবং জলকে সার্থকভাবে ব্যবহার করা যেতে পারে। প্রথম এবং অতিমুখ্য বিষয়ই হলো জনসচেতনতা এবং সমস্যাকে উপলব্ধি করা। কিন্তু সেই মানসিকতা আমাদের জনসমাজে প্রায় শেষ

বিন্দুতে এসে ঠেকেছে। তাই আমাদের এত প্রাকৃতিক সম্পদ থাকাতেও আমরা গরীব দেশ হিসাবে চিহ্নিত। প্রচারে বহুগুণ উন্নতি হয়েছে বলে দেখানো হয়ে চললেও আমাদের এই দেশে প্রকৃত উন্নয়ন পর্যাপ্ত পরিমাণে প্রাপ্ত প্রাকৃতিক সম্পদের অনুপাতে অনেক কম। বিশ্বাস রাখছি আমাদের দেশের জনগণ প্রাকৃতিক সম্পদের গুরুত্ব উপলব্ধি করে তাকে নিজেদের কাজে প্রচেষ্টা এবং শ্রমের সাহায্যে নিজেদের সমৃদ্ধি আনতে পারবে।

দক্ষিণ বা মধ্যবঙ্গে অর্থাৎ পশ্চিমবঙ্গের মধ্য বরাবর একটি স্থায়ী নদী গঙ্গা (ভাগীরথী, হুগলী)। উত্তরবঙ্গে উল্লেখযোগ্য স্থায়ী নদী তিস্তা, তোরসা, মহানন্দা ছাড়াও আরও দুই একটি নদী যেমন, কালজানি, জলঢাকা, স্থায়ী নদী হিসাবে গণ্য হয়। স্থায়ী নদীর অববাহিকা দ্বারা বছরের সব সময়েই জল বাহিত হয় বলে অববাহিকার সর্বস্থানেই জল থাকে।

১৬

অঞ্চলভিত্তিক সম্বৎসরে প্রাপ্ত বর্ষিত জলের পরিমাপ ও ব্যবস্থাপনা

বৃষ্টিপাতের বাৎসরিক গড় হিসাব অনুযায়ী দেখা যায় যে বৃষ্টিপাতের প্রবলতা ও পরিমাণ উত্তর-পূর্বাংশেই বেশী। উত্তর-পূর্বদিক হতে পশ্চিম ও পশ্চিম-দক্ষিণে বছরে বৃষ্টিপাতের পরিমাণ অনেক কম। আবার সর্বদক্ষিণে সমুদ্র উপকূলবর্তী অঞ্চলে নিম্নচাপ ও সামুদ্রিক ঝড়ঝঞ্ঝার দরুন হঠাৎ হঠাৎ প্রবল বৃষ্টিপাত হয়। উত্তর-পূর্বদিকের বৃষ্টির জল তীক্ষ্ণ ঢাল পথ ধরে প্রবল বেগে নিচের অঞ্চলে নদী-অববাহিকায় চলতে থাকে এবং অল্প সময়ের মধ্যেই নিম্নতর ও নিম্নতম অঞ্চল অর্থাৎ বৃহত্তর নদী বা সাগরে পতিত হয়। উত্তরবঙ্গের প্রায় প্রতিটি নদীই উত্তরের হিমালয় হতে উৎপন্ন হয়ে অববাহিকার প্রায় সব অঞ্চলেই প্রখর ঢাল অবলম্বন করে অতি দ্রুতবেগে ধাবিত হয়। সময় সময়ে একনাগাড়ে বৃষ্টিপাত হলে পতিত জলরাশির বেগ প্রবল হবে। অত্যধিক জলরাশি এবং সেই জলরাশির নিম্নাঞ্চলে গমন যদি সুপ্রশস্ত পথ অবলম্বন করে বাহিত হয়ে বৃহত্তর নদী বা সমুদ্রে পড়লে একদিক থেকে সান্ত্বনা যে অতি বর্ষণের বিশাল জলরাশি কোনরূপ ক্ষয়ক্ষতি না করেই অপসারিত হল। যদিও একদিকে মহামূল্য জলসম্পদ সরাসরি স্থান ত্যাগ করা অনায়াসলব্ধ সম্পদকে হেলায় হারানো। তার উপর জনজীবন বিধ্বস্ত করে চলে যায় তা আরও বেশী পীড়াদায়ক।

সুতরাং সর্বপ্রথম জলসম্পদকে সহজ ও সাবলিলভাবে সুপ্রশস্ত ও নির্দিষ্ট পথে বাহিত হবার বা করার ব্যবস্থা প্রয়োজন। অতঃপর সুবিধাজনক স্থানে, হয় প্রাকৃতিক সুবিধাযুক্ত অঞ্চল না হয়তো প্রয়োজনীয় কার্য্যাবলীর দ্বারা জলধারার গমন পথের দুই পার্শ্বে জলকে আবদ্ধ করে রাখতে হবে। বিশাল অঞ্চলের অপর্যাপ্ত জল সরাসরি যেপথ প্রশস্ত করা হয়েছে তার দ্বারা বাহিত হয়ে পরে সুবিধাযুক্ত স্থানে রক্ষিত জলের প্রাচুর্যের স্থানের সুবিধাকে বিবেচনা করে সুপ্রশস্ত নদী অববাহিকায় পড়ার পূর্বেই সেই জলকে আবদ্ধ করে রাখা উচিত। এইরূপ দ্বিতীয় প্রকার উদ্যোগ জলধারার পরিমাণ ও বেগের প্রশমন ও জলমগ্ন হওয়া বা বন্যা হওয়ার থেকে পরিত্রাণ পাবার পথ। হিমালয় পর্বত হতে উৎপন্ন নদী সমূহের জলের পরিমাণ ও বেগের মাত্রা বেশী। এই বিশাল জলসম্পদকে সুশৃঙ্খলভাবে ব্যবহার জনিত কর্মকাণ্ড অতি জটিল, সময়সাপেক্ষ এবং অত্যন্ত ব্যয়বহুল। কিন্তু কাজে লাগাতে পারলে তা থেকে লাভের এবং উপকারের পরিমাণও যথেষ্টই বেশী হবে। উত্তরবঙ্গের নদীসমূহের বিশদ আলোচনা ও ব্যবস্থাপনার দিকসমূহ পরবর্তী প্রকাশনায় বিবৃত হবে। উত্তর-পশ্চিমের নদীসমূহ উত্তর-পূর্বদিকের নদীগুলি হতে জলের পরিমাণ কম এবং ঢালও তত প্রখর নয়। উৎসমুখ হতে সামান্য দূরত্ব পর্যন্ত খর ঢাল তার

পরেই সাধারণ ঢালে উত্তর-পশ্চিম দিক হতে দক্ষিণ-পূর্ব দিকে অগ্রসর হয়েছে। বর্ষার পূর্বে অনেক দিনের অবর্ষনের জন্য পশ্চিম দিক হতে দক্ষিণ-পূর্ব দিকে বর্ষণের জল প্রথম অবস্থায় মাটির গঠন অনুযায়ী ও মাটির শুষ্কতা এবং মাটির তলদেশে প্রস্তর, কাঁকড়, বালির ভাগ বেশী থাকায় এবং সেই অভ্যন্তরে অসংখ্য ক্ষুদ্র ক্ষুদ্র জল প্রবেশের অনুকূল ছিদ্র থাকায় প্রথমদিকে কয়েকটা বর্ষণের জল মাটির অভ্যন্তরে চলে যায়। তারপর অপরাপর বর্ষণের জল অসমতল ভূমির নীচু অংশে ক্ষণকালের জন্য আবদ্ধ হয়ে থাকে। যদি পরবর্তী বর্ষণ বিলম্বে হয় তবে সেই আশ্রিত জল কিছু উদ্ধাকাশে কিছু বা দ্রুত মাটির তলদেশে গমন করে জল শেষ হয়ে যায়। অতঃপর মধ্য বর্ষায় মাটির অভ্যন্তরে জল প্রবেশ করার প্রবণতা হ্রাস পায়। ক্রমে ক্রমে বর্ষণে জলের পরিমাণ বৃদ্ধি পায় এবং সেই বৃষ্টির জল নানা দিকের নানারকম সুবিধাজনক ঢাল অবলম্বন করে নিম্নভিমুখে চলতে থাকে। প্রথমদিকে উৎসমুখের নিকটবর্তী অঞ্চলে ঢাল বেশী হওয়ার জন্য জলের বেগ বৃদ্ধি পায় এবং জল বেগের জন্য গ্রীষ্মকালের আলগা মাটি বা প্রথম বর্ষণের কালে অতিসামান্য অপসারিত হয়ে ঢালু পথের স্থানে স্থানে জমে থাকে তা পরবর্তী জলধারার প্রবল বেগের ফলে স্থানীয় কোন নালা বা নদী বাহিত হয়ে বৃহত্তর নালা বা নদীতে পড়ে। জলস্রোত প্রবল থাকে এবং অত্যধিক মাত্রায় পলিমাটি মিশ্রিত জল নদীপথে চলতে চলতে নদীর আকৃতির এবং তার অববাহিকার আকার প্রকারগত কারণে স্থানে স্থানে সঞ্চিত হয় এবং পরবর্তী জল ঢলে আশে-পাশের অঞ্চলের আশঙ্কার কারণ হয় এবং অনেক স্থান জলমগ্ন করে এবং ঘরবাড়ী, মাঠের ফসল বিনষ্ট করে। অতিতের ধারা অনুযায়ী ঐ জলসম্পদ বৃষ্টির পরিমাণ এবং বেগের মাত্রাভেদে উত্তর-পশ্চিম অঞ্চল হতে দক্ষিণ-পূর্ব দিকে চলে গিয়ে জলের ভাণ্ডার শূন্য হয়। কেবলমাত্র সামান্য পরিমাণ জল মাটির তলদেশে আশ্রয় পায়, যে জলকে উত্তোলন করা কঠিন ও ব্যয়সাপেক্ষ। অথবা যার যেমন সামর্থ সেই সামর্থানুযায়ী জল ধরে রাখা এবং ঐ জলের সাহায্যে পরবর্তী সময়ে সেচে ব্যবহার ছাড়া জল বর্ষণ অঞ্চল কিংবা সংরক্ষণ অঞ্চলে অবস্থান করে না। প্রয়োজনীয় জলের সরবরাহ তো বার মাসের মধ্যে নব্বই শতাংশ পরিমাণ জল কেবলমাত্র দুই মাসে আষাঢ় এবং শ্রাবণ মাসেই হয়। কিন্তু জলের প্রয়োজন নানা কাজে বছরের সব সময়েই। সুতরাং প্রয়োজনীয় কাজে জল সংগ্রহ করে রাখা অতি জরুরী বিষয়। নিম্নলিখিত ব্যবস্থায় অঞ্চলভিত্তিক জল সংগ্রহ করে রাখার উদ্যম নিলে জলসম্পদের নানারকম সুফল পাওয়া যাবে।

(১) কোন বিশেষ অঞ্চলে সবরকম কাজজনিত প্রয়োজনীয় জল সেইসব অঞ্চলের বৃষ্টিপাতের জল। সেই জল অঞ্চলেই সঞ্চিত থাকে বা সঞ্চিত করে রাখা যায় তার প্রচেষ্টা নেওয়া। বৎসরের একটি নির্দিষ্ট সময়ে অর্থাৎ বর্ষাকালে আমাদের এই রাজ্যে আষাঢ়-আশ্বিন (জুন মাস—অক্টোবর) মাসে সর্বাধিক পরিমাণ বৃষ্টিপাত হয়। সেই জল সঞ্চয় করে রেখে বিভিন্ন নালার সাহায্যে বা প্রয়োজনে কায়িক শ্রমের দ্বারা উত্তোলন করে

প্রয়োজন মত এবং আশু প্রয়োজনে ব্যবহার করা যাবে। বর্ষাশেষে অর্থাৎ চার মাস পরে জলাশয়ের জলের তল নিচে নেমে গেলে কায়িক শ্রম বা যন্ত্রচালিত পাম্পের দ্বারা চাষের কাজে সেচের জল সরবরাহ করা সম্ভব হবে। জনবসতির জন্য বা অন্যান্য পারিবারিক প্রয়োজনের জল অর্থনৈতিক উন্নতির সঙ্গে সঙ্গে পাইপ লাইন ও বিদ্যুৎশক্তি, সৌরশক্তির সাহায্যে মটরের দ্বারা জল পরিচলন ও সরবরাহ করা সম্ভব হবে।

(২) কোন বিশেষ অঞ্চলে এক বা একাধিক ছোট বড় বা মাঝারি জলাধারে জল সঞ্চয় করে রাখার ব্যবস্থা থাকবে। প্রয়োজন হলে সুবিধামত স্থানে এলাকার পরিমাণ এবং বাৎসরিক গড় বৃষ্টিপাতের সঙ্গে সামঞ্জস্য রেখে একাধিক জলাশয় খনন করতে হবে। একাধিক ছোট বড় জলাশয় মৎস চাষের পক্ষে খুবই প্রশস্ত। বিশেষ করে ঐ অঞ্চলের প্রয়োজনে পর্যাপ্ত পরিমাণ মাছ উৎপাদন করা সম্ভব হবে। মাছ একটি অতি পুষ্টিকারক খাদ্য। আমাদের দেশের অধিবাসীদের মধ্যে দারিদ্রসীমার নীচের অনেক সংখ্যক জনগণ অপুষ্টিতে ভুগছে। অঞ্চলে পর্যাপ্ত পরিমাণ মাছ উৎপন্ন হলে অঞ্চলের জনস্বাস্থ্যের উন্নতির সঙ্গে সঙ্গে অহেতুক স্বাস্থ্য বিষয়ক প্রয়োজনে মুহূর্মুহূ স্বাস্থ্যকেন্দ্রে যাওয়ার প্রবণতা লাঘব হবে এবং স্বাস্থ্যবান ব্যক্তির সমষ্টিগত কায়িক শ্রম জলসম্পদের সুব্যবস্থাপনা বৃদ্ধি পাবে। বৈজ্ঞানিক উপায়ে মৎসচাষ হলে উৎপাদনের পরিমাণও বৃদ্ধি পাবে। মাছ একটি অতি প্রয়োজনীয় অর্থকরী জলের ফসল। সেই ফসলের চাহিদাও আমাদের এই রাজ্যে যথেষ্টই আছে, অধিকন্তু, ভারতবর্ষের অনেক রাজ্যেই মাছের যথেষ্ট চাহিদা আছে। তাছাড়া বিদেশে আমাদের রাজ্যের সুস্বাদু মাছের চাহিদা যথেষ্ট। স্বল্প আয়াসে সঞ্চিত জলসম্পদে পর্যাপ্ত পরিমাণ মৎসরূপ জল ফসল দেশের সমৃদ্ধির একটি অতি বাস্তব মূল্যবান দিক। বেশী বেশী জল সংরক্ষিত এলাকাতেই বেশী পরিমাণে মাছ পালন সম্ভব।

(৩) সমগ্র প্রদেশে প্রয়োজনীয় কৃষিকাজজনিত জল, জনপদের নিত্য ব্যবহার্যের জল, জল ধরে রাখার সুবিধাজনক স্থানকে চিহ্নিতকরণ এবং অঞ্চলভিত্তিক বাৎসরিক বৃষ্টিপাতের প্রাচুর্যতার উপর নির্ভর করে সমগ্র প্রদেশকে কয়েকটি নির্দিষ্ট অঞ্চলে বিভক্ত করতে হবে। অঞ্চলের সমগ্র এলাকায় বর্তমানে কতগুলি জলাশয় আছে তা গণনা করে আরও কত প্রয়োজনীয় জলাশয় স্বল্পায়াসে খনন করা সম্ভব হয় তা স্থির করা। তারপর সঠিক সিদ্ধান্ত নিয়ে সেইসব স্থানে নূতন জলাশয় খনন করে জল সংগ্রহ করে রাখলে সম্পূর্ণ বছরের প্রয়োজনে জলের যোগান পাওয়া যাবে। সাথে সাথে কোন বছর যদি অল্পবৃষ্টি বা অনাবৃষ্টি হয় তবে সঞ্চিত জলের দ্বারাই সর্বপ্রকার প্রয়োজনীয় কাজ সম্পন্ন করা সম্ভব হবে। অনাবৃষ্টিজনিত দুর্দশাকে কাটিয়ে ওঠা সম্ভব হবে।

(৪) কোন একটি এলাকার বৃষ্টিপাতের পরিমাপের উপর নির্ভর করে যদি সেই এলাকার উঁচু দিক থেকে নিচুর দিকে ঢালযুক্ত সুবিধামত নানা স্থানে গড় বৃষ্টিপাতের শতকরা কত অংশ জলকে ধরে রাখা হবে বা ধরে রাখার ব্যবস্থা করা যায় তার ব্যবস্থা করা। সেই জলরাশির ধারার প্রবাহে বিভিন্নরূপ জৈব ও অজৈব অদ্রবনীয় পদার্থের সঙ্গে

কিছু দ্রবণীয় বস্তুও জলমিশ্রিত ও বাহিত হয়ে সেইসব জল রাখার স্থানে জমা হবে এবং ক্রমে ক্রমে থিতিয়ে যাবে। অতঃপর পরবর্তী বর্ষণের জলে জলাশয়সমূহ কানায় কানায় ভর্তি হয়ে উপচিয়ে পড়ার অবস্থা হবে। গড় বৃষ্টিপাতের প্রকারভেদে বা অস্বাভাবিক অতি বৃষ্টির ফলে তা হওয়া মোটেই অস্বাভাবিক নয়। সেইরকম পরিস্থিতি কোন বিশেষ অঞ্চলে কোন বছর হয় তা হবে বেশ কিছুদিন একনাগাড়ে প্রবল বৃষ্টিপাত হবার পর। প্রথম দিকের বৃষ্টিপাতের বাহিত জল জমির এবং অঞ্চলের নানা স্থানের বিভিন্ন প্রকার আবর্জনা, গাছপালা এবং অন্যান্য আবর্জনা এবং বর্তমানের অধিক ফসলের নিমিত্ত চাষের কাজে ব্যবহৃত নানারকম রাসায়নিক সার এবং মারাত্মক কীটনাশক পদার্থের অবশিষ্টাংশ থাকবে। জৈব, অজৈব পদার্থ তা ধুয়ে জলের ঢলে এবং জলধারায় বাহিত হয়ে জলাধারে জমতে থাকবে এবং সময়ের ব্যবধানে জলাশয়ের তলদেশে থিতিয়ে পড়বে। কিন্তু ক্রমান্বয়ে বর্ষণ হবার পর জলবাহিত পলিমাটি এবং অন্যান্য জৈব, অজৈব পদার্থ সেই জলাশায়র জলে এসে পড়ার পরিমাণ ক্রমে ক্রমে হ্রাস পাবে। যদি বেশ কিছুদিন বৃষ্টিপাত না হয় তবে সঞ্চিত জলের অদ্রবণীয় পদার্থের প্রায় সবটাই জলের তলে চলে যাবে। অতঃপর বর্ষণের জল যা অনেকাংশে পলিমাটি, আবর্জনা বিহীন সেই জল জলাধারে এসে জমা হবে এবং জলের বেশী পরিমাণের উপর নির্ভর করে জলাধার জলে টইটুম্বুর হবে এবং জল উপচিয়ে পড়ার সম্ভাবনা থাকবে। এই যখন অবস্থা জলাধারের হবে তখন কিছু অতিরিক্ত জলকে অপসারণ করতে হবে। যে জল অপসারণ করা হবে তা জলাধারে রক্ষিত জলেরই অংশবিশেষ কিন্তু অনেকটাই পলিমাটি বিহীন। পলিমাটি প্রথম বর্ষণে যা ভেসে এসেছিল তা জলাধারের তলদেশে থিতিয়ে আছে এবং পরবর্তী জলাধারে পলিমাটির পরিমাণ কম। তাই অনেকটাই পরিষ্কার জল। জলাধারের অন্য কোন নালার দ্বারা বা অন্য কোনো ভাবেই হোক বহিষ্কার করতে হবে। বহিষ্কৃত জল নালা মারফৎ বৃহত্তর নালায় পড়ে ঐ স্থানের জলসরনের নদী-পথে বাহিত হয়ে বড় নদীতে পড়বে অবশেষে অন্তিম আশ্রয়স্থল সাগরের জলের সঙ্গে মিশে যাবে। অতিরিক্ত জলের স্থানান্তকরণ প্রক্রিয়ায় জলের সাময়িকভাবে সুবিধাজনক স্থানে কিছুদিনের জন্য অবস্থান, পরবর্তী সময়ে জলের পরিমাণ বৃদ্ধি পেলে অতিরিক্ত জলের অপসারণ করতে পারলে অবাঞ্ছিত পলিমাটি, আবর্জনা ছাড়াই জল প্রধান প্রধান নদীপথে বাহিত হতে পারবে। এই ব্যবস্থায় বর্তমানে নদী-অববাহিকায় অত্যধিক পরিমাণে পলিমাটি বহনজনিত কারণে নদী-অববাহিকা অশান্ত হয়ে পড়ছে তার অনেকটাই প্রশমিত হবে।

(৫) প্রাপ্ত জলসম্পদকে উপরিউক্ত ব্যবস্থাপনার দ্বারা স্থানে স্থানে আবদ্ধ করে যদি রাখা যায় তবে আশু প্রয়োজনীয় জল অনেক দিন ধরে এবং পরবর্তী বৃষ্টিপাত যদি অনেকদিন পরে হয় কিংবা মাসাধিককাল ধরে বিনা বর্ষণ ছাড়াই অনায়াসে এবং অল্প প্রয়াসে সঙ্কট কাটিয়ে ওঠার মত যথেষ্ট পরিমাণ জল পাওয়া যাবে। সমূহ দরকার, সময়ভিত্তিক বা যথাসময়ে প্রয়োজনীয় জল। বিশেষ করে সেচের জলের সময়ে সঠিক

সরবরাহ। আমাদের রাজ্যের অধিকাংশ জনগণের জীবিকা এখনও কৃষির উপরই নির্ভরশীল এবং অধিকাংশ জনগণের জীবনধারন এবং জীবনযাত্রার উৎস হল চাষবাস। সেই চাষের কাজে সময়ে যে সেচ দরকার তার জন্যে বর্তমান সময়ে জলপ্রাপ্তির বিষয়ে নানারকম উঞ্ছবৃত্তি করা হতে মুক্তি পাবে চাষে নিযুক্ত ব্যক্তিগণ।

এই ব্যবস্থাপনায় জলসম্পদকে পরিচালিত করতে পারলে নীচু অঞ্চল, নদী মোহনার নিকটবর্তী স্থান এবং সমুদ্র উপকূলবর্তী অঞ্চলের অশেষ উপকার হবে। যদি বছরের কোন সময়ে অতি বৃষ্টি হয় এবং অতিমাত্রায় জল নিম্নভূমি বা উপকূলবর্তী অঞ্চলের দিকে ধাবিত হতে থাকে চিরাচরিত নদী-অববাহিকার দ্বারা। মোহনার অঞ্চল এবং উপকূলবর্তী অঞ্চল যে স্থানের গড় বৃষ্টিপাত উপরাঞ্চলের থেকে বেশী সেইসব অঞ্চলে পূর্ব হতেই অনেক জল অঞ্চলের নদী-নালায়, পুষ্করিণী, ডোবাতে এমনকি চাষের জমিকে ডুবিয়ে রাখছে তার উপর উপরাঞ্চলের বাড়তি জল এসে ঐসব নীচু অঞ্চলকে অনবরত জলে ডুবিয়ে দিচ্ছে। এই রকম আশঙ্কা ঐসব অঞ্চলের অধিবাসীরা জন্মমুহূর্ত হতে দেখে আসছে। সেই কারণে বর্ষা ঋতু তাদের নিকট বিভিষিকা। এইরকম জলপ্লাবন, সবকিছু তছনছ হওয়া মেদিনীপুর, দক্ষিণ ২৪-পরগনা, হাওড়া, হুগলীর নীচু অংশে বর্ষা ঋতুতে একটি অতি প্রচলিত ঘটনা হিসাবে চিহ্নিত হয়ে আসছে। জল পর্যাপ্ত পরিমাণ নদী অববাহিকার ক্যাচমেন্ট অঞ্চলের সংরক্ষণ করতে পারাল যত্রতত্র ছড়ানো ছিটানো জল উল্লেখযোগ্যভাবে হ্রাস পাবে। অবশিষ্ট অতিরিক্ত জল চিরাচরিত নদী অববাহিকা অবলম্বন করে উপর অঞ্চল থেকে ক্রমনিম্ন অঞ্চলের দিকে সরে যাবে।

১৭

অতিবর্ষণ-জনিত জলসম্পদের ব্যবস্থাপনা

বৃষ্টিপাতের জলকে যতদূর সম্ভব পূর্বব্যবস্থামত আমরা স্থানে স্থানে আবদ্ধ করে এবং তাকে যথাযথ সংরক্ষণ করে রাখতে পারব। তাসত্ত্বেও অনেক পরিমাণ জল বাড়তি থাকবে। বাড়তি জল কোন বছর অনেক বেশীও হতে পারে। কারণ, অতিতের ঘটনা হতে দেখা যায় বৃষ্টিপাত কয়েক বছর অন্তর অন্তর উল্লেখযোগ্যভাবে বেশী হয়। আবার কোন বছর স্বাভাবিক বাৎসরিক গড় বর্ষণ হতে অনেক কম। পরিমাণ বর্ষণের ঘটনাও অতিতে ঘটেছিল। সামান্য হেরফের ছাড়া গড় বাৎসরিক বর্ষণ সম্বৎসরে একটি নির্দিষ্ট সময়ের ব্যবধানে হয় তবে পূর্বনির্ধারিত উপায়ে যে পরিমাণ জল অঞ্চলের স্থানে স্থানে আবদ্ধ করে রাখা হয়েছিল তার অনেকটাই ব্যবহারজনিত কারণে উদ্ধাকাশে বা মাটির অভ্যন্তরে চলে গিয়ে জল ধরে রাখার স্থানসমূহের ক্ষমতা কিছু পরিমাণ বৃদ্ধি পেতে পারতো। এই অবস্থায় একটি নির্দিষ্ট সময়ের ব্যবধানের বৃষ্টিপাতের জল অনেক বেশী পরিমাণেই জলাধারসমূহয়ে রাখা সম্ভব হতো। সেই অবস্থায় গড় বৃষ্টিপাতের পরিমাণ যদি কোন বছর বেশী হয় তবে সেই জলকে সংরক্ষন করার পর অতিরিক্ত জল যাকে ধরে রাখা সম্ভবপর হয়নি তার পরিমাণ খুব বেশী হতো না। কিন্তু বর্ষণ কোন বছরেই একটা নির্দিষ্ট নিয়মে এবং সময়ে হয় না। একনাগাড়ে বেশ কয়েকদিন মুষলধারে বর্ষণ হতে পারে। অতঃপর অল্প সময় বা দিনের ব্যবধানে আবার একনাগাড়ে মাঝারি বা ভারী ধরনের বর্ষণ হতে পারে। তখন অতিবর্ষণ এক একনাগাড়ে বর্ষণ বা অল্পদিনের ব্যবধানের মাঝারী বা ভারী ধরনের বর্ষণের অঢেল জলকে সুবিধামত্ রাস্তা দিয়ে অপসারিত করার প্রয়োজন হয়। আবার কোন কোন অবস্থায় দেখা যায় যে কোন একটা অঞ্চলের কোন স্থানে বৃষ্টিপাত অত্যধিক পরিমাণে হয়। সেই সময়ে বা সময়ের ব্যবধানে তার নিকটবর্তী কোন স্থানে স্বাভাবিক বৃষ্টিপাত হতেও অনেক কম বর্ষণ হয়। সামান্য দূরবর্তী দুই স্থানের এক স্থানে জলের পরিমাণ অনেক বেশী—আবার অন্যস্থানে বর্ষিত জলের পরিমাণ অনেক কম। অতিবৃষ্টির স্থানের অতিরিক্ত জলের অপসারণের সমস্যা সঙ্গে সঙ্গে অনাবৃষ্টির স্থানের প্রয়োজনীয় সেচের মৎস চাষের প্রয়োজনে জলের অভাব। এই অবস্থায় দুই স্থানের অসাম্য যদি দূর করা যায় তবে একস্থানের অতিরিক্ত জল অন্যস্থানের প্রয়োজনে সদ্ব্যবহার হয় তাতে উভয় সমস্যার অপসারণ এবং সরবরাহ অতি সার্থকভাবে মীমাংসা হবে। সেই অবস্থায় বা তারপরে অতিরিক্ত জলের পরিমাণ অনেক কম হবে। অতিবৃষ্টি এবং অনুবৃষ্টির স্থান দুটির দূরত্ব যদি বেশী না হয় এবং ভূমির গঠন প্রকৃতি যদি সহায়ক হয় বা একই রকম হয় তবে জল স্থানান্তকরণের কাজও সহজ হয়। যদি কোন অঞ্চলে এইরূপ ব্যবস্থার

দ্বারা জলসম্পদের প্রাপ্তির অসাম্য দূর করা সম্ভব না হয় তবে অঞ্চলের স্থানে স্থানে যেখানে যেরকম বর্ষণ হয়েছে তার সংরক্ষণ স্থানীয় জলাধারের পূর্ণ ক্ষমতায় আবদ্ধ করে রেখে অতিরিক্ত জল তা কমই হোক অথবা বেশীই হোক পূর্ব নির্ধারিত পথ দ্বারা বা যে সকল স্থান দ্বারা বাহিত হলে জীবন ও সম্পদ সুরক্ষিত থাকবে তার বাস্তব ব্যবস্থা সযত্নে রাখতে হবে। জল নিষ্কাসনের কারণে যে সমস্ত ব্যবস্থা প্রাকৃতিকই হোক বা মনুষ্য কৃতই হোক তার যথোচিত এবং প্রয়োজনানুযায়ী ব্যবস্থার দ্বারা বা উপযুক্ত সংস্কারের দ্বারা জলকে সচ্ছন্দে বাহিত করার ব্যবস্থা রাখতে হবে। সেই অতিরিক্ত জলসম্পদ বা কোন বিশেষ বছরে বা বিশেষ সময়ে চিরাচরিত হিসাব বহির্ভূত বেশী পরিমাণ জল স্থানান্তকরণ অতিতের নালা নদীর দ্বারাই করতে হবে। কিন্তু স্থানে স্থানে জলকে আবদ্ধ করে রাখার কারণে জলের পরিমাণ অস্বাভাবিক ক্ষেত্র ছাড়া কখনই বেশী হবে না। সেই অতিরিক্ত জল যদি অতিতের নালা, নদী দ্বারাই (প্রয়োজনে সংস্কারকৃত নদী, নালা পথে) পরিচালন করা যায় তবে অতিরিক্ত জলসম্পদ কখনই খুব বেশী ক্ষতির কারণ হতে পারবে না।

এই ব্যবস্থায় নদী-পথে অত্যধিক পরিমাণ পলিমাটি জলে মিশে বাহিত হওয়া তা স্রোত বা বেগের তারতম্য ভেদে নদী-পথের স্থানে স্থানে পলিমাটি সঞ্চিত হয়ে নদীর মধ্যবর্তী স্থানে বা নদীপথের উভয় তীরের যে কোন তীরসংলগ্ন স্থানে চর জেগে ওঠে জলধারার গতিকে বেসামাল করে বা নূতন পথে নদীর জলবাহিত হওয়ার আশঙ্কাগুলি অনেক পরিমাণ লাঘব হবে। কারণ প্রথম বর্ষণে জলে ধোয়া ও বাহিত হওয়া পলিমাটি ও অন্যান্য বস্তুসকল পূর্ব নির্ধারিত এবং পূর্বকৃত জলাশয় বা জলাধার সমূহতে জমে এবং থিতিয়ে যাওয়ার জন্য জল মিশ্রিত পলিমাটির পরিমাণ অতিরিক্ত পলিমাটির পরিমাণ কম হবে। বেশী মাত্রায় পলিমাটিযুক্ত জল নদী-অববাহিকা দ্বারা বাহিত হবার কালে নদী-অববাহিকার দুই তীরবর্তী অঞ্চল বা নদীর পাড়ে মাত্রাতিরিক্ত চাপ সৃষ্টি হয় যার ফলে পাড় ধ্বসা বা নদীকূলে দুর্বলতম স্থান ভেঙ্গে জল জনবসতি বা শূন্যভূমিতে প্রবেশ করার সুবিধা হয়। এই অবস্থায় জলে পলিমাটির পরিমাণ কম হওয়া এবং দুই কূলের মাটির অপসারণ বন্ধ করতে পারলে জলের পরিচলন ব্যবস্থা অতি সুশৃঙ্খল হয়।

নদীর দুই তীরের মাটি ধ্বসা অনেক পরিমাণ বন্ধ হয় সীমিত জলকে সহজভাবে বাহিত করাতে পারলে। নদীকূলের যে-কোন তীর-সংলগ্ন অঞ্চলে বিধ্বংসী ধ্বস যার ভয়ঙ্কর রূপের অভিজ্ঞতা তীরবর্তী বাসিন্দাদের অনেকেরই আছে। কোন কোন নদীতে প্রতি বছর তীরভূমি নদীর জলে ক্ষয় হয়ে সেই স্থান দ্বারা জল প্রবাহিত হয়। সেই তীরসংলগ্ন বিরাট অঞ্চলের জনবসতি, ধনসম্পদ, মাঠের ফসল, গৃহপালিত পশুপাখী জলের তলে চলে গিয়ে সেই অঞ্চলের অধিবাসীদের ছন্নছাড়া করে দেয়। নদীর দুই কূলের বিস্তীর্ণ অঞ্চল আমরা বৃক্ষ, গুল্ম, এমনকি আগাছাশূন্য অবস্থাতেই দেখে অভ্যস্ত। এমনকি আরও সচরাচর যা দেখা যায় তা হোল যত্রত এ বিশৃঙ্খলভাবে তীরসংলগ্ন মাটি কর্ষণ করে ফসল বোনা। সম্পূর্ণ ফাঁকা গাছপালাবিহীন এবং চাষের কারণে তীরভূমি

অঞ্চলের আলগা মাটি তীরভূমির ক্ষয় এবং ভাঙ্গন বেশী হয়। ইদানিং কালে পরিবেশকে দূষণমুক্ত রাখার কারণে এবং নদীর তীরবর্তী অঞ্চলের ফাঁকা (Barren) জমিতে জমির প্রকৃতি এবং আবহাওয়ার প্রকারভেদে বৃক্ষরোপণ করা হয়ে চলেছে। তাতে তীরভূমির দৃঢ় স্থায়িত্ব এবং পরিবেশ সরাসরি রক্ষা পাচ্ছে। কিন্তু এই কার্যকরী ব্যবস্থা খুবই কম সংখ্যক নদী এবং নদীর কূলেই করা হয়েছে। প্রয়োজনের তুলনায় অনেক পরিমাণে কম সংখ্যায় এবং কম স্থানে। প্রতিটি জলবাহিত নালা, নদীর তীর বরাবর অঞ্চলের ফাঁকা জমিতে তীরের গঠন, স্থানের জলবায়ু, আবহাওয়া, মাটির প্রকৃতি, মাটির উপাদনভেদে সেই তীরভূমির ক্ষেত্রে উপযুক্ত বৃক্ষ, লতাগুল্ম, ঘাস জাতিয় উদ্ভিদ রোপন এবং তাকে রক্ষা করা ভাঙ্গন রোধের স্বীকৃত ব্যবস্থাপনা। এই ব্যবস্থায় বৃক্ষরোপন এবং ঘাস, গুল্ম লাগানোর কিছুকাল পরে আমরা তিন প্রকার সুবিধা পেতে পারি।

প্রথম সুবিধা : বৃক্ষ ও লতাগুল্ম, ঘাসযুক্ত স্থানে বৃষ্টিপাত প্রতি বছর স্বাভাবিক পরিমাণে এবং প্রতি বছরই বর্ষা ঋতুতে হবে তার ফলে নির্দিষ্ট এবং সহনীয় জলপ্রবাহে তীরবর্তী অঞ্চলের মাটির স্খলন এবং বহন খুব কম পরিমাণ হবে।

দ্বিতীয় সুবিধা : তীরবর্তী অঞ্চলের জমিতে বৃক্ষ বা অন্যান্য ঘাসজাতীয় তৃণ বা গুল্মজাতীয় উদ্ভিদ থাকলে ভূমিক্ষয় প্রায় একেবারেই হবে না। নদীর দুই তীরবর্তী অঞ্চল বৃক্ষ, গুল্ম, তৃণ প্রভৃতির দ্বারা আচ্ছাদিত থাকলে মাটির তলদেশে গাছের শিকড়ের যে জাল সৃষ্টি হবে তাতে সহজে তীরবর্তী অঞ্চলের মাটিকে স্থানচ্যুত হতে দেবে না। যার ফলে নদীর পাড় ধবসে যে ধ্বংস হয় তার থেকে অব্যাহতি পাওয়া যাবে।

তৃতীয় সুবিধা : নদী-অববাহিকা প্রয়শঃই পরিবর্তনশীল। এই পরিবর্তন খুবই ক্ষতিকারক। অববাহিকা পূর্ব ব্যবস্থামত বৃক্ষাদির দ্বারা আচ্ছাদনের কারণে নদীর গতিপথ পরিবর্তিত হওয়া কঠিন হবে।

ভূমির গঠনের বা তারতম্য ভেদে নদী-অববাহিকার প্রকারভেদ হয়। বিভিন্ন ভূ-প্রকৃতির কারণে নানা নদীর নানারকম তীরভূমির গঠন। কোন কোন নদীর তীরভূমি খুবই খাড়াই বা তীরভূমি খর ঢালযুক্ত। অধিক প্লাবনের সর্বোচ্চ তীরভূমিতে জলরেখা এবং খরা মরশুমে সর্বনিম্ন জলতলের লম্ব দূরত্ব খুবই বেশী। অর্থাৎ নদীর ঢাল স্থানের সমতলের যে স্থান হতে আরম্ভ হয়েছে জল যেখানেই থাকুক না কেন সব অবস্থাতেই বেশী তাপ। এই সমস্ত নদীতে জল চলাকালিন তীরের কোন স্থানের কোন অংশ দুর্বল। উপরিভাগের মাটির স্তর নিম্নভাগে যে চাপ দেয় অসম চাপ এবং ঘর্ষণে উপরিভাগের মাটির স্তর বহুগুণে আলোড়িত হয়ে সময় বিশেষে তীরবর্তী অনেক এলাকার মাটি ধবসে নদীগর্ভে চলে যায়। এই অবস্থায় নদীজল এবং অববাহিকা অস্থির হয় ও উত্তরোত্তর পরবর্তী এলাকা জলপ্রবাহে নদীগর্ভে চলে যায়। জলতলের মাটির সামান্য অস্থিরতা উপরিভাগের তীরভূমির মাটির বহুগুণ অস্থিরভাব। তাই দেখা যায় যেসব নদীর পাড় খাড়াই সেইসব নদীতে ভাঙ্গন বেশী হয়। নদীর কূল-ভাঙ্গনরূপ অশুভ ক্ষতি কারক দিকগুলিকে কমিয়ে

আনার কারণে দুই তীরের ক্যাচমেন্টের সর্বাধিক গড় বৃষ্টিপাতের জলরাশির পরিমাণ বিভিন্ন ব্যবস্থার মাধ্যমে কমিয়ে এনে যদি নদী-অববাহিকার স্থায়ী ক্ষমতায় জলবাহিত করা হয় তবে ভাঙ্গন অনেক কম হবে। নদীতে প্লাবন যার ফলে নদীর কূলে জলের বেশী আঘাত। সহজভাবে এবং স্বাভাবিক ক্ষমতায় জলবাহিত হলে এবং কূলের মাটির স্খলন কমাতে পারলে কূল ভাঙ্গন প্রতিরোধ করা সম্ভব হয়। জলের প্রশমিত এবং সংযমিত প্রবাহ তখনই সম্ভব যখন উপরাঞ্চলের ক্যাচমেন্টের তার সঙ্গে নদীর উভয়তীরের ক্যাচমেন্টের জলকে অবরোধের দ্বারা এবং উপকূল ভূমিকে বৃক্ষ, তৃণ, লাগা মাটির বাঁধনকে শক্ত করতে প্যারার উপর। এই প্রক্রিয়ায় নদীর পাড় ভাঙা সহজে হবে না।

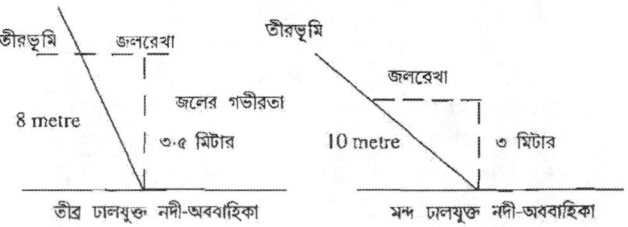

তীব্র ঢালযুক্ত নদী-অববাহিকা

মন্দ ঢালযুক্ত নদী-অববাহিকা

এই অবস্থায় নদীর দুই তীর এবং তীরবর্তী অঞ্চলে প্রধানত: অত্যধিক শিকড়যুক্ত বৃক্ষরোপন অথবা এমনসব তৃণজাতীয় উদ্ভিদ রোপন করা দরকার। যেসব তৃণভূমি প্রাকৃতিক সবরকম পরিস্থিতি মানিয়ে এবং অনেক বাঁধা বিঘ্নেও তীরভূমিকে সর্বসময়েই এমনকি জল সরে যাওয়ার কয়েক দিনের মধ্যেই জলমুক্ত অঞ্চলকে তৃণের দ্বারা আচ্ছাদিত করবে। বর্তমানে কৃষি ব্যবস্থা খুবই উন্নত মানের। বিভিন্ন পরীক্ষা-নিরীক্ষার মাধ্যমে বৃক্ষের এবং তৃণ জাতীয় উদ্ভিদের সবরকম প্রতিকূল অবস্থাকে মানিয়ে তাড়াতাড়ি বাড়বে এবং ছড়িয়ে পড়বে তাদের অসংখ্য প্রজাতির উদ্ভিদ সৃষ্টি করা বর্তমানে সম্ভব হয়েছে। নদী-অববাহিকার উন্মুক্ত পার ও তার ঢালকে সুদৃঢ় রাখার জন্য উপযুক্ত তৃণ বা বৃক্ষের উচ্চ-প্রযুক্তির মাধ্যমে সৃষ্টি বা আবিষ্কার এতদিনে নিশ্চয়ই হয়ে গিয়েছে। ঐসব বৃক্ষ এবং তৃণের দ্বারা আমরা তীরভূমিকে সুদৃঢ় করতে পারলে জলসম্পদের চলন ব্যবস্থা নির্বিঘ্ন হতে পারবে। নদীর তীর ভাঙ্গন তার ফলে অনেক স্থানের বিলীন হওয়া প্রায় সব সময়ের দুর্ভাবনা। এই অহরহ দুর্ভাবনায় নদীর তীরবর্তী অঞ্চলের অধিবাসীবৃন্দের দৈনন্দিন কাজকর্ম, উন্নয়ন, স্থায়ী কাজকর্মসমূহ এমনকি আহার, নিদ্রা পর্যন্ত ভুলে যায়। বিশেষ করে বর্ষাকালের অতিবৃষ্টির প্রাক্কালে। নদী-অববাহিকার সমস্ত উপরাঞ্চলের অববাহিকার যেকোন স্থানে প্রতি বছর অতি বৃষ্টি হতে পারে।

পদ্মানদীর জল এবং তার স্রোতের দ্বারা মুর্শিদাবাদ জেলার যে যে স্থানে নদীর পাড়ের প্রতি বছরেই ভাঙ্গন যা হালে বিভিষীকার রূপ নিয়েছে সেসব স্থানের নদীর তীরভূমি খুবই

খাড়াই। স্থানে স্থানে তীরভূমি হতে নদীর জলের তল প্রায় লম্ব আকারে অবস্থিত এবং তীরভূমির অঞ্চল গাছপালা বিহীন, কিছু বাড়ী ঘর আছে এবং নদীর তীরবর্তী অঞ্চলে যত্রতত্র জমিতে লাঙ্গল দিয়ে চাষ করা হচ্ছে এবং মাটিও বন্ধনমুক্ত এবং উপর প্রদেশের জলরাশি অনেক স্থানের বিভিন্ন ধার পাশ দিয়ে আঁকাবাঁকা রাস্তায় চলেছে। ভাঙ্গন তো এইরূপ নদীকূলের না হওয়াই বিস্ময়ের ব্যাপার।

তীব্র চালযুক্ত নদী-অববাহিকায় জলবাহিত হওয়া, ক্ষয়ক্ষতি ছাড়া বাহিত হওয়া, তীরভূমিতে ভাঙ্গন, তীরভূমি রক্ষণ নদীকূল এবং জলপ্লাবন প্রভৃতি বিষয়ের অতিতের ঘটনা এবং বর্তমান সময়ে জল সম্পদের দ্বারা অর্থনৈতি উন্নয়নের কারণে যত্রতত্র বিক্ষিপ্ত জলরাশিতে একটি সুশৃঙ্খল ব্যবস্থাপনার মাধ্যমে রক্ষণ এবং অতিরিক্ত জলরাশিকে নদীপথে নির্বিঘ্নে বাহিত হওয়ার বিষয় সম্বন্ধে বলা হয়।

আবার যেসব নদী-অববাহিকা স্বাভাবিক বর্ষণের জলের অনুপাতে এবং কখনও কোন অতিত সময়ে অতিবর্ষণের জলে অধিক প্রস্তের নালা সৃষ্ট হয়েছিল আজ পর্যন্তও সেই প্রস্থ অতি মন্দ ঢালে অগ্রসর হয়ে চলেছে। প্রায় অধিকাংশ বছরেই বর্ষণের জল ঐ প্রস্থ বিশিষ্ট অনেক কম মধ্যবর্তী স্থান দিয়ে জল বয়ে চলেছে এবং বিশাল প্রস্ত বিশিষ্ট অঞ্চল অবহেলিত হয়ে আছে। অবশ্য নদী-বাঁধ পরবর্তী অববাহিকা মাঝে মধ্যে অতি বর্ষণে সঞ্চয়ের অতিরিক্ত জলকে নীচু অঞ্চলে পাঠাবার কারণে প্রায় নদী-অববাহিকার সব স্থানেরই প্রয়োজন হয়। তাছাড়া, নদীবাঁধে উপর অঞ্চলে এবং বাঁধ পরবর্তী অঞ্চলের দুই একটির স্থানের কারণে সঙ্কীর্ণ নদী-পথ ছাড়া সবটা অববাহিকাই অতিশয় প্রস্তবিশিষ্ট। এইসব নদীর উভয় পার্শ্বের এক প্রান্তে সর্বশেষ প্রচলিত তীরভূমি হতে অপর পার্শ্বের তীরভূমির দূরত্ব অনেক। এইসব নদী-অববাহিকা সাধারণত: মালভূমি হতে উৎপন্ন অস্থায়ী নদী-সমূহতেই দেখা যায়। উপরাঞ্চলের প্রবল বর্ষণের জল অত্যধিক পরিমাণে বেশী হলেই সাধারণত: দুই প্রশস্ত কূল ছাপিয়া জলবাহিত হয় এবং অতি প্রবল বেগে বিশেষ করে উৎস অঞ্চলে ঢালের তীক্ষ্ণতার দরুন এবং অতি বিস্তৃত অববাহিকার জন্য জল অনেক অঞ্চলের উপর দিয়ে বাহিত হয়। কিন্তু ঐ জলরাশি খুব সামান্য কয়েক দিনের জন্যেই ঐ পথ দিয়ে চলে। অন্যথায় সাধারণ বৃষ্টিপাতে সেইসব নদীতে একাধিক পথ অবলম্বন করে বয়ে চলে। দুই প্রকার নদী-অববাহিকার এবং স্থায়ী এবং অস্থায়ী জল সরবরাহ এবং ভৌগলিক কারণ তার সঙ্গে আরও কার্য্যকারণ মিলের দুই প্রকার নদীর কূল দেখা যায়। অবশ্য মোহনার নিকটবর্তী অঞ্চলে, বিশেষ করে যেসব নদীর সর্বশেষ আশ্রয়স্থল সেইসব স্থানে সম্মিলিত নদীসমূহের জলের কারণে অনেক বিস্তার নিয়ে বয়ে চলে এবং যতই নদী মোহনার নিকটবর্তী হয় ততই বিস্তার বাড়তে থাকে। কিন্তু ঢাল অতি সুশৃঙ্খল থাকার জন্য খুব বেশী ক্ষয়ক্ষতি হয় না।

প্রসারিত নদী-অববাহিকায় জলের প্রবাহ প্রধানত: বর্ষা ঋতুতেই মাঝে-মধ্যে জলের ঢল দেখা যায়। অন্য সময়ে বিশাল বিস্তৃত অঞ্চল উদ্দেশ্যহীনভাবে পড়ে থাকে যেমন

বছরের অনির্দিষ্ট কয়েক দিনের জলের ঢলের জন্য মুক্ত অবস্থায় রাখা হয়। বর্তমানে সবরকম প্রয়োজনীয় স্থানের পরিমাণ আমাদের রাজ্যে খুবই কম সেখানে নদী-অববাহিকার দুই পাশের বিরাট অঞ্চল উদ্দেশ্যবিহীন অবস্থায় রাখার কোন প্রয়োজন হয় না। আবার ঐসব বিস্তারযুক্ত নদীর অববাহিকার দ্বারা কচি কদাচিৎ সর্বস্থান জুড়ে জল বাহিত হবার কালে অববাহিকার কোন দুর্বলতম স্থানে পার্শ্ববর্তী অঞ্চল ভাসিয়ে দেওয়ারও প্রবণতা থাকে। অতি বিস্তারযুক্ত নদীর তীরবর্তী কোন অঞ্চলে কোন কারণে যদি দুর্বলতর হয় অতি জলের ঢলে সেই দুর্বলতর স্থান দিয়েও কোনরূপ অঘটন ঘটা অসম্ভব নয়। এই প্রকার নদী-অববাহিকার যে যে স্থান অনেকটা জায়গা নিয়ে একই সমতলে কিংবা সমতলের সামান্য নীচু স্থান দিয়ে নদী-অববাহিকা অগ্রসর হয়েছে ঐ সমস্ত স্থানই জলে ভাসার সম্ভাবনা থাকে। এই প্রকার নদী-অববাহিকায় গড় বৃষ্টিপাত হতে বেশী বর্ষণ এবং একনাগাড়ে অনেকদিন ধরে বর্ষণে বন্যার সৃষ্টি হবেই এবং তার দৃষ্টান্ত প্রায় প্রতি বছরেই এইসব নদী-অববাহিকার স্থান বিশেষে পরিলক্ষিত হয়। নদী-অববাহিকায় সুদূর অতিত হতে বর্তমান সময় পর্যন্ত যেসব অসুবিধাগুলো দেখা যায় তা হলো একাধারে বিস্তীর্ণ অঞ্চল অহেতুক পড়ে থাকা, জলবাহিত হওয়ার প্রকৃতি এরূপ যে অতিবৃষ্টিতে বন্যা অবশ্যম্ভাবী। এইভাবে যদি নদী-অববাহিকার বিরাট আয়তনে জমি উদ্দেশ্যবিহীন অবস্থায় পড়ে থাকে এবং এ স্থান দিয়ে যে জল বয়ে চলে যায় তাকে প্রয়োজনে জমি চাষের কাজে লাগিয়ে সেই লাগানো ফসলকে সেচ দেওয়ার জন্য যে পরিমাণ জল বয়ে চলে যায় তাকে সংরক্ষণ এবং প্রয়োজনে ব্যবহার অঞ্চলের অর্থনৈতিক উন্নয়নের অনেক রকম পথ খুলে যায়। জলধারাকে শান্ত করে এবং স্থানে স্থানে রক্ষণ এবং পরিচালনা সুশৃঙ্খলভাবে করার বিশদ বিশ্লেষণ অঞ্চলভিত্তিক জলসংরক্ষণ এবং ব্যবহারের আলোচনায় বলা হবে।

পূর্বেই বলা হয়েছে যে নদী-অববাহিকার দুই ধারের ক্যাচমেন্ট অঞ্চলে সুবিধামত স্থানে জল ধরে রেখে উদ্বৃত্ত জল চিরাচরিত নালার মাধ্যমে প্রথমে বৃহত্তর এবং সর্বশেষে ঐ স্থানের নদীতে এসে পড়বে। এই ব্যবস্থা অবলম্বন করলে নির্দিষ্ট বা অনির্দিষ্ট সময়ে অসময়ে, অল্প পরিমাণে যদিও সম্ভব কিন্তু প্রবল ঢলসহ জল কোন অবস্থাতেই বিপদের কারণ হয়ে উঠবে না। সেই সঙ্গে অতি প্রসারযুক্ত নদী-অববাহিকার সংস্কার এবং উপযুক্ত গভীরতা আনতে পারলে যে পরিমাণ জল সংরক্ষণের পরে স্থানান্তর করার প্রয়োজন হবে তার পরিমাণ অনেকাংশে কম হবে তাই কোনরূপ জলপ্লাবন, বিস্তীর্ণ অঞ্চল জলমগ্ন হওয়ার কারণ হবে না। অতি প্রসারের নদী যদি সংস্কারান্তে এবং সীমিত প্রসারে সীমিত পরিমাণ জল বয়ে চলে তবে নদী-অববাহিকার দুই পার্শ্বেই অনেক পরিমাণ জমি বা অবহেলিত হয়ে আছে বর্তমান দিনের নানারকম সমস্যার পরিপ্রেক্ষিতে উদ্বৃত্ত অতি উর্বর জমি ব্যবহার করে নানারকম সম্পদ সৃষ্টি অনেক ব্যক্তির কর্ম ব্যবস্থা তার সাথে সমৃদ্ধি উভয় দিকই সার্থক হবে। এই ব্যবস্থায় পরিবেশও অনেক পরিমাণ দূষণমুক্ত হবে।

১৮

জলসংরক্ষণ ব্যবস্থাপনায় প্রদেশের গুরুত্বপূর্ণ এবং উপযুক্ত স্থানের অনুসন্ধান ও পরবর্তী ব্যবস্থাপনা

আলোচিত বিষয়গুলিকে সুশৃঙ্খলভাবে কাজে পরিণত করতে গেলে সর্বপ্রথম রাজ্যের স্থানগত অবস্থানের দিক, জমির প্রকৃতি, অঞ্চলভিত্তিক জমির প্রকৃতি, সাধারণভাবে জমির ঢাল কোন দিক থেকে কোনদিকে আছে, একাধিক ঢালযুক্ত জমি কিনা, নীচু অঞ্চলসমূহ, বৃত্তাকারে আবৃত নীচু জমি কোথায় কি পরিমাণ আছে, অঞ্চলে অবস্থিত উপস্থিত যেসব নালা নর্দমা দিয়ে বর্ষার জল বা অন্যান্য জল বাহিত হয় এসব বিষয়গুলি এবং আরও যেসব জল পরিচলন এবং সংরক্ষন নিয়ে পুঙ্খানুপুঙ্খ তথ্য দরকার তার সংগ্রহের জন্য ঐ অঞ্চলের জমিকে জারিপাদির সাহায্যে এবং পুরনো তথ্য ও অন্যান্য জলবিষয়ক ঘটনার সঠিক তথ্য সংগ্রহ করতে হবে বা পেতে হবে। পরবর্তী অনুসন্ধান এবং পর্য্যবেক্ষণ করতে হবে জনবসতি, রাস্তাঘাট বা অন্যান্য কাজে ব্যবহৃত জমি,—যেসব জমিতে বিশৃঙ্খলভাবে কৃষিকাজ বা জল রাখার কাজে ব্যবহৃত হচ্ছে। উপরের বিষয়গুলির যথাযথ বিবরণ জানা থাকলে কোন কোন জমিতে এবং অঞ্চলের কোন কোন স্থানে জল ধরে রাখার কাজে নির্দিষ্ট করে রেখে পরে ঐ কাজে ব্যবহার করা যাবে। পরবর্তী বিবেচনার বিষয় সুপরিবেশে জীবনযাত্রা নির্বাহ করতে গেলে প্রত্যেক মানুষ বা প্রত্যেক পরিবার (চার জনের সমষ্টি) এবং তাদের আশ্রিত ও গৃহপালিত পশুপাখীর জন্য ন্যূনতম কতটুক জমির প্রয়োজন তা ঐ বিশেষ অঞ্চলের সবরকম কাজে ব্যবহৃত জমির পরিমাণ, অধিবাসী এবং তাদের আশ্রিত প্রাণীর সংখ্যা হতে পাওয়া সম্ভব। উন্নত দেশে সুপরিবেশে বসবাসের উদ্দেশে প্রতি বর্গ কিলোমিটার পরিমাণ আয়তনে কত সংখ্যক অধিবাসী হবে তার একটা নির্দিষ্ট মান আছে। আমাদের এই রাজ্যে যদিও প্রতি বর্গ কিলোমিটার জমিতে গড়ে লোক সংখ্যার পরিমাণ সুপরিবেশের শেষ প্রান্তে অবস্থিত, কিন্তু বিশৃঙ্খলভাবে যে সব স্থানের উন্নতি হয়েছে বা উন্নত করা চলছে এবং রুজি রোজগারের পথগুলিও অতি প্রশস্ত সেইসব অঞ্চলে অধিবাসীর সংখ্যা ভয়ঙ্করভাবে বেশী। ১৯৯৬ সালের গণনা অনুযায়ী ভারতবর্ষে প্রতি ব. কি.মি.তে বাস করে ৩২০ জন লোক। সেখানে চীন দেশের প্রতি ব. কি.মি.তে অধিবাসীর সংখ্যা ১৩০ (অন্যান্য) দেশে প্রতি ব. কি.মি.তে জনসংখ্যা ২ থেকে ৩০ এর মধ্যে। আবার রাজ্যে অনেক অনেক স্থান আছে যেসব স্থানে উদ্দেশ্যহীনভাবে যত্রতত্র কৃষির জমি ও অন্যান্য কাজের বা বসবাসের জন্য বিচ্ছিন্নভাবে অনেক জনবসতি আছে। ঐসব স্থান সাধারণভাবে কিছু অসুবিধাযুক্ত এবং অবহেলিত অবস্থায় আছে।

এইরূপ বিচ্ছিন্ন অঞ্চলে প্রতি বর্গ কিলোমিটারে জনসংখ্যার পরিমাণ অনেক কম। ঘনভাবে জনসংখ্যার অবস্থান ও বসতি আবার কোন স্থানে উল্লেখযোগ্যভাবে গুটিকয় লোকের অবস্থান যদিও সমষ্টিগত অবস্থায় সঠিক মাত্রার লোকসংখ্যা অবশ্য শেষ সীমায় পৌঁছে আছে। কিন্তু রাজ্যের অধিবাসীর এই অসম সংখ্যায় বিভিন্ন স্থানে অবস্থান রাজ্যের অনুন্নত স্থানের, তার জলস্পদের ব্যবস্থা সুচারুরূপে হয় না। তাই কোন অঞ্চলের অধিবাসীর সংখ্যা যদি স্থানের অনুপাতে সঠিক থাকে তবে ঐ অঞ্চলের জলসম্পদের সার্থক রক্ষণ এবং ব্যবহারের পরে যদি অতিরিক্ত জল অপসারণ করার প্রয়োজন হয় তা সুব্যবস্থার মাধ্যমে করা সম্ভব হবে। আমাদের রাজ্যে জনবসতি অতি বিশৃঙ্খল অবস্থায় আছে। এই বিশৃঙ্খলার কারণে আমরা আমাদের প্রাকৃতিক সম্পদকে যথাযথ কাজে লাগাতে পারছি না এবং আমাদের দারিদ্রতাও ঘুচছে না। তাও প্রয়োজনে এবং উন্নত মানের ব্যবস্থায় বর্তমানের সামাজিক এবং অর্থনৈতিক অবস্থায় পরিবেশকে সুস্থ রেখে স্বাভাবিক জীবনযাত্রার ব্যবহারিক সুবিধাসহ দেশের সর্বস্থানেই জনবসতির সংখ্যা প্রতি বর্গকিলোমিটারে যাতে সামঞ্জস্য পূর্ণ থাকে তাকে কাজে রূপায়িত করতে পারলে জলসম্পদের যথেষ্ট সুব্যবস্থা করে আমাদের দেশের উন্নয়নের কাজে ব্যবহার করা সম্ভব হয়। এই ব্যবস্থায় যেসব উদ্বৃত্ত জমি থাকবে তাকে সুবিধামত জলাভূমি স্থির করা এবং জল সংরক্ষণে কাজে ব্যবহার করা যাবে। আমাদের রাজ্যে অধিবাসীদের প্রয়োজনমত এবং রাজ্যের আয়তনের সর্বত্র সমানভাবে যদি বসতির ব্যবস্থা করা যায় এই রাজ্যে এক বর্গ কিলোমিটার আয়তনে যে পরিমাণ জনসংখ্যা হবে তা সুস্বাস্থ্য সুপরিবেশে বসবাস করার অন্তরায়। কারণ ঐ আয়তনে জনসংখ্যার পরিমাণ স্থিরবিকৃত মাত্রার অনেক বেশী। এই অবস্থায় কোনক্রমেই জনসংখ্যার ও স্থানের সর্বোচ্চ সীমার উর্দ্ধে কোন পরিকল্পনাই বাস্তবায়িত হতে পারে না। এমতাবস্থায় স্থানের পরিমাণ প্রথম হতে একই পরিমাপের। কিন্তু জনসংখ্যার বৃদ্ধির পরিমাণ আশংকাজনক। তাই সুসম উন্নয়নের জন্য স্থান এবং জনসংখ্যা পরস্পরের অতি সহায়ক হওয়া উচিত। তবেই জলসম্পদকে সার্থকভাবে রক্ষা করা যাবে এবং তার দ্বারা অন্যান্য সম্পদ সৃষ্টি করা বা উৎপন্ন করা যাবে। আমাদের রাজ্যের অধিবাসীরা বর্তমান সামাজিক এবং অর্থনৈতিক ব্যবস্থায় এবং কারণে খুবই সচেতন। সরকারও এই জনসংখ্যার বৃদ্ধির বিষয়ে সচেতন এবং বিভিন্ন কর্মের মাধ্যমে জনসংখ্যার সীমিতকরণ করে চলেছেন। আমরাও আমাদের ভবিষ্যৎ প্রজন্মের কথা ভেবে আমরা আমাদের বৈষয়িক ও পরিবেশ সুরক্ষায় নির্দিষ্ট পরিমাণ জনসংখ্যা সর্ব অবস্থায় রাখার চেষ্টা করব। এই রাজ্যে কি পরিমাণ জনসংখ্যাকে সুপরিবেশে এবং অনায়াসে স্থান দিতে পারব তার সংখ্যা ও বর্তমানের জনসংখ্যার দিকে দৃষ্টি রেখে আমাদের ভবিষ্যতের কর্মপন্থা নির্ণয় করার অবস্থায় আমরা এসে গিয়েছি। সভ্য ও উন্নত দেশে প্রত্যেক ব্যক্তিরই একটি সম্মানজনক অবস্থান এবং দেশের অর্থনৈতিক অবস্থা অনুযায়ী ন্যূনতম প্রয়োজনীয় বস্তুর প্রাপ্তির স্থায়ী ব্যবস্থা ও ভরসা আছে। আমাদের রাজ্যে সবই আছে কিন্তু

প্রাকৃতিক সম্পদের অঢেল সমাবেশ কাজে লাগিয়ে কায়িক শ্রমের দ্বারা সম্পদ সৃষ্টি করার উপলব্ধি নেই। তাই আমাদের রাজ্যে যদিও বিষয়টি রাজ্য স্তরে বাস্তবে রূপায়নের অনেক প্রতিকূল দিক আছে। কিন্তু সমগ্র দেশের ক্ষেত্রেই বিবেচনার বিষয় তাহলো জনসংখ্যার পরিমাণ এবং তাদের ভারতবর্ষের সর্বস্থানে অবস্থানের প্রয়োজনীয় দিকগুলি এবং সুবিধাগুলি মাথায় রেখে বসবাসের ব্যবস্থা করতে হবে। প্রাকৃতিক সম্পদ তার যথাযথ রক্ষণাবেক্ষণ, সুব্যবহার অযথা অবক্ষয় প্রভৃতি বিষয়গুলির ভবিষ্যৎ দিকগুলি চিন্তা ভাবনা করতে হবে। আলোচিত দিক সমূহের ভবিষ্যৎ পরিকল্পনা সুস্পষ্ট হলে জলসম্পদের প্রাপ্তি, তাকে ঠিক ঠিক স্থানে ঠিকমত রক্ষা করে এবং অবস্থানুযায়ী এবং প্রয়োজনে পার্শ্ববর্তী স্থানে বা প্রদেশে স্থানান্তর করে উদ্বৃত-স্বল্প সম্পদের সার্থক আদান প্রদান সম্ভব হবে। এই যে এতগুলো জলসম্পদের ব্যবস্থাপনার কথা বলা হল তা সাধারণ চিন্তাধারার বক্তব্য হিসাবে অনেকে মনে করবেন। কিন্তু আমাদের দেশের জনশক্তি যে যথেষ্ট প্রাচুর্য্যপূর্ণ তা কিন্তু একবাক্যে সবাই স্বীকার করবেন। জনশক্তির (Labour force) আন্তর্জাতিক প্রতিযোগিতায় ৫৩টি দেশের মধ্যে ভারতবর্ষের স্থান তৃতীয়। অন্যান্য বিষয়ে ভারতবর্ষের স্থান ঐ ৫৩টি দেশের প্রায় শেষের দিকে অবস্থিত।

আন্তর্জাতিক প্রতিযোগিতামূলক ১৯৯৭ তথ্যের যা বিবৃত হয়েছে তা হলো।

Only in terms of its labour force is India Competitive globally; On other cirteria, it is at the bottom of this heap.

CRITERIA	INDIA'S RANK (out of 53 Countries)
Labour Force	3
Management	25
Technology	41
Information Technology	43
Financial Market	44
Tariff Quotas	46
Government Regulations	47
Infrastructure	53
Overall Rank	45

*Based on The Global Competitiveness Report 1997

Source : Statistical outline of India 1997-98.

তাহলে জনশক্তি (Labour force) প্রতিযোগিতায় আমরা বেশ একটা সম্মানজনক অবস্থায় আছি। আর বলতে কি জলসম্পদের সার্থক ব্যবহারের কাজসমূহ রূপায়ণে

প্রাথমিকভাবে এবং সর্বপ্রথম এই জনশক্তিরই সমষ্টিগত উদ্যোগ। মানুষ সুপরিবেশ বাঁচবার মত সাধারণ বুদ্ধি, বিবেচনা ও পরিশ্রম করার নানারকম মাধ্যমের সাহায্যে বড় হয়। দেশের সুপরিচালনার ব্যবস্থার সহযোগিতায় প্রত্যেক মানুষই শ্রমশক্তিবান কর্মী। সমষ্টিগত শ্রমশক্তির দ্বারা অনেক অসাধ্য-কাজও সহজেই করা সম্ভব হয়। তাই ভগবানের আশীর্বাদ স্বরূপ জলসম্পদ তাকেও আমরা আমাদের সম্মিলিত শ্রমশক্তির দ্বারা সার্থক দিকে নিয়ে যেতে পারি। প্রতিযোগিতামূলক বিষয়গুলির মধ্যে একমাত্র শ্রমশক্তি ছাড়া অন্যান্য বিষয়গুলির স্থান হয় সর্বনিম্নে অথবা মধ্যবর্তী স্থানে হতে আরও শেষের দিকে, কিন্তু আমাদের নানাবিষয়ের পরিচালনাশক্তির ভূমিকা যেন প্রতিযোগিতামূলক বিষয়গুলির প্রথমস্থান হতেও ঊর্ধ্বে। তাই সমষ্টির মাধ্যমে যে কাজকর্ম করা হয় তা সর্বাংশে পরিপূর্ণতা পায়না। কিন্তু অর্থ ব্যয়ের পরিমাণ পরিকল্পিত হিসাবের অনেক বেশি হয়। দেশের সর্বশ্রেণীর অধিবাসী-র কর্মসমূহ পারস্পরিক সমঝোতা এবং আস্থার উপর এবং দায়িত্বপূর্ণ ব্যক্তিবর্গের কর্মপন্থা এবং আচার আচরণ স্বতঃস্ফূর্ত আন্তরিকতায় অনুকরণযোগ্য হয় তবে অনায়াসলব্ধ জলসম্পদকে আমরা আমাদের জাতীয়গর্বের বিষয় শ্রমশক্তির দ্বারা প্রয়োজনীয় কাজে ব্যবহার করে দারিদ্রতা দূর করতে পারি। অন্য সব উন্নয়নমূলক ব্যবস্থাগুলির যেমন যান্ত্রিক উন্নয়ন, বাণিজ্য, শহর উন্নয়ন, উন্নত প্রযুক্তির দ্বারা উন্নতমানের জীবনযাত্রার প্রসার অনেক জটিল এবং সে সব উন্নত দেশের পক্ষেই সম্ভব পর হয় এবং তাতে অর্থবিনিয়োগও যথেষ্ট। কিন্তু সে অতি মূল্যবান এবং অর্থকরী সম্পদ যা আমরা অনায়াসেই পেয়ে থাকি যেমন জলসম্পদ, তার সুরক্ষা, সদ্ব্যবহার, ক্ষয়ক্ষতির এবং জলপ্লাবন, জলমগ্ন বিষয়গুলির অবসান করে ঐ সম্পদকে যথাযথ কাজে লাগিয়ে বর্তমানে যে জনসংখ্যা আমাদের প্রথমত রাজ্যে দ্বিতীয়ত দেশে আছে তাদের যথাযথ কাজে লাগানোর উপরই দেশের অর্থনৈতিক মূল সূত্র অবস্থান করছে।

১৯

স্থায়ী অস্থায়ী জলাধার, নিম্নভূমি, জলাভূমি এবং অন্যান্য সরকারী বেসরকারী জলাশয়ের পরিমাণ ও তাদের প্রাথমিকভাবে সংস্কারের দিকসমূহ

সাধারণ গড় পরিমাণ সম্বৎসরে বরাদ্দকৃত বর্ষণের জল পূর্বোক্ত অঞ্চলভিত্তিক এবং সর্বদিক সুবিধাজনক স্থানে বা অঞ্চলে যে সমস্ত জলাশয়, পুকুর, বিল, জলাভূমি, নিম্নভূমি, এবং অসংখ্য মজা পুকুর বিল আছে তাদের সংস্কার অর্থাৎ উপযুক্তভাবে খনন করে জল ধরে রাখার ক্ষমতা বাড়ানো যায়। সর্বশেষ হিসাব অনুযায়ী আমাদের এই রাজ্যের মোট ৮৭,৮৫৩ বর্গকিলোমিটার স্থানের মধ্যে ২১,৭৭৬.৬৬০ বর্গকিলোমিটার জমি নিম্নভূমি বা জলাভূমি হিসাবে চিহ্নিত করা আছে। গড় বৃষ্টিপাতের হেরফের অথবা একনাগাড়ে প্রবল বা মাঝারি বৃষ্টিপাত রাজ্যের কোন না কোন অঞ্চলে প্রতি বছরই বন্যার সৃষ্টি করেই চলেছে এবং এই অবস্থা যেন একটি স্থায়ী প্রাকৃতিক ঘটনার বিধান হিসাবে স্থিরীকৃত হয়ে আছে। তার ফলে রাজ্যের সীমিত অর্থের অপচয় প্রতি বছরই হয়ে চলেছে। অবশ্য দুর্গত মানুষ এবং তাদের গৃহস্থালির সম্পদ এবং আশ্রিত জীবজন্তুর বন্যাকালীন সময়ে রক্ষা ও আশ্রয়দান এবং অন্যান্য সামগ্রীর বিতরণের জন্য অর্থব্যয় এবং তা খুবই প্রয়োজন এবং উপযুক্ত ব্যয়। কিন্তু প্রতি বছরই রাজ্যের কোন না কোন স্থানে বন্যা এবং তার কারণে জন এবং সম্পদের ক্ষয়ক্ষতি হতেই থাকে। বর্তমানের উন্নত বৈজ্ঞানিক এবং জলসম্পদকে প্রশমন, আশ্রয়দান প্রভৃতির বিষয়গুলির সুব্যবস্থা আছে। সেখানে এই বিশৃঙ্খল জলসম্পদের অসম চলাচলকে প্রাকৃতিক দুর্যোগ আখ্যা দিয়ে প্রতিবছর বিভিন্নস্থানে জলমগ্ন হওয়া বা জলে ভেসে যাওয়া, জনপদ বা মাঠের ফসল জলে ভেসে যাওয়া আমরা যদি ভবিতব্য ধরে নিয়ে সীমিত অর্থভাণ্ডার হতে প্রতি বছরই বিনিয়োগ করি তবে সেই ব্যয়ভার সাধারণত অহেতুক হিসাবেই বিবেচিত হতে পারে। অবশ্য প্রাকৃতিক অজ্ঞাত নিয়মের কারণে কোন কোন প্রাকৃতিক দুর্যোগ যা দেশের অভ্যন্তরে মাঝে-মধ্যে ঘটে এবং যা আমাদের জ্ঞান এবং অভিজ্ঞতার ঊর্ধ্বে সেই সব দুর্যোগপূর্ণ পরিস্থিতিতে যুদ্ধকালীন তৎপরতায় অর্থব্যয় এবং নানাপ্রকার ত্রাণকার্য সার্থক খরচ হিসাবেই বিবেচিত হতে পারে। স্বাভাবিক গড় বৃষ্টিপাত, অঞ্চলভিত্তিক গড় বৃষ্টিপাত, অঞ্চলের অবস্থান, জলসম্পদের রক্ষণ ও তার ব্যবস্থাপনা প্রভৃতি দিকগুলির আমাদের স্বাভাবিক এবং অঞ্চলভিত্তিক যথাযথ ব্যবস্থায় জলসম্পদের রক্ষণ ও পরিচলন হলে প্রতি বছর বন্যাজনিত ক্ষয়ক্ষতি অবশ্যই দূরীভূত হবে। বন্যাপ্রবণতা যুক্ত বা জলমগ্ন হওয়ার সম্পূর্ণ রাজ্যে যে

২১,৭৭৬.৬৬০ বর্গ কিলোমিটার পরিমাণ স্থান সর্বাবস্থায় জলসংরক্ষণের কারণেই নির্দিষ্ট হয়ে থাকবে এবং তাকে যথাযথ সংস্কার, গভীর করা, জলের স্বাভাবিক ঢলের সুবিধাজনক করা প্রভৃতি দিকগুলি সম্পূর্ণ করা। এ হলো সরকারী অনুসন্ধানের দ্বারা বিবেচিত বন্যাপ্রবণ, জলমগ নীচু এলাকা। সরকারি হিসাব বহির্ভূত বেসরকারী ক্ষুদ্র, মাঝারি, বৃহৎ ব্যক্তিগত জলাশয়, পুকুর, দীঘি, সমষ্টিগত বা গ্রামগত, পাড়াগত, সমবায়ের আওতায় অসংখ্য ছোট, বড় পুকুর, দীঘি আছে। এইসব দীঘি, পুকুর জলাভূমি, জলাশয় খনন মুহূর্ত হতে ব্যবহৃত হয়ে চলেছে। কিন্তু সেইসব পুকুর, দীঘি, জলাশয়ের প্রায় আশি শতাংশ সংস্কারবিহীন হয়ে আছে যার ফলে জলধারণ ক্ষমতা অনেক কমে গিয়েছে। কিন্তু সেইসব মজা পুকুর, দীঘি যথাযথ সংস্কার করে জলধারণ ক্ষমতাকে আরো অনেক পরিমাণে বাড়ানো যায় তা অবহেলিত হয়ে আছে। ঐ সমস্ত জলাভূমি সমগ্র রাজ্যে যে পরিমাণ আছে তাদের সমষ্টিগত আয়তনের পরিমাণ ১০,০০০ থেকে অধিক বর্গ কিলোমিটার পরিমাণ স্থান হতে পারে। সঠিক অনুসন্ধান এবং জরিপের দ্বারা প্রকৃত ব্যক্তিগত মালিকানার জলাভূমির পরিমাণ জানা যাবে। যদি আলোচনার স্বাভাবিক অনুসন্ধানের বিষয়কে ধরে নেয়া যায় তবে মোটামুটি 10,000 বর্গকিলোমিটার পরিমাণ স্থানেই ব্যক্তিগত মালিকানার জলাশয়। এই হিসাব অনুযায়ী ২১,৭৭৬.৬৬০ বগ. কিমি.+ ১০,০০০ ব. কিমি = ৩১,৭৭৬.৬৬০ কি.মি. বা ৩২,০০০ ব. কি.মি পরিমাণ স্থান জলাভূমি বা নিম্নভূমি বা সমগ্র রাজ্যের মোট আয়তনের এক তৃতীয়াংশ। এই জমির মধ্যে অনেক স্থানই অহেতুক পড়ে আছে যার সামান্য পরিমাণ সুব্যবহার কখনই হচ্ছে না। এই এক তৃতীয়াংশ নীচু ও জলাভূমির মধ্যে যথাযথ সংস্কার, গভীর, চতুষ্পার্শ্ব সুদৃঢ় করে রাখতে পারলে অতি অনায়াসে আমাদের রাজ্যের বর্ষিত জলের প্রায় অধিকাংশই ধরে রাখা সম্ভব হবে। এই ব্যবস্থায় যে বাড়তি প্রায় ৮,০০০ থেকে ১০ হাজার বর্গ কিলোমিটার পরিমাণ স্থান উদ্বৃত হবে তা অন্যান্য উন্নয়নমূলক কাজে ব্যবহার করা যাবে। এই ব্যবস্থায় বন্যা জলমগ্ন হওয়া সম্পূর্ণ নির্মূল হবে। ঐ সব স্থান তখন জলমগ্ন স্থান হিসাবে চিহ্নিত হবে না, কেবলমাত্র জল সংরক্ষণের আধার হিসাবেই সুপরিচিত হবে। রাজ্যের এক চতুর্থাংশ পরিমাণ স্থান কেবলমাত্র জলসম্পদের আশ্রয়স্থান হিসাবে সুপরিকল্পিতভাবে ব্যবহার করতে পারা যায়। আগামী প্রজন্মে জলজনিত যে সমস্ত আশংকা, এবং বিভিন্নরূপ দুর্ভাবনা, জলসম্পদের গুণাগুণের নিম্নমান প্রভৃতি অশুভ দিকগুলি হতে পারে তা দুর হয়। এখনও পর্যন্ত আমাদের রাজ্যে শতকরা প্রায় ছত্রিশ শতাংশ অঞ্চল কোন না কোনভাবে জলাজমি বা আংশিকভাবে জলের জমি হিসাবেই চিহ্নিত হয়ে যাচ্ছে। উপরিউক্ত ব্যবস্থার মাধ্যমে তার সুব্যবস্থা হবে। কিন্তু অনেক জলাঞ্চলে স্থায়ী বা অস্থায়ীভাবে বসবাস, বিক্ষিপ্ত সংস্কার, ফসল ফলানো, বিক্ষিপ্তভাবে মাটি অপসারণ, জলবাহিত হওয়ার সুবিধা যুক্ত স্থানসমূহে বিক্ষিপ্তভাবে কলকারখানা নির্মাণ প্রভৃতির কারণে ক্রমেই জলমগ্ন হওয়ার এলাকা বেড়ে চলেছে। জলসম্পদের চলাচলের এই সব

প্রতিকূল দিকগুলির আরো সুব্যবস্থা করা দরকার। এই বিশৃঙ্খল অবস্থায় পূর্বে যে স্থানে কখনই জল দাঁড়াতো না, তা শহর অঞ্চলেই হোক বা গ্রামাঞ্চলেই বা সড়কপথেই হোক ইদানিং এরূপ-অস্বাভাবিক জলমগ্ন হওয়ার ঘটনা রাজ্যের অনেকস্থানেই ঘটে চলেছে। তাই চিহ্নিত নিম্ন এলাকার প্রধানত মাটি উত্তোলন এবং অপসারণ করে জলসম্পদের সুরক্ষা এবং সুপরিচলন অতি বাস্তব যুদ্ধকালীন তৎপরতার বিষয়। উত্তোলিত মাটিও অতি গুরুত্বপূর্ণ সম্পদ। তার ব্যবস্থাপনার দিকগুলির বিবরণ পরবর্তী অধ্যায়ে বলা হয়েছে।

জলসংরক্ষণস্থানকে সুচারুরূপে চিহ্নিত করে যথোচিত উন্নয়নমূলক সংস্কার করে জল সংরক্ষণ করতে পারলে নিম্নবর্ণিত সুফল লাভ এবং কুফলের অবসান করা সম্ভব হবে।

(১) স্বাভাবিক বা স্বাভাবিকের চেয়ে সামান্য পরিমাণ বেশি বর্ষণ হলে বর্ষণজনিত জলে কখনই বসতি অঞ্চল, চাষের জমি, সড়ক পরিবহন ব্যবস্থা অহেতুক জলমগ্ন হবে না। প্রতি বছরেই বন্যা, জলপ্লাবন জাতীয় দুর্ভাবনা বিশেষ করে বন্যাপ্রবণ অঞ্চলে বন্যা আর সহজে হবে না।

(২) উত্তোলিত মাটির সাহায্যে যে সব স্থানে বসত বাটি, সড়ক পরিবহনের স্থান; যে সব স্থানে প্রতি বছরই স্বাভাবিক বৃষ্টিপাতের জলই অঞ্চলে জমা হয়ে থাকে এবং সেই স্থানের অধিবাসীরা বছরের তিন চার মাস জল জমে থাকার কারণে বিবিধ-অসুবিধা ভোগে করে। সেইসব স্থান সমূহকে সামান্য উঁচু করতে পারলে প্রতিবছরের বর্ষঋতুতে যে দুর্ভোগ হয় তার থেকে রক্ষা পাওয়া যাবে। এই ব্যবস্থায় এমনকি অতি বর্ষায়ও একস্থান থেকে অন্যস্থানে যাতায়াত সুগম হবে। অনায়াসেই নিত্য প্রয়োজনী দ্রব্য আনয়ন এবং অঞ্চলের উৎপাদিত সামগ্রীর স্থানান্তর করা সুবিধা হবে এবং উৎপাদিত বস্তুরও ন্যায্য মূল্যে বিক্রয় করা সম্ভব হবে।

(৩) উত্তোলিত মাটির দ্বারা অঞ্চলের রাস্তাঘাট, জনবসতি, নীচু-কৃষি জমি ভরাট করার পরও যদি উদ্বৃত্ত মাটি থাকে স্থান বিশেষে ঐ মাটির দ্বারা ইট তৈরি করলে গৃহনির্মাণের উপকরণ পাওয়া যাবে।

(৪) চিহ্নিত জলাশয়গুলি সংস্কারের সময়ে যাতে চারিধারের জলরক্ষণের সীমারেখা বা পাড় অতি শক্তিশালী ও স্থায়ী হয় তার ব্যবস্থায় ঐ উত্তোলিত মাটির সাহায্যেই তা করা সম্ভব হবে।

(৫) বর্তমান কৃষি ব্যবস্থায় ফসল উৎপাদন আরও বিশেষভাবে বলা যায় বছরের মধ্যে একাধিক ফসল উৎপাদন করতে পর্যাপ্ত পরিমাণ রাসায়নিক সার এবং সমানতালে বিষাক্ত কীটনাশক পদার্থের ব্যবহার করা হয়। ফসল উৎপাদনের ধারায় পর্যায়ক্রমে বীজ বপন হতে শস্য সংগ্রহ প্রক্রিয়ায় মাটিতে, জলে এমনকী উৎপাদিত ফসলেও সামান্য মাত্রায় হলেও কিছু পরিমাণ অবশিষ্ট রাসায়নিক সার ও কীটনাশক পদার্থ থাকে যা আমরা প্রতিদিন গ্রহণ করে অনিশ্চিত এবং আশঙ্কাজনক ভবিষ্যতের দিকে এগিয়ে যাচ্ছি। আবার কৃষির জমিতে পুনঃ পুনঃ রাসায়নিক সার প্রয়োগ করার জন্য কৃষি জমি বন্ধ্যাত্ব প্রাপ্ত হয়ে

চলেছে। এই অবস্থা চললে পর্যাপ্ত পরিমাণ রাসায়নিক সার প্রয়োগ করেও অতি সামান্য পরিমাণ ফসলও উৎপাদন করতে পারবো না অথচ চড়ামূল্যে যে রাসায়নিক সার ক্রয় করে মাঠে ছড়ানো হবে তারও অপচয় হবে। উৎপাদিত ফসলের ভোগজনিত বিষময় কুফলগুলি না হয় অনুক্তই থাক। উত্তোলিত অনেক বছরের সঞ্চিত মাটি গাছের পুষ্টির গুণে ভরপুর। নাইট্রোজেন, ফসফেট্, পটাস তার সাথে সামান্য পরিমাণের অনু-সারের পরিমাণ, ঐ পচা মাটিতে একাধিক বার পর্যাপ্ত পরিমাণ ফসল উৎপাদনের কারণে খুবই উপযোগী। এই উত্তোলিত সার সমৃদ্ধ পচা পাঁক চাষের জমিতে প্রয়োগ করলে পরিবেশ রক্ষণ, উত্তোলিত মাটির সুব্যবস্থাপনা, অনর্থক অর্থব্যয় হ্রাস, সহজেই জোগান পাওয়া সম্ভব প্রভৃতি দিকগুলির সুরাহা হবে এবং উত্তোলিত মাটিরও ব্যবস্থাপনা সহজেই হবে।

উত্তোলিত মাটির উদ্ভিদ উৎপাদনের এবং উদ্ভিদের বাড়বাড়ন্ত বস্তু অর্থাৎ গাছের সার পরবর্তী অধ্যায়ে বিষদভাবে আলোচিত হয়েছে।

২০

অঞ্চলভিত্তিক বা ক্যাচমেন্টভিত্তিক জলসম্পদের রক্ষণ ব্যবস্থা

নদী অববাহিকার উৎস হতে সাগরে সংযোগ পর্যন্ত দূরত্বের দুই পাশের কি পরিমাণ স্থানের জলসম্পদ সেই নদী অববাহিকার দ্বারা বাহিত হবে তা নির্ভর করে ক্যাচমেন্টের গড় বৃষ্টিপাতের উপর। উক্ত নদীর ক্যাচমেন্টের গড় বৃষ্টিপাতের জলের পরিমাণ কত, কত বছর অন্তর অন্তর অতি বৃষ্টি বা অনাবৃষ্টি হয়েছিল এবং তার উর্দ্ধমাপ ও নিম্নমাপের তথ্য এবং কত বছর অন্তর অন্তর অতিবৃষ্টি বা অনাবৃষ্টি হয়েছিল সমুদয় তথ্যের উপর ভিত্তি করে মধ্যবর্তী (mean) অবস্থার বৃষ্টিপাতকে মাপকাঠি ধরে জলসম্পদের ক্যাচমেন্টের বিভিন্ন স্থানে সংরক্ষণের ব্যবস্থা করতে হবে। গড় পরিমাণের বেশি, কম বৃষ্টিপাত বা উল্লেখযোগ্য ভাবে অতিবৃষ্টি বা অনাবৃষ্টি কোন না কোন বছর হবেই ধরে নিতে হবে। আবার বর্ষণ কালে মাঝে মধ্যে সামান্য কয়েক দিনের মধ্যেই প্রবল ধারায় বৃষ্টি হয়ে যেতে পারে। আবার অন্য সময়ে ছিটেফোঁটার আকারে যেকোনো মাসে যে কোন সময়েও হতে পারে। অতি বৃষ্টি বা অনাবৃষ্টি সেই সমস্ত অঞ্চলে জ্ঞাত অতীতের প্রাপ্ত তথ্য হতে মোট কত বার হয়েছিল এবং অতি বৃষ্টিতে দুই পাশের ক্যাচমেন্টের জল নদী অববাহিকায় জলের প্রাচুর্যে কতস্থানে জল প্লাবন হয়েছিল এবং কি পরিমাণ আয়তনের স্থান জলমগ্ন হয়েছিল তা জানা যাবে। এই সব অতীত ঘটনার সম্যক ধারণা থাকলে জলকে বিভিন্ন স্থানে আবদ্ধ করে রাখার জন্য কত পরিমাণ আয়তন বিশিষ্ট স্থানের প্রয়োজন হবে তা নির্ণয় করা সুবিধাজনক হয়।

উপরোক্ত ব্যবস্থাপনার কারণে আমাদের এই রাজ্যে যে সকল উল্লেখযোগ্য নদী আছে তার ক্যাচমেন্টের উভয় পাশের জমির মোট আয়তন এবং স্বাভাবিক বাৎসরিক গড় বৃষ্টিপাতকে ধরে বা স্বাভাবিক হতে সামান্য উর্ধ্ব পরিমাণ গড় বৃষ্টিপাতকে ধরে সমগ্র নদী অববাহিকার উৎস হতে সঙ্গমস্থল পর্যন্ত জলসম্পদের রক্ষণ, নির্গমন প্রভৃতি বিষয়গুলির বিশ্লেষণ করা যাক।

প্রথমাংশে মালভূমি হতে উৎপন্ন নদী অববাহিকার ক্যাচমেন্টের আয়তন এবং গড় বৃষ্টিপাতের জলসম্পদের রক্ষণ ও ব্যবস্থাপনার বিষয়ে আলোচনা করা যাবে।

আলোচনার পূর্বে অতি সুপ্রাচীন এবং প্রথাগত উপায়ে জল সম্পদের প্রাপ্তির পর তার পরিচলন ব্যবস্থ সম্বন্ধে, দুই একটি কথা বলা বিশেষ প্রয়োজন।

সাধারণ অবস্থায় আমাদের এই রাজ্যে গড় বৃষ্টিপাতের পরিমাণ ১৭৫ থেকে ২০০ সেন্টিমিটারের মত। গড় পরিমাণের মাপটা সামান্য উর্ধ্বেই ধরা হল। এই যে সাধারণ উর্ধ্বদিকের গড়কে ধরা হল তা কিন্তু আমাদের রাজ্যে সর্বস্থানে সমান নয়। কোন কোন

অঞ্চলে এই গড়মাত্রার থেকে অনেক বেশি অথবা মাত্রা হতে অনেক কম পরিমাণ বৃষ্টিপাত হয়। তাতে জলসম্পদের স্থান ভিত্তিক অঞ্চল ভিত্তিক তারতম্য হয়। প্রতি দশ বছরে সাত বছরই যদি মোটামুটি একই পরিমাণ বৃষ্টিপাত প্রতি বছরে হয় তবে দশ বছরের গড় বৃষ্টিপাতের গড় মাত্রাকে সংরক্ষণের কারণে স্থির করি তবে স্বাভাবিকভাবেই বলা যাবে প্রায় অধিকাংশ বছরই দশ বছরের গড় বৃষ্টিপাতের গড় বৃষ্টিপাত এই রাজ্যে সাধারণভাবে স্বাভাবিক বর্ষণ। এই গড় বর্ষণ ভিন্ন ভিন্ন অঞ্চলে যেমন স্বল্পবর্ষিত অঞ্চল বা অধিক বর্ষিত অঞ্চল হিসাবেও চিহ্নিত করা যায়। চিহ্নিত অঞ্চলের গড় পরিমাণকে স্বাভাবিক মাপকাঠি রেখে জল সংরক্ষণের ব্যবস্থা করা যায়। কিন্তু জলবর্ষণ এবং তার চলন ক্রিয়ার রূপ আমরা কি রকম দেখে অভ্যস্ত তা বলি। জল উঁচু স্থান হতে নীচু স্থানের দিকে যায়। আমাদের অতীত হতে দেখে আসছি যে বর্ষাকালে বর্ষণ হলে ভিন্ন ভিন্ন ধারায় সেই জল যে সব উঁচু অঞ্চল, ঘরবাড়ী, রাস্তা, ঘাট সেখান হতে নীচু জমিতে বয়ে চলে। যাদের বাড়িঘর বা অন্যান্য বসতের স্থান নীচু অঞ্চলে থাকে তাদের বসতি প্রথমে জল প্লাবিত ও পরে জলমগ্ন হবে। যাদের পুকুর, ডোবা, এক বা একাধিক আছে সেখানে জলের ঢলের প্রকার ভেদে পুকুর, ডোবা আংশিক বা সম্পূর্ণভাবে পরিপূর্ণ হবে জলে কিংবা বা জলের পরিমাণে এবং ঢলের সুবিধায় পুকুর ডোবা ভাসিয়ে সেই সব পুকুর ডোবা ও জলের নীচে চলে যাবে। যাদের চাষের জমি অঞ্চলের এধারে সেধারে আছে সেখানে কিছু জল জমে থাকবে। জমিতে বা কোন অঞ্চলে জল অসুবিধার সৃষ্টি করলে নালা কেটে বা জমির আল কেটে জলকে বিতাড়িত করা হয়ে থাকে। এই মূল্যবান জলসম্পদকে তাচ্ছিল্য করে প্রথম হতেই দুরদুর ছ্যা, ছ্যা করে যেমন ভাবে পারা যায় ভালভাবেই হোক বা মন্দভাবেই হোক দূরে সরিয়ে দেয়া হয়। স্থানান্তর হওয়ার কারণে এবং বিশৃঙ্খল ব্যবস্থায় ক্ষয়ক্ষতি তার জন্যে ত্রাণ ব্যবস্থা ও ক্ষতিগ্রস্তস্থানের সাময়িক এবং স্বল্পস্থায়ী ব্যবস্থাপনার কারণেই অর্থব্যয়ই যেন জলসম্পদ ব্যবস্থাপনার মূল লক্ষ্য। তাই কোন বিশেষ অঞ্চলের গড় পরিমাণ জলের অতি সামান্য পরিমাণ জল কেবলমাত্র বৃষ্টিপাত হবার কাল ছাড়া বছরের বিভিন্ন সময়ে যে ব্যবহার করতে হবে তার কথা ভাবিও না এবং যথাযথ গুরুত্বও দেই না। তাই যখন সংকট আসে অর্থাৎ বৃষ্টিবিহীন সময়ে জীবন এবং জীবিকার কারণে যত্রতত্র জলম্পদ পাওয়ার চেষ্টা করি। অঞ্চলে কোথাও উপরিভাগের জল (Surface water) না পেলে মাটির তলদেশকে ঝাঁঝরা করে আলোড়ন সৃষ্টি করি। এই আলোড়ন বস্তুর আলোড়ন এবং স্বাভাবিকভাবে তলদেশের বিশুদ্ধ জলের স্তরে বিষাক্ত বস্তুর মিশ্রণ তলদেশের জলে হয়েই চলেছে। ঘটনাগুলি দিনে দিনেই বেড়ে চলে এবং ইদানিংকালে অতি ভয়ংকরভাবে আশংকার কারণ হয়ে চলেছে। স্থানবিশেষে জনস্বাস্থ্যে মাটির তলের (ground water) জলের বিষক্রিয়ার প্রকাশও দেখা যাচ্ছে। তলদেশের বা ভূতলের অভ্যন্তরের জলের অনিষ্টকারী দিকগুলি আমাদের রাজ্যের প্রায় অধিকাংশ জেলাতেই অতি সুস্পষ্টভাবে প্রকাশ পাচ্ছে। সেই জল ব্যবহার করার কারণে

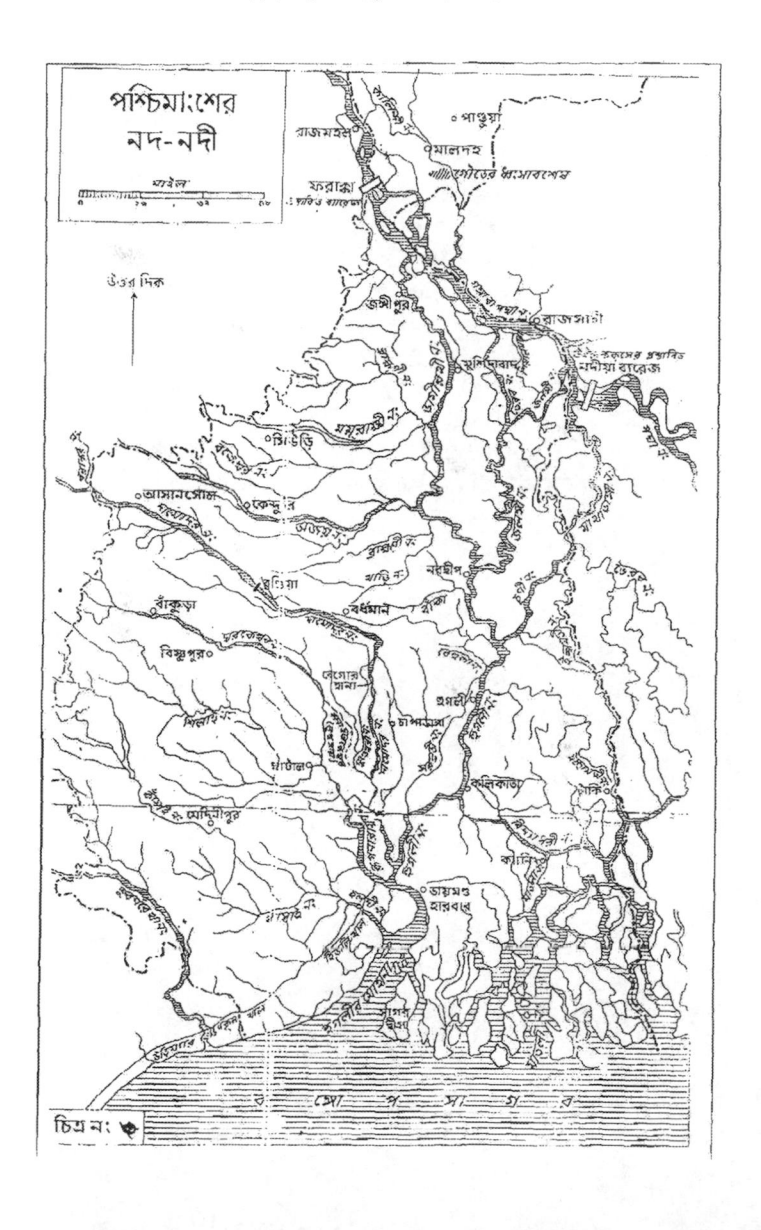

পশ্চিমাংশের
নদ-নদী
মাইল
উত্তর দিক
পাণ্ডুয়া
রাজমহল
মালদহ
গৌড়ের ধ্বংসাবশেষ
ফরাক্কা
জঙ্গীপুর
রাজসাহী
মুর্শিদাবাদ
নদীয়া ব্যারেজ
ময়ূরাক্ষী নং
সিউড়ি
আসানসোল
কেন্দুর
নবদ্বীপ
বর্ধমান
বাঁকুড়া
বিষ্ণুপুর
হুগলী
চাপাডাঙ্গা
ঘাটাল
কলিকাতা
মেদিনীপুর
ক্যানিং
ডায়মণ্ড হারবার
সাগর দ্বীপ
ব ঙ্গো প সা গ র
চিত্র নং: ৬

জনস্বাস্থ্য এবং অঞ্চলের ফুল, ফল, শস্য, সবজিতে থাকছে। আমরা ভূতলের জলসম্পদের দূষণের কাবণ নির্ণয় করার জন্য যথেষ্ট পরিমাণ অর্থ ব্যয় করছি। কারণ তা সর্বজন স্বীকৃত। নির্ণয় এবং তার প্রতিকারের ব্যবস্থাদি অতি প্রয়োজনীয় বিষয় তা অতি স্পষ্টভাবেই বলা যায় এবং দূষণের প্রতিকার করা খুবই উচিত। কিন্তু আপাতত ভূতলের অভ্যন্তরের জলকে অত্যধিক আলোড়িত এবং উত্তোলিত না করে, আমাদের রাজ্যের ভূ-পৃষ্ঠে যে সহজলভ্য বৃষ্টিপাতের বর্ষিত জল (surface water) তাকে ধরে রেখে এবং সুব্যবহার করে সাময়িকভাবে ভূতলের অভ্যন্তরের জলকে বিশ্রাম দেয়া তার সাথে তলদেশের অস্বাস্থ্যকর জলকে ব্যবহারের বাইরে রাখলে আমরা অনেক দিক হতে পরিত্রাণ পাই সেই সঙ্গে পরিবেশ যা সংশয়যুক্ত তা হতে মুক্তি পাই।

এবার জল সংরক্ষণ ব্যবস্থায় পশ্চিমের মালভূমি এবং সাঁওতাল পরগণা ও ছোটনাগপুর পাহাড়ি অঞ্চল হতে উৎপন্ন নদীগুলি এবং তার অঞ্চল, ভূপ্রকৃতি, নদী অববাহিকার ক্যাচমেন্ট, তার প্রকৃতি, বাৎসরিক গড় বৃষ্টিপাত এবং সেই জলরাশির চলনব্যবস্থা বিশদভাবে বলা যাক। কি পরিমাণ জল কোন নদী অববাহিকার দুই পাশের ক্যাচমেন্টের জল স্থানে স্থানে সংরক্ষণ করা যাবে তার পরিমাণও জানা যাবে। সেই সঙ্গে উদ্বৃত্ত জলের পরিমাণও অনুমান করা যাবে।

২১

ময়ূরাক্ষী নদী অববাহিকার ক্যাচমেন্টের জল, তার পরিমাণ, সংরক্ষণ এবং অপসারণ

গঙ্গা অববাহিকা বা গাঙ্গেয় উপত্যকা বিশেষ করে আমাদের এই রাজ্যে ভাগীরথী, হুগলী উপত্যকায় একমাত্র উত্তরবঙ্গ ছাড়া রাজ্যের অধিকাংশ নদী মিশেছে। পশ্চিমদিকের উল্লেখযোগ্য নদীসমূহের মধ্যে ময়ূরাক্ষী নদী অন্যতম। প্রায় উৎসমুখ হতে অনেকগুলি ছোট ছোট নদী ও নালার জলে কলেবর বৃদ্ধি করে পশ্চিমের মালভূমির ত্রিকূট পাহাড় হতে উৎপন্ন হয়ে বিহারের দুমকা জেলাতে এসেছে। ত্রিকূট পাহাড় থেকে দুমকা পর্যন্ত সম্মিলিত জলধারা প্রায় ৪৩ কিলোমিটার পথ অতিক্রম করেছে। অতঃপর এই সম্মিলিত জলরাশি আরও কতিপয় বৃষ্টির জলবাহিত নালার জলে পুষ্ট হয়ে পশ্চিমবঙ্গের বীরভূম জেলাতে প্রবেশ করেছে! বীরভূম জেলার ভূপ্রকৃতির গঠন, মাটির প্রকৃতি এবং অন্যান্য কারণে অনেক ছোট, বড় নদী, নালা কোন না কোন অবস্থায় ময়ূরাক্ষী নদীতে এসে মিশেছে। ঐসব ছোট ছোট নদী, নালার জল অপেক্ষাকৃত বড় নালায় পড়েছে। ময়ূরাক্ষী-র পরিক্রমণ পথে অসংখ্য ছোট, বড় নালার জল কোথাও পাশাপাশি বাহিত হয়ে ভাগীরথী নদীর সঙ্গমস্থলের সন্নিকটে ময়ূরাক্ষীতে পড়েছে। অতঃপর ১৯৫৪ সনে পশ্চিমবঙ্গের বীরভূম জেলা এবং বিহার প্রদেশের দুমকা জেলার সীমান্তে ম্যাসানজোড়ে ময়ূরাক্ষী-নদীতে বাঁধ দিয়ে জলের সংরক্ষণ, নিম্নাঞ্চলের অশান্ত জলধারার প্রশমন তার সাথে বাঁধের সাহায্যে জল বেঁধে রেখে সেই জলের সাহায্যে সেচের জল সরবরাহ এবং অন্যান্য বিষয়ের সুবিধা করা হয়েছে। এই অবস্থায় বাঁধের উপরিভাগের ক্যাচমেন্টের জল ধরে নেয়া যাক সমস্ত জলকেই শৃঙ্খলিত করে তাকে কাজে লাগানো হচ্ছে। বাঁধ পরবর্তী ময়ূরাক্ষীর ক্যাচমেন্টের জল বাঁধ হতে ভাগীরথীর সঙ্গমস্থল পর্যন্ত স্থানের পরবর্তী কি ব্যবস্থা হতে পারে তার বিষয়ে বলা যাক। বাঁধ-পরবর্তী সঙ্গমস্থল পর্যন্ত ক্যাচমেন্টের আয়তন, গড় বৃষ্টিপাত, প্রাকৃতিক এবং মনুষ্যকৃত জলাশয়ের সংখ্যা প্রভৃতি দিকগুলির সঙ্গে সমতা রেখে ঐ অঞ্চলের প্রাপ্ত জলসম্পদের ব্যবস্থাপনার দিকগুলো বিশ্লেষণ করতে হবে। ম্যাসানজোরের নিকট ময়ূরাক্ষী নদী অববাহিকার দুই তীরের ক্যাচমেন্ট অঞ্চল পর্যন্ত প্রায় ৫০০০ বর্গ কিলোমিটার। ক্যাচমেন্ট অঞ্চলের পরিমাণ আনুমানিক হিসাবেই বলা হল। যথাযথ সঠিক পরিমাণ ক্যাচমেন্ট অঞ্চলের আয়তন উল্লিখিত আয়তনের সামান্য হেরফের হতে পারে। সঠিক পরিমাপ ক্যাচমেন্ট অঞ্চলকে যথাযথ জরিপের দ্বারা পাওয়া যাবে। ক্যাচমেন্ট অঞ্চলের জরিপ পূর্বেই হয়েছে। কিন্তু সময়ের সাথে অঞ্চলের জলের গতি

অন্যদিকেও হতে পারে। তাই সঠিক এবং বিশেষভাবে জরিপের মাধ্যমেই ঐ নদীর ক্যাচমেন্ট অঞ্চলের সঠিক আয়তন পাওয়া যাবে। ইতিপূর্বে দেখা গিয়েছে আমাদের এই রাজ্যে জলমগ্ন হওয়া অঞ্চল সর্বাধিক ৩৩ শতাংশ জমি জলাভূমি হিসাবে অস্পষ্টভাবে স্বীকৃত হয়েছে। ঐ পরিমাণ জমিতে ক্যাচমেন্টের নানা স্থানের জল রক্ষণ এবং চলনের জন্য ব্যবহার করা যায় তবে ঐ সব নদী অববাহিকার ক্যাচমেন্টের গড় বৃষ্টিপাতের জল অতি অনায়াসেই ধরে রাখা সম্ভব হয়। ৩৩ শতাংশ জমি অস্পষ্ট এবং বিক্ষিপ্ত ও বিশৃঙ্খলভাবে ও অনিশ্চিতভাবে জলাজমি হিসাবে না রেখে জল সঞ্চয় করে রাখা এবং জলবাহিত হওয়ার নালা হিসাবে সর্বদিকে সুবিধাসহ এক চতুর্থাংশ বা ২৫ শতাংশ জমিকে আমরা স্থায়ীভাবে জলসংরক্ষণ এবং চলনের কারণে নির্দিষ্ট করতে পারি। ময়ূরাক্ষী নদীর অববাহিকার উভয় পাশের ক্যাচমেন্টের জল অসংখ্য নালা নর্দমার দ্বারা বাহিত হয়ে অপেক্ষাকৃত নিম্নভূমিতে বা জলাভূমিতে ঐ জল সুদূর অতীতকাল হতে জমা হয়ে আসছে। অতি বৃষ্টির জলে ঐ জলাভূমি বা নিম্নভূমি জলে বিরাট এলাকা জলমগ্ন হয়ে আশেপাশের অঞ্চল ভাসিয়ে দিচ্ছে অথবা পার্শ্ববর্তী বৃহত্তর নালার দ্বারা বাহিত হয়ে ভাগীরথী অববাহিকার দিকে বয়ে চলেছে। এইরূপ নিম্নভূমি, জলাভূমি, প্রাকৃতিক বিল ভাগীরথী-অববাহিকার পশ্চিমপার্শ্বের জিলাসমূহে অনেক আছে। ময়ূরাক্ষী নদীর অববাহিকার উভয় পাশের অঞ্চলের কথাই ধরা যাক। সম্পূর্ণ বীরভূম জেলা, বর্ধমান জেলার উত্তর দিকের কিছু অংশ এবং মুর্শিদাবাদ জেলার সমগ্র পশ্চিমাংশ-ময়ূরাক্ষী নদী অববাহিকার অন্তর্গত ক্যাচমেন্ট অঞ্চল। এই বিস্তীর্ণ অঞ্চলে অসংখ্য নিম্নভূমি, জলাভূমি বা বিল অনাদিকাল থেকে সংস্কারবিহীন অবস্থায় পড়ে রয়েছে। প্রথম অবস্থায় সেই সমস্ত নিম্নভূমি, জলাভূমি বা বিলে যে পরিমাণ জল আশ্রয় পেত কালক্রমে বছর বছর জলস্রোতে পলিমাটি এসে জলাভূমিতে পড়ে সেই সমস্ত স্থানের জলধারণ ক্ষমতাকে ক্রমেই কমিয়ে ফেলছে। এই অবস্থায় উদ্বৃত্ত জল গ্রাম গঞ্জ ভাসিয়ে জলমগ্ন করছে। এইভাবে গড় বৃষ্টিপাতের সামান্য বেশি বর্ষণ হলেই জল জনপদ-শস্যভূমি প্লাবিত হওয়া এবং দুর্গতি ও ত্রাণ ব্যবস্থা যেন নিত্য নৈমিত্তিক ঘটনা। জল যথাযথ সঞ্চয় করে রাখা হলে অর্থকরী ফসল উৎপাদনের জন্য সময়ে সেচ ছাড়া বাড়তি জল সেইসব ফসল ভরা মাঠ ডুবিয়ে দেবে না। পরিবেশ ও জনপদ এবং বাসস্থানের স্থায়ী ব্যবস্থায় বর্ষিত জল আর যাতে ক্ষয়ক্ষতি না করে তার স্থায়ী ব্যবস্থা সর্বোপরি সেই জল অস্থানে কুস্থানে অবস্থান করা বা সরাসরি অঞ্চল ত্যাগ করে চলে যাওয়া প্রভৃতি বিষয়গুলি কিন্তু বর্তমানকালের প্রয়োজনের পরিপ্রেক্ষিতে পুরাতন অবস্থা এবং ব্যবস্থামত ঠেকা দেয়া কাজে চলবে না। পাড় ভাঙা রোধ, নালার বা ভাঙন যুক্ত নদীর পাড়ে মাটি বা পাথর ফেলার দ্বারা জলসম্পদের সুরক্ষা এবং ব্যবহার আর যথোচিত জলসম্পদ ব্যবস্থাপনার সঠিক কাজ নয়। জলসম্পদের সুব্যবস্থার কারণে স্থায়ী সংস্কারবিহীন জলাভূমি, নিম্নজলাভূমি, প্রয়োজন সাপেক্ষে সুবিধাজনক স্থানে জল সংরক্ষণের জন্য নূতন, নূতন জলাশয় খনন আশু

প্রয়োজনীয় কর্মসমূহ। অবস্থা বিশেষে এবং জলের ঢলের গুরুত্ব এবং অবস্থা বুঝে অঞ্চলের নানাস্থানে ছোটছোট জলাশয় খনন করে জল সঞ্চয় করে রাখা যেতে পারে।

ময়ূরাক্ষী নদীর অববাহিকার উভয়পাশের ক্যাচমেন্টে অঞ্চলে বাৎসরিক বৃষ্টিপাতের পরিমাণ কি রকম তা কয়েক বছরের প্রাপ্ত তথ্যে যা দেখা গিয়েছে তাতে ১৯৫৭ সালে হতে ১৯৭০ সাল পর্যন্ত প্রতি বছরে মোট বৃষ্টিপাতের পরিমাণ নিম্নরূপ। এই তথ্যে কেবলমাত্র ম্যাসানজোড়ের বাঁধ হতে ভাগীরথী নদী বরাবর ময়ূরাক্ষী নদী অববাহিকার ক্যাচমেন্ট অঞ্চলের বৃষ্টিপাতের পরিমাণ।

বৃষ্টিপাতের বছর	সম্পূর্ণ বছরের বৃষ্টিপাত	
ইং সাল	ইঞ্চি	সেন্টিমিটার
১৯৫৭-৫৮	২৯.৯৭	৭৬.১২
১৯৫৮-৫৯	৩৯.৭৪	১০০.৯৪
১৯৫৯-৬০	৮৮.৫১	২২৪.৮২
১৯৬০-৬১	৭৫.৬৮	১৯২.২৩
১৯৬১-৬২	৫৯.৮৩	১৫১.৯৭
১৯৬২-৬৩	৫২.৪৬	১৩৩.২৫
১৯৬৩-৬৪	৫৭.২৪	১৪৫.৩৯
১৯৬৪-৬৫	৫০.৬৮	১২৮.৭৩
১৯৬৫-৬৬	৩৯.৮৪	১০১.২০
১৯৬৬-৬৭	৪৮.৪৬	১২৩.০৪
১৯৬৭-৬৮	৩৮.৬৫	৯৮.১৭
১৯৬৮-৬৯	৬৬.৮১	১৬৯.৭০
১৯৬৯-৭০	৩৯.৯৭	১০১.৫২

১৯৫৭ সাল হতে ১৯৭০ সাল পর্যন্ত বছরে বর্ষণজনিত জলের পরিমাণ সর্বনিম্ন ২৯.৯৭ ইঞ্চি (৭৬.১২ সেমি) এবং সর্ব্বোচ্চ ৮৮.৫১ ইঞ্চি (২২৪.৮২ সে.মি.)। ময়ূরাক্ষী নদী অববাহিকার ক্যাচমেন্টে বছরে গড় বৃষ্টিপাতের পরিমাণ অতীতের তথ্য হতে আজ পর্যন্ত যা দেখা গিয়েছে তাতে দেখা যায় যে সম্বৎসরে ১৩০ সে.মি. হতে ১৫০ সে.মি.-এর মধ্যেই চলাফেরা করে। ১৯৫৭ সাল থেকে ১৯৭০ সাল পর্যন্ত প্রাপ্ত তথ্যেও গড় বৃষ্টিপাতের পরিমাণ ১৩০ সে.মি.-১৫০ সে.মি. মধ্যেই (১৩৪.৪০ সে.মি.) অবস্থিত। পর্যাপ্ত পরিমাণ জল সংরক্ষণের এবং স্থানান্তরের সুবিধার্থে যদি সর্বোচ্চ ১৫০ সে.মি. পরিমাণ বৃষ্টিপাত ঐ নদী অববাহিকার উভয়পাশের ক্যাচমেন্ট অঞ্চলে বছরের বার মাসে হয় তবে সমগ্র ক্যাচমেন্ট অঞ্চলে জলের পরিমাণ হবে—

ক্যাচমেন্টের আয়তন = ৫০০০ বর্গকিলোমিটার (মোটামুটি)

= ৫০০০×১০০=৫০০০০০ হেক্টর [১ব.কি.মি.=১০০ হেক্টর]

জলসম্পদের পরিমাপ করার মাত্রার একক হেক্টর মিটার হিসাবেই পরবর্তী আলোচনায় জলসম্পদের পরিমাপ বর্ণিত হবে। যদি সর্বাধিক ১৫০ সে.মি. সম্পূর্ণ বছরের বৃষ্টিপাতের জলের গভীররতা হয় তবে সমগ্র ৫,০০,০০০ হেক্টর পরিমাণ স্থানে ১৫০ সে.মি. বা ১.৫ মিটার গভীরতার জলের পরিমাণ হবে।

৫,০০,০০০ হেক্টর × ১.৫ মি. = ৭৫০০০০.০

বা ৭,৫০,০০০ হেক্ট মিটার বা হে.মি।

স্বাভাবিক এবং নির্ধারিত জল সংরক্ষণের স্থানের পরিমাণ ক্যাচমেন্টের উভয়তীরের অঞ্চলের পরিমাণ এক চতুর্থাংশ। এক চতুর্থাংশ জমির পরিমাণ সর্বমোট ৫,০০,০০০ হেক্টরের মধ্যে নির্ধারিত হবে

৫,০০,০০০ হেক্টর ÷ ৪ = ১,৩০,০০০ হেক্টর

এই ১,৩০,০০০ হেক্টর পরিমাণ জমি ঐ স্থানের সমতল হতে চার মিটার পর্যন্ত গভীরতায় জল রাখা হলে জল ধরে রাখার সর্বাধিক পরিমাণ হবে

১,৩০,০০০ হেক্টর × ৪ মিটার = ৫,২০,০০০ হে. মি.

কিন্তু আপৎকালিন ব্যবস্থা হিসাবে জল বহিঃষ্করণের কারণে এবং জলাধারের চতুস্পর্শে দৃঢ় বন্ধনে জল আবদ্ধ করে রাখার জন্য সর্বাধিক তিন মিটার গভীরতা পর্যন্ত জল সংগ্রহ করে রাখা যাবে।

তিন মিটার গভীরতায় জলের পরিমাণ হবে ঐ উল্লিখিত ১,৩০,০০০ হে. স্থানে

১,৩০,০০০ হেক্টর × ৩ মিটার = ৩,৯০,০০০ হে. মি.

প্রায় ৪,০০,০০০ হে. মি.

প্রথম অবস্থায় জলাশয়ের ক্ষমতা যদি শতকরা একশত ভাগই ক্ষমতাবান থাকে তবে সরাসরি ৭,৫০,০০০ হে. মি. বর্ষিত জলের মধ্যে প্রায় ৪,০০,০০০ হে. মি. জল ক্যাচমেন্টের নানা স্থানে সঞ্চয় করে রাখতে পারি।

জল সংরক্ষণের পরিমাণ জলাধারের আয়তন ও গভীরতার উপর নির্ভরশীল। তাই প্রতি একমিটার বর্ধিত গভীরতার ১,৩০,০০০ হেক্টর পরিমাণ স্থানে জলের পরিমাণ হবে ১,৩০,০০০ হে.মি. জল।

জল সংরক্ষণের স্থানের অবস্থার উপর নির্ভর করে আমরা জলের গভীরতা আপৎকালিন সেচ এবং অন্যান্য প্রয়োজনের নিমিত্ত আরও অধিক দুই মিটার গভীরতাযুক্ত জলাশয় খনন করতে পারি অর্থাৎ আরও ২,৬০,০০০ হে. মি. অতিরিক্ত জল সঞ্চয় করে রাখতে পারি।

দ্বিতীয় অবস্থায় চাষের জমিতে মরসুমের প্রথম হতে ঐ সময়ের বেশীর ভাগ চাষের ফসল ধানজমিতে কম গভীরতায় জল অবস্থান করলেও ন্যূনতম ১৫ সে.মি. বা ০.১৫

মি. জল সর্বসময়েই অবস্থান করে। পরে অবশ্য সেই জল কিছু মাটির অভ্যন্তরে এবং কিছু পরিমাণ বাষ্পাকারে আকাশে মিলিয়ে যায়। যদি আনুমানিক ৩৫ শতাংশ জমি নদী-অববাহিকার ক্যাচমেন্টের উভয় পাশে স্থায়ী নির্ধারিত কৃষি জমির জন্য নির্দিষ্ট থাকে তবে চাষের জমির পরিমাণ হবে ১,৭৫,০০ হেক্টর এবং সেই জমিতে বিশেষ করে বর্ষা ঋতুতে জল থাকবে—১,৭৫,০০ হেক্টর × ০.১৫ = ২৬,০০০ হেক্টর মিটার।

তৃতীয় অবস্থায় জল অনবরত বাষ্পীভবন বা গরমের তাপে বাষ্প হয়ে উর্দ্ধাকাশে চলে যাচ্ছে তখন সমতলে বা জলাশয়ের জল ক্রমশ: ধীরে ধীরে কমে আসতে থাকবে। জল বাষ্পে পরিণত হয় প্রধানত তাপে এবং তাপের প্রকারভেদে বাষ্প হবার পরিমাণ কম বেশী হয়। তাপ ছাড়াও জল বাষ্পে পরিণত হয়, বায়ুর চাপ বাতাসের বেগের তারতম্যে এবং বাতাসে জলীয় কণার অবস্থানের বিভিন্নতায় ভূ-পৃষ্ঠে জলের রৌদ্রতাপে বাষ্প হয়ে আকাশে উঠে যাওয়ার অনেক রকম পরীক্ষা-নিরীক্ষা হয়েছে। জলের উপরিভাগ হতে কি পরিমাণ জল রৌদ্রতাপে, মেঘাচ্ছন্ন দিনে কিংবা রাত্রিতে বাষ্প হয়ে আকাশে উঠে যায়। তারও একটা মাত্রা স্থির করা হয়েছে। সুক্ষ্মভাবে পরীক্ষা-নিরীক্ষার ফল সর্বসময়ে এবং সর্ব অবস্থায় মাত্রা যে অভ্রান্তভাবে পাওয়া গিয়েছে তাও যে সঠিক তা বড় গলায় বলা যাবে না। কিন্তু জলের উপরিভাগ হতে বাষ্প হয়ে উড়ে গিয়ে জলের পরিমাণ যে কমে যায় তার ধারণতো সবারই আছে। বিভিন্নরকম পরীক্ষা এবং অনুসন্ধানের ফলাফল যা পাওয়া গিয়েছে আমাদের এই রাজ্যে বছরের বিভিন্ন মাসে যে পরিমাণ জল বাষ্প হয়ে আকাশে ওঠে যায় তার পরিমাণ জানুয়ারী মাস হতে ডিসেম্বর মাস পর্যন্ত মাসে মাসে কি পরিমাণ হয় এবং সমগ্র বছরে কি পরিমাণ জল বাষ্প হয়ে যায় তা নিম্নরূপ :

মাস	উত্তাপে জলের গভীরতা হ্রাস (সে.মি.)	বাষ্পাকারে জল কমে যাওয়ার মাসিক গড় (সে. মি.)
জানুয়ারী	৫.৫	
ফেব্রুয়ারী	৮.৬	
মার্চ	২১.৬	
এপ্রিল	২১.৬	
মে	২৪.৮	
জুন	২৭.১	১৮.৫
জুলাই	২৭.১	
আগষ্ট	২৫.১	
সেপ্টেম্বর	১৯.২	
অক্টোবর	১৪.৪	
নভেম্বর	৯.৭	
ডিসেম্বর	৫.৫২	

জল শূন্যে মিলিয়ে যাওয়ার পরিমাণ ভিন্ন ভিন্ন মাসের আবহাওয়ার তারতম্যের উপর নির্ভরযুক্ত। জল কি পরিমাণ বাষ্প হয়ে আকাশে উঠে যায় তার পরিমাণ যদি সর্বস্থানে একই মাত্রায় বাষ্প হয় বলে ধারে নেয়া যায় তবে প্রতি মাসে প্রায় গড়ে ১৮.৫ সেন্টিমিটার জলের গভীরতা কমলে প্রতি মাসে জল উড়ে যাবে সমগ্র ক্যাচমেন্ট হতে

৫,০০,০০০ হেক্টর × ০·১৮৫ মি. = ৯২,৫০০ হে.মি.

প্রতি মাসে ৯২,৫০০ হে.মি. জল সরে গেলে সম্পূর্ণ বছরে যে পরিমাণ জল বাষ্প হয়ে অপসারিত হবে তার পরিমাণ হবে

৯২,৫০০ হে.মি. × ১২ মাস = ১১,১০,০০০ হে.মি.

অর্থাৎ ঐ ক্যাচমেন্ট অঞ্চলে যে পরিমাণ জল বর্ষিত হয় তার মোট পরিমাণ হতে বাষ্প দ্বারা শূন্যে মিলিয়ে যায় ১১,১০,০০ হে.মি. পরিমাণ জল। তাছাড়া ভূ-পৃষ্ঠের জল আপসারিত হওয়ার আরও অনেক দিক আছে। বর্ষিত জলের প্রায় অনেক অংশ ভূ-পৃষ্ঠের অভ্যন্তরে চলে যায়। ভূ-পৃষ্ঠের অভ্যন্তরে জল চলে যাওয়া এবং ভিন্ন ভিন্ন গভীরতায় অবস্থান এবং তার পরিমাণ সময় এবং মাটির প্রকৃতির উপর নির্ভর করে। ভূ-পৃষ্ঠের এবং তার অভ্যন্তরের মাটির স্তর যদি অনেক গভীরতা পর্যন্ত কাদামাটির স্তর অর্থাৎ শুষ্ক দানার বালুকণার পরিমাণ বেশী না থেকে ছোট বড় পাথর কাঁকড়, বড়, মাঝারী দানার বালি এবং সামান্য পরিমাণ শুষ্ক পলিমাটির সংমিশ্রণ হয় তবে জল অভ্যন্তরে প্রবেশের গতি দ্রুত হয়। মাটির গঠন প্রকৃতির কারণে জল অভ্যন্তরে প্রবেশের পরিমাণ উন্মুক্ত জমি (Barren land) তে বা তৃণাচ্ছাদিত জমিতে প্রতি ঘণ্টায় কিরকম বেগে প্রবেশ করবে তা অনুসন্ধান এবং বিভিন্ন পরীক্ষায় নিরিক্ষায় প্রাপ্ত ফল নিম্নরূপ :

ক্রমিক নং	মাটির প্রকৃতি	ভূ-পৃষ্ঠের অবস্থা	প্রতি ঘণ্টায় জল প্রবেশের পরিমাণ (সে.মি.)
১.	বড় মাপে পাথর কাঁকড় মিশ্রিত ভূমি (course dextured)	উপযুক্ত (Barren land)	বর্ষণের প্রথম ঘণ্টায়—৬·০৯ পরবর্তী ঘণ্টায়—৫·০৪
২.	অল্প পাথর মিশ্রিত অধিক বড় দানার বালিমিশ্রিত মাটি	উন্মুক্ত (Barren land)	প্রথম ঘণ্টায়—৪·৫৭ দ্বিতীয় ঘণ্টায়—৪·০৬ তৃতীয় ঘণ্টায়—৩·০৫ পরবর্তী প্রতি ঘণ্টায়—১·০২
৩. (ক)	মোলায়েমভাবে মিশ্রিত কাদামাটি, পিণ্ডাকারে গঠিত (Fine dextured clay soil rich in colloids)	উন্মুক্ত (Barren land)	প্রথম ঘণ্টায়—৪·০৬ পরবর্তী প্রতি ঘণ্টায়—১·০২
(খ)	গোচারণ ভূমি—গবাদি পশু যেখানে প্রতিদিন অহরহ অবস্থান ও চলাফেরা করে	ঘনাকারে ঘাস ও তৃণাচ্ছাদিত ভূমি (Good grazing management)	প্রথম ঘণ্টায়—৫·০৪ পরবর্তী প্রতি ঘণ্টায়—১·০২
(গ)	গোচারণ ভূমি যেখানে কতিপয় গবাদি পশু দৈনিক চলাফেরা করে।	বিচ্ছিন্ন এবং সামান্য পরিমাণ ঘাস ও তৃণাচ্ছাদিত ভূমি (Poor grazing management)	প্রথম ঘণ্টায়—৩·০৫ পরবর্তী প্রতি ঘণ্টায়—১·০২

অনুসন্ধানলব্ধ তথ্য হতে দেখা যায় যে উন্মুক্ত প্রান্তর (Barreu land) যদি বড় দানার বালি কাঁকড় পূর্ণ থাকে তবে বর্ষণ মুহূর্ত হতে প্রথম ঘণ্টায় অতি দ্রুতবেগে মাটির অভ্যন্তরে জল প্রবেশ করে। কিন্তু পরবর্তী ঘণ্টায় মাটির তলে জল প্রবেশ করার পরিমাণ অনেক কমে যায়। কিন্তু শুষ্কদানার বালি তার সঙ্গে কাদা মাটির (clay) সংমিশ্রণ থাকে তবে বর্ষণের প্রথম ঘণ্টায় মাটির অভ্যন্তরে জল প্রবেশের গতি যদিও বেশী থাকে দ্বিতীয় ঘণ্টা থেকে ১.০২ সে.মি. গতিবেগে জল অভ্যন্তরে প্রবেশ করে। মাটির গঠন প্রকৃতি জল মাটির ভেতরে প্রবেশ করার সবরকম অন্তরায় অবস্থা ধরে নেয়া হয় এবং রাজ্যের ভূতলের মাটির স্তর কাদা মাটি (clay) দ্বারা গঠিত মনে করা হয় তবে বর্ষণের প্রথম ঘণ্টায় জলপ্রবেশের গতি দূরে সরিয়ে রাখলে স্বাভাবিক মাটির অভ্যন্তরে জল প্রবেশের গতি প্রতি ঘণ্টায় এক সেন্টিমিটার। একদিন বা ২৪ ঘণ্টায় মাটির অভ্যন্তরে জল প্রবেশ করে ২৪ সেন্টিমিটার। এ হলো ভূ-পৃষ্ঠের উপর যে বর্ষণ হয় সেইসব স্থানসমূহ হতে জল কি ধারায় জল অভ্যন্তরে অনুপ্রবেশ করে তা বলা হল। কিন্তু জলাধারসমূহ, পুকুর, বিল প্রভৃতি হতে জলের অনুপ্রবেশের গতি অনেক কম হবে। কারণ অতিসূক্ষ্ম পলিমাটির প্রলেপ (layer) জলাশয়ে প্রত্যেক বছর জলে ধুয়ে নিয়ে ফেলে এবং তার সূক্ষ্মাতিসূক্ষ্ম কণা তলদেশের অভ্যন্তরে যেসব সূক্ষ্ম স্থান দিয়ে ভেতরে যায় তা ধীরে ধীরে বন্ধ করে ফেলে যার ফলে জলাশয় হতে জল অভ্যন্তরে যাওয়ার গতি ও পরিমাণ অনেক কম হয়। এ হলো সূক্ষ্ম বিশ্লেষণ। যদি সাধারণ অনুপ্রবেশের গতির সর্বশেষ প্রতিকূল ধরে নেয়া যায় এবং সর্বনিম্ন অনুপ্রবেশ যেমন প্রতি মাসে দশ সে.মি মাপের জল (যে পরিমাণ হতে কম তো হবেই না উপরন্তু বেশী হবারই সম্ভাবনা) মাটির অভ্যন্তরে প্রবেশ করে তবে সম্বৎসরে জল প্রবেশের পরিমাণ ১২০ সে.মি বা ১.২ মিটার। এই অনুপ্রবেশের হিসাব অনুযায়ী বার মাসে মাটির নিচে জল চলে যাওয়ার পরিমাণ হবে

$$৫,০০,০০০ \times ১.২ \text{ মি.} = ৬,০০,০০০ \text{ হে. মি.}$$

এই ৬,০০,০০০ হে.মি. জল বা ১.২ মি. গভীরতার জল সর্বাবস্থায় মাটির অভ্যন্তরে প্রবেশ করা বন্ধ করতে পারি বিশেষ করে ময়ূরাক্ষী অববাহিকার পশ্চিমমাঞ্চলের ক্যাচমেন্ট হতে। তবে যে পরিমাণ জল মাটির অভ্যন্তরে প্রবেশ করে তার প্রায় অর্ধেক পরিমাণ জলকে ভূ-পৃষ্ঠে রাখতে পারি। যাহোক এ হিসাব হলো সম্পূর্ণ বছরে মাটির অভ্যন্তরে জল অনুপ্রবেশের হিসাব। এই হিসাবকে আপাতত: সরিয়ে রেখে যদি আমাদের প্রদেশের চিরাচরিত বৃষ্টিপাতের সময়ে অনুপ্রবেশের সময়কে গণনা করি এবং উল্লেখযোগ্য ব্যতিক্রমকে আপাতত: সংরক্ষণের ব্যবস্থাপনা হতে সরিয়ে রাখি তবে সম্পূর্ণ বছরের বর্ষণের অধিকাংশ জলসম্পদ জুন মাস হতে সেপ্টেম্বর মাসের মধ্যে পাই। এই চার মাসেই যদি বৃষ্টিপাতের পরিমাণ প্রায় গড় বাৎসরিক বৃষ্টিপাতের অনুরূপ হয় তবে পূর্ব হিসাব মত বর্ষিত জল ভূ-পৃষ্ঠে অবস্থান করবে ৭,০০,০০ হে.মি. এবং এই চার মাসে জলভূতলে অনুপ্রবেশ করবে তার পরিমাণ হবে ২,০০,০০০ হে.মি.।

সম্পূর্ণ জলসম্পদ অর্থাৎ ৭,৫০,০০০ হে.মি. জলসম্পদ বা ভূ-পৃষ্ঠে ১.৫ মি. গভীরতার জল ময়ূরাক্ষী অববাহিকার ক্যাচমেন্টে বছরে বর্ষিত হলো সেই জলসম্পদের বিভিন্ন ভাবে এবং বিভিন্ন স্থানে আবদ্ধ করে রাখা, চাষের জমিতে জলের অবস্থান বাষ্পীভবনের দ্বারা জলসম্পদের পরিমাণ হ্রাস। মাটির অভ্যন্তরে জল অনুপ্রবেশ প্রভৃতি জলসম্পদের নানাবিধ এবং নানাদিকে রক্ষণ স্থানান্তর হবার কি পরিমাণ জলসম্পদ হয় তা দেখা যাক।

ক)   জলাধারকে সম্পূর্ণভাবে শূন্য অবস্থায় বিবেচনা করলে জল সংরক্ষিত হবে   ৪,০০,০০০ হে.মি.

খ)   চাষের জমি যা ৩৫ শতাংশ নির্ধারিত করা হয়েছে সে স্থানে যে পরিমাণ জল অবস্থান করবে এবং পরে গাছের দ্বারা এবং তাপের দ্বারা লুপ্ত হবে তার পরিমাণ।   ২৬,০০০ হে.মি.

গ)   জুন মাস হতে সেপ্টেম্বর এই চার মাসে জলবাষ্প হয়ে আকাশে উঠে যাবে সাধারণ অবস্থায় প্রায় ৯৮ সে.মি. কিন্তু জল সরাসরি বাষ্প হয়ে নিঃশেষ হওয়া প্রতিরোধ করতে পারলে অর্ধেক গভীরতা অর্থাৎ ৯৮÷২=৪৯ সে.মি. পর্যন্ত হ্রাস করতে পারি। ৪৯ সে.মি. বা ০.৫ মি. গভীরতার জল সমগ্র ক্যাচমেন্ট অঞ্চলে যার পরিমাণ হবে ৫,০০,০০০ হে. × ০.৫ মি.   ২,৫০,০০০ হে.মি.

ঘ)   জুন মাস হতে সেপ্টেম্বরে সময়ে জল ভূতলে অনুপ্রবেশ করবে মোট ভূতলে অনুপ্রবেশের জলস্তম্ভের এক তৃতীয়াংশ বা ১.২মি. ÷ ৩ = ০.৪ মি.। সমগ্র ক্যাচমেন্ট হতে জল ভূমির অভ্যন্তরে প্রবেশ করবে তার পরিমাণ ৫,০০০০ হে. × ০.৪ মি.   ২,০০,০০০ হে.মি.

নানাভাবে জলসম্পদ ভিন্ন ভিন্ন দিকে অবস্থান করার দিকগুলি মূল্যায়ন করার পর সম্বৎসরের প্রাপ্ত জলসম্পদের কি পরিণতি হয় তা দেখা যাক।

ক্যাচমেন্ট অঞ্চলে বর্ষিত জলের পরিমাণ	জলের বিভিন্ন স্থানে আশ্রয়লাভ এবং স্থানান্তরে গমন	
৭,৫০,০০০ হে. মি.	জল সংরক্ষণ (শূন্য জলাধারে)	৪,০০,০০০ হে. মি.
	চাষের জমিতে পতিত জলের পরিমাণ	২৬,০০০ হে.মি.
	জল বাষ্প হয়ে শূন্যে মিলিয়ে যাওয়া	২,৫০,০০০ হে.মি.
	মাটির তলদেশে জল প্রবেশ	২,০০,০০০ হে.মি.
	মোট	৮,৭৬,০০০ হে.মি.

জলাধারের পূর্ণ ক্ষমতা ধরে জল সংরক্ষণ, বাষ্প হয়ে শূন্যে গমন এবং জমির তলদেশে জল প্রবেশ যুক্তভাবে সম্বৎসরে মোট প্রাপ্ত জলসম্পদ হতে আরও ১,২৬,০০০ হে.মি. পরিমাণ বেশী জলসম্পদ রক্ষণ ও নানারূপ অপসারন ব্যবস্থার মধ্যে আনা সম্ভব হয়।

কিন্তু দ্বিতীয় বছরে মাত্র দুই মিটার জলাধারের গভীরতায় জল স্থায়ী মজুত (Dead storage) রাখার প্রয়োজন হবে মৎস চাষ, অনাবৃষ্টি, প্রয়োজনের সময়ে বৃষ্টিপাত না হওয়ার জন্য। দ্বিতীয় বছরে ঐসব জলাশয় সমূহে জল ধরে রাখা যাবে জলাধারের দুই মিটার গভীরতা পর্যন্ত বা ১,৩০,০০০ হে. × ২মি. = ২,২৬,০০০ হে.মি.

দ্বিতীয় বছরে সম্পূর্ণ বর্ষণের জলসম্পদ হতে কেবলমাত্র ২,৬০,০০০ হে.মি. জল ধরে রাখা সম্ভব হবে।

সংরক্ষণ	২,২৬,০০০ হে.মি.
চাষের জমিতে সংরক্ষণ	২৬,০০০ ,,
মাটির তলদেশে গমন	২,০০,০০০ ,,
জলবাষ্প হয়ে অপসারণ	২,৫০,০০০ ,,
মোট	৭,৩৬,০০০ হে.মি.

উপরোক্ত হিসাব অনুযায়ী স্বাভাবিক গড় বৃষ্টিপাতের উর্দ্ধমাত্রা অর্থাৎ ১৫০ সে.মি. পরিমাণ বর্ষণ ময়ূরাক্ষী অববাহিকার উভয় পার্শ্বের ক্যাচমেন্টে প্রতি বছর হলে প্রায় সমস্ত জলসম্পদকে সুষ্ঠ ব্যবস্থাপনার মধ্যে আনা সম্ভব হয়। জলসম্পদের এই রক্ষণ এবং স্থানান্তর গমন প্রক্রিয়ার সার্থক রূপায়ণের মধ্যেই ঐসব অঞ্চল তো বটেই এমনকি সারা রাজ্যের অর্থনৈতিক চিত্রই সম্পূর্ণভাবে পালটিয়ে যাবে।

২২

অজয় নদী

অজয় নদীর অববাহিকার উভয় পাশে ক্যাচমেন্টে জলবর্ষণ, তার পরিমাণ, সংরক্ষণ, স্থানান্তর গমন এবং অসংরক্ষিত জলের অপসারণ

ভাগীরথী অববাহিকার পশ্চিম পাশে পরবর্তী যে নদীর জল ভাগীরথী বক্ষে পড়েছে সেই নদীর নাম অজয় নদী। অজয় নদীর জলের প্রাচুর্য এবং নদী-অববাহিকার দ্বারা বাহিত হওয়া সম্পূর্ণভাবে সমগ্র ক্যাচমেন্ট অঞ্চলের বৃষ্টিপাতের জলের উপর নির্ভরশীল। উত্তর পশ্চিমের অঞ্চলের মালভূমি হতে এই নদীর উৎপত্তি। মাঝারী উচ্চতার পাহাড় সমূহ এবং মালভূমির ঢালে এবং ক্রমান্বয়ে দক্ষিণ-পূর্ব ঢালু এবং সুবিধামত স্থান অবলম্বন করে বৃষ্টিপাতের জলের প্রবাহ পশ্চিমবঙ্গে পড়েছে এবং বর্ধমান জেলার উত্তর সীমান্ত এবং বীরভূম জেলার দক্ষিণ সীমান্ত বরাবর প্রবাহিত হয়ে বর্ধমান জেলার কাটোয়া মহকুমার সন্নিকটে ভাগীরথী নদীতে এসে পড়েছে। অজয় নদীর উৎপত্তি স্থল হতে ভাগীরথীতে এসে মিলিত হওয়া পর্যন্ত এই যে নদী-অববাহিকা তার উভয় পাশে উৎস হতে মোহনাস্থল পর্যন্ত উভয় তীরেই অসংখ্য ছোট, বড়, অল্প ও বৃহৎ পরিসরের নালা, নর্দমার দ্বারা বর্ষারম্ভ হতে বর্ষার অন্তিমকাল পর্যন্ত বর্ষণের জলের দ্বারা ক্রমান্বয়ে জলের পরিমাণ বৃদ্ধি পেতে থাকে। অজয় নদীর অববাহিকার উত্তর প্রান্তে ময়ূরাক্ষী নদী এবং দক্ষিণ প্রান্তে দামোদর নদ। এই মধ্যবর্তী অঞ্চল ঢাল অনুসারে উত্তরে কিছু পরিমাণ ক্যাচমেন্টের জল ময়ূরাক্ষী নদীতে পড়ে এবং কিছু পরিমাণ ক্যাচমেন্টের জল অজয় নদীতে পড়েছে। আবার অজয় নদীর দক্ষিণ পার্শ্বে কিছু পরিমাণ ক্যাচমেন্টের জল ঢাল অনুসারে দামোদর নদে পড়েছে এবং কিছু পরিমাণ ক্যাচমেন্টের জল অজয় নদীতে পড়েছে। বিশেষভাবে জরীপের দ্বারা ঐ দুই মধ্যবর্তী অঞ্চলের কি পরিমাণ ক্যাচমেন্টের জল কি পরিমাণ স্থানের জল ময়ূরাক্ষী এবং দামোদর নদে পড়েছে এবং অবশিষ্ট কত পরিমাণ স্থানের জল অজয় নদীতে পড়েছে তার একটা সঠিক ধারণা পাওয়া যাবে। কিন্তু স্থানের এবং জলের ঢলের যে বাস্তব চিত্র এবং স্থানের এবং জলসম্পদের যে আয়তন এবং পরিমাণ তাতে দেখা যায় আনুমানিক ১,৫০০ বর্গমাইল বা ৩,৮৮৫ বর্গ কিলোমিটার অঞ্চল অজয় নদীর উভয় পাশের ক্যাচমেন্ট অঞ্চল। অজয় নদীর ঢাল প্রথম হতেই প্রখর ঢালে দক্ষিণ-পূর্বের নীচের দিকে নেমে আসছে। ভাগীরথী অববাহিকার নিকটবর্তী অঞ্চলে মন্দ ঢালু থাকার জন্য জলের প্রবাহ বেগ অনেক কম। উৎসমুখে বর্ষণজনিত জলের পরিমাণ বেশী হয় তবে জল খরবেগে বাহিত হয়। দক্ষিণ-পূর্ব দিকে জল খরবেগে প্রবাহিত হওয়ার কালে নিম্নবর্তী

স্থানসমূহতেও যদি অতি বর্ষণ হয় তবে বিশাল জলরাশি নদীর কূল উপচিয়ে পার্শ্ববর্তী উভয় পাশের ক্যাচমেন্টের অপেক্ষাকৃত নীচু অঞ্চল প্লাবিত হয়ে জলমগ্ন হয়। অজয় নদীর ক্যাচমেন্টের উভয় পাশে উৎস হতে আরম্ভ করে ভাগীরথীতে মিলন পর্যন্ত অনেক নীচু অঞ্চল এবং জলাভূমি আছে এবং ভূ-প্রকৃতির অসামঞ্জস্যের কারণে এমন অনেক উল্লেখযোগ্য স্থান আছে নদী-অববাহিকার দুই তীর স্বাভাবিক সমতল হতে বেশী উচ্চতার এবং উভয়তীরের মধ্যবর্তী স্থান দ্বারা জল অতি প্রবলবেগে প্রবাহিত হয় এবং জলস্রোত বা ঢলের ফলে জল যে স্থান দিয়ে বয়ে চলে সেই স্থানের এবং আশেপাশের ঢিলেঢালা প্রকৃতির মাটি ক্ষয় হয়ে জলের সহিত অগ্রবর্তী হওয়া এবং নূতন নূতন ক্ষতিকারক দিক ছাড়া ঐসব অঞ্চলে যে জলসম্পদ বয়ে চলে তার প্রায় সমস্তটাই অহেতুক অপচয় হয়। অজয় নদীর ক্যাচমেন্টের উভয় পাশে অসংখ্য ছোট বড় পুকুর, বিল, নিম্নভূমি, জলাভূমি আছে। অতিতে ঐ সমস্ত জলাশয়ে জল জমা হয়ে গড় বৃষ্টিপাতের সম্বৎসরের জল ক্ষয়ক্ষতি বিহীন অবস্থায় থাকতো। কিন্তু কালের স্রোতে ঐ সমস্ত জলাশয়, পুকুর, বিল প্রভৃতিতে বছর বছর জলবাহিত পলিমাটির দ্বারা ঐ সমস্ত জলাশয় এবং জলাভূমির জলধারন ক্ষমতা হ্রাস পেয়ে আসছে এবং প্রতি বছরই উদ্বৃত্ত জলের পরিমাণ বৃদ্ধি পেয়ে চলেছে। আবার অনেক নিম্নভূমি যেসব অঞ্চলের উপর দিয়ে জলে বয়ে চলতো কালের গতিতে সেসব স্থানে জনবসতি বা কৃষি ব্যবস্থার কারণে ব্যবহারের দরুন জলের স্বাভাবিক বা চিরাচরিত প্রবাহ বিঘ্নিত হচ্ছে যার কারণে যেসব স্থান পূর্বে জলমগ্ন হতো না ক্রমশ: সেইসব অঞ্চলও জলপ্লাবিত হচ্ছে এবং সম্পদের বিশেষ করে কৃষির ফসল এবং জনবসতির ক্ষয়ক্ষতির পরিমাণ ক্রমে বেড়েই চলেছে। অতীতে যেসব জলাশয় খনন করা হয়েছিল সেইসব জলাশয়ের অতি সামান্য সংখ্যাকে পরবর্তী সময়ে সংস্কারের দ্বারা পূর্ব ক্ষমতায় আনার চেষ্টা করা হয়েছে। কিন্তু অধিকাংশ মনুষ্যকৃত জলাশয় প্রায় পঙ্গু বা জলধারণ ক্ষমতা রহিত হয়ে পড়ে আছে। প্রাকৃতিক জলাভূমি, জলমগ্ন এলাকা, প্রাকৃতিক হ্রদ, বিল প্রভৃতির কথা না হয়ে ছেড়েই দিলাম। এই যদি ক্যাচমেন্টের সমগ্র অঞ্চলের প্রাকৃতিক মনুষ্যকৃত, একক মালিকানায় বা যৌথ মালিকানায় সরকারী নিম্নাঞ্চল, বিল, জলমগ্ন এলাকার রূপ হয় তবে জলসম্পদের প্রয়োজন মুহূর্তে হাহাকার এবং বিশৃঙ্খল জলপ্লাবনে ঘর, বাড়ী, গৃহপালিত পশু, মাঠের ফসলের বিনাশ তো স্বাভাবিক ঘটনা। অধুনা সামাজিক এবং অর্থনৈতিক কারণে কিছু কিছু জলাশয়ের সংস্কার করা হচ্ছে। যে সমস্ত জলাশয় সংস্কার করা হচ্ছে তার অধিকাংশই ব্যক্তিগত মালিকানার জলাশয়। হাল আমলের উদ্যমী এবং দেশের অর্থনৈতিক অবস্থার পরিপ্রেক্ষিতে কতিপয় পরিশ্রমী ব্যক্তি জলসম্পদের যথাযথভাবে যতদূর তার সামর্থে কুলায় সেইমত সে তার নিজস্ব জলাশয়গুলিকে প্রয়োজন মত পলিমাটি অপসারণ করে সেই উত্তোলিত মাটির সাহায্যে চাষের উৎপাদিকা শক্তি বাড়ানো জলাশয়ের সবদিক বেঁধে মজবুত করার কাজে লাগাচ্ছেন এবং যাতে সহজেই তার জলাশয়গুলি যথেষ্ট পরিমাণে জল থাকে তার ব্যবস্থা করছেন।

এই কাজে কিছু ব্যক্তি সময়ে সেচের জল সরবরাহ এবং জলাশয়গুলিতে মাছের বা মাছের ডিম ফোঁটানোর ব্যবস্থা করে সাফল্য লাভ করেছেন এবং অর্থাগমও হচ্ছে। কিন্তু যেসব সরকারী জলাশয় বা নীচু জমি আছে, সেগুলো প্রায় পুরোপুরিই অবহেলিত হয়ে আছে। সমবায়ের অধীনে কিছু কিছু জলাভূমিকে মৎস চাষের কারণে দেয়া হয়েছে। উপযুক্ত পরিচর্যা এবং সংস্কারের অভাবে সেইসব জলাশয় হতে যথেষ্ট আয় হচ্ছে না। তবুও বছরে মাছের পোনা ছেড়ে এবং অতি অল্পসময়ে অর্থাৎ ছয় মাসে যতটুকু বড় হোক না কেন তা বিক্রি করেও যা অর্থ আসছে তা বিনিয়োগের তুলনায় আশাপ্রদ সম্পদ লাভ। সমগ্র রাজ্যে ব্যক্তিগত মালিকানার জলসম্পদ সমূহতে যে সুফল লাভ করেছে তাদের সংখ্যা যদিও সীমিত। কিন্তু সীমিত সংখ্যার সুফল লাভ যদি সমগ্র রাজ্যের প্রত্যেকটি জলাশয়েরই উন্নতি করা সংক্রামিত হতে পারে তবে সম্পদ প্রাপ্তির পরিমাণ এবং অতি সুশৃঙ্খলভাবে জলসম্পদের দেশের অভ্যন্তরেই অবস্থান এবং ব্যবহার কত যে সম্পদ রক্ষা পাবে তার সাথে সম্পদ-প্রাপ্তির পরিমাণ অলৌকিকভাবে বেড়ে যাবে। আবার ব্যক্তিগত জলাশয়ের সংস্কারকরণ, সহজে সেইসব জলাশয়ে জল প্রবেশ করানো প্রক্রিয়ায় অনেক সময়েই পার্শ্ববর্তী স্থানের জলবাহিত হবার দিকগুলি অতি সামান্যভাবে বিঘ্নিত হচ্ছে। যদিও ব্যক্তিগত মালিকানার সামান্য আয়তনের জলাশয়ের উন্নতির ফলে যেসব অসুবিধার সৃষ্টি হয়েছে, তা বিবেচনার মধ্যেই পড়ে না এবং অসুবিধার দিকগুলিও অতি নগণ্য। কিন্তু যখন অঞ্চলের বিশাল আয়তনের স্থানকে ব্যবস্থাপনার মধ্যে আনতে হবে তবে অসুবিধার দিকগুলিকে বিবেচনার মধ্যে রেখে সেইমত ব্যবস্থা করলে অনেক সুবিধায় জলরক্ষণর এবং স্থানান্তকরণ সম্ভব হবে। অজয় নদীর অববাহিকারর দুই পাশের ক্যাচমেন্ট অঞ্চলে অতিতকাল হতে যে ধারায় সম্বৎসরে বৃষ্টিপাত হয় (কতিপয় অনাবৃষ্টি, অতিবৃষ্টির ঘটনা ছাড়া) তার বাৎসরিক গড় ময়ূরাক্ষী-অববাহিকার ক্যাচমেন্টেরই অনুরূপ পরিমাণ বাৎসরিক গড়। সর্বোচ্চ গড় বৃষ্টিপাত যা আংশিকভাবে অতিবৃষ্টি বা যথেষ্টভাবে সুবৃষ্টি হিসাবে গণ্য করা যায় তবে ১৫০ সে.মি. পরিমাণ বৃষ্টিপাতকে গড় বর্ষনজনিত জলসম্পদের পরিমাণ ধরে তার ব্যবস্থাপনার দিকগুলির আলোচনা করা হবে। তাই সেইমত বার্ষিক গড় বৃষ্টিপাত ১৫০ সে.মি. ধরে সেই অনুযায়ী মোট জলসম্পদের অনর্থক অপচয় বন্ধ করে এবং ক্ষয়ক্ষতি, স্থান জলমগ্ন হওয়া বা বিস্তীর্ণ অঞ্চলকে জলে ভাসিয়ে দেওয়ার দিকগুলোকে অবসান করে কিভাবে ব্যবস্থাপনার মধ্যে আনা যেতে পারে তা বিশ্লেষণ করে দেখা যাক।

ক্যাচমেন্টের পরিমাণ প্রায় ৪০০০ বর্গ কিলোমিটার

৪০০০ ব. কি.মি. × ১০০ = ৪,০০,০০০ হেক্টর [১ ব. কিমি = ১০০ হেক্টর]

বার্ষিক গড় বৃষ্টিপাতের পরিমাণ ১৫০ সে.মি বা ১.৫ মিটার

সমগ্র বছরের জলসম্পদের পরিমাণ

৪,০০,০০০ হেক্টর × ১.৫ মিটার = ৬,০০,০০০ হে.মি.

পূর্বোক্ত পরিসংখ্যান এবং অঞ্চলের জলমগ্ন হওয়ার স্থানকে বিবেচনা করে এবং বর্ধিত সংখ্যায় জলাধার ক্যাচমেন্ট অঞ্চলের নানা স্থানে নূতন ভাবে খনন করার কারণে কম করে এক চতুর্থাংশ জমিকে জল সংরক্ষণের কারণে অনায়াসেই নির্দিষ্ট করা যায়। জল ধরে রাখার সুবিধাজনক-স্থান যদি অঞ্চলের সর্বস্থানেই নির্বাচন করা যায় তবে জলাশয়ের জল দ্বারাই অঞ্চলের নিকটবর্তী ব্যবহারের স্থানে অল্পায়াসেই নিয়ে যাওয়া সহজ হবে। জল চলাচলের জন্যে অনেক স্থান জুড়ে নালা কাটা এবং নালার দৈর্ঘ্যও কম হবে অথবা যদি পাইপ লাইন বসাবার প্রয়োজন হয় তবে অল্প সংখ্যক পাইপের সাহায্যে সামান্য সামান্য দূরত্বে জল পাঠান সম্ভব হবে। সমগ্র ক্যাচমেন্ট অঞ্চলের অর্থাৎ ৪,০০,০০০ হেক্টর পরিমাণ স্থানের এক চতুর্থাংশ হবে।

৪,০০,০০০ হে. ÷ ৪ = ১,০০,০০০ হেক্টর

ময়ূরাক্ষী-অববাহিকার ক্যাচমেন্ট অঞ্চলে যে গভীরতাবিশিষ্ট জলাধারসমূহ স্থিরিকৃত হয়েছে সেরূপ অজয় নদীর উভয় পাড়ের ক্যাচমেন্ট অঞ্চলের জলাশয়গুলিও একই গভীরতা বিশিষ্ট হবে। ময়ূরাক্ষীর অববাহিকার ক্যাচমেন্টের জলাশয়ের যে গভীরতায় জল রাখা হবে তার পরিমাণ তিন মিটার। সেরূপ অজয় নদীর উভয় পাশের জলাশয়ে তিন মিটার গভীরতায় জল ধরে রাখলে জলের পরিমাণ হবে

১,০০,০০০ হে. × ৩ মি. = ৩,০০,০০০ হে.মি.

অবশ্য এই গভীরতায় জল ধরে রাখার প্রয়োজন হবে জলাধারসমূহকে সম্পূর্ণভাবে জলশূন্য বিবেচনা করে।

জল বাষ্পাকারে শূন্যে মিলিয়ে যাওয়া ময়ূরাক্ষী ক্যাচমেন্ট এলাকার পূর্ববর্তী হিসাব অনুযায়ীই হবে। বাষ্পাকারে জলশূন্য হওয়া যদি পূর্বমাত্রায় হয় তবে সাধারণত জল বাষ্প হয়ে অপসারিত হওয়া সর্ববস্থায় জুন মাস হতে সেপ্টেম্বর এই চার মাসকেই ধরতে হবে এবং এই চার মাসে জল শূন্যে মিলিয়ে যাবে পূর্বের গভীরতা অনুযায়ী ক্যাচমেন্টের সর্বস্থানে ৫০ সে.মি. বা ০.৫০ মিটার। এই জুন মাস হতে সেপ্টেম্বর মাস পর্যন্ত সময়- কালে জল বাষ্পাকারে উড়ে যাওয়া উল্লেখ করা হল এইজন্য যে, ক্যাচমেন্ট অঞ্চলের সর্বস্থানে এই সময়কালের মধ্যে সম্বৎসরের বর্ষণের সিংহভাগ বর্ষণ এই সময়েই হয়ে থাকে। যদি অবশিষ্ট আট মাসে বিশেষ করে জলাশয়সমূহ, যেখানে জল আবদ্ধ করে রাখা হয়েছে, সেসব স্থান হতেও জল অনবরত বাষ্প হয়ে আকাশে উঠে যাচ্ছে। জল স্থানান্তর গমন আট মাসে কি পরিমাণ হয় তা আর সংরক্ষণ ব্যবস্থাপনার মধ্যে আনা হলো না। কিন্তু যে গভীরতায় জল ধরে রাখা হয়েছে তা হতে কেবলমাত্র ব্যবহারজনিত কাজে ব্যয়িত হওয়া ছাড়া অন্যান্যভাবে যতদূর সম্ভব কম পরিমাণে স্থানান্তরিত হলে জল ব্যবহারের পরিমাণ নানাভাবে প্রসারিত হবে এবং জলে আশ্রিত মাছও জলাভাব জনিত কারণে বিনষ্ট হবে না। জুন মাস হতে সেপ্টেম্বর এই চার মাসে কি পরিমাণ জল বাষ্প হয়ে উঠে গেলে সম্পূর্ণ জলসম্পদের কত পরিমাণ জল বাষ্প হয়ে চলে গেল এবং সমগ্র ক্যাচমেন্ট অঞ্চল জলাধারসমূহে আরও অধিক জলের আশ্রয়স্থান হলো কিনা তার পরিমাণ বোঝা যাবে।

নদী-অববাহিকার উভয়তীরের ক্যাচমেন্ট অঞ্চলের জল চার মাসে বাষ্প হয়ে উড়ে যাওয়ার পরিমাণ হবে নিম্নরূপ :

৪,০০,০০০ হে. × ০.৫ মি. = ২,০০,০০০ হে.মি.

আবার জল মাটির অভ্যন্তরে গমন ঐ স্থানের মাটির অবস্থা, মাটির প্রকৃতি ভূ-পৃষ্ঠের অভ্যন্তরের মাটির স্তর ব্যবস্থা এবং মাটির পদার্থের উপর সম্পূর্ণ নির্ভর করে এবং সেইমত মাটির অভ্যন্তরে জল যাওয়ার পরিমাণ হ্রাস বৃদ্ধি পায়। অস্বাভাবিক অবস্থায় এবং বিরাট অঞ্চল ব্যাপি যদি জল অভ্যন্তরে প্রবেশ-নিরোধক সিমেন্ট বা পাথর আস্তরন দেয়া অঞ্চল থাকে তবেই ভূ-পৃষ্ঠের অভ্যন্তরে জল প্রবেশ করতে পারবে না। তাই ময়ূরাক্ষীর ক্যাচমেন্ট অঞ্চলে যে ধারায় এবং যে মাত্রায় জল মাটির অভ্যন্তরে অনুপ্রবেশ করে তদ্রূপ অজয় নদীর অববাহিকা অঞ্চলেও জল ভূ-পৃষ্ঠের তলদেশে গমন করবে। পূর্ব অনুপ্রবেশ পরিমাণমত এই অববাহিকা অঞ্চলেও ৪০ সে.মি. বা ০.৪ মি. গভীরতার জল ভূ-পৃষ্ঠের অভ্যন্তরে বিলীন হবে।

০.৪ মি. গভীরতাবিশিষ্ট জল মাটির তলদেশে গমন করলে ক্যাচমেন্ট অঞ্চলে জল অনুপ্রবেশের পরিমাণ হবে নিম্নরূপ :

৪,০০,০০০ হে. × ০.৪ মি. = ১,৬০,০০০ হে.মি.

চাষের জমিতে জুন মাস হতে সেপ্টেম্বর মাস পর্যন্ত চার মাসে জল আবদ্ধ হয়ে থাকবে সর্বমোট ১৫ সে.মি. বা ০.১৫ মি.

৪,০০,০০০ হেক্টর পরিমাণ জমির মধ্যে ৩৫ শতাংশ জমির পরিমাণ হবে ১,৪০,০০০ হেক্টর। ০.১৫ মি. গভীরতায় ঐ স্থানে জল অবস্থান করলে জলের পরিমাণ হবে নিম্নরূপ :

১,৪০,০০০ হে × ০.১৫ মি. = ২১,০০০ হে.মি.

অজয় নদীর ক্যাচমেন্ট অঞ্চলের সর্বাধিক বার্ষিক গড় বৃষ্টিপাত ধরে সম্বৎসরে যে পরিমাণ জলসম্পদ ক্যাচমেন্ট অঞ্চলে বর্ষিত হবে তা ভিন্ন ভিন্ন প্রকারের ব্যবস্থায়ন যেমন, স্থানান্তর গমন, সংরক্ষণ, মাটির অভ্যন্তরে প্রবেশজনিত প্রক্রিয়ায় অপসারিত বা রক্ষিত হচ্ছে তা নিম্নরূপ :

ক্যাচমেন্ট অঞ্চলে বর্ষিত জলের পরিমাণ	**জল বিভিন্ন স্থানে আশ্রয় লাভ এবং স্থানান্তর গমন**	
৬,০০,০০০ হে.মি.	জলসংরক্ষণ (জলাধারকে শূন্য বিবেচনা করে)	৩,০০,০০০ হে.মি.
	চাষের জমিতে রক্ষিত জলের পরিমাণ	২১,০০০ হে.মি.
	মাটির তলদেশে জলগমন	১,৬০,০০০ হে.মি.
	জল বাষ্প হয়ে শূন্যে মিলিয়ে যাওয়ার পরিমাণ	২,০০,০০০ হে.মি.
	মোট	৬,৮১,০০০ হে.মি.

জল যা পাওয়া গেল তা হতেও প্রায় অতিরিক্ত আরও এক লক্ষ হেক্টর মিটার পরিমাণ জল ধরে রাখা যেত।

জল সংরক্ষণের স্থানকে সম্পূর্ণ খালি অবস্থা ধরে নেয়া হয় যা কখনই কাম্য নয়। কিন্তু অবস্থা ও ব্যবস্থা অনুযায়ী বর্তমানে যেসব সংস্কারবিহীন জলাশয়সমূহ অঞ্চলে আছে তার অধিকাংশ জলাশয় চৈত্র মাসেই খট্‌খটে শুকনো ভূমি হিসাবেই দেখা যায়। কতিপয় জলাশয়ে কিছু তলানি কাদা মিশ্রিত জল থাকে।

জলাশয় সংস্কার পরবর্তী অবস্থায় দ্বিতীয় বছরে অতি অবশ্যই খুব কম করে হলেও দুই মিটার গভীর জল রাখতেই হবে। কারণ অতি সযত্নে যেসব মাছের চারাপোনা জলে ছাড়া হয়েছে তার স্বাভাবিক বৃদ্ধি এবং বর্ষারম্ভ যদি কিছুদিন বিলম্বে হয় তবে যে সমস্ত জমিতে ফসল বোনা হয়েছে জল বিনা প্রখর রৌদ্রতাপে সেইসব জমির ফসল শুকিয়ে না যায় সেইসব জমিতে আপৎকালিন সেচের জন্য ঐ সংরক্ষিত জলের দ্বারা মাঠের ফসলকে বাঁচিয়ে রাখার চেষ্টা করা হবে—যতদিন না সুবৃষ্টিতে ফসল লাগানো জমি স্বয়ম্ভর হয়। জলাশয় সমূহতে যদি দুই মিটার গভীর জল পূর্ব হতেই থাকে তবে দ্বিতীয় বছরে জল সংরক্ষণ এবং অন্যান্য কারণে কত পরিমাণ জল নানাভাবে স্থানান্তর ও রক্ষণ হয় তা নিম্নরূপ :

ক্যাচমেন্ট অঞ্চলে বর্ষিত জলের পরিমাণ (বছরে)	জল বিভিন্ন স্থানে আশ্রয়লাভ ও স্থানান্তর গমন	
৬,০০,০০০ হে.মি.	সংরক্ষণ (দুই মিটার গভীর জল পূর্ব হতেই অবস্থিত ধরে)	২,০০,০০০ হে.মি.
	চাষের জমিতে রক্ষিত জল	২১,০০০ হে.মি.
	মাটির তলদেশে জলগমন	১,৬০,০০০ হে.মি.
	জল বাষ্প হয়ে শূন্যে মিলিয়ে যাওয়া	২,০০,০০০ হে.মি.
	মোট	৫,৮১,০০০ হে.মি.

মোটামুটি ব্যবস্থা অনুযায়ী সম্বৎসরে বর্ষিত জলের প্রায় সমস্তটাই নানা স্থানে যাওয়া বা আকাশে উঠে যাওয়া প্রভৃতির সাহায্যে জলসম্পদের হ্রাস সত্ত্বেও আমরা খসড়া বিধি ব্যবস্থামত ক্যাচমেন্টের নানা স্থানে সঞ্চয় করে রাখতে পারি। এইরূপ খসড়া সংরক্ষণ ব্যবস্থা কার্যকরী হলে এবং প্রয়োজনে জলের অভাব যদি সামান্য পরিমাণ দূরীভূত হয় এবং জলপ্লাবনও যত্রতত্র জলমগ্ন হওয়ার দিকগুলি যদি বন্ধ হয় তবে আরও বিশদ ব্যবস্থা অবলম্বন করে জল সংগ্রহ করে রাখতে পারি এবং স্থানে স্থানে জলপ্লাবনমুক্ত অঞ্চল করতে পারি। বিশেষ ব্যবস্থাগুলো স্বভাবতই অতি পুঙ্খানুপুঙ্খভাবে ক্যাচমেন্ট অঞ্চলের আয়তন ঢাল, মাটির প্রকৃতি নালা নদীর বিবরণ, আবহাওয়া, জলবায়ুর অবস্থা, বর্ষণের

পরিমাণ, কৃষি জমির পরিমাণ, জনবসতি অঞ্চল, জলাজমি, বিল, পুষ্করিণী প্রভৃতির সংখ্যা ও আয়তন, ক্যাচমেন্ট অঞ্চলের অধিবাসীর সংখ্যা, বনাঞ্চল, উন্মুক্ত অঞ্চল। এছাড়া আরও যদি কোন বিবেচনার দিক থাকে সূক্ষ্ম অনুসন্ধান, পর্যবেক্ষণ, জরীপ বিশ্লেষণ, অতীত বিবরণ প্রভৃতির অতি স্পষ্ট ধারনার উপর নির্ভর করে জলসম্পদের ব্যবস্থাপনার দিকগুলি আরও সঠিক, আরও উপযুক্ত, সবরকম ক্ষয়ক্ষতিমুক্ত দুর্ভাবনা মুক্ত হয়ে সার্থকভাবে রূপায়ণ করা সম্ভব হয়।

২৩

দামোদরের উভয় তীরের ক্যাচমেন্ট অঞ্চল, সমগ্র বছরের জলসম্পদের পরিমাণ ও তার সংরক্ষণ ব্যবস্থা

দামোদর নদের বিভিন্ন রূপের প্রকাশ বিশেষ করে তার বিধ্বংসী রূপের নানা রকম ঘটনাবলীর কিংবদন্তী প্রায় অতীতকাল হতে সবারই জানার বিষয়। নদীর অববাহিকা এরূপ যে "বৃষ্টিপড়ে টাপুর টুপুর নদে এল বান" সার্থকভাবে প্রযোজ্য দামোদর নদে। দামোদরে বন্যা এবং তার ফলে ঘর, বাড়ী, গৃহপালিত পশু, জমির ফসল রাতারাতি জলে ভাসিয়ে ছত্রভঙ্গ করে ফেলার ঘটনা নদী-অববাহিকার নিকটবর্তী অঞ্চলের অধিবাসীদের নিকট সুদুর অতীত হতেই অতি বেদনাদায়ক ঘটনাবলী হয়ে আসছে। হঠাৎ হঠাৎ বিশাল জলের ঢল কোনরূপ সাবধান হবার সময় না দিয়ে বিস্তীর্ণ অঞ্চল ভাসিয়ে সবকিছু নিশ্চিহ্ন করে চলে গেল। এলাকার সবকিছু ছত্রভঙ্গ হয়ে গেল, অধিবাসীদের দুর্ভোগ এবং হয়রানি চরম হল। এই বিশৃঙ্খল অবস্থাকে আবার বাসপোযোগী এবং জমিতে ফসল ফলানোর প্রচেষ্টা করতে করতেই আগামী বর্ষাকাল এসে গেল। আগামী বর্ষায় আবার কিরূপ পরিস্থিতি হবে, আগের থেকে বেশী না কম। নানারূপ দুর্ভাবনায় বছরের পর বছর কাটিয়ে আসছে নদীতীরবর্তী অঞ্চলের অধিবাসীবৃন্দ সুদুর অতীত হতে। এই যে বর্ষাঋতুতে সামান্য কয়েকবারের ঘটনায় এবং সামান্য কয়েকদিনের জলের ঢল তা কেবলমাত্র ধ্বংসের বস্তু হয়েই এবং অঞ্চলের অধিবাসীর বিভীষিকা হয়ে রইলো। যে প্রাণদায়ী সম্পদ অঞ্চলে এলো তাকে যথোচিত আগ্রহ এবং অভ্যর্থনা করে অঞ্চলে স্থান দেওয়া গেল না। জীবনদায়ী সম্পদ স্থানের ব্যবস্থার বিফলতায় সরে গেল। এই বিফলতার কিছু পরিমাণ খেসারত তো দিতেই হবে এবং তা হলো নিত্য নৈমিত্তিক প্রতি বছরে বন্যা এবং বিস্তীর্ণ অঞ্চলে জলপ্লাবন আরও নানা দুঃখ, কষ্ট। জল সরে যাওয়ার পর সেইসব স্থানসমূহের পুনর্নির্মাণ, ফসল ফলানো এবং অন্যান্য কারণে যে পরিমাণ জলের প্রয়োজন হয় তাও সরে গিয়ে কিংবা দূষিত হয়ে বা নানাভাবে অপসৃত হয়ে প্রয়োজনীয় জলের জন্য হাহাকার পড়ে গেল। কি বিচিত্র লীলা। প্রয়োজনীয় জল এল এবং আরও ক্ষয়ক্ষতি করে চলে গেল। এই চিত্র প্রতি বছরের। এইরূপ পরিস্থিতিতে একজন নামকরা কবির কতিপয় উক্তির স্মরণ করছি,

"বসুমতি তুমি কেন এত কৃপণা
এত খোঁড়াখুড়ি করে পাই শস্যকণা
দিতে যদি হয় দে, মা প্রসন্ন সহায়
কেন এ মাথার ঘাম পায়েতে ফেলাস।"

তখন মা বসুমতি বললেন, সবকিছু সুন্দরভাবে ভোগের নিমিত্ত তৈরি করে দিলে তাঁর (মা বসুমতী) গৌরব অতি সামান্য পরিমাণ বাড়ে কিন্তু যে ভোগ করে তার গৌরব নিতান্তই অর্থাৎ সবটাই ছেড়ে চড়ে যায়। মা বসুমতীর বা ধরার গৌরব যা সর্বভূতে ছড়িয়ে আছে তার অনুধাবন করে, সেইসব গৌরবোজ্জ্বল দিকগুলির কায়িক শ্রমের দ্বারা বন্দনা করতে পারলাম না এবং আমরা বিশেষ করে আমাদের এই রাজ্যের অধিবাসীবৃন্দের গৌরব সবটাই ধূলিসাৎ হয়ে গেল। বসুমতীর দেয় গৌরবের বস্তুসমূহের সহিত খোড়াখুড়ি অর্থাৎ শ্রমজনিত গৌরবের সমতা আনার ধারে কাছে যেতে পারলাম না। ধরায় আশীর্বাদ স্বরূপ জল সর্বস্থানে সম্বৎসরের প্রয়োজনের জন্য বর্ষণ হয়। তাকে একক প্রচেষ্টাতেই হোক বা যৌথ প্রচেষ্টাতেই হোক বা সরকারী সুব্যবস্থাপনাতেই (good governance) হোক স্ব-স্ব স্থানে, বা যৌথ ব্যবস্থায় সেইসব অঞ্চলে না রাখতে পারার ফলে বর্ষিত, অরক্ষিত ও অব্যবহৃত জলসম্পদ নীচু অঞ্চল ধরে পরে নালা মারফৎ সাগরে চলে গেল। আমরা নদী-আখ্যা দিয়ে তার গুণগানে এবং কাব্য-গাথায় মুগ্ধ এবং সেই অনব্যবহৃত অসংরক্ষিত জল স্রোতের জয়গান করি। যে বর্ষিত জলসম্পদ অঞ্চলে থেকে এবং তার দ্বারা ফুল, ফল, তৃণবৃক্ষ, শস্যসম্ভারে প্রাকৃতিক জীব, জন্তুর চলাচলে এবং বসবাসে এবং পাখীর কুজনে এবং ছয় ঋতুর নানা প্রকার বৈচিত্র অবলোকন করে বসুমতীর গৌরবের সহিত আমাদের গৌরবকেও এক করতে পারতাম তা না করে জল স্ব-স্থানে না রাখারূপ অসফলতা তারই ফল নদীপথে সেই জল বাহিত হওয়া এবং বাহিত হওয়ার পথে দুই ধারের অঞ্চলের অশেষ ক্ষতি হয় তা দূর করা এবং তার রক্ষণ ব্যবস্থার চিন্তাতেই আমরা মশগুল। নদী পূর্বে বন্দিত হতো। জলপথে নৌকা মারফৎ একস্থান থেকে আর এক দূরবর্তী স্থানে যাওয়া যেত। নদীর নৈসর্গিক শোভার বৈচিত্র দেখা যেত বিভিন্ন ঋতুতে অতীতের মুষ্টিমেয় জনসংখ্যার স্বল্প প্রয়োজনের সামান্য পরিমাণ জল ব্যবহার এবং অফুরন্ত সময় কাটাবার নিমিত্ত নদীকে অবলম্বন করে অনেক সময় অতিবাহিত করা যেত। কিন্তু বর্তমান কালের বৈজ্ঞানিক ব্যবস্থায়, জলের নানারকম এবং বছরের সব সময়ে, নানারকম ফুল, ফল, সবজি ফল, উদ্যানশোভা, উন্নত আধুনিক প্রথায় পর্য্যাপ্ত ফসলের চাষ প্রভৃতির জন্য যে জলসম্পদের রাজ্যের সর্বস্থানেই প্রয়োজন অতি প্রকট সেখানে অসফলতা জনিত নদীপথে সব জলই অন্যস্থানে সরে যাওয়ার ব্যাপার বা নদী এবং নদীর জলসম্ভারকে বন্দনা করা হালে আমাদের গৌরব সবটাই ছেড়ে যাওয়ার সমতুল। এখন সময় এসে গিয়েছে বরং অনেক আগেই এসেছে আমাদের যৌথ শ্রম, গুড গর্ভরনেন্স (good governance) মাধ্যমে মা বসুমতীর গৌরবকেও ছাপিয়ে আমাদের গৌরবকে উচ্চস্থানে বসানো।

দামোদর নদের জলের চলন ব্যবস্থা যে অশান্ত তা অববাহিকার ভূ-প্রকৃতির এবং ভূ-পৃষ্ঠের মাটির প্রকার ভেদের কারণে। গাঙ্গেয় উপত্যকা যেমন এ রাজ্যকে মধ্যবর্তী অঞ্চল ধরে সাগরাভিমুখে অগ্রসর হয়েছে সেইরূপ গাঙ্গেয় উপত্যকার পশ্চিম পার্শ্বের প্রায়

মধ্যস্থল দিয়ে দামোদর উপত্যকা ক্রম দক্ষিণ-পূর্বদিক অবলম্বন করে অগ্রসর হয়েছে। সুতরাং এই দামোদর উপত্যকার গুরুত্বও এই রাজ্যের পশ্চিমাঞ্চলে বা মধ্য পশ্চিমাঞ্চলের ক্ষেত্রে অসীম। এই উপত্যকার অশান্ত জল প্রবাহকে শান্ত করে এবং জলসম্পদকে কল্যাণমূলক কাজে ব্যবহারের প্রয়োজনে সরকার পদক্ষেপ নিয়েছেন এবং জলপ্রবাহ নিয়ন্ত্রণ এবং প্রয়োজনে সরবরাহ করার নানারকম প্রচেষ্টা করে চলেছেন। কিন্তু যে সমস্ত ব্যবস্থা আজ পর্যন্ত করা হয়েছে তাতে কিছু কিছু সুবিধাজনক ফল পাওয়া যাচ্ছে ঠিকই কিন্তু ব্যবস্থাপনায় যেসব অশুভ দিকসমূহ ব্যবস্থার প্রাক্কালে সুপ্ত ও বিবেচনার অলক্ষ্যে ছিল তার আশু প্রকাশ কিন্তু দিনে দিনে বেড়েই চলেছে। এরূপও আশঙ্কা করা খুব অযৌক্তিক এবং অপ্রাসঙ্গিক হবে না যে আমরা ঐ জলসম্পদ সুব্যবস্থার মাধ্যমে যে সমস্ত জলের সুবিধা বিগত কয়েক বছর হতে পেয়ে আসছিলাম, আশঙ্কার বিষয় পরবর্তী কয়েক বছর পরই বিশাল ক্ষতির নানাদিক প্রকাশ হয়ে বিগত দিনের সুবিধাসমূহের অনেক বেশী অসুবিধার বিষয় হবে। ব্যবস্থাপনার মাধ্যমে প্রাপ্ত সুবিধাসমূহ এবং একটি নির্দিষ্ট সময় অতিবাহিত হওয়ার পর কি কি অসুবিধার মুখোমুখি হতে হবে তার বিস্তারিত আলোচনা পরে করা হবে। এখন দামোদরের উৎস হতে মোহনা পর্যন্ত অববাহিকার উভয় পাশের ক্যাচমেন্ট অঞ্চলের জলসম্পদের বিভিন্ন দিকগুলি আলোচনা করা যাক।

দামোদর নদের উৎস ছোটনাগপুরের মালভূমির বৃষ্টিপাতের জল। ঢালু পথে বর্ধমান জেলার সীমান্তে আসানসোল, রাণীগঞ্জে এসে পড়েছে এবং আসার পথে অন্যান্য ছোট বড় নালা বা নদীর জল যা মালভূমির ঢাল বেয়েই এসেছে, তা দামোদরে এসে মিশে দামোদরের জলের পরিমাণকে ক্রমশ: বাড়িয়েই চলেছে। দামোদরের ক্যাচমেন্ট এলাকায় ঢালের প্রখরতা বেশী। আবার কোন কোন স্থানে ঢাল অতিমাত্রায় প্রখর। তাই বৃষ্টিপাতের জল তীব্রবেগে প্রবাহিত হয়। ক্যাচমেন্টের অনেক অনেক স্থান প্রায় তৃণ, গুল্ম, বৃক্ষহীন প্রান্তর। গোচারণ হয় কিনা হয়, কিন্তু গবাদি পশুর এবং মনুষ্য চলাচলের দরুন শুষ্কমাটি যার মধ্যে ছোট, ছোট পাথর এবং বড় ও মাঝারি দানার বালির ভাগই বেশী। ঐ অঞ্চলের ক্ষুদ্র ও প্রান্তিক চাষী, এমনকি যে সমস্ত চাষী পরিবারের চাষের জমি নেই বর্ষাকালের অনটনের সময় অল্পায়াসে সে ভুট্টা উৎপাদন করার জন্য নিজের জমিতেই হোক বা সরকারে ন্যস্ত ঢালু অঞ্চলেই হোক বর্ষারম্ভে চাষ দিয়ে মাটি চষে রাখে যাতে প্রথম বর্ষণ মুহূর্তে ভুট্টার দানা ছড়িয়ে দেয়া যায় ঐসব চষা জমিতে। কাঁকড়, পাথর, মোটাদানার বালু জমিতে ভুট্টার ফলন ভালই হয়। কিন্তু আলগা বালু জমির মাটি যা একটু ভারী ধরনের বর্ষণে স্থানচ্যুত হয় এবং জলের ঢলে নদীতে এসে পড়ে এবং নদীর জলে অত্যধিক পরিমাণে মাঝারি, ছোট দানার বালি, কিছু পরিমাণ ছোট ছোট কাকড় (grovel) পলিমাটি ও কাদামাটি নদীর জলের সাথে মিশে চলতে থাকে এবং বালি ও পাথরের প্রকার ভেদে এবং জল স্রোতের তীব্রতার তারতম্য ভেদে স্থানে স্থানে সঞ্চিত হয়ে জল প্রবাহিত হওয়ার স্বাভাবিক অববাহিকার স্থানে স্থানে বাধার সৃষ্টি করে। এই প্রতিবন্ধকতার কারণে পূর্বে যে

পথে এবং যেভাবে জল প্রবাহিত হতো পরবর্তী বছরে কোন বিশেষ শীর্ণ পরিসরের নালা দিয়ে অত্যন্ত খরবেগে বাহিত হয়ে অগ্রবর্তী কোন নিম্নাঞ্চল প্লাবিত করে। আবার অগ্রসর হবার কালে যে অববাহিকা অবলম্বন করে পূর্বে জল প্রবাহিত হত সে পথ অবলম্বন করেই অগ্রসর হবার পথে উভয় তীরবর্তী অঞ্চলের জল এসে জলের পরিমাণকে বাড়িয়ে এলোমেলো এবং অশান্তভাবে চলতে থাকে। জলরাশি এবং তার ঢল নিম্নদামোদর এলাকার বিস্তীর্ণ অঞ্চল প্রতি বছরেই জল প্লাবন হয়। বিস্তীর্ণ অঞ্চল জলমগ্ন হওয়া যেন নিম্নদামোদর এলাকার প্রতি বছরের অবশ্যম্ভাবী ঘটনা। দামোদর নদের উৎস হতেই জল খরবেগে বয়ে যাওয়া, অববাহিকার ক্যাচমেন্ট অঞ্চলে জল অবস্থান না করা প্রভৃতি বিষয়গুলির অবসানের কারণে এবং ক্যাচমেন্ট অঞ্চলের নানা স্থানে না হোক অববাহিকার কোন কোন সুবিধাজনক স্থানকে নির্বাচন করে সেইসব স্থানে নদী-অববাহিকার দুই তীর বরাবর বাঁধ দিয়ে বিরাট আয়তন বিশিষ্ট স্থানে জল আবদ্ধ রেখে জলধারার প্রশমন করা, বাঁধ পরবর্তী অঞ্চলে জল সরবরাহ করার সিদ্ধান্ত ভারত স্বাধীন হবার কয়েক বছর পর নেয়া হয়। তাই ভারতবর্ষ স্বাধীনতার পরবর্তী সময়ে এই উগ্রগতির জলপ্রবাহকে ভিন্ন ভিন্ন স্থানে বাঁধের দ্বারা আবদ্ধ করা হয়েছে। কিন্তু যে ব্যবস্থা সমূহের মাধ্যমে নদীবন্ধন এবং জলসংরক্ষণ করা হয়েছে তার দ্বারা কিছু তাৎক্ষণিক সুবিধা পাওয়া সম্ভব হয়েছে ঠিকই কিন্তু সীমিত কয়েক বছর সুবিধা পাওয়ার পর অনেক রকম অসুবিধার দিক প্রকাশ পাচ্ছে। এরূপও আশঙ্কা করা হচ্ছে যে অতীতে যে ধারায় জল বাহিত হয়ে দুঃখ, দুর্গতির কারণ হতো, বাঁধ পরবর্তী নির্দিষ্ট সময়ের পর দুঃখ, দুর্গতির দিকগুলির চলারও প্রসার লাভ করবে এবং দুঃখ, দুর্দশার পরিমানও অনেক বেড়ে যাবে। দামোদর নদের জলপ্রবাহ কোন বছরে কোনদিক ভাসিয়ে নিয়ে যাবে তা প্রতি বছরই ধারনার উর্দ্ধে। দামোদর নদের অববাহিকা প্রায় উৎপত্তি স্থল হতে দুর্গাপুরের বাঁধ এলাকা পর্যন্ত অনেক কয়লা খনি অববাহিকার উভয় তীরের ক্যাচমেন্ট অঞ্চলে আছে। নদী-অববাহিকার কোন কোন স্থান দুই পাহাড়ের মধ্যবর্তী স্থান দিয়ে অতি সংকীর্ণ পরিসরে বয়ে চলেছে। এই কারণে স্রোতের তীব্রতা বৃদ্ধি পায়। বর্দ্ধিত স্রোতবেগ এবং বেশী পরিমাণ জল সঙ্কীর্ণ পথে চলাকালে দুর্বল স্থানকে অনায়াসেই গ্রাস করে এবং জল বিভিন্ন মুক্ত অঞ্চল বা খনিগর্ভের শূন্যস্থানে ঢুকে পড়ে। সে ঘটনা চাসনালা কয়লা খনিগর্ভে এইরূপ সঙ্কীর্ণ পথে জল প্রবেশেরই ফলশ্রুতি। দামোদর নদের উপর বিহার প্রদেশে এবং পশ্চিমবঙ্গে একাধিক বাঁধ নির্মাণ করে জল সংরক্ষণ এবং বন্যা নিয়ন্ত্রণ এবং সেচের জলের ব্যবস্থা করা হয়েছে। এই বাঁধ-প্রকল্প চাষের জমিকে সেচের আওতায় আনা এবং প্রয়োজনীয় ও সময়ানুযায়ী সেচের সাহায্যে ফসল উৎপাদন বৃদ্ধি করা হয়েছে। এই নদী-বাঁধ প্রকল্পের জন্য বর্ধমান জেলার অনেক এলাকার জমির ফসল সময়ের জল সেচের অভাবে নষ্ট হয় না। কিন্তু নদীতে বাঁধ দিয়ে জল আবদ্ধ করে রাখার সর্বোচ্চ ক্ষমতা একটি নির্দিষ্ট সময়ের সেচের জল সরবরাহের জন্য স্থির করে বাঁধ-প্রকল্প তৈরি করা হয়। এই নদী-বাঁধ প্রকল্প রূপায়ণ

করতে অনেক স্থায়ী ব্যবস্থা নেয়া হয়। নদীকে এপার হতে ওপার পর্যন্ত, নদীর তলদেশ হতে তীরভূমি পর্যন্ত অতি সুদৃঢ়ভাবে নদীকে বাঁধা হয়। বাঁধের উপরিভাগ দিয়ে এপার ওপার যানবাহন এবং জনমানবের পারাপার হবার একটি স্থায়ী সুবিধাও পাওয়া যায়। নদীবাঁধের নিকটবর্তী দুই তীরের স্থায়ী ব্যবস্থার জন্য অনেক প্রকার ইরামতি কাজ, লকগেট প্রভৃতি তৈরি করতে হয় এবং এর জন্য প্রচুর অর্থব্যয় হয়। নদীবাঁধ-প্রকল্প এরূপ সুবিধাজনক স্থানে করা হয় যেখানে অনেক স্থান নিয়ে যথেষ্ট গভীরতায় জল অবস্থান করতে পারে। নদীর জলের সাথে বিস্তর পলিমাটি বাহিত হয়ে চলে এবং নদীর বেগের তারতম্যে তলদেশে পড়ে যায় অথবা জলের সাথেই চলে। কিন্তু নদীতে বাঁধ দেয়া হলে জল আর না চলে ওখানেই স্থির হয়ে যায় এবং পলিমাটির শেষকণা পর্যন্তও বাঁধ-সংলগ্ন জলাধারের তলদেশে জমা হয়। দামোদর উপত্যকার উভয় তীরের ক্যাচমেন্ট অঞ্চলের মাটির এবং উন্মুক্ত উপরিভাগের গঠন এবং ঢালের কারণে অতিমাত্রায় পলিমাটি নদীর জলের সঙ্গে বাহিত হয় এবং বাঁধের জলধারের তলদেশে এসে থিতিয়ে পড়ে। পর্যবেক্ষণ, অনুসন্ধান এবং পরিসংখ্যান অনুযায়ী যে তথ্য পাওয়া যায় তা খুবই হতাশার চিত্র। প্রতি বছর অতি কম করে হলেও বর্ষারম্ভ হতে বর্ষা শেষ পর্যন্ত যে পরিমাণ পলিমাটি জলে ধুয়ে আসে সে পলিমাটি জলাধারের তলদেশে প্রায় ৩০ সে.মি বা এক ফুটের মত। অর্থাৎ প্রতি বছর এক ফুট করে বা ০.৩ মিটার গভীরতা কমে যায়। ফলস্বরূপ জলধারণ ক্ষমতাও প্রতি বছরেই কমতে থাকে। জলাধার তৈরি করার সময়ে জলাধারের গভীরতার একটা সর্বোচ্চ সীমা ধরে নেয়া হয়। ধরা যাক ২০ মিটার গভীরতার জলাধার তৈরি করা হল। প্রতি বছর ০.৩ মিটার গভীরতা হ্রাস পেলে বা তিন বছরে এক মিটার গভীরতা হ্রাস পেলে ৬০ বছরেই ঐ জলাধার শূন্য ক্ষমতায় পরিণত হবে। কিন্তু উপরাঞ্চল হতে জলের আগমন কিন্তু থেমে থাকবে না। তখন ঐ জলরাশি নানাদিকে নানাভাবে নূতন নূতন নদী নালা তৈরি করার চেষ্টা করবে। বর্ষণের পরে জলাধারের নিকটে জল অবস্থান করার স্থান হবে জনবসতিই হোক, শিল্প কারখানাই হোক, কৃষি জমিই হোক অথবা যানবাহন চলাচলের সড়ক পরিবহনই হোক। ৬০ বছর পর আগামী প্রজন্মের দেশবাসীর নিকট এরূপ চিত্র অতি ভয়াবহ। জলাধার তৈরি করার পূর্বে সেই জলাধারের ক্ষমতা যাতে সর্বসময়েই একই পরিমাণ থাকে তা অতি বাস্তব দিক। জলাধারের পলিমাটি অপসারণ করেই হোক অথবা জলা পলিমাটি শূন্যই হোক। যে কোন একটা ব্যবস্থা অবলম্বন বৃহদাকারে জলাশয় সৃষ্টির একটি গুরুত্বপূর্ণ দিক। জলাধারের জলধারণ ক্ষমতা প্রতি বছরেই কমে যেতে না পারে তারজন্য মাটি ধুয়ে এসে জলে মেশা (Erosion) বন্ধ করার সর্বপ্রকার প্রচেষ্টা ইদানিং নেয়া হচ্ছে। কিন্তু যেসব ব্যবস্থা নেওয়া হচ্ছে তা মাটি সরে যাওয়া (erosion) রোধ করার ক্ষেত্রে খুবই নগণ্য। জমির প্রকৃতি অনুসারে স্বভাবতই ঐসব ক্যাচমেন্ট অঞ্চলের মাটি ধুয়ে যাওয়ার প্রবণতা বেশী। মাটি যাতে আর বেশী পরিমাণে জলে ধুয়ে জলাধারে না জমতে পারে তার ব্যবস্থা অতি আবশ্যক। মাটি জলের

সাহায্যে স্থানান্তর রোধ করতে হলে প্রথম করণীয় কাজ হল যেসমস্ত খালি জমিতে কৃষিকাজ হয় না বা চাষ করার উপযুক্ত স্থান নয় সেইসব উন্মুক্ত জমিতে নিবিড়ভাবে বৃক্ষরোপন করা। উদ্ভিদ বিজ্ঞান এখন অনেক উন্নত। ঐসব এলাকার পক্ষে উপযোগী অসংখ্য শেকড়যুক্ত ছায়াদায়ী বৃক্ষের প্রজাতি অনেক আছে। সেইসব প্রজাতির উদ্ভিদ প্রতিকূল আবহাওয়াতেও টিকে থেকে বাড়তে পারে। এই ব্যবস্থায় মাটি শক্ত বাঁধনযুক্ত হবে, বৃক্ষের তলদেশে তৃণগুল্ম জন্মালে জল সরাসরি মাটি অবলম্বন করে চলবে না এবং মাটি স্থানান্তরে সরে যাবে না। আবার বছরের নানা সময়ে বিভিন্ন ফসল চাষের কারণে অধিকাংশ চাষের জমি বছরের বিভিন্ন সময়ে ঝুড়ঝুড়ে আলগা মাটি করে রাখতে হয়। সেইসব আলগা মাটি জলে ধুয়ে যাতে নদীবক্ষে না পড়ে তার দিকে দৃষ্টি দেয়া প্রয়োজন। চাষের জমির মাটি স্থানান্তর প্রতিরোধ করতে হলে চাষের জমিকে যথাসাধ্য ঘেরার মধ্যে রেখে চাষ করলে মাটি ধুয়ে নদীর জলে মেশার পরিমাণ অনেক কমবে। পলিমাটি জলে বয়ে গিয়ে চলা প্রতিরোধ না করে বৃহদাকারের জলাশয় তৈরি করা ভবিষ্যৎ প্রজন্মের অন্ধকারাচ্ছন্ন দিক।

জল সংরক্ষণ, পলিমাটি ধুয়ে নদীবক্ষে পড়ার প্রতিরোধ, অল্পায়াসে ক্যাচমেন্টের উভয় দিকের সর্বস্থানেই এবং বছরের সব সময়েই যাতে প্রয়োজনীয় জল পাওয়া যায় সেরূপ ব্যবস্থায় জলসম্পদকে পরিচালিত করতে পারলে অনেক দুর্ভাবনা হতে মুক্তি পাওয়া যায় এবং অঞ্চলের সর্বত্র অনায়াসে বা অল্পায়াসে জলের সরবরাহ পেলে অনেক উন্নয়নমূলক কাজ করা সম্ভব হয়।

দামোদর নদ প্রধানতঃ বর্ধমান জেলাকেই উত্তর-পশ্চিম দিক হতে দক্ষিণ-পূর্বদিক বরাবর প্রায় মধ্যবর্তী অঞ্চল এবং বাঁকুড়া জেলার পশ্চিম সীমান্ত বরাবর বয়ে চলে আংশিক ভাবে হুগলী এবং হাওড়া জেলা দিয়ে প্রবাহিত হয়েছে। হুগলী এবং হাওড়া জেলাতে এই দামোদর নদের জল অনেক নালা, অনেক জলাজমি, নিম্নজমিকে জলে ভাসিয়ে এবং ঐ অঞ্চলকে প্রতি বছর জলপ্লাবিত করে হুগলী নদীতে গিয়ে পড়েছে।

দামোদর নদ দ্বারা বাহিত জলসম্পদের ব্যবস্থাপনা অতি জটিল বিষয়। নদীর উৎপত্তি স্থল হতে দুর্গাপুরের বাঁধ পর্যন্ত নদীর অববাহিকা, উভয় তীরের ক্যাচমেন্ট অঞ্চলের ভৌগলিক অবস্থা, ভূ-পৃষ্ঠের ঢেউ সদৃশ্য অবস্থা, মাটির প্রকৃতি ক্যাচমেন্ট অঞ্চলে স্বল্পসংখ্যক মনুষ্যকৃত ও প্রাকৃতিক জলাশয় এবং গড় বৃষ্টিপাতের পরিমাণ দুর্গাপুরের বাঁধ পরবর্তী নদীর অববাহিকা হতে আলাদা। বাঁধ পরবর্তী নদী অববাহিকায় অতি বিস্তীর্ণ নিম্নাঞ্চল ও জলাভূমি, মন্দ ঢাল এবং গড় বৃষ্টিপাতে পরিমাণ বেশী। তাই এই রাজ্যের যে স্থান হতে দামোদর এসেছে সেস্থান হতে দুর্গাপুরের বাঁধ পর্যন্ত যে ব্যবস্থাপনায় জল সংরক্ষণ এবং বাড়তি জলের অপসারন পদ্ধতি, বাঁধ পরবর্তী অঞ্চল হতে অনেকটাই পৃথক হবে। বর্ধমান জেলার সর্বপশ্চিমে আসানসোলের শেষ সীমানা হতে দুর্গাপুরের বাঁধ পর্যন্ত উভয় দিকের ক্যাচমেন্ট হল আসানসোল এবং দুর্গাপুর মহকুমার সম্পূর্ণ অঞ্চল

এবং বাঁকুড়া জেলার পূর্ব সীমান্ত অঞ্চল। নদী-অববাহিকার উভয় ক্যাচমেন্ট অঞ্চলের পরিমাণ প্রায় ১,৫০০ বর্গ কিলোমিটার বা

১,৫০০ ব.কিমি × ১০০ = ১,৫০,০০০ হেক্টর।

আবার দুর্গাপুরের বাঁধের পর হতে হুগলী নদীতে পড়া পর্যন্ত দামোদরের ক্যাচমেন্টের পরিমাণ প্রায় ৫,০০০ বর্গ কিলোমিটার বা ৫,০০,০০০ হেক্টর। এই পরিমাণ দ্বিতীয় ক্যাচমেন্ট অঞ্চলের মধ্যে মুণ্ডেশ্বরী, দ্বারকেশ্বর, বাঁকা, কানা দামোদর ও মাদারিয়া খাল ও নদীসমূহের ক্যাচমেন্ট অঞ্চলকে যুক্তভাবে ধরা হয়েছে। বর্ধমান জেলার ভৌগোলিক বিবরণ এবং আরও বিভিন্ন তথ্য বিশেষ করে জমির পরিমাণ এবং বিভিন্ন প্রকার বিল, বাওড়, নদী, পুষ্করিণী প্রভৃতির বর্তমান চিত্র কি তার সম্বন্ধে দুই এক কথা বলা যাক। সমগ্র বর্ধমান জেলার মোট আয়তন ৭,০২৪ বর্গ কিলোমিটার বা ৭০,২৪,০০০ হেক্টর। এই পরিমাণ আয়তন বিশিষ্ট জমির মধ্যে জলাশয়, বিল, বাওড়, নদী, খাল, এককে মালিকানায় বা যৌথ মালিকানায় খনন করা জলাশয় এবং সিদ্ধান্ত অনুযায়ী আরও নূতন নূতন যে সমস্ত জলাশয় খনন করা হবে সেই সমস্ত জলাশয়ের মোট আয়তন প্রায় ১,৮০,০০০ হেক্টর বা ২,০০,০০০ হেক্টর। সমগ্র বর্ধমান জেলার মোট আয়তনের প্রায় এক চতুর্থাংশ পরিমাণ স্থান কালের আশ্রয়স্থল হিসাবে নির্দিষ্ট করা যায়। দামোদর অববাহিকা পূর্বদিক বরাবর বর্ধমান জেলা অতিক্রম করে হুগলী ও হাওড়া জেলার ভিতর দিয়ে প্রবাহিত হবার কালে ঐ অঞ্চলের ক্যাচমেন্টের জল তার সাথে উদ্বৃত্ত যে জল উপরাঞ্চলে হতে আসবে তার সংরক্ষণ ও পরিচলন প্রভৃতির সহজ এবং প্রশস্ত পরিসর না থাকার দরুন ঐ ক্যাচমেন্ট অঞ্চলে জলপ্লাবিত জমি, অনেক জলাজমি এবং নিম্নভূমিতে বর্ষারম্ভ হতেই সর্বত্র জলে প্লাবিত হয়ে যায়। বর্ধমান জেলার পূর্ব সীমানা হতে হুগলী নদীতে মেশা পর্যন্ত দামোদর নদরে উভয় পাশের ক্যাচমেন্ট অঞ্চল এবং তার প্রকৃতি খুবই জটিল। ক্যাচমেন্টের নানা স্থানে বিস্তর জলাজমি ও নিম্নভূমি আছে। তাই বর্ধমান জেলাতেই যদি সমগ্র দামোদর অববাহিকার ক্যাচমেন্টের জল ধরে রাখা সম্ভব হয় তবে পরবর্তী অববাহিকা অঞ্চলের জলকে স্থায়ীভাবে সংরক্ষণ এবং পরিচলন অনায়াসেই করা সম্ভব হয় এবং অযথা বিস্তীর্ণ অঞ্চল জলপ্লাবিত হয়ে উদ্দেশ্যহীন ভাবে পড়ে থাকবে না।

এখন দেখা যাচ্ছে যে দামোদরের ক্যাচমেন্টের ভূ-প্রকৃতি গড় বৃষ্টিপাত এবং ক্যাচমেন্টের আয়তনের উপর নির্ভর করে জলসংরক্ষণ প্রভৃতি তিন প্রকার ভিন্ন ভিন্ন উপায়ে ব্যবস্থা করা গেলে জল সম্পদের যথাযথ সংরক্ষণ ও নিম্নদিকে পরিচালন করা সহজ হয়।

(১) বর্ধমান জেলার পশ্চিম সীমান্ত হতে দুর্গাপুরের বাঁধ পর্যন্ত নদী-অববাহিকার ক্যাচমেন্টের জল।

এই স্থানে ভূ-প্রকৃতির রূপ পূর্বেই বলা হয়েছে। এই অঞ্চলের আয়তন প্রায় ২,০০০ ব. কিমি বা ২,০০,০০০ হেক্টর। এই পরিমাণ স্থান অন্যান্য ছোট ছোট নদী, নালার

ক্যাচমেন্ট অঞ্চলকে সংযুক্ত করে ধরা হয়েছে। এই স্থানের বার্ষিক গড় বৃষ্টিপাত নিম্ন দামোদর হতে পরিমাণে কম। বার্ষিক গড় বৃষ্টিপাত ১৩০ সে.মি বা ১.৩০ মিটার। সম্পূর্ণ বছরে ১.৩০ মি. বৃষ্টিপাত হলে পতিত জলের মোট পরিমাণ হবে—

২,০০,০০০ হে. × ১.৩০ মি. = ২,২৬,০০০ হে. মি.

বর্ধমান জেলার বিবরণ হতে দেখা যায় মোট জলের আশ্রয়স্থান অতিতে যেসব জলাশয় আছে, যা আরও খনন করা হয়েছে বা সিদ্ধান্ত অনুযায়ী যেসব নূতন, নূতন জলাশয় খনন করা হবে তার মোট আয়তন সমগ্র জেলার আয়তনের এক চতুর্থাংশ। প্রথম উপায়ে ব্যবস্থাপনায় জলের অঞ্চল এক-চতুর্থাংশ হতে কম হলেও ক্ষতি নেই। কারণ এ অঞ্চল হতে মোহনার নিকটবর্তী অঞ্চলে বৃষ্টির পরিমাণ বেশী তাই জল ধরে রাখার স্থানও স্বভাবতই বেশী হওয়া দরকার। এ সম্বন্ধে বিস্তারিত অবস্থা পরবর্তী ব্যবস্থার সময়েই সমভ্যক উপলব্ধি করা যাবে। যাহোক ক্যাচমেন্ট অঞ্চলের সর্বস্থানেই এক চতুর্থাংশ পরিমাণ স্থান জল ধরে রাখার কাজে ব্যবহৃত হবে। এক চতুর্থাংশ জমি জলের জন্য ব্যবহার করা হয় তবে মোট জলের জমির প্রয়োজন হবে

২,০০,০০০ ÷ ৪ = ৫০,০০০ হেক্টর

পূর্ব ব্যবস্থামত জল সংরক্ষণের ব্যবস্থাগুলি যেমন জল সংরক্ষন, চাষের জমিতে আশ্রিত জল, ভূ-পৃষ্ঠের অভ্যন্তরে জল গমন, জল বাষ্প হয়ে উপরে উঠে যাওয়া প্রভৃতি। কিন্তু আসানসোল হতে দুর্গাপুরের বাঁধ অঞ্চল পর্যন্ত অববাহিকার উভয় দিকেই অসংখ্য কয়লাখনি আছে। কোন কোন খনি হতে সব কয়লাই তুলে নেওয়া হয়েছে আবার কোন কোন খনিতে কয়লা তোলা হচ্ছে। অসংখ্য কয়লা খনি অধ্যুষিত এলাকা বলে ভূ-পৃষ্ঠে, বৃক্ষ, গুল্ম, তৃণের অভাব। তাই এইসব অঞ্চলে ভূ-পৃষ্ঠের অভ্যন্তরে জল প্রবেশ এবং বাষ্প হয়ে আকাশে উঠে যাওয়ার পরিমাণ অন্যান্য অঞ্চল হতে বেশী। বাস্তব অবস্থায় প্রকৃত অবস্থা জানা যাবে। যা হোক, সাধারণ নিয়মানুসারে জলসম্পদের ব্যবস্থাপনা পূর্বে যেভাবে করা হয়েছে, সেরূপ এ অঞ্চলেরও জলের ব্যবস্থা অনুরূপই করা হবে।

ক্যাচমেন্ট অঞ্চলে বর্ষিত জলের পরিমাণ (বছরে)	জল বিভিন্ন স্থানে আশ্রয়লাভ ও স্থানান্তরে গমন	
২,৬০,০০০ হে.মি.	সংরক্ষণ জলাশয়ে এক মিটার গভীরতার জল ধরে	১,০০,০০০ হে.মি.
	চাষের জমিতে রক্ষিত জল	১০,৫০০ হে.মি.
	মাটির তলদেশে জলগমন	৮০,০০০ হে.মি.
	জল বাষ্প হয়ে শূন্যে মিলিয়ে যাওয়া	১,০০,০০০ হে.মি.
	মোট	২,৯০,৫০০ হে.মি.

এই ব্যবস্থামত বর্ধমান জেলার দুর্গাপুরের বাঁধ পর্যন্ত ক্যাচমেন্ট অঞ্চলের জলসম্পদ সীমান্ত অঞ্চল হতেই বিভিন্ন স্থানে যদি সংরক্ষন করা যেতে পারে—পার্শ্ববর্তী অঞ্চলের অধিবাসীদের জলাভাব তো মিটবেই সাথে সাথে যে জল বিস্তীর্ণ স্থান প্লাবিত করে যথেষ্ট পরিমাণ পলিমাটি ধুয়ে এনে দুর্গাপুরের জলাধারে স্তরে স্তরে জমা করে জলাধারকে আর পলিমাটির দ্বারা পূর্ণ করতে পারবে না। আসানসোলের উত্তর সীমান্ত হতে জমির আকৃতি সর্বত্রই ঢেউ আকারে উত্তর-পশ্চিম অঞ্চল হতে দক্ষিণ-পূর্ব দিকে ভূ-প্রকৃতি প্রায় একই রকম। এমনও অনেক অঞ্চল দেখা যায় প্রায় তিন পার্শ্বই সর্বাধিক ত্রিশ মিটার উচ্চ টিলাভূমি দ্বারা আবদ্ধ হয়ে আছে, আবার কোথাও দেখা যায় অনেকটা ঢাল অতি সহজভাবে দক্ষিণ-পূর্ব দিক বরাবর চলে বেশ অনেকটা পরিমাণ সমতল অঞ্চলে এসে শেষ হয়েছে। সেই সমতল স্থানে বিক্ষিপ্তভাবে চাষ বা অন্যান্য প্রয়োজনে স্থায়ী ঘর বাড়ি ইতস্তত: দেখা যায়। বর্ষার জলের ঢলকে চাষের জমি হতে অপসারণ করা বা এদিক-ওদিক দিয়ে জলকে সরিয়ে দেওয়াই যেন ঐ অঞ্চলের অধিবাসীদের একমাত্র লক্ষ্য। দুর্গাপুর পর্যন্ত অঞ্চলে এই দুই প্রকার সুবিধাযুক্ত স্থান বিচ্ছিন্নভাবে অনেক স্থানেই আছে। এই দুই প্রকার স্থানকে চিহ্নিত করে প্রয়োজনীয় শ্রমের মাধ্যমে সংস্কার করে জল সহজ ও স্বাভাবিক ঢালে যাতে ঐসব উপযুক্ত স্থানে অবস্থান করতে পারে সেইরূপ অনুকূল স্থান করতে পারলে উপারাঞ্চলের অনেক জলকেই স্থায়ীভাবে সংরক্ষণ করে রেখে প্রয়োজনে ব্যবহার করাও যায় আবার জলের নিয়ন্ত্রণহীন ঢলকেও প্রশমিত করা যায়।

(২) দুর্গাপুরের বাঁধ-পরবর্তী দামোদর অববাহিকার উভয় ক্যাচমেন্টের জলসম্পদের ব্যবস্থাপনা।

দুর্গাপুরের বাঁধ-পরবর্তী দামোদর নদের উভয় ক্যাচমেন্টের পরিমাণ প্রায় ৫,০০০ ব.কিমি. বা ৫,০০,০০০ হেক্টর। এই ক্যাচমেন্ট অঞ্চলের সঙ্গে পার্শ্ববর্তী ছোটখাট নদী, নালা, খালের ক্যাচমেন্টকেও অন্তর্ভুক্ত করা হয়েছে। দামোদর বরাকর নদীর ক্যাচমেন্টের পরিমাণ উৎস হতে রূপনারায়ণ নদীতে মিলন পর্যন্ত প্রায় ২২,০০০ ব. কি.মি। এই পরিমাণ ক্যাচমেন্টের মধ্যে অপরাপর নদীর ক্যাচমেন্ট অঞ্চলও আছে। সুদূর অতীত হতে আজ পর্যন্ত বাঁধ পরবর্তী জটিল ক্যাচমেন্ট অঞ্চল তার সাথে সর্বাধিক কি পরিমাণ জলমগ্ন হওয়ার স্থান, জলের সুপরিকল্পিত ভাবে নির্মিত আবদ্ধ রাখার স্থান এবং স্বাভাবিক বৃষ্টিপাতে জল না দাঁড়ানো স্থানকে বিধিবদ্ধভাবে চিহ্নিত করা হয়নি। জলাঞ্চল, অজলাঞ্চল এবং মধ্যবর্তী অঞ্চল এই তিন প্রকার অঞ্চল অতি সুপরিকল্পিত ভাবে চিহ্নিত করে পৃথক করলে জলের রক্ষণস্থানের সঠিক ধারনা পাওয়া যাবে। এক বিচিত্র অঞ্চল হলো মধ্যবর্তী অঞ্চল। যেখানে অল্পবৃষ্টি বা সাধারণ গড় বৃষ্টিপাতে জল বেশী সময় এবং অনেক স্থান জলমগ্ন করে না। যে সামান্য জল দুই একদিনের জল ঐ অঞ্চলের রাস্তা, ঘাট, বাসগৃহের চারিপাশে দাঁড়ায় তা খুব বেশী অসুবিধা করতে পারে না। তাই ঐসব অঞ্চলে অল্প বৃষ্টিপাতে চাষ, বসবাস, পশুপালন এমনকি ছোট ছোট কুটির শিল্প গড়ে

উঠলো এবং অন্যান্য নানারকম কাজকর্ম এবং অবস্থানের সুযোগ-সুবিধা করে নেয়া হলো। ঐসব স্থানে একনাগাড়ে বেশ কয়েক বছর গড় বৃষ্টিপাতের কম বর্ষণ হলো জনবসতি এবং অন্যান্য জীবনযাত্রার ব্যবস্থা বৃদ্ধি পেলো। তারপর হঠাৎ কোন এক বছর স্বাভাবিক গড় বৃষ্টিপাত হতে বেশী বর্ষণ হলো এবং তা নদীর উৎস হতে হুগলী নদীতে মিলন পর্যন্ত সম্পূর্ণ ক্যাচমেন্ট অঞ্চলে। এই অবস্থায় স্থানীয়ভাবে জলের পরিমাণই যথেষ্ট। তার উপর উপরাঞ্চলের বাড়তি জলের ঢলে সম্পূর্ণ অঞ্চল প্লাবিত হয়ে গেল। এইরূপ বিধ্বংসী চিত্র তো আমরা ১৯৭৮ সালের অতি বৃষ্টিতেই দেখলাম। তাছাড়া প্রায় প্রতি বছরই ঐসব অঞ্চলের অধিবাসীদের জল ডুবির ত্রানব্যবস্থা লেগেই আছে। অধিবাসীদের স্থায়ী দুর্গতির কারণ বসতি অঞ্চল এবং জলা অঞ্চল অতি নির্দিষ্টভাবে এবং সুস্পষ্টভাবে স্থিরিকৃত নয় বলে। এইরূপ দুঃখ দুর্দশা সাময়িক ঠেকা দেয়া কাজে মোটেই বন্ধ হবে না। অধিকন্তু দিন দিন বেড়েই যাবে। তাই এই ক্যাচমেন্ট অঞ্চল অতি সুস্পষ্টভাবে দুই শ্রেণীতে বিভক্ত হয়ে থাকবে। এক শ্রেণীর অঞ্চল, সেখানে বসবাস, শিল্প-কারখানা, সড়ক পরিবহন, শস্য, সবজী-ফুল, ফল উৎপাদন, নগর, বন প্রভৃতির জন্য নির্দিষ্ট হয়ে থাকবে। অপর শ্রেণীর অঞ্চলকে কেবলমাত্র জলসম্পদের আশ্রয়স্থল হিসাবেই উপযুক্ত ভাবে তৈরি করে রাখতে হবে। মধ্যবর্তী অঞ্চলকে স্থানের সুবিধার উপর ভিত্তি করে কিছু অঞ্চলকে প্রথম শ্রেণীর অন্তর্ভুক্ত করতে হবে এবং কিছু কিছু স্থানকে দ্বিতীয় শ্রেণীর ব্যবহারের নিমিত্ত সুপ্রশস্ত করে রাখতে হবে। প্রথম শ্রেণীর স্থান উপযুক্ত ভাবে তৈরি হবে শ্রমের দ্বারা ও দ্বিতীয় শ্রেণীর উত্তোলিত মাটির সাহায্যে। একমাত্র দৈহিক শ্রমশক্তির সাহায্যেই আমরা অঞ্চলের চিত্রের আমুল পরিবর্তন করতে পারি।

এই মধ্যবর্তী অঞ্চলে ক্রমে ক্রমে আরও বেশী বিশৃঙ্খল হয়ে পড়ছে তাতে ঐসব অঞ্চলের সবকিছুর মধ্যেই যেন অস্থির ভাব লক্ষ্য করা যায়। ঐসব অঞ্চলে ব্যক্তিগত মালিকানায় যেসব অঞ্চল আছে সেসব স্থান বিশেষ করে শহর, নগরের নিকটবর্তী গৃহ সমস্যা খুবই। নিজের বাসস্থান নির্মাণ বা বহুতল বিশিষ্ট অট্টালিকায় নিজস্ব একটু স্থান পাওয়ার জন্য বহুলোক সাধ্যের অতিরিক্ত অর্থমূল্যে হয় জমি না হয় ফ্ল্যাট কেনার চেষ্টা করছে। জমি কিংবা নির্মাণের জন্য ঐসব মধ্যবর্তী অঞ্চলে এখানে মাটি ফেলে জমি উঁচু করা কিংবা জলাশয়, ডোবা, পুকুর প্রভৃতি বুজিয়ে ফেলে হয় আপেক্ষিকভাবে বসবাসের জমি তৈরি করছে কিংবা রাতারাতি বহুতল বিশিষ্ট অট্টালিকা তৈরি করে আশাতিরিক্ত মুনাফা অর্জন করছে অট্টালিকার ভিতকে দুর্বল রেখে। এই যে বিচ্ছিন্নভাবে, বাড়ি-ঘর তৈরি করা যেখানে সেখানে মাটি দিয়ে ভরাট করে উঁচু করা আবার কোথাও মাটি সরিয়ে ফেলে জমি নীচু করা প্রভৃতি জমির আকার প্রকারে জলের গতি বেসামালতো হবেই এবং এমন অনেক স্থান জলমগ্ন হবে বা অনেক স্থানে বন্যা হবে সেখানে বন্যা হবে বা জলমগ্ন হবে তা চিন্তা ভাবনার বাইরে ছিল। অধুনা বসিরহাটের নিকট বিস্তীর্ণ জনবসতি অঞ্চল সেখানে সুদূর অতিতকাল হতে ঐ অঞ্চল জলমগ্ন হয়েছিল কিনা তার অভিজ্ঞতা বয়স্ক

ব্যক্তিদেরও ছিল না। কিন্তু হালে তাদের অঞ্চল জলের তলে চলে গেল। বসিরহাট অঞ্চলকে নিবিড়ভাবে ঘনবসতি এলাকা বলা যাবে না। সেখানে হাওড়া, হুগলীর অঞ্চল বা মহানগরীর নিকটবর্তী অঞ্চল যেখানে ব্যবসা, বাণিজ্য বা অন্যান্য পেশায় কাজকর্মের সুবিধা অনেক বেশী। তাই স্থায়ীভাবে অনেক লোক, অনেক ব্যবসা বাণিজ্যের অঞ্চল তাদের বসতি প্রভৃতির প্রয়োজনে যত্রতত্র বাড়ীঘর কলকারখানা তৈরি হয়েই চলেছে। তাতে জলসম্পদের গতি প্রকৃতি দিশাহারা করে ফেলেছে। তার কারণে বন্যা হলো জলে সব ভেসে গেল, ত্রাণ সামগ্রী দাও, আশ্রয় দাও, খাদ্য দাও বস্ত্র দাও প্রভৃতি রব প্রতি বর্ষা ঋতুতেই অনেক অঞ্চল হতে শোনা যায়। বিশৃঙ্খল জনমানব, সড়ক পরিবহন, শিল্প, বাণিজ্য কেন্দ্র, শহর, বন্দর জলের আশ্রয়স্থল, জল পরিচলনের সুপরিসর এবং সুগভীর পথ যদি ঘন জনবসতি এবং সামগ্রিক উন্নয়নমূলক ব্যবস্থার সঙ্গে সামঞ্জস্যপূর্ণ না হয় তবে সবকিছুই বেসামাল হবে। এতো ধ্রুব সত্য। এইরূপ বিশৃঙ্খল চিত্র নিম্ন দামোদরের অববাহিকা অঞ্চলে জলস্ফীতি, উপরাঞ্চলের জলে প্লাবন, যত্রতত্র জল প্রবেশ প্রভৃতি প্রায়ই দেখা যায়। নিম্নদামোদর অঞ্চল অপর্যাপ্ত জলসম্পদ সুবিধামত স্থানে আশ্রয়ের স্থান ত্যাগ করে যাওয়ার সহজ এবং সাবলিল ব্যবস্থা পুর্বের মতই জটিল আছে। বরং জটিলতা আরও বৃদ্ধি পেয়েছে। আশু ব্যবস্থা হিসাবে উপরাঞ্চলের জলকে আর বেশী সংরক্ষণ নিচের দিকে নিম্নদামোদর অঞ্চলের জলসম্পদ ব্যবস্থাপনার এক গুরুত্বপূর্ণ বিশেষ দিক।

বাঁধ-পরবর্তী অঞ্চলের বার্ষিক গড় বৃষ্টিপাত উপরাঞ্চল হতে সামান্য বেশি। এই অঞ্চলের গড় বৃষ্টিপাত যদি উর্ধ্বমাত্রার পরিমাণ ধরা যায় তবে তা ২০০ সে.মি. বা ২ মিটার। ৫,০০,০০০ হেক্টর পরিমাণ বিস্তীর্ণ ক্যাচমেন্ট অঞ্চলে বর্ষিত জলের পরিমাণ হবে ৫,০০,০০০ হে.×২ মি. = ১০,০০,০০০ হে. মি.

যদি সমগ্র ক্যাচমেন্টের এক চতুর্থাংশ-পরিমাণ স্থান জলের আশ্রয়স্থলে হিসাবে নির্দিষ্ট করা থাকে তবে জল ধরে রাখার স্থানের পরিমাণ হবে।

৫,০০,০০০ হে. ÷ ৪ = ১,২৫,০০০ হে.

এই ১,২৫,০০০ হেক্টর পরিমাণ স্থানে প্রতি বছর যদি তিন মিটার গভীরতায় জল ধরে রাখা সম্ভব হয় তবে জলের পরিমাণ হবে

১,২৫,০০০ হে. × ৩ মি. = ৩,৭৫,০০০ হে. মি.

এই অঞ্চলের মাটিতে অধিক পরিমাণ সুক্ষ্মদানার পলিমাটি আছে। সুক্ষ্মদানার পলিমাটি বা কাদা মাটির মধ্য দিয়ে জল মাটির অভ্যন্তরে সহজে প্রবেশ করতে পারে না। তাই মাটির তলদেশে জল প্রবেশ এই অঞ্চলের মাটিতে খুব কম পরিমাণে হয়। যদিও দুর্গাপুরের বাঁধ অঞ্চলের পরে কিছু পরিমাণ স্থানে ভূ-পৃষ্ঠের অভ্যন্তরে জল প্রবেশের পরিমাণ সামান্য বেশি হলেও পরবর্তী নিম্নাঞ্চলে অর্থাৎ হুগলী, হাওড়া এবং মেদিনীপুর জেলার সামান্য অঞ্চলে মাটির অভ্যন্তরে জল প্রবেশের পরিমাণ অনেক কম। বিশেষ করে

জুলাই মাস হতে নভেম্বর মাস পর্যন্ত মাটি তলে জল প্রবেশ উল্লেখযোগ্যভাবে কম পরিমাণে হয়। আবার সমুদ্র পৃষ্ঠ হতে হাওড়া, হুগলী ও মেদিনীপুরের ক্যাচমেন্ট অঞ্চলের উচ্চতা বেশ কম। উচ্চতার পরিমাণ দুই মিটারের মধ্যে। প্রায় সাত ফুটের মত মাটিতে গর্ত করলে জল পাওয়া যাবে। হুগলী নদীতে যেখানে এই নদী মিশেছে সেখানে ভূ-পৃষ্ঠের খুব কাছে জল পাওয়া যাবে। তাই এই ক্যাচমেন্ট অঞ্চলে বিশেষ করে দক্ষিণ-পূর্ব প্রান্তের ভূ-পৃষ্টের অভ্যন্তরে অতি কম পরিমাণেই জল প্রবেশ করবে। ভূ-পৃষ্ঠে বর্ষিত জল এই ক্যাচমেন্টের মাটির নীচে গিয়ে জলের পরিমাণ হ্রাস করে না বললেই চলে। তাই এ অঞ্চলের তলদেশে জল সরে যাওয়া জলসম্পদ ব্যবস্থাপনার মধ্যে আসবে না। অন্যদিকে এই ক্যাচমেন্ট অঞ্চলে প্রায় সর্বত্রই শহর, রাস্তা বাদে গাছপালা, তৃণ, গুল্ম, মাঠের ফসল দ্বারা প্রায় সর্বস্থানই আচ্ছদিত। তাই রৌদ্রকিরণে এই ক্যাচমেন্ট অঞ্চল হতে জল বাষ্প হয়ে আকাশে উঠে যাওয়ার পরিমাণ কম হবে। কিন্তু এ অঞ্চলের একটি বিশেষ দিক আছে তা হলো বছরের যেকোন সময়েই জমি বীজ বপন করলে গাছ বা শস্য জন্মায় এবং দিনে দিনে বাড়তে থাকে। সীমিত সময়ের পরে শস্য তুলে নিয়ে আবার নূতন করে শস্য বোনা হবে। কিন্তু স্থায়ী যে সব গাছ আছে এবং যা লাগান হয়ে চলেছে এই যে সবুজ শস্য, তৃণ, উদ্ভিদ এবং বড় বড় গাছ জন্মমুহূর্ত হতে যতদিন পর্যন্ত জমিতে বা মাঠে থাকবে ততদিনই মাটির অভ্যন্তর হতে অনবরত জল গ্রহণ করে চলেছে। এই প্রক্রিয়ার বর্ষিত জলের অনেক পরিমাণ হ্রাস পায়। যা হোক সাধারণ হিসাবে গাছের দ্বারা এবং রৌদ্র কিরণে ভূ-পৃষ্ঠ হতে যে পরিমাণ জল কমে যায় তার পরিমাণ বৃক্ষহীন প্রান্তর যেখানে জল সহজেই মাটির ভেতর চলে যায় হতে কম হবে। পূর্বোক্ত নিয়মানুসারে ০.৫০ মিটার জল তাপে বাষ্প হয়ে আকাশে ওঠে যায় এবং সমপরিমাণ বা ০.৫০ মিটার জল ভূপৃষ্ঠ হতে গাছপালায় গ্রহণ করে। তাই এই অঞ্চলের বর্ষিত জলের মোট দুই মিটার গভীরতা হল, জল ঐ ক্যাচমেন্ট অঞ্চলেই অবস্থান করে তবে তাপ এবং গাছপালার দ্বারা যে জল অপসারিত হবে তার পরিমাণ

৫,০০,০০০ হে. × ১ মি. = ৫,০০,০০০ হে. মি।

এই ক্যাচমেন্ট অঞ্চলে মাঠে ফসলের জমির পরিমাণ কম। তাই ফসলের জমিতে যে জল অবস্থান করে তাকে আর ব্যবস্থাপনার মধ্যে রাখা হল না। জল সাধারণক্ষেত্রে রক্ষণ এবং বাষ্প হয়ে উর্ধ্বে চলে যাওয়া ছাড়া অন্য ভাবে জলকে ক্যাচমেন্ট অঞ্চলে ত্যাগ করার ব্যবস্থা নেই। তাই যে পরিমাণ উদ্বৃত্ত জল ক্যাচমেন্ট অঞ্চলে থাকবে সেই জল কোনভাবেই রাখা সম্ভব না হলে সরাসরি সহজ রাস্তায় বাধাবন্ধবিহীনভাবে যাতে সরে যায় তার সুপ্রশস্ত পথ সবসময়েই সুগম করে রাখা। কিন্তু এক মিটার গভীরতার জল যা বাষ্প হয়ে এবং গাছের দ্বারা ব্যয় হবে, তার পরিমাপ আরও স্পষ্টভাবে অনুভব হবে রক্ষিত জলের হ্রাসের পরিমাণের উপর। তাই বাষ্প + গাছে জল ধারণের পরিমাণকেই হ্রাস করবে। তার পরিমাণ হবে ১,২৫,০০০ হে.×১ মি. = ১,২৫,০০০ হে. মি.

বাধ পরবর্তী জল সম্পদের যে দুটি প্রধান উপায়ে জলের স্থায়ী ব্যবস্থা দেখা গেল তা হোল রক্ষণ এবং বাষ্প হয়ে আকাশে গমন। তার মোট পরিমাণ যথা—

ক্যাচমেন্ট অঞ্চলে বর্ষিত জলের পরিমাণ	জলের বিভিন্নস্থানে আশ্রয় লাভ এবং স্থানান্তরে গমন	
১০,০০,০০০ হে. মি.	সংরক্ষণ	৩,৭৫,০০০ হে.মি.
	বাষ্প এবং গাছপালা দ্বারা জল হ্রাস	১,২৫,০০০ হে.মি.
	মোট	৫,০০,০০০ হে.মি.

মোট জলের পরিমাণ—ব্যবস্থায়িত জলের পরিমাণ = উদ্বৃত্ত জল
১০,০০,০০০ হে. মি.—৫,০০,০০০ = ৫,০০,০০০ হে. মি.

দুর্গাপুরের পর হতে দামোদর এবং অপরাপর ছোটখাট নদী, খালের ক্যাচমেন্ট অঞ্চলে মোট বর্ষিত জলের প্রায় অর্ধেক পরিমাণ উপরোক্ত মোট ব্যবস্থাপনা এবং অবস্থায় অঞ্চলেই রাখা বা অঞ্চল হতে ধীরে ধীরে অপসৃত হওয়া সম্ভব হল। এ ছাড়াও আরও অনেক প্রকার প্রক্রিয়ায় জল কমে যেতে পারে। উপযুক্ত পর্যবেক্ষণ এবং অনুসন্ধানে সঠিক তথ্য মিলবে এবং জলসম্পদও আরও সুচারুরূপে পরিচালিত হবে। এই নিম্ন দামোদর অঞ্চলের প্রায় সর্বত্রই জলাজমি দেখা যায় বা নিম্নজমির পরিমাণ বেশি। তাই এই অঞ্চলে যদি আরও দশ শতাংশ অঞ্চল জল ধরে রাখার জন্যেই স্থির করা যায় তবে আরও ৫০,০০০ হে. পরিমাণ জমিতে ৩ মিটার গভীর জল রাখা যাবে। অতিরিক্ত দশ শতাংশ পরিমাণ জমিতে জল অবস্থান করবে ৫০,০০০ হে. × ৩ মি. = ১,৫০,০০০ হে.মি.।

এই ১,৫০,০০০ হে. মি. জলের সংরক্ষণ ব্যবস্থা হলে উদ্বৃত্ত জলের আরও অনেক অংশই অবস্থান করবে। অতঃপর জলাশয় সমূহের গভীরতা আরও অধিক এক মিটার বাড়ানো যায় তবে আরও বেশি জল অঞ্চলেই অবস্থান করে তার পরিমাণ ১,৭৫,০০০ হে.×১ মি. = ১,৭৫,০০০ হে. মি.। প্রাথমিক ভাবে জলসম্পদের রক্ষণ ব্যবস্থায় ৫,০০,০০০ হে. মি. যা অতি স্বাভাবিক ভাবেই অঞ্চলে থাকবে এবং পরে তার সঙ্গে আরও ৩,২৫,০০০ হে. মি. অঞ্চলে রাখা এবং ক্রমান্বয়ে হ্রাস পাওয়ার ব্যবস্থা করলে মোট জলের পরিমাণ হবে ৫,০০,০০০ হে. মি. + ৩,২৫,০০০ হে.মি. = ৮,২৫,০০০ হে. মি.।

মোট বর্ষিত ১০,০০,০০০ হে.মি. জলের মধ্যে যদি ৮,২৫,০০০ হে. মি. জল উপরোক্ত বিভিন্ন ব্যবস্থায় অঞ্চলেই রাখা এবং অঞ্চল হতেই ধীরে ধীরে হ্রাস পাওয়ার পরিস্থিতি তৈরি করা যায় তবে ঐ জটিলতম ক্যাচমেন্ট অঞ্চলের জলসম্পদ হতে প্রতিবছর

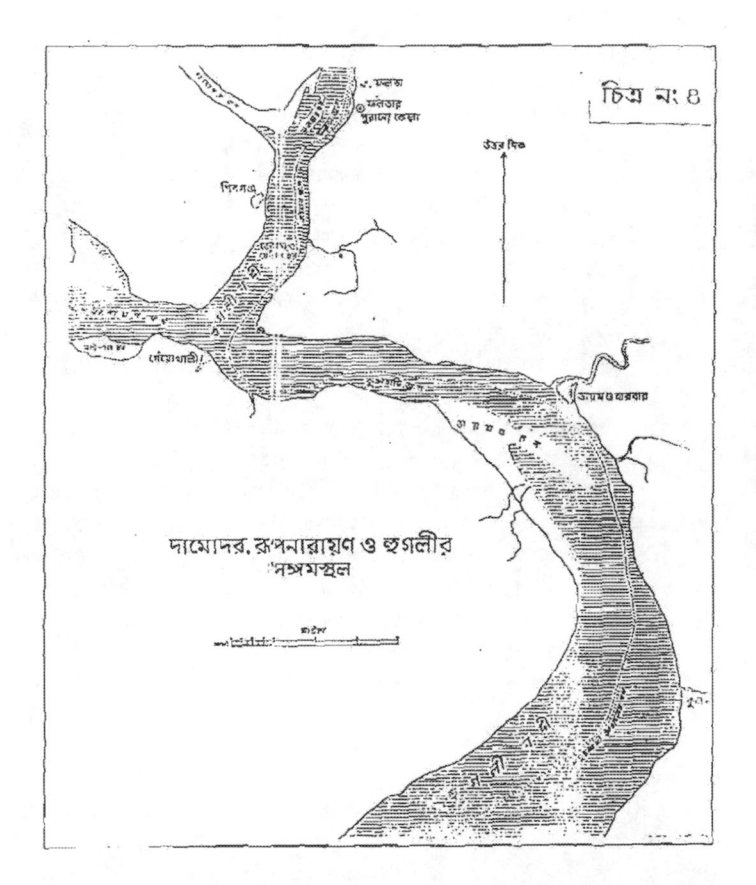

চিত্র নং ৪

দামোদর, রূপনারায়ণ ও হুগলীর
সঙ্গমস্থল

ক্ষয়ক্ষতি—যেমন, জীবনহানি, শস্যহানি, গৃহপালিত পশুপাখির নাশ, জনবসতি, সড়ক পরিবহন বিধ্বস্ত হওয়া প্রভৃতির সুরাহা অনেকই হতে পারে সাথে সাথে রক্ষিত জল সম্পদের সুব্যবহারের দ্বারা কর্মব্যবস্থা ও অঞ্চলের সামগ্রিক উন্নয়নে অনেক সহজ, সরল পথ পাওয়া যাবে। অবশিষ্ট উদ্বৃত্ত জলসম্পদ—১০,০০,০০০ হে. মি.—৮,২৫,০০০ হে.মি. = ১,৭৫,০০০ হে.মি. জলের অপসারণ অতঃপর সহজেই করা যাবে।

২৪

উপরাঞ্চলের কংসাবতী, কুমারী এবং ছোট ছোট নালার উভয়তীরের ক্যাচমেন্ট অঞ্চল এবং নিম্নাঞ্চলের কেলেঘাই, হলদী, বাখাই প্রভৃতির ক্যাচমেন্ট অঞ্চল, সমগ্র বছরের জল সম্পদের পরিমাণ ও তার সংরক্ষণ ব্যবস্থা

কংসবতী ক্যাচমেন্ট—পশ্চিমবঙ্গের সর্বদক্ষিণে উত্তর-পশ্চিম দিক হতে দক্ষিণ-পূর্ব দিকে প্রবাহিত উল্লেখযোগ্য জলধারার—যথা, কংসাবতী, কুমারী, শিলাবতী এবং সর্বদক্ষিণ পূর্বে কেলেঘাই, হলদি, বাঘাই নদী। তাছাড়া একই নদী চলনপথের শেষ পর্যায়ে বিভিন্ন ধারায় বিভিন্ন নামে প্রবাহিত হয়ে চলেছে বা একই নদীর চলনপথে একাধিক নামে পরিচিত যেমন কংসাবতী, কুমারী, কেলেঘাই, হলদী ঢালু পথে বয়ে আসা একটি জল প্রবাহের বিভিন্ন অবস্থায় বিভিন্ন শাখায় পৃথক নাম সমূহ। তাছাড়া এই নদীসমূহের ক্যাচমেন্টে অসংখ্য ছোট, বড় নালার মাধ্যমে জলের ঢল হয় এই সব নদীতে এসে মেশে অথবা এই সব নদীসমূহ হতে ভিন্ন ভিন্ন শাখা, প্রশাখার দ্বারা অর্থাৎ খাল প্রভৃতির দ্বারা, জল বাহিত হয়ে হুগলী নদীতে এসে পড়ে। এইসব নদী এবং মোহনার নিকট অসংখ্য খাল প্রভৃতির দ্বারা যে জলরাশি উপরাঞ্চল হতে গড়িয়ে এসে হুগলী নদীতে পড়ে সেই ক্যাচমেন্ট অঞ্চলকে কংসাবতী নদী অববাহিকার ক্যাচমেন্ট অঞ্চলে হিসাবেই ব্যবহৃত হবে। এই কংসাবতী অববাহিকার ক্যাচমেন্ট অঞ্চলের মধ্যে মোহনার নিকটবর্তী ক্যাচমেন্ট অঞ্চলে অতি গুরুত্বপূর্ণও বটে আবার তাৎপর্যপূর্ণও। এই মোহনা সংলগ্ন অঞ্চলে উপরাঞ্চলের জলের নানাভাবে এবং উদ্বৃত্ত বর্ষণ এবং নদী বাহিত বাড়তি জলের ঢলের সর্বশেষ অবস্থান এবং স্থানান্তর গমনের স্থান এবং সমুদ্র একযোগে জোয়ারের জল আশ্রয়স্থল এই মোহনা অঞ্চল। এই উভয় দিকের জলসম্ভারে জনজীবন বিশেষ করে বর্ষারম্ভ হতে বর্ষাশেষে বিপর্যস্ত হয়ে পড়ে। আবার হুগলী নদী মোহনা অঞ্চল সমুদ্র উপকূলবর্তী ক্যাচমেন্ট অঞ্চলে অসংখ্য নিম্নাঞ্চল, জলমগ্ন অঞ্চল, বেসিনে, বিল প্রভৃতি থাকায় জলের ঢল এইসব দুর্বল ক্ষমতার নিম্নাঞ্চলে ঢুকে পড়ে অঞ্চলের চতুর্দিকে বসতি অঞ্চল, মাঠের ফসলের জমি অনেক সময়ের জন্য জলের নিচে অবস্থান করে ফলে অঞ্চলের জনজীবন দুর্দ্দশাগ্রস্ত হয় এবং চাষের ফসল পুরোটাই নষ্ট হয়ে যায়। এই অবস্থা ঐ অঞ্চলের অধিবাসীদের প্রতি বছরেরই শোকের চিত্র। এই বিস্তীর্ণ জলাজমি, নিম্নাঞ্চলে, বেসিন, বিল জলসম্পদকে শান্তভাবে রাখার একটি সম্ভাবনাময় আধার। কিন্তু অবহেলিত হয়ে বছরের পর বছর পড়ে আছে।

কংসাবতী অববাহিকার ক্যাচমেন্ট অঞ্চলের নদীগুলির মধ্যে কংসাবতী, কুমারী, শিলাবতীর উৎপত্তি ছোটনাগপুরের মালভূমি ও পাহাড়ী-অঞ্চল। মালভূমি এবং পার্বত্য অঞ্চলের বৃষ্টিপাতের জল নানাভাবে পশ্চিমবঙ্গের পুরুলিয়া শহরের প্রায় ৫০ কিলোমিটার দূর হতে প্রবাহিত হয়ে এবং ক্রমান্বয়ে ঢালু অববাহিকা ধরে জলের প্রাচুর্য্যে পুরুলিয়া জেলাতে কংসাবতী-কুমারী নাম নিয়ে বয়ে চলেছে। শিলাবতী নদী-পুরুলিয়া জেলায় সামান্য নালাবাহিত জলের ধারা হিসাবেই চিহ্নিত। যত হুগলী-উপকূলবতী হবে ততই নদী হিসাবে বিবেচিত। বাঁকুড়া জেলাতেও শিলাবতী নদী। এইসব নদী সমূহের চলন পথের স্থানে স্থানে অতি বিশাল বিস্তার আবার স্থানে স্থানে দুই সুউচ্চ পাহাড়ী খাদের মধ্য দিয়ে জল বয়ে চলে। বছরের অন্যান্য সময়ে এই সব নদী অববাহিকাকে সাধারণভাবে একটি স্বাভাবিক উপত্যকা হিসাবে চিহ্নিত হলেও বর্ষাকালে এক নাগাড়ে অনেক সময় ধরে ক্যাচমেন্ট অঞ্চলে বিশেষ করে উপরাঞ্চলের ক্যাচমেন্টে বৃষ্টিপাত হয় তবে খর ঢালু পথে স্থানে স্থানে সংকীর্ণ অববাহিকার কারণে উপর ক্যাচমেন্টের জলের ঢল দেখা যায়। চলনে, গর্জনে, স্থানবিশেষে প্রসারতায় এবং জলসম্পদের প্রাচুর্য্যের প্রমাণ অন্যান্য নাম করা বড় নদী হতেও বেশি দেখা যায়। কিন্তু তা মাত্র সামান্য কয়েক ঘণ্টা বা কয়েকদিনের জন্য। তারপর নদীর চিহ্ন প্রায় অবলুপ্ত। বছরের অধিকাংশ সময়ের জন্য এই সব অববাহিকার উপরাঞ্চলের প্রায় সমস্ত অঞ্চল বা নদী অববাহিকার অনেকস্থান জুড়ে মরুভূমির আকার ধারণ করে পড়ে থাকে। অবশ্য এই অববাহিকা সদৃশ মরুভূমি বড়দানার বালি একটি অতি মূল্যবান এবং প্রয়োজনীয় ইরামতি বস্তু। কংসাবতী এবং কুমারী নদী যাদের উৎস পশ্চিমে উত্তরাংশের পাহাড়ী অঞ্চল সেখান হতে উৎপন্ন হয়ে পুরুলিয়া জেলার মধ্য দিয়ে ভিন্নপথে প্রবাহিত হয়েছে। উৎপত্তিস্থল হতে সুবিধাজনক ঢাল অবলম্বন করে এবং চলার পথে পার্শ্ববর্তী অঞ্চলের জল যা সুগম ঢালের মাধ্যমে বাহিত হয়ে উভয় নদীতে পড়ে উভয়েরই জলের পরিমাণ বৃদ্ধি করে বয়ে চলেছে। এই উভয় নদী কংসাবতী এবং কুমারী পুরুলিয়া ও বাঁকুড়ার সীমান্ত অঞ্চল অম্বিকা নগরে এসে এক সংঙ্গে মিলিত হয়েছে। সমগ্র পুরুলিয়া জেলা এবং বাঁকুড়া জেলার সমগ্র পশ্চিমাঞ্চল ভাগীরথী হুগলীর নদীর নিকটবর্তী জেলগুলি হতে সম্পূর্ণ স্বতন্ত্র। এই অঞ্চলের গঠন সর্বত্রই ঢেউ সদৃশ উঁচু নিচু হওয়া যতই দক্ষিণ-পূর্ব দিয়ে অগ্রসর হতে থাকে তত উঁচু, নীচু, ঢেউ খেলানো ভাব ক্রমেই কমে আসে এবং পরে মেদিনীপুর শহরের নিকট হতে সমতল আকার ধারণ করে। কংসাবতী এবং কুমারী নদীদ্বয়ের প্রকৃতি, জলসম্পদের পরিমাণ ক্যাচমেন্ট অঞ্চলের জলের চাহিদা এবং জোগান দেওয়ার ব্যবস্থা, মাটির গঠন প্রকৃতি এবং পুরুলিয়া-বাঁকুড়ার সীমান্ত অঞ্চলে মিলন অন্যান্য-নদী অববাহিকা হতে সম্পূর্ণ পৃথক এবং এই ক্যাচমেন্ট অঞ্চলের জলসম্পদের ব্যবস্থাপনাও সম্পূর্ণভাবে পৃথক হওয়া উচিত। ক্যাচমেন্ট অঞ্চলের উভয় নদীর উৎসহ হতে হুগলী নদীতে মিলন স্থল পর্যন্ত মাটির গঠনে এবং ভূ-প্রকৃতির তারতম্যের জন্য জলসংরক্ষণ ব্যবস্থাসমূহকে তিনটি পৃথক অঞ্চলে ভাগ করে অবস্থার

সঙ্গে সামঞ্জস্য রেখে ব্যবস্থা করতে পারলে ঐসব অঞ্চলের অতি মূল্যবান জলসম্পদকে আরও সার্থকভাব বাস্তবায়িত করা যায়।

প্রথম ভাগ : কংসাবতী, কুমারী নদীদ্বয়ের অববাহিকার উভয় পাশের ক্যাচমেন্ট অঞ্চল দুই নদীর মিলনস্থল অম্বিকানগর পর্যন্ত।

দ্বিতীয় ভাগ : সম্মিলিত নদী অববাহিকার মিলনস্থল অম্বিকা নগর হতে পাঁশকুড়া পর্যন্ত উভয় তীরের.ক্যাচমেন্ট অঞ্চল।

তৃতীয় ভাগ : পাঁশকুড়া হতে হুগলি নদীর পশ্চিমকূলে মিলনস্থান পর্যন্ত উভয়পাশের ক্যাচমেন্ট অঞ্চল।

প্রথম ভাগ : উঁচু নীচু ঢেউ খেলানো অঞ্চল, স্থানে স্থানে অনেক, জায়গা বেষ্টন করে পাহাড় দিয়ে ঘেরা অঞ্চল, কোথাও সামান্য, কোথাও বেশ কিছু পরিমাণ নীচু অঞ্চল, আবার কোথাও অনেক উঁচু অঞ্চল ক্রম নীচু ঢালে অনেক দূর চলে গিয়েছে। এই দুই নদী অববাহিকার ক্যাচমেন্টের পরিমাণ আনুমানিক ৬,৫০,০০০ হেক্টর। জমি সর্বত্রই বিশেষ করে টিলা অঞ্চলের জমি টিলা প্রকৃতির। অসংখ্য (porus soil) ভূ-পৃষ্ঠের উপরিভাগের জল ভূমির তলদেশে দ্রুত প্রবেশ, বাৎসরিক গড় বৃষ্টিপাতের পরিমাণ কম এবং বিস্তীর্ণ অঞ্চল প্রায় গাছপালাহীন উন্মুক্ত প্রান্তর। বর্তমানে সরকারি ব্যবস্থায় সমাজভিত্তিক বনসৃজন প্রকল্পে ঐ সব উন্মুক্ত (Barren) অঞ্চলে বৃক্ষরোপন করা হয়ে চলেছে। কিন্তু প্রয়োজনের তুলনায় বৃক্ষাচ্ছাদিত অঞ্চলের পরিমাণ নগণ্য। বাৎসরিক গড় বৃষ্টিপাতের পরিমাণ সর্বোচ্চ ১২৫ সে. মি. বা ১.২৫ মি.। কিন্তু অতীতের বাৎসরিক গড়-বৃষ্টিপাতের পরিমাণ হতে দেখা যায় যে কংসাবতী নদী অববাহিকার উপরাঞ্চলের ক্যাচমেন্টে ১০০ সে.মি. বা ১ মি. পর্যন্ত প্রায় প্রতি বছরের বৃষ্টিপাতের পরিমাণই হলো সাধারণভাবে স্বাভাবিক চিত্র। আবার কয়েক বছর অন্তর অন্তর বছরে বৃষ্টিপাতের পরিমাণ উল্লেখযোগ্যভাবে কম দেখা যায়। বর্ষাকালের প্রারম্ভে বা বর্ষা শেষের বেশ কয়েক মাস ধরে এই অঞ্চল সম্পূর্ণভাবে বর্ষণহীন অবস্থায় থাকে। তার সঙ্গে আবার ভূ-পৃষ্ঠের উপরিভাগে জল অনেকদিন অবস্থান করার প্রতিকূল মাটির গঠন প্রকৃতি। মাটির গঠনে দেখা যায় বালুকাময় দো-আঁশ তার সঙ্গে অসংখ্য ছোট, মাঝারি এমনকি বড়দানার পাথর, চুনাপাথর, শক্ত মোটা দানার পাথর দ্বারা আচ্ছাদিত ভূ-পৃষ্ঠ। ভূ-গর্ভস্থ মাটির প্রকৃতিও ভূ-পৃষ্ঠেরর মাটির গঠনবস্তুর অনুরূপ। আবার বিভিন্ন গভীরতায় কোথাও উপরোক্ত মাটির গঠন প্রকৃতি আবার কোথাও বিস্তীর্ণ অঞ্চল জুড়ে নিরেট শক্ত পাথরের স্তর চলে গিয়েছে, স্তরের কোথাও কোথাও ভূ-পৃষ্ঠের অনুরূপ মাটির দ্বারা ভরাট স্থান আছে যেসব স্থান দিয়ে জল আরও গভীরে চাল যায় ভূ-পষ্ঠের অভ্যন্তরে। এই ক্যাচমেন্ট অঞ্চলে একেই বৃষ্টিপাতের পরিমাণ কম তার উপর যে পরিমাণ জল ভূ-পষ্ঠে বর্ষিত হয় তা মাটির অভ্যন্তরে চলে গেল, না হয় ভূ-প্রকৃতির বৈচিত্রে খরবেগে জল ঢালু জমি ধরে অন্যত্র চলে গেল। কিন্তু এইরূপ বৈচিত্রপূর্ণ ভূ-পৃষ্ঠের গঠন কিন্তু সামান্য প্রয়াসেই অনেক স্থানে

বৃষ্টিপাতের জল ধরে রাখার পক্ষে খুবই উপযুক্ত স্থান। এইরূপ উপযুক্ত স্থান যেখানে চতুস্পার্শের জলকে ধরে রাখা সম্ভব হয় সেইসব অসংখ্য অঞ্চল এই ক্যাচমেন্ট অঞ্চলে সর্বস্থানেই আছে। তাই যে পরিমাণ বর্ষণ এই উপরিভাগের ক্যাচমেন্ট অঞ্চলে হয় তার শেষ বিন্দুটিও অঞ্চলের সামগ্রিক প্রয়োজনে আবদ্ধ করে রাখতে পারলে অঞ্চলের সর্বপ্রকার উন্নয়ন সহজসাধ্য হয়। গড় বৃষ্টিপাতের পরিমাণ যদি সর্বাধিক ১৩০ সে.মি. বা ১.৩০ মি. বৃষ্টিপাত প্রতি বছরে নদী-অববাহিকার উভয় অঞ্চলে প্রতি বছর হয় বলে ধরে নেয়া যায় তবে জল সংরক্ষণের জন্য যে জলরাশি হবে তার পরিমাণ হবে নিম্নরূপ :

৬,৫০,০০০ হে. × ১.৩ মি. = ৭,৮৫,০০০ হে. মি।

অঞ্চলের বিস্তৃতির অনুপাতে সম্বৎসরের জলের মজুত ভাণ্ডার খুবই কম। সর্বাধিক গড় বৃষ্টিপাত এবং প্রতি বছরই সমপরিমাণ জলের জোগান হয় ধরে নিলেও জলের মোট পরিমাণ অঞ্চলের পরিপ্রেক্ষিতে প্রয়োজনের তুলনায় কম। এই অঞ্চলের মাটির গঠন এমনই যে প্রথম বর্ষার জল মাটিতে পড়ামাত্র মাটির জালিপথে (porus) চলে যায় আবার মাটির বৈচিত্রে জমির উপরিভাগে জল অবস্থান করার সুযোগ অঞ্চলের অধিকাংশ স্থানেই থাকে না। এই যেখানে অবস্থা সেখানে মাটির উপরিভাগে জল অবস্থান করার সহজ ব্যবস্থা করা এবং জল যাতে ধরে রাখার সুবিধাজন স্থান পরিত্যাগ করতে না পারে এবং ঐ সুবিধাজনক স্থানের চতুস্পার্শের জল সহজভাবে গিয়ে জমা হতে পারে তা করতে পারলে জল তখন অন্যত্র যেতে পারে না। কিন্তু মাটির গঠন প্রকৃতির কারণে জল তড়িৎ গতিতে মাটির অভ্যন্তরে প্রবেশ করা বন্ধ করতে হলে জলাধারের তলদেশে জল চুইয়ে ভিতরে প্রবেশ প্রতিবন্ধকাতযুক্ত মাটির স্তর (impervious layer) থাকে তবে অনেক কম জল মাটির অভ্যন্তরে প্রবেশ করে। এইরূপ জল প্রবেশ প্রতিকূল মাটির স্তর (impervious soil) প্রতি বছরেই জলের সঙ্গে আগত সূক্ষ্মদানার পলিমাটির স্তর পড়ে জলাধারের তলদেশ পুরু হবে এবং জল আর সহজে মাটির তলে বেশী বেশী করে ঢুকে যেতে পারবে না। বর্ষণের জলকে অঞ্চলের রক্ষনের সুবিধাজনক স্থানের পরিমাণ এবং অবস্থান আঞ্চলিক গঠন প্রকৃতির উপর সম্পূর্ণভাবে নির্ভর করবে। ঐসব অঞ্চলকে যথাযথ নির্বাচন করে কি পরিমাণ জল কোন কোন সুবিধাজনক স্থানে পূর্ণ জলাশয়ের ক্ষমতায় রাখা সম্ভব হবে তা পরিমাপ করা। এই উপরের অঞ্চলের ক্যাচমেন্টে অতীতের মনুষ্যকৃত জলাশয়, প্রকৃতি নির্ধারিত জলাভূমি, বিল, হ্রদ, সরোবর পরিমাণ উল্লেখযোগ্যভাবে কম। বেশী হবেই বা কেমন করে। একদিকে বৃষ্টিপাতের পরিমাণ কম, তলদেশে জল চলে যাওয়ার প্রবণতা বেশী, অত্যধিক ঢালের কারণে জল ক্রম নিম্নঢালে দ্রুত সরে গিয়ে অঞ্চলকে জলশূন্য করে দেয়। একমাত্র জল অবস্থান করে কতিপয় মনুষ্য নির্মিত অতিতকাল হতে অবস্থিত সংস্কারবিহীন জলাশয়ে। তার জল দ্বারাই সম্বৎসরের জলের প্রয়োজন মেটানো হয়, এমনকি পিপাসার জলেরও প্রয়োজন মেটায়। সরকারকৃত অনেক নালা বা জোড়কে বাঁধ দিয়ে কিছু কিছু স্থানে জল ধরে রাখার ব্যবস্থা করা হয়েছে। কিন্তু এই ক্যাচমেন্ট

অঞ্চলের সর্বস্থানের অধিবাসীরাই যাতে প্রয়োজনানুযায়ী জল পায় তার সুব্যবস্থা এখনও প্রায় হয়নি বললেই চলে। সরকারী ব্যবস্থা সীমিত। যে পরিমাণে উচ্চাঙ্গের গবেষণা, অনুসন্ধান (সংশয়যুক্ত), জটিল অঙ্কশাস্ত্রের কচকচানি, জরীপে (সন্দেহযুক্ত), প্রচুর দামী দামী মাল মশলার সমন্বয়, অহেতুক বিশাল কায়িক শ্রমের অপচয়, উদ্দেশ্যহীনভাবে যত্রতত্র পেট্রল, মোবিল পুড়িয়ে মোটব গাড়ীর যাতায়াত প্রভৃতির যুক্ত বিশাল পরিমাণের অর্থ বিনিয়োগের পর পর্বতের মুসিক প্রশব জাতীয় ফলই পাওয়া গেল। কংসাবতী ক্যাচমেন্টের খরাপ্রবলন এলাকায় বিরাটাকারে যেসব জলের সুব্যবস্থাপনার বড় বড় প্রকল্প নিয়ে জল্পনা-কল্পনা, অনেক জটিল মাপজোক করা হয়ে আসছে যথাযথভাবে বিশাল অর্থ খরচের বিনিময়ে তার সুষ্ঠ রূপায়ন অবশ্যই যথেষ্ট উন্নত এবং সুবিধা পাওয়ার ব্যবস্থা। তা করতে যেসব উন্নত মানের কুশলতা, উপযুক্ত পরিচালনা এবং অঢেল অর্থের দরকার হবে এখনও আমাদের রাজ্য তো বটেই এমনকি আমাদের দেশও পুরোপুরি স্বয়ংসম্পূর্ণ হয়নি। প্রাথমিক কাজ অঞ্চলের সকলের নিষ্ঠা এবং দৈহিক শ্রম। উন্নত মানের জলপ্রকল্প তৈরি করা। অর্দ্ধশতাব্দীতেও যেখানে সর্বত্র সময়ে জল সরবরাহ করা সম্ভব হয়নি সেখানে উন্নতমানের প্রযুক্তির দ্বারা জলপ্রকল্প তৈরি করার পূর্বে এই অঞ্চলের বিভিন্ন স্থানে অতি প্রাচীন পদ্ধতিতে উঁচু অঞ্চলের জল সামান্য মাটি কাটাকাটি করে জলের আশ্রয় করা। যেখানে নীচু স্থান প্রায় অনেকটা উঁচু পাহাড়ে ঘেরা আছে, সেখানে যাতে বেশ কিছু জল থাকে তার ব্যবস্থাই করা। এই ক্যাচমেন্ট অঞ্চলে এমন অনেক সুবিধাজনক স্থান আছে সেখানে বেশ কিছু স্থানের জল প্রথমে নীচু অঞ্চলে চতুষ্পার্শ হতে আসে এবং যেখানে নালা বা সঙ্কীর্ণ পথ পায় তা অবলম্বন করে অন্য স্থানে চলে যায়। ঐসব সুবিধাজনক স্থানের পরিধির প্রায় অনেকটাই প্রকৃতির দ্বারা বাঁধের সৃষ্টি হয়েছে। অবশিষ্ট খোলাস্থান শুধু দৈহিক শ্রমের সাহায্যে সেই সঙ্কীর্ণ নালাপথ বা নীচু দিকে বাঁধন দিলে চারিপাশের অনেক জলই সেই সেই স্থানে আবদ্ধ হয়ে থাকতে পারে। এই প্রক্রিয়ায় ঐ স্থানের এমন সব নীচু ঘেরা স্থান আছে তাকে জল রাখার ব্যবস্থা করতে পারলে কুড়ি মিটার গভীর পর্যন্ত জল রাখা সম্ভব হয়। স্থানের এবং ভূমির গঠনগত সুবিধাকে কাজে লাগিয়ে স্থানে স্থানে সর্বনিম্ন দশ হেক্টর এবং সর্বাধিক এক হাজার হেক্টর পরিমাণ স্থানকেও জলাশয় হিসাবে চিহ্নিত করা সম্ভবপর হয়। এইভাবে অঞ্চলের সুবিধাজনক স্থানকে চিহ্নিত করে প্রয়োজনীয় সামান্য পরিমাণ মাটি কেটে অঞ্চলে অনেক ছোট বড় জলাধার তৈরি করা যাবে। এই উপরিভাগের ক্যাচমেন্ট অঞ্চলে বৃষ্টিপাতের পরিমাণ কম তাই প্রকৃতির সহায়তায় যে সমস্ত জলাধার তৈরি হবে তারা গভীরতা অন্যান্য অঞ্চল হতে স্বাভাবিক ভাবেই বেশী হওয়া উচিত যাতে কোন বছর যদি অতিবৃষ্টিও হয় তার সমস্ত জলই যাতে ঐস্থানের জলাধারে ধরে রাখা যায়। এই অল্পবৃষ্টিপাত এলাকায় সর্বাধিক কুড়ি শতাংশ জমিকে জলাধার হিসাবে চিহ্নিত করলে অঞ্চলে বর্ষণের প্রায় সমস্ত জলই ধরে রাখা যাবে। এই অঞ্চলের জলাশয়ের গভীরতা হবে দশ মিটারের মত এবং সর্বাধিক আট

মিটার গভীরতার জল যাতে স্বাভাবিক বর্ষণের জল জলাধারে আশ্রয় পেতে পারে তার সর্বপ্রকার ব্যবস্থা নেওয়া। বার্ষিক গড় বৃষ্টিপাতের পরিমাণ যা, তা যদি সমগ্র বছরে বেশ কিছুদিন পরপর বর্ষণ হয় তবে আট মিটার গভীরতার জলও জলাধারে সঞ্চয় হবে কিনা তাও নিশ্চিত নয়। আবার একনাগাড়ে কেবলমাত্র বর্ষাকালেই যদি স্বাভাবিক গড় বৃষ্টিপাত হয় তবে আট মিটার গভীরতার জল জলাধারে আশ্রয় পাওয়া সম্ভব হবে। যদি কোন বছর সাধারণ গড়বৃষ্টি হতে বেশী বর্ষণ হয় তবে জলাধারে প্রায় নয় মিটার গভীরতা পর্যন্ত জল বিশেষ করে ঐ অঞ্চলে রাখার প্রয়োজন হবে। কারণ বলা যায় না পরের বছরই অনেক কম পরিমাণ এবং অসময়ে বৃষ্টি হতে পারে। আপৎকালিন প্রয়োজনে ঐ রক্ষিত জল অনেক কাজ দেবে। যদি কিছুদিন পরপর বৃষ্টি হয় এবং তারফলে গড় বৃষ্টিপাতের বেশীও বর্ষণ হয় তবে সর্বাধিক নয় মিটার গভীরতার জল সহজেই রাখা সম্ভব হবে। আর যদি একনাগাড়ে বেশ কয়েকদিন প্রবল বৃষ্টি হয় এবং বৃষ্টিপাতের ব্যবধান সময়ও কম হয় তবে জলের পরিমাণ সাদারণভাবেই বেশী হবে। তখন কিছু উদ্বৃত্ত জলকে অপসারণ করার দরকার হবে। এই অবস্থায় জলাশয়ের নিকটবর্তী কোন সুবিধাজনক নাল্যরা মাধ্যমে জল যাতে নালা মারফৎ নিকটবর্তী বড় নালায় শেষে স্থায়ী এবং উন্নত প্রণালীর নদী-উপত্যকা দ্বারা বাহিত হয়ে অল্প বৃষ্টি অঞ্চলে যেতে পারে তারও আপৎকালীন ব্যবস্থা রাখা। আশা করা যায় এই অল্প বৃষ্টিপাত অঞ্চলে অতিবৃষ্টির জল কোন প্রকারেই দুশ্চিন্তার কারণ হবে না, জলাধারে অঞ্চলের অধিকাংশ জল প্রবেশ করানোর সুব্যবস্থা করানোর উপরেই তা সম্ভব।

৬,৫০,০০০ হেক্টর পরিমাণ স্থানের মধ্যে কুড়ি শতাংশ পরিমাণ জমি জলাধার হিসাবে বিবেচিত হলে জল সংরক্ষণের কারণে জমির পরিমাণ হবে ১,৩০,০০০ হেক্টর। যদি সর্বাধিক ছয় মিটার গভীরতার জল জলাধারে আবদ্ধ করে রাখা যায় তবে জলের পরিমাণ হবে

১,৩০,০০০ হে. × ৬ মি. = ৭,৮০,০০০ হে.মি.

কংসাবতী-অববাহিকার উপরাঞ্চলের যে পরিমাণ বার্ষিক গড় বৃষ্টিপাত হয় এবং প্রাকৃতিক সুবিধাযুক্ত জলাধারের ব্যবস্থা করা যায় তবে প্রাথমিকভাবেই অন্যান্য প্রথায় জল অপসারণ না হলেও প্রায় বাৎসরিক বর্ষণের জল হতেও কিছু বেশী পরিমাণ জল ধরে রাখা সম্ভব হয়। বার্ষিক গড় বর্ষণ কম, পর্যাপ্ত পরিমাণ জল ধরে রাখার স্থান আছে মাটির অভ্যন্তরে জল প্রবেশের অনুকূল অবস্থা, যেখানে জলের ব্যবস্থা থাকলে একাধিক ফসল ফলানো সম্ভব হয়, সেখানে বর্ষিত জল যাতে কোনক্রমেই স্থানত্যাগ না করে তার সুপরিকল্পিত ব্যবস্থা সৃষ্টি করা। এখানে একটি অতি গুরুত্বপূর্ণ বিষয় জলসম্পদকে নদীদ্বারা বাহিত হতে দিয়ে কোন সুবিধাজনক স্থানে তাকে প্রতিরোধ করে বিশাল জলরাশি একস্থানে আবদ্ধ করে রেখে চতুর্দিকে স্বল্প, বৃহৎ পরিসরের খালের (canal)-এর মাধ্যমে জল সরবরাহ না করে আরও উন্নততর এবং সুবিধাজনক ব্যবস্থায় ক্যাচমেন্টের নানাস্থানে

জল ধরে রাখার ব্যবস্থা করা। অঞ্চলের প্রয়োজনানুযায়ী নালা কেটে হয় কায়িক শ্রমের দ্বারা পরিচলন ব্যবস্থা বা অর্থনৈতিক উন্নয়নের সঙ্গে সঙ্গে যন্ত্রচালিত পাম্প মেশিন দ্বারা পরিচলন ব্যবস্থা করা আরও সহজ এবং শতকরা একশত ভাগ কার্য্যকরী সুবিধাজনক ব্যবস্থা। এই ব্যবস্থায় জলাধারের জলধারন ক্ষমতা যদি কমে যায় কিংবা জল চলনে নালার কোনরূপ সংস্কার বা পরিবর্তন করার প্রয়োজন হয় তবে অল্পায়াসেই অঞ্চলের অধিবাসীর দ্বারাই হোক বা অধিবাসীদের দ্বারা নিযুক্ত সংস্থার মাধ্যমেই হোক প্রয়োজনীয় সংস্কার কাজ করা সহজ হয় এবং সময়ে জল পাওয়ার স্থায়ী ভরসা পাওয়া যায়। এই ব্যবস্থা রূপায়ণ করতে গেলে ক্যাচমেন্টের প্রাথমিক দিকগুলি যেমন সুবিধাজনক স্থান নির্বাচন, অধিগ্রহণ, জলাধারের জলরক্ষণ ক্ষমতা নির্ণয়, জলাধারে জলের সরবরাহ, তার পরিমাণ, জল আবদ্ধ হয়ে থাকার পর সেই জলকে বিভিন্নভাবে বিভিন্ন সময়ে কাজে লাগানোর জন্য নানাদিকে নানা পরিসরের নালা খনন এবং সর্বোপরি সর্বকাজ সম্পাদনের জন্য অর্থব্যয় এবং অর্থপ্রাপ্তি প্রভৃতি দিকগুলির সুষ্ঠ এবং আশার চিত্র অঞ্চলের জনগণের নিকট রাখার ব্যবস্থা করা। এই অঞ্চলের সর্বস্থানেই যদি এইরূপ অনুসন্ধানের কাজ একই সময়ে করা যায় তবে অঞ্চলের সমস্ত পরিমাণ জলকেই (স্বাভাবিক গড় বৃষ্টিপাতের) নিজ নিজ স্থানে রাখা সম্ভবপর হবে কিনা (হওয়া উচিত) না হলে উদ্বৃত্ত জল সহজ উপায়ে কিভাবে ঘাটতি এলাকায় পাঠিয়ে দেওয়া যায় তার উপায়ও বোঝা যায়।

সাধারণ গড় বৃষ্টিপাতের জল অর্থাৎ ৭,৮৫,০০০ হে.মি. বা ৮,০০,০০০ হে.মি. পরিমাণের জল কংসাবতী নদী-অববাহিকার উভয় ক্যাচমেন্ট অঞ্চলে বর্ষিত হল। এই ৮,০০,০০০ হে.মি. জল প্রকৃত অবস্থায় জলের পরিমাণ ভূ-পৃষ্ঠে অবস্থান করবে অনেক কম। প্রাথমিক ব্যবস্থাপনায় বর্ষিত জলের সবটুকুই এই প্রথম ভাগের জলাশয়সমূহকে ধরে রাখা যাবে। এভাগে যে পরিমাণ জল বর্ষিত হল তার ভূ-পৃষ্ঠে পড়ার পর হতেই অন্যান্য অঞ্চল হতে অনেক বেশী স্থানান্তরে চলে যাবে। জল মাটিতে পড়ামাত্র বাষ্পাকারে উপরে গমন, এ অঞ্চলে বেশী পরিমাণে হবে। কারণ অঞ্চলের আয়তনের তুলনায় বাষ্প প্রতিরোধক বৃক্ষের সংখ্যা অতিশয় কম। আবার মাটির তলদেশেও অন্যান্য অঞ্চল হতে বেশী মাত্রায় জল প্রবেশ করবে। জল ব্যবহার ছাড়া অন্যভাবে নিষ্পেষিত হবার পরিমাণ ক্যাচমেন্টের এই ভাগে আবহাওয়ার কারণে অনেক বেশী। জুন মাস হতে অক্টোবর মাস পর্যন্ত এই পাঁচ মাসে জল ভূ-পৃষ্ঠ হয়ে অপসারিত হওয়ার পরিমাণ যথেষ্ট লক্ষণীয় বিষয়।

জল বাষ্প হয়ে আকাশে উঠে যাওয়ার যে সমস্ত সহায়ক দিকগুলি আছে তার মধ্যে তাপ অন্যতম। প্রথম বিভাগের ক্যাচমেন্ট অঞ্চলে প্রতিরোধ বিহীন রৌদ্রালোকে এবং তাপে জল অন্যান্য অঞ্চল হতে বেশী উত্তপ্ত হয়। জলও বেশী তাপ পেয়ে বাষ্প হওয়ার পরিমাণ বৃদ্ধি পায়। তার ফলে জলাধারের জল বেশী পরিমাণে কমে যায়। এই যে বাষ্প হয়ে জল কমে যাওয়া ঐ অঞ্চলে কেবলমাত্র যদি পাঁচ মাসকাল সময় জল কমে যাওয়ার

পরিমাণ ধরি তার মাত্রা অতি কম হলেও প্রায় এক মিটারের মত। যদি সঞ্চিত জল হতেই এক মিটার গভীরতার জল বাষ্প হয়ে আকাশে উঠে যাওয়া ধরে নেয়া হয় তবে তার পরিমাণ হবে ৯১,৩০,০০০ হে. × ১ মি. = ১,৩০,০০০ হে.মি.। পাঁচ মাসে আবদ্ধ জল হতে ১,৩০,০০০ হে.মি. জল বাষ্প হয়ে উড়ে গেল। সমপরিমাণ জল বা তার থেকেও বেশী মাটির অভ্যন্তরে চলে গেল। এই পাঁচ মাসে আপৎকালীন এবং অধিক ফলনশীল ফসলের কারণে একই পরিমাণ জল খরচ হয়ে গেল। তারপর তো আরও সাত মাস পড়েই রইলো। যে সময় না হবে বৃষ্টিপাত, তার উপর আকাশে, পাতালে জল ওঠা ও প্রবেশে অনেক চলে চলে যাবে। জলাধার শূন্য হতে কতক্ষণ। তাই এই জল সংরক্ষণ এবং সময়ে সুব্যবহার যথোপযুক্ত এবং উন্নততর করলেও জলাধার জলশূন্য হওয়াও খুব বিচিত্র নয়। তাই এই অঞ্চলে বর্ষণের শেষ বিন্দু ও রক্ষা করা অতি জরুরী বিষয়।

জল যে অতি অমূল্য সম্পদ এবং পিপাসার তৃপ্তি তাও কত ঘটনাবহুল তার একটি অতি করুণ দৃশ্যের কথা মনে পড়লো। কর্মজীবনের প্রথমে আমি এই অঞ্চলে প্রায় পঁয়ত্রিশ বছর পূর্বে এক করুন দৃশ্য প্রত্যক্ষ করেছিলাম। কংসাবতী অববাহিকার প্রথম ভাগেই আমার কর্মস্থল ছিল এবং তা কংসাবতী কুমারী নদীর জলসম্পদ অনুসন্ধান বিভাগেরই একটি স্থানে। কর্মজীবনের প্রারম্ভে এদিক-ওদিকে হেঁটে হেঁটে অঞ্চলের বিভিন্ন স্থানে যাওয়ার উৎসাহও যথেষ্ট ছিল। এদিক-ওদিক যাতায়াতের সময় একটি অতি করুণ চিত্র প্রায়ই দেখা যেত। চতুর্দিকে উন্মুক্ত জলহীন প্রান্তর। এমনকি বড় বড় গাছের সংখ্যাও অনেক কম। এদিক-ওদিক দুই-চার ঘর নিয়ে এক-একটি গ্রাম। স্বভাবতই ঐসব গ্রামে নিতান্ত প্রয়োজনীয় পানীয় জলের কোনরূপ ব্যবস্থা নেই। বর্ষাকালে ডোবা, গর্তে যে সামান্য পরিমাণ জল ছিল তাও নভেম্বর ডিসেম্বর মাসের মধ্যে শেষ হয়ে গিয়েছে। পানীয় জলের অভাব। তাই তৃষ্ণা নিবারণের জন্য বিশেষ করে মহিলা এবং তরুণীরা কলসী নিয়ে পার্শ্ববর্তী সামান্য বেশী বসতিপূর্ণ অঞ্চলের পুকুর কিংবা ইঁদারায় পানীয় জলের ব্যবস্থা আছে সেখানে জল আনতে যেত। বাড়ী হতে জল আনতে যাওয়া এবং দূরবর্তী জলাশয়, ইঁদারা, কুয়া হতে জল আনার ক্লান্তি নিবারণের কারণে পুর্ণকলসী জল কখনওই আনা সম্ভব হতো না। পথিমধ্যে খররৌদ্রে পায়ে হাঁটার দরুন ক্লান্তি ও পিপাসা দূর করতে অর্ধকলসী জলই খরচ হয়ে যেত। বাকি অর্ধকলসীর জল দিয়েই সমস্ত পরিবারের পিপাসা নিবারিত হতো। এই যে অফুরন্ত প্রাকৃতিক দানস্বরূপ জল তারও সামান্য রক্ষণ ব্যবস্থার অভাবে অতি সামান্য পরিমাণই তৃষ্ণা নিবারণে পেত। অবশ্য এ চিত্র এখন আর বিশেষ নেই। প্রায় প্রত্যেক জনবসতি অঞ্চলেই পানীয় জলের ব্যবস্থা করা হয়েছে। কিন্তু তা যথেচ্ছ এবং সর্বত্র সমানভাবে জলের ব্যবস্থা এখনও হয়নি। কিন্তু যে জল প্রতি বর্ষায় আমাদের এই প্রদেশে যে পরিমাণ বর্ষিত হয়, তা যত সামান্যই হোক, উল্লেখযোগ্যভাবে অনাবৃষ্টি না হলে ঐ পতিত জলই যথাযথ সংরক্ষণ করতে পারলে সর্বদিকের সুরাহা না হলেও অতি প্রয়োজনীয় পানীয় জল এবং দৈনন্দিন জীবনযাত্রা

নির্বাহ করতে যে পরিমাণ জলের প্রয়োজন হয় তার বোধহয় অভাব হবে না। বৃষ্টির জল বর্ষার প্রারম্ভে সঞ্চয় মুহূর্ত হতে বেশ কিছু পরিমাণ জল কমে যাওয়া এ অঞ্চলের অতি স্বাভাবিক ঘটনা। পানীয় জলের সংস্থান যা করা হয়েছে, তা ব্যয়সাপেক্ষ গভীর নলকূপের মাধ্যমে। মানুষ এবং গৃহপালিত প্রাণীর তৃষ্ণা নিবারিত হয়েছে। কিন্তু মাটির তাপজনিত পিপাসা এখনও অনেকটাই অপূর্ণ রয়ে গিয়েছে। তাই প্রতি বিন্দু জল এই অঞ্চলের অতি গুরুত্বপূর্ণ সম্পদ। বর্ষিত জলসম্পদ অবহেলায় যাতে না অপসারিত (নিশ্বেষিত) হতে পারে তার কারণে অতি সহজে এবং সামান্য কালের মধ্যেই নির্ধারিত জলাশয়ে আশ্রয় পেতে পারে তার প্রতি সবিশেষ দৃষ্টি দেওয়া। এই অঞ্চলের অতিখর রৌদ্রতাপ জল দ্রুত নিশ্বেষ হওয়ার মাধ্যম। তাই খররৌদ্রতাপে জলাশয়েরর জল যাতে অতি দ্রুত উড়ে না যেতে পারে তার নিমিত্ত জলাশয়ের চতুর্দিকে ঘনভাবে পত্রাচ্ছাদিত বৃক্ষরোপন করলে সঞ্চিত জল অনেক কম পরিমাণেই বাষ্প হয়ে উড়ে যাবে। এ অঞ্চলের মাটির প্রকৃতি এরূপ যে জল মাটিতে পড়া মাত্রই অনেকটাই মাটির তলদেশে চলে যায়। গর্তে জল প্রবেশ কমাতে হলে চতুপার্শ্বের জল যাতে অতিদ্রুত জলাশয়ে আশ্রয় পেতে পারে তার ব্যবস্থা করা। জল চলাকালে অতি সূক্ষ্ম বালুকণা জলের সাথে জলাশয়ে যাবে এবং সময়ে তা জলাশায়র তলদেশে জমা হবে। এই সূক্ষ্ম ধূলিকণা জলে মিশ্রণে তা সূক্ষ্ম দানার কাদামাটি। এই কাদামাটির আস্তরণ ভেদ করে ভূগর্ভে যাওয়াও অনেক কমে যাবে। এই দুই প্রক্রিয়ার এই অঞ্চলের সঞ্চিত জল অনেকটাই সংগ্রহ করে বেশীদিন রাখা সম্ভব হবে এবং বর্ষাবিহীন সব মাসের প্রয়োজনে সংকুলান না হলেও বিশেষ প্রয়োজনে জল পাওয়া সম্ভব হবে।

প্রথম বিভাগের জলসম্পদ-রক্ষণ ব্যবস্থার ক্ষমতা হতে বছরের সরবরাহ অনেক কম। যেহেতু জলসম্পদ পশ্চিমবঙ্গের তথা সমগ্র ভারতবর্ষের প্রধান এবং একমাত্র উন্নয়নের আবশ্যিক বস্তু সেখানে সর্বাঙ্গিন ব্যবস্থা এবং চেষ্টার দ্বারা সমস্ত বর্ষিত জলরক্ষণ করা আশু কর্তব্য।

দ্বিতীয় ভাগ

এবার কংসাবতী নদীর ক্যাচমেন্টের দ্বিতীয় ভাগে আসা যাক। এই অংশের ক্যাচমেন্ট সংযুক্তভাবে কংসাবতী, কুমারী নদীর নদী-অববাহিকার উভয় তীর। এই অংশের ক্যাচমেন্টের ভূ-প্রকৃতি প্রথম ভাগ হতে পৃথক। কংসাবতী এবং কুমারী নদীর মিলনস্থল বাঁকুড়া জেলার দক্ষিণ-পশ্চিমাংশের অম্বিকানগর হতে মেদিনীপুর জেলার পাঁশকুড়া পর্যন্ত বিস্তৃত। এই নদী-অববাহিকার সঙ্গে কংসাবতী, শিলাবতী, মুণ্ডেশ্বরী, দ্বারকেশ্বর, গন্ধেশ্বরীর ক্যাচমেন্টসমূহ আংশিকভাবে যুক্ত। এই ক্যাচমেন্ট অঞ্চলের বাৎসরিক গড় বৃষ্টিপাত প্রথম বিভাগের বাৎসরিক গড় বৃষ্টিপাতের পরিমাণ ১৭৫ সে.মি থেকে ২০০ সে.মির মধ্যেই সাধারণভাবে পরিলক্ষিত হয়। জলসম্পদ বণ্টন ব্যবস্থা পুণায় আমরা সর্বাধিক মাত্রা ২০০

সে.মি। বাৎসরিক গড় বৃষ্টিপাত ধরে নিয়ে বিশ্লেষণ করব। দ্বিতীয় ভাগের ক্যাচমেন্টের আয়তন আনুমানিক ৮,০০,০০০ হেক্টর। দ্বিতীয় ভাগের ক্যাচমেন্টের প্রায় অর্দ্ধেক অংশ মিশ্র প্রাকৃতিক গঠনযুক্ত। বিচ্ছিন্নভাবে কোথাও উঁচু অঞ্চলের ভিতর দিয়ে নদী প্রবাহিত হয়েছে, কোথাও বা অনেকটা সমতল অববাহিকা। এইরূপ মিশ্র অঞ্চল মেদিনীপুরে প্রবেশ পর্যন্ত বিস্তৃত। তারাপর এই ভাগের অববাহিকা সমতল জমির উপর দিয়েই চলেছে। প্রথমদিকে এই নদী-অববাহিকার উভয় পাশের ক্যাচমেন্ট অঞ্চলে প্রাকৃতিক বা মনুষ্যকৃত জলাশয়ের সংখ্যা অনেক কম। আবার পাঁশকুড়ার নিকটবর্তী উভয় তীরের ক্যাচমেন্ট অঞ্চলে ক্ষুদ্র বৃহৎ প্রাকৃতিক ও মনুষ্যকৃত জলাশয় যথেষ্ট বিদ্যমান। এইভাগে অম্বিকানগর হতে বাঁকুড়া জেলার পূর্ব সীমান্ত এবং মেদিনীপুর জেলার পশ্চিম সীমান্ত পর্যন্ত মাটির গঠনে সাধারণত বড়, মাঝারি বালির দানা এবং ছোট ছোট কাঁকড়ের আধিক্য দেখা যায়। কাদামাটির পরিমাণ অনেক কম। তাই জল সহজেই ভূমির অভ্যন্তরে প্রবেশ করে। আবার বাঁকুড়া জেলার পূর্বসীমান্ত হতে পাঁশকুড়া পর্যন্ত মাটি দো-আঁশ পলিমাটি ও কাদামাটির স্তর বিদ্যমান। এই প্রকার মাটির তলদেশে যেখানে পলিমাটি কাদামাটি অতি ঘনভাবে স্তরে স্তরে জমে আছে, সেখানে ভূমির অভ্যন্তরে অতি ধীরে ধীরে জল প্রবেশ করে। সেখানে প্রথমাংশে জলাশয়ের জল যত শীঘ্র ভূমির অভ্যন্তরে প্রবেশ করবে, দ্বিতীয় অংশে অভ্যন্তরে জল প্রবেশ ধীর গতিতে হবে বলে জলাশয়ে জল অনেকদিন অবস্থান করবে। বর্ষাকালে অর্থাৎ জুন মাস হতে সেপ্টেম্বর মাস পর্যন্ত যে পরিমাণ বৃষ্টিপাত হয় তা প্রথম দিকে দ্রুত গতিতে অভ্যন্তরে প্রবেশ করে বিশেষত প্রথম অংশে। দ্বিতীয় অংশে যদিও বর্ষারম্ভ ভূমির অভ্যন্তরে জল প্রবেশের পরিমাণ বেশী হয়। কিন্তু পরবর্তী অবস্থায় ভূমির সমতলেই জল অবস্থান করে। জলের পরিমাণ যদিও অনেক ভাবেই লাঘব হয়। কিন্তু দ্বিতীয় বিভাগের দুই অংশে মাটির তলদেশে প্রবেশেরই তুলনামূলক আলোচনা করা হল।

দ্বিতীয় বিভাগের ৮,০০,০০০ হেক্টর পরিমাণ উভয় পাশের ক্যাচমেন্ট অঞ্চলে ২০০ সে.মি. বা ২ মিটার গভীরতার জল সম্বৎসরে পতিত হলে সমতলে বর্ষিত জলের পরিমাণ হবে

৮,০০,০০০ হেক্টর × ২ মি. = ১৬,০০,০০০ হে.মি.

ক্যাচমেন্টের এক চতুর্থাংশ পরিমাণ জমি যদি জল সংরক্ষণের কারেণ নির্দিষ্ট থাকে তবে জলাশয়ের আয়তনের পরিমাণ হবে

৮,০০,০০০ ÷ ৪ = ২,০০,০০০ হেক্টর

এই অঞ্চলের বিশেষ করে দক্ষিণ-পূর্বাংশের তলদেশের জলের গভীরতা খুব বেশী নয়। বর্ষাকালে জল মাটির চার মিটার বা আরও কম গভীরতায় জল পাওয়া যায়। আবার পশ্চিমাংশের ভূমির অভ্যন্তরে অধিক গভীরে জলের তল পাওয়া যায়। যে সমস্ত প্রাকৃতিক জলাশয় বিদ্যমান বা আরও নূতন নূতন জলাশয় খনন করতে হবে তাদের গভীরতা

অপেক্ষাকৃতভাবে পশ্চিম অংশেই অধিক হবে, পূর্ব-দক্ষিণাংশে অসংখ্য প্রাকৃতিক খাল বিল প্রাচীনকাল হতে অবস্থিত। তাছাড়া মনুষ্যকৃত জলাশয়ও যথেষ্ট বিদ্যমান। কিন্তু সংস্কারবিহীন অবস্থায় আছে। এর সাথে জল সংরক্ষণের সুবিধাযুক্ত স্থানে নূতন নূতন জলাশয় খনন করে এবং প্রাকৃতিক এবং মনুষ্যকৃত জলাশয় সমূহকে যথাযথ সংস্কার বা জল ধারণ ক্ষমতা বৃদ্ধি করলে এই বিভাগের অনেক পরিমাণ জলকেই ধরে রাখা সম্ভব হবে। দক্ষিণ-পূর্বাংশের জলাশয় সমূহের গভীরতা কম রাখতে হবে কারণ বেশী গভীর করলে জলাধারে জল চতুষ্পার্শ হতে চুঁইয়ে এসে জলাধার পূর্ণ করবে। যদি যথেচ্ছ জল সেচের এবং অন্যান্য কাজে ব্যবহৃত হয় তবে জলাধারের গভীরতা যথেচ্ছভাবে বাড়ানো যাবে। একাধারে জল আগমন এবং নির্গমনে সমতা থাকলে জলাধারে সর্বোচ্চ ক্ষমতায় জল ধরে রাখা সম্ভব হবে। কৃষি ব্যবস্থা সম্পূর্ণভাবে সেচ নির্ভর এবং ভিন্ন ভিন্ন মরসুমের ফসল বা ফল, ফুল, সবজি বছরের বার মাসেই উৎপাদন করা সম্ভব হয় যদি যথেচ্ছ সেচের জল পাওয়া যায়। জলের যথেচ্ছ ব্যবহারের, সঙ্গে সামঞ্জস্য রেখে জলাধার সমূহের গভীররতার পরিমাণ বৃদ্ধি করে আরও বেশী জল ধরে রাখা যেতে পারে। বাস্তব অবস্থায় পরিস্থিতি কিরূপ হতে পারে তার সূক্ষ্ম বিচার না করেও বর্তমান অবস্থায় অতি সহজেই দুই মিটার গভীরতাযুক্ত জলাধার করা যাবে। এবং যেসব সংস্কারবিহিন জলাশয়, বিল, সরোবর, দিঘী-পুষ্পরিণী, জলাজমি প্রভৃতিকে পাঁকমাটি অপসারণ করে দুই মিটার গভীর হবে। এই বিভাগের ক্যাচমেন্টে জল সংরক্ষণের নির্দিস্ট জমি প্রয়োজনীয় খনন এবং সংস্কারের পর দুই মিটার গভীর জল ধরে রাখতে পারলে প্রাথমিকভাবে জল ধরে রাখার পরিমাণ হবে

২,০০,০০০ হে. × ২ মি. = ৪,০০,০০০ হে.মি.

এই বিভাগে বিশেষ করে দক্ষিণ-পূর্বাংশে গাছপালা, শস্যক্ষেত্র অঞ্চলের অনেক স্থান জুড়ে আছে এবং তা বছরের বার মাসই থাকে। তাই উন্মুক্ত অবস্থায় রৌদ্রকিরণে প্রথম বিভাগে যে পরিমাণ জল বাষ্প হয়ে আকাশে উঠে যায় দ্বিতীয় বিভাগে সে পরিমাণ জল বাষ্প হয়ে চলে যাবে না। কিন্তু গাছপালা এবং কৃষিজমি বিভিন্ন ফসল বেড়ে ওঠার কালে অনেক পরিমাণ জল গাছপালা, কৃষিজাত ফসলের অভ্যন্তরে চলে যায়। তাই জল উত্তাপে সরাসরি আকাশে উঠে না গেলেও গাছপালার দ্বারা যে জল খরচ হয় তার পরিমাণ মোটামুটি একই রকম। বর্ষারম্ভ হতে বর্ষা শেষ পর্যন্ত কেবলমাত্র জলাশয় এবং প্রাকৃতিক সংস্কার পরবর্তী বিলসমূহ হতে প্রায় এক মিটার গভীর জল আকাশে উঠে যায়। এই দ্বিতীয় বিভাগের জলাশয়সমূহ হতে জল বাষ্প হয়ে উঠে যাওয়ার পরিমাণ হবে :

২,০০,০০০ হে. × ১ মি. = ২,০০,০০০ হে.মি.

এই দ্বিতীয় বিভাগের মাটির মধ্যে অতি সূক্ষ্ম বালুকণা এবং পলিমাটি কাদামাটির আধিক্য দেখা যায় এবং তা অম্বিকানগর হতে কিছুদূর দক্ষিণ-পূর্বাংশে অগ্রসর হবার পর মাটির

ভিতরে জল প্রবেশের পরিমাণ ঘণ্টায় প্রায় ২ সে.মি.-র মত। এইরূপ জল ভূমির অভ্যন্তরে প্রবেশের মাত্রা কিছুদিন চলার পর বর্ষা ঋতুর মাঝামাঝি সময়ে মাটি অভ্যন্তরে জল সম্পৃক্ত (saturation) হয়ে যাওয়ার দরুন জল মাটির অভ্যন্তরে যাওয়ার প্রবণতা খুবই কম হয়। মাটির এইরূপ প্রকৃতির জন্য দ্বিতীয় ভাগে বর্ষা ঋতুর প্রারম্ভ হতে সেপ্টেম্বর মাস পর্যন্ত মাটির অভ্যন্তরে জল প্রবেশের পরিমাণ সর্বাধিক ০.২৫ মিটারের মত। সুতরাং মাটির তলদেশে এই চারমাসে জল প্রবেশ করতে পারে এই দ্বিতীয় ভাগের ক্যাচমেন্ট এলাকা হতে

৮,০০,০০০ হে. × ০.২৫ মি. = ২,০০,০০০.০০ হে.মি.

এই ক্যাচমেন্ট এলাকার বর্ষারম্ভ হতে সেপ্টেম্বর মাস পর্যন্ত ০.১০ মি. গভীরতার জলে যে শস্য রোপণ করা হয় প্রধানত ধানচাষ সেইরূপ জমির পরিমাণ মোট জমির প্রায় ৩৫ শতাংশ

৮,০০,০০০ হে. জমির মধ্যে ৩৫ শতাংশ জমির পরিমাণ = ২৮০০০০ হে.

২৮০০০০ হে. জমিতে ০.১০ মি. জল অবস্থিত হলে জলের পরিমাণ হবে

২৮০০০০ হে. × ০.১০ মি. = ২৮০০০ হে.মি.

এইরূপ ব্যবস্থাপনায় তাছাড়া আরও অনেক উপায়ে জল যে স্থানে পতিত হয় সেই স্থানেই ঐ জলের অধিকাংশ অবস্থান করানো সম্ভব হয়। যাহোক কয়েকটি অতি সাধারণ জলসংরক্ষণ ব্যবস্থা যেমন জল স্থানেই আবদ্ধ করে রাখা, ভূ-অভ্যন্তরে প্রবেশ, তাপে এবং গাছে প্রভৃতির দ্বারা যে পরিমাণ জলের হিসাক পাওয়া যাবে তার একটা মোটামুটি ধারণা পাওয়া যা হবে তার পরিমাণ

ক্যাচমেন্ট অঞ্চলে বর্ষিত জলের পরিমাণ	**জলের বিভিন্নস্থানে আশ্রয়লাভ এবং স্থানান্তরে গমন**	
১৬,০০,০০০ হে. মি.	(ক) সংরক্ষণ	৪,০০,০০০ হে.মি.
	(খ) বাষ্প এবং বৃক্ষদ্বারা জল নিস্ক্রমণ	২,০০,০০০ হে.মি.
	(গ) মাটির তলদেশে জল গমন	২,০০,০০০ হে.মি.
	(ঘ) চাষের জমিতে জল অবস্থান	২৮,০০০
	মোট	৮,২৮,০০০ হে.মি.

মোট বর্ষিত জলের মধ্যে ৬৮,২৮,০০০ হে.মি. জল সংরক্ষণ, বাষ্প, মাটির তলদেশে প্রবেশ প্রভৃতির মাধ্যমে জল বর্ষণ স্থানেই অবস্থিত এবং অবলুপ্ত হয়। তা সত্ত্বেও আরও

(১৬০০০০০ হে.মি.—৮২৮০০০ হে.মি.) = ৭৭২০০০ হে.মি. জল অতিরিক্ত থেকে যাচ্ছে। উপরোক্ত ব্যবস্থাপনা হতে আরও উপযুক্ত এবং বর্ধিত ব্যবস্থা অনুযায়ী এবং পুঙ্খনাপুঙ্খ হিসাব বরে আরও অনেক জল ঐ ক্যাচমেন্ট অঞ্চলেই ধরে রাখা সম্ভব হয়। সমগ্র বছরের মোট বর্ষিত জলের বেশীর ভাগ যদি বিভিন্ন ব্যবস্থার মাধ্যমে ঐ ক্যাচমেন্ট অঞ্চলেই স্থায়ীভাবে আবদ্ধ রাখা সম্ভব হয় তবে এই নদী-অববাহিকার তৃতীয় অর্থাৎ শেষ ভাগে দ্বিতীয় ভাগের অতিরিক্ত জল যাওয়ার প্রায়োজন হবে না। এই নদী-অববাহিকার তৃতীয় ভাগ যথেষ্ট জটিল ক্যাচমেন্ট। এই ক্যাচমেন্টের বর্ষিত জল যা কিছু মাত্রায় বেশী পরিমাণেই বর্ষিত হয়। তার সঙ্গে উপর অংশ হতে অতিরিক্ত বহিষ্কৃত জল প্রায় প্রতি বছরই বিশাল অঞ্চলব্যাপি প্লাবনের সৃষ্টি করে। যার ফলে জলসম্পদ বা প্রাকৃতিক আরও অনেক সৃষ্টি এবং উন্নয়নের কারণ তা না হয়ে ধ্বংসের দিকটাই বিভিন্ন প্রকারে ঘটে চলে। তাই দ্বিতীয় ভাগে মোট বর্ষিত জলের যতদূর সম্ভব আবদ্ধ রাখতে পারলে তৃতীয় ভাগে জলসম্পদ ব্যবস্থাপনার দিকগুলি সহজ হয় এবং তৃতীয় ভাগ যেখানে জলসম্পদ এবং ভূমি যা অতীব মূল্যবান তার যথাযথ সংমিশ্রণ অঞ্চলের প্রাচুর্যের মূলধন।

তৃতীয় ভাগ

কংসাবতী-নদী-অববাহিকার শেষ ভাগের ক্যাচমেন্ট শুধুমাত্র কংসাবতী-নদী-অববাহিকার ক্যাচমেন্টেই নয়, তার সঙ্গে আরও অনেক নদী পাঁশকুড়ার পর হতে ঐ কংসাবতী নদীতে এসে মিশেছে। নদীগুলির মধ্যে হলদী, কেলেঘাই, বাঘাই উল্লেখযোগ্য। তাছাড়া অসংখ্য খাল কংসাবতীর উভয়তীরের যে কোন স্থানে এই নদী-অববাহিকায় এসে পড়েছে। শিংলাই, কপিলেশ্বরী, অমরখালি, গনপত, কালিমণ্ডপ, চণ্ডিয়া প্রভৃতি উল্লেখযোগ্য খাল। সব থেকে গুরুত্বপূর্ণ বিষয় হল এই তৃতীয় ভাগের ক্যাচমেন্ট এলাকায় অসংখ্য বিভিন্ন আয়তনের জলাভূমি বা বেসিন অনাদিকাল থেকে বিদ্যমান। এইসব জলাভূমি বা বেসিন অঞ্চলের প্লাবনজনিত বিভিন্ন রূপ অসুবিধার সৃষ্টি হয়ে চলেছে। উপযুক্ত সংস্কার অর্থাৎ জন্মমুহূর্ত হতে ঐসব বেসিনে ক্রমেই যে পলিমাটি পড়ে পড়ে বেসিনসমূহে জল ধারন ক্ষমতাকে অতি ভয়ঙ্করভাবে দুর্বল করেছে, সেই সঞ্চিত মাটিকে উত্তোলন করে চর্তুদিকের ঘেরকে ঐ মাটির দ্বারা শক্তিশালী ও উচ্চ ঘের দিয়ে ঘেরা অঞ্চলের মাটি সয়ে যাওয়ার প্রতিরোধে বৃক্ষরোপণ করে ঐ স্থানে বর্ধিত ক্ষমতায় জলসম্পদকে আবদ্ধ করে রাখতে পারলে উত্তোলিত মাটি এবং সমগ্র বছরের প্রাপ্ত অফুরন্ত জলকে সম্পদ সৃষ্টির কারণে নিয়োজিত করতে পারলে ঐ স্থানের আর্থ সামাজিক উন্নয়ন কর্মসংস্থান প্রভৃতি দিকগুলি উন্মোচিত হতে পারবে। বেসিন বা জলাভূমিগুলি মেদিনীপুর জেলার কন্টাই, তমলুক এবং হলদিয়া মহকুমাতে অবস্থিত। বিশেষভাবে উল্লেখযোগ্য বেসিন বা জলাভূমি এবং তারা আয়তন বা পরিমাপ যথা—

ক্রমিক নং	বেসিন বা জলাভূমির নাম	আয়তন (হেক্টর)
১	টোঙ্গা বেসিন	২২০০
২	হুদা নং ১৩	৮০০
৩	বিষ্ণুপুর	৪০০
৪	পালবনি	২৩৫০
৫	হুদান নং ১৪	৩৭০০
৬	শ্যামপুর সার্কিট বেসিন	৯০০
৭	সোয়াদিঘী বেসিন	৪৫৫০
৮	শংকরা	১৩২৬
৯	চিপুরাখালি বেসিন	২৬৪
১০	রাজাখাল	৬০০
১১	গারুখাটা স্যান্ড্রি	৭৭০
১২	ফুলবনি বেসিন	২৭০০
১৩	হোরখালি	২৬০০
১৪	তেঁতুলবেড়িয়া	২৫০০
১৫	রাজাখালি	৬০০
১৬	কির্ত্তনখালি	১৭৫
১৭	কালিকাখালি	৪৭৫
১৮	ভোলসোনা	৮৬৩
১৯	কুম্ভচক	৪০০
২০	গঙ্গাখালি	৫২১৩
২১	উপরাঞ্চলের কেলেঘাই	৮০০
২২	বড়চৌঙ্কা	৯৩৬৯
২৩	পায়রাটুঙ্গি	৫৫০
২৪	প্রতাপখালি	২৭৫০
	মোট	৪৬,৮৫৫

এছাড়া আরও গুরুত্বপূর্ণ দিক হলো এই যে কংসাবতী, কেলেঘাই, শিংলাই, কপিলেশ্বরী, বাঘাই প্রভৃতি নদীসমূহের সম্মিলিত জল এক বিশাল জলাভূমিতে পড়ে নদী-সমূহের গতিপথ হারিয়ে ঐ জলাভূমির জলসম্পদকে স্ফীত করে এবং চতুর্দিকে কোনরূপ আভাস, ইঙ্গিত না দিয়ে বিস্তীর্ণ অঞ্চল জলপ্লাবন করে প্রায় প্রতি বছরের একটি স্থায়ী বিভিষীকার কারণ হয়। এই যে বিশাল জলাভূমি তাতে কংসাবতী অববাহিকার তৃতীয় ভাগে অবস্থিত সেখানে প্রথম এবং দ্বিতীয় ভাগের অতিরিক্ত জল বিভিন্ন নদী এবং খাল দ্বারা বাহিত

হয়ে জলস্ফীতির কারণ হয়। নানা প্রকার জলজ আগাছায় পূর্ণ এই জলাভূমি প্রতি বর্ষাতেই ঘর, বাড়ি, মাঠের ফসল জলে ডুবিয়ে দেয়। এই বিস্তীর্ণ জলাভূমির নাম শোলমারি জালা এবং তার আয়তন ৪০০০ হেক্টর। এই জলাজমিতে পলিমাটি এসে জমা হয়। এই অবস্থায় ঐ জলাভূমিতে জলধারন ক্ষমতা মোহনার দিকে যায় তাও ও বাধাপ্রাপ্ত হয় এবং জল সহজে অপসারিত হওয়া বিঘ্নিত হয়। এই কারণে জলাভূমির নিকটবর্তী অঞ্চলে প্রতি বছর বন্যার পরিধি বাড়িয়েই চলে। জলসম্পদ সরাসরি অপসৃত হলে বিরাট অঞ্চল জলমগ্ন হওয়ার থেকে রক্ষা পেলে ক্ষতি কেবলমাত্র একদিক হতেই হয়। বর্ষাকাল পরবর্তী সময়ে জলাভাব প্রকট হয়। কিন্তু অতিরিক্ত জল সুউপায়ে রক্ষা করার অব্যবস্থায় একাধারে জলস্ফীতি সবকিছু ডুবিয়ে এবং ভাসিয়ে দেওয়া ছাড়াও অন্য সময়ে জলকষ্ট প্রকট হয়। বৎসরে বর্ষণজাত জল কেবলমাত্র সুশৃঙ্খল এবং ধারাবাহিক ভাবে রক্ষা না করার দরুন প্রতি বছর বিশাল আয়তনের অঞ্চলকে জলমগ্ন করে সবকিছু লণ্ডভণ্ড করে দেওয়া যেন প্রতি বছরের একটি স্থায়ী এবং যেন তা না হলেই বিভিন্ন মহল মনে করে যেন কিছু তেমন উল্লেখযোগ্য ঘটনা হয়নি।

এই তৃতীয় ভাগের আয়তন প্রথম এবং দ্বিতীয় ভাগ থেকে অনেক বেশী। আয়তন আনুমানিক প্রায় ২৫০০০০০ হেক্টর। এই অঞ্চলের গঠন প্রায় একই সমতলে এবং অতি সামান্য ঢলে (slope) পূর্ব-দক্ষিণ দিকে অগ্রসর হয়েছে। এই ক্যাচমেন্টে সমুদ্র-উপকূলবর্তী অঞ্চলও অনেক আছে। তাই এইভাগে বাৎসরিক বৃষ্টিপাতের পরিমাণ প্রায় ২০০ সে.মি বা ২ মিটার। এই দুই মিটার গভীরতার বৃষ্টির জল যদি সমগ্র ক্যাচমেন্টে পতিত হয় তবে ঐ অঞ্চলেই সমগ্র বছরের বৃষ্টির জলের পরিমাণ হবে

২৫০০০০০ হে. × ২ মি. = ৫০০০০০০ হে.মি.

অঞ্চলের অঢেল জল তৎসহ উপরাঞ্চলের উদ্বৃত্ত জল। তাই এইভাগে জলের পরিমাণ যথাযথ সংরক্ষণ স্থান অপেক্ষা অনেক বেশী। যতক্ষণ পর্যন্ত জলসম্পদকে স্থায়ীভাবে সুরক্ষা করা না সম্ভব হয় (অসম্ভব মোটেই নয় ততক্ষণ পর্যন্ত যাতে সরাসরি সরে যেতে পারে (কাম্য নয়) তার দিকে সর্বপ্রথম নজর দেওয়া অতি প্রয়োজনীয় বিষয়। এছাড়া আছে জোয়ার ভাঁটা জনিত জল প্রবেশ এবং নিস্ক্রমণ। তাকেত জলসম্পদ সু-পরিচালনার ক্ষেত্রে জটিলতা আরও বৃদ্ধি পায়। জল প্রবেশ এবং নিস্ক্রমণ যদি পলিবিহিন হয় এবং জল চলাচলের পথ যদি সুপরিসর হয় তবে জলস্ফীতি জনিত ক্ষয়ক্ষতি ক্যাচমেন্ট অঞ্চলে খুব বেশী হবে বলে মনে হয় না।

এ অঞ্চলের মাটির তলদেশে জলের তল বিশেষ করে সমুদ্র উপকূলবর্তী অঞ্চলের এবং জমির উপরের জলের তল প্রায় একই সমতলে থাকে বলে ধরে নেওয়া যেতে পারে। তাই এই অঞ্চলে ভূ-গর্ভে জল প্রবেশের পরিমাণ অতি সামান্য এবং তা জল ব্যবস্থাপনার বিচারেই আসবে না। কেবলমাত্র বিভিন্ন জলাধারে জলসংরক্ষণ, বাষ্পাকারে ভূ-পৃষ্ঠের জল উর্দ্ধাকাশে গমন এবং বৃক্ষ, তৃণ, গুল্ম দ্বারা জল গ্রহণ দিকগুলিই

জলসম্পদ ব্যয় হবার পথ। এক্ষেত্রে যত বেশী পরিমাণ জল বিভিন্ন জলাধারে রাখা যায় ততই অন্যান্য দিকে নিয়োজিত হওয়ার পথগুলি সুগম হয়। জল সংরক্ষণের কারণে যে সব জলাভূমি আদি অনন্তকাল হতে উদ্দেশ্যহীন ভাবে অবহেলিত হয়ে আছে এবং প্রতি বছরই পলিমাটি এবং অন্যান্য আবর্জনা দ্বারা জলধারন ক্ষমতা হারিয়ে ফেলছে এবং নিকটবর্তী অঞ্চলের একটু ভারী বৃষ্টিতেই অঞ্চল জলমগ্ন হচ্ছে, সেইসব অবহেলিত জলাশয়, জলাভূমি, কিংবা বেসিন সমূহকে যথাযথ গুরুত্ব দিয়ে তাদের সংস্কারের বিষয় ভাবতে হবে। অবহেলিত বেসিন এবং জলাভূমিগুলি তলদেশে যে বিরাট পরিমাণ সঞ্চিত পাঁকমাটি বছরের পর বছর জমা হয়ে আছে তা উত্তোলন এবং স্থানবিশেষে আরও বেশী গভীর করে জলাভূমিগুলির ক্ষমতা বাড়াতে হবে। উত্তোলিত মাটির দ্বারা চতুস্পার্শস্থি বাঁধগুলিকে সুদৃঢ় এবং উঁচু করলে আরও বেশী পরিমাণ জল ঐসব জলাভূমিতে আবদ্ধ করে রাখা যাবে। তাই প্রাথমিকভাবে ঐসব জলাভূমিকে চিহ্নিত করে তার সঙ্গে আরও ছোট, বড় জলাশয়, ব্যক্তিগত জলাশয়, যৌথ মালিকানার জলাশয় বেসরকারী পরিচালনায় যে সমস্ত জলাশয় আছে তাদের সংখ্যা, আয়তন প্রভৃতির অনুসন্ধান এবং পরিমাপ করে যুক্তভাবে কি পরিমান আয়তনের জলাশয় পূর্ব হতে অবস্থিত আছে তা নির্ণয় করা। তৃতীয় ভাগের ক্যাচমেন্ট অঞ্চলের যে পরিমাণ জলাভূমি, খাল, বিল, পুকুর, বেসিন আছে মনে হয় মোট ক্যাচমেন্ট অঞ্চলের জমির পয়ত্রিশ শতাংশেরও বেশী জমি জলাভূমি হিসাবে চিহ্নিত করা যায়। বর্তমান অবস্থায় কৃষিজমির যেরূপ গুরুত্ব বিভিন্ন উদ্ভিদ জাতীয় খাদ্যশস্য উৎপাদনের ব্যাপারে সেইরূপ অতিতের জলাশয়ের সঙ্গে আরও অধিক জলাশয় যদি সৃষ্টি করা যায় তবে সেইরূপ জলাশয় হতে যেরূপ জল প্রতিদিন পাওয়া যাবে তার অর্থ এবং ব্যবহারিক মূল্য কোন অংশেই কৃষি জমি হতে কম হবে না। উপরন্তু হৃত পরিবেশ অনেকাংশেই পুনরুদ্ধার হবে। তাই নূতন নূতন এবং উপযুক্ত স্থানে যদি জলাধার নির্মাণ করা যায় তবে বর্দ্ধিত জলের অনেকটাই ধরে রাখা যাবে এবং প্রতি বছরেই বন্যাজনিত ভয়ভীতি তাও লাঘব হবে। সম্পূর্ণ বছরের জলের সংস্থান থাকলে বর্তমানের কৃষি ব্যবস্থার অতি প্রয়োজনীয় সেচ ব্যবস্থা অক্ষুন্ন থাকবে এবং পরিকল্পিতভাবে উন্নত প্রথায় অধিক ফসল ফলানো সম্ভব হবে। তৃতীয় ভাগের ক্যাচমেন্ট এলাকার জলাশয়, জলাভূমি, বেসিন প্রভৃতির আয়তন এবং তাদের সর্বোচ্চ ক্ষমতায় জল সংরক্ষন সমগ্র বর্ধিত জলসম্পদ যার বন্যাজনিত জলপ্লাবন প্রভৃতির প্রশমন করা। বর্ধিত জলসম্পদের সুষ্ঠ ব্যবস্থাপনার গুরুত্ব এই নদীসমূহের অববাহিকার ক্যাচমেন্টের তৃতীয় অংশের পক্ষে খুবই গুরুত্বপূর্ণ। তাই পঁয়ত্রিশ শতাংশ জলাশয়কে চতুস্পার্শ্বস্থ পরিসীমাকে সুদৃঢ় এবং সুউচ্চ করা হলে আনুমানিক চার মিটার পরিমাণ গভীরতায় ঐসব উন্নত আকাশের জলাশয়ে প্রতি বছরই জল আবদ্ধ করে রাখা যাবে। এই প্রকারে চার মিটার গভীরতায় পঁয়ত্রিশ শতাংশ জমিতে জল রাখতে পারলে জলের পরিমাণ হবে

৮৭৫০০০ হে. × ৪ মি. = ৩৫০০০০০ হে.মি.

এই তৃতীয় ভাগের অঞ্চলের জমির অভ্যন্তরের জলের তল এমন অবস্থায় পাওয়া যায় যা অনেক ক্ষেত্রেই জমির উপরিভাগের জলের তলের প্রায় কাছাকাছি যা পূর্বেই বলা হয়েছে। এই অবস্থায় ভূ-পৃষ্ঠের অভ্যন্তরে জলপ্রবেশ প্রায় হবে না বলে ধরা যায়। জল ব্যবস্থাপনায় ভূ-অভ্যন্তরে জলের পরিমাণ হিসাবের মধ্যেই আসবে না। কেবলমাত্র রৌদ্রতাপ এবং তৃণ, গুল্ম, বৃক্ষাদির দ্বারা জলশোষণই হবে জল অপসারণের পথ। বাষ্পাকারে জল উপরে গমনের পরিমাণ ক্যাচমেন্ট এলাকার দ্বিতীয় ভাগের মতই হবে এবং তার পরিমাণ হবে কেবলমাত্র জলাশয় সমূহের জলের ক্ষেত্রে

৮৭৫০০০ হে. × ১ মি. = ৮৭৫০০০ হে.মি.

সম্বৎসরে বিশেষ করে জুন মাস হতে সেপ্টেম্বর মাস পর্যন্ত মোট জলসম্পদের প্রাপ্তি এবং ব্যবস্থাপনার পরিমাণ নিম্নরূপ :

তৃতীয় ভাগের

ক্যাচমেন্ট অঞ্চলে বর্ষিত জলের পরিমাণ + দ্বিতীয় ভাগের উদ্বৃত্ত জল	জলের বিভিন্নস্থানে আশ্রয়লাভ এবং স্থানান্তরে নিষ্ক্রমণ	
৫০০০০০০ হে. মি.+৭৭০০০০ হে.মি.	(ক) সংরক্ষণ	৩৫০০০০০ হে.মি.
= ৫৭৭০০০০ হে.মি.	(খ) বাষ্প এবং বৃক্ষদ্বারা জল নিস্ক্রমণ	৮৭৫০০০ হে.মি.
	(গ) চাষের জমিতে জল অবস্থান	২০০০০০
	মোট	৪৫৭৫০০০ হে.মি.

উদ্বৃত্ত জলের পরিমাণ

৫৭৭০০০০ হে.মি. − ৪৫৭৫০০০ হে.মি.

= ১১৯৫০০০ হে.মি. বা ১২০০০০০ হে.মি.

ক্যাচমেন্টের তৃতীয় ভাগে প্রায় ১২০০০০০ হে.মি. জল উদ্বৃত্ত থাকবে। উদ্বৃত্ত জল সর্ব অবস্থাতেই ক্ষতিকারক। আবার বেহিসাবী জল যদি অপসারণ করার প্রয়োজন হয় তবে উদ্বৃত্ত জল যাতে সহজ এবং সাবলিল উপায়ে প্রথমে হুগলী নদীতে পড়ে সাগরে চলে যেতে পারে তার ব্যবস্থা করা। জল পরিচলন ক্ষেত্রে যত বেশী পলিমাটি বিহীন হবে ততই তার চলন সাবলিল হবে। জল সংরক্ষন ব্যবস্থা দ্বারা পলিমাটি অনেক পরিমাণ কমে যাবে। তাই উদ্বৃত্ত জল কম পরিমাণ পলিমাটি সঙ্গে নিয়ে হুগলী নদীতে পড়বে। ইদানিংকালে উপর্যোপুরী পলিমাটির স্তর হুগলী বক্ষে পড়ে পড়ে নাব্যতার শেষ সীমায় এসে গিয়েছে।

বর্তমান অবস্থায় যেভাবে আমাদের জলসম্পদ প্রাচীন ব্যবস্থায় এখনও পরিচালিত হয়ে চলেছে তার পরিবর্তন হবে। তার পরিবর্তন সাপেক্ষে উন্নত প্রণালীতে একাধিক ফসল উৎপাদন মৎস পালন প্রভৃতির কথা মনে রেখে বর্ধিত জলের অনেকটাই যাতে কাজে লাগানো যায় সে বিষয়ে চিন্তাভাবনা করার দিন এসেছে। জলসম্পদকে পরিপূর্ণভাবে এবং সার্থকভাবে কাজে লাগাতে হলে জলসম্পদের সঠিক পরিমাপ, বিশেষ করে যে নদী-অববাহিকা ক্যাচমেন্ট অঞ্চলের জল বয়ে নিয়ে চলে তার পরিমাপ করা। স্থানে স্থানে পূর্ববর্তী ব্যবস্থা অনুযায়ী রক্ষণ, উদ্বৃত্ত জল সহজ উপায়ে নিস্ক্রমন করানো প্রভৃতি তৎসহ জনসংখ্যার পরিমাণের উপর জল সংরক্ষণের স্থান নির্বাচন, জলসম্পদ দ্বারা বিভিন্ন রকম উন্নয়নমূলক কাজ, ভূ-পৃষ্ঠের অভ্যন্তরের জল যথেচ্ছভাবে উত্তোলন প্রভৃতি দিকগুলি বর্তমানের পরিপ্রেক্ষিতে মূল্যায়ন করতে হবে। আমাদের জলসম্পদ প্রায় প্রতি বছরই যথেষ্ট পরিমাণে হয়। সেই জলসম্পদকে কাজে লাগাতে গেলে মানব সম্পদেরও প্রয়োজন। মানবসম্পদও আমাদের যথেষ্ট আছে। প্রয়োজন শুধু সামঞ্জস্যভাবে সমানুপাতিক মানব সম্পদের সঠিক এবং প্রয়োজনীয় কায়িক শ্রম। উন্নত কারিগরী কৌশল অবশ্যই প্রয়োজন। কিন্তু প্রাথমিক বুনিয়াদি ব্যবস্থায় কায়িকশ্রমই একমাত্র মূলধন এবং আবশ্যিক দিক। পরবর্তী অবস্থায় কায়িকশ্রমকে অবলম্বন করে ব্যবস্থাপনার দিকগুলি অবস্থার উপর নির্ভর করে বিশ্লেষণ করার প্রয়াস রাখা হবে।

২৫

ভাগীরথী, হুগলী অববাহিকার পূর্ব উপকূলের নদীসমূহ ও তাদের উভয় তীরের ক্যাচমেণ্ট এলাকা

পূর্ব উপকূলে যে সমস্ত নদী ভাগীরথী বা হুগলীর পূর্বদিক হতে এসে মিশেছে সে সমস্ত নদীর উৎস, অববাহিকা অঞ্চল, প্রবাহ, সম্বৎসরে জল বাহিত হবার অবস্থা এবং পরিমাণ, মাটির প্রকৃতি, জলজমির পরিমাণ এবং বাৎসরিক বৃষ্টিপাতের পরিমাণ ভাগীরথী বা হুগলীর পশ্চিম তীরের নদীসমূহ হতে পৃথক। পূর্ব উপকূলের ক্যাচমেণ্ট এলাকার বাৎসরিক গড় বৃষ্টিপাতের পরিমানের আধিক্যের জন্য বহু জলাভূমি, নিম্নভূমি এবং অসংখ্য খাল, বিল এবং অন্যান্য ছোটখাট জলাশয় এই পূর্ব উপকূলের ক্যাচমেণ্ট এলাকায় বেশী সংখ্যায় বিদ্যমান। জলসম্পদকে সঠিকভাবে সংরক্ষণ করার কারণে ঐ সমস্ত জলাভূমি, নিম্নভূমি, খাল, বিল প্রভৃতির গুরুত্ব অসীম। ভাগীরথী-হুগলী নদীর পূর্ব উপকূলে যে সমস্ত নদী এসে পড়েছে তার মধ্যে উল্লেখযোগ্য নদীসমূহ যথাক্রমে সর্বোত্তরে জলঙ্গী এবং চূর্ণী। এই নদী দুটি স্থায়ী। কারণ এই দুইটি নদীতে বছরের সব সময়েই কম, বেশী জল বাহিত হয়। বর্ষাকালে ক্যাচমেন্ট এলাকার বৃষ্টিপাতের জল তার সাথে নালা, খাল দ্বারা বাহিত জল এবং আর পদ্মানদীর জল। জলঙ্গী এবং চূর্ণী পদ্মানদীর শাখানদী পার্শ্ববর্তী জনবসতি অঞ্চল, কৃষি জমি, সড়ক, পরিবহনের ব্যবস্থাসমূহকে অনিশ্চিত আশঙ্কার মধ্যে রাখা ছাড়া বিশাল জলের ঢল চলে যাওয়ার পর বছরের অন্যান্য সময়ের জন্য এই নদী দুটি মানুষ এবং পশুপাখীর নিকট বন্ধু। গঙ্গানদীর উপর ফরাক্কা বাঁধের পর পদ্মানদী নাম নিয়ে কিছুদূর অগ্রসর হওয়ার পর বাংলাদেশে প্রবেশ করার পূর্বে এই নদী দুইটি পদ্মানদীর শাখা হিসাবে মুর্শিদাবাদ জেলায় প্রবেশ করেছে। পদ্মানদী স্থায়ী নদী। তাই জলঙ্গী ও চূর্ণী স্থায়ী নদী।

জলঙ্গী নদী

জলঙ্গী নদী উত্তর দিকে হতে বাহিত হয়ে আসা পদ্মানদীর একটি শাখানদী। এই নদীটি মুর্শিদাবাদ জেলার লালগোলা, ভগবান গোবলার নিকট পদ্মানদীর জলই এই নদীর উৎস। উৎপত্তি স্থলে এই নদী ভৈরব নামে অভিহিত। দক্ষিণ-পূর্বাংশে এই নদী কিছুদূর পর্যন্ত ভৈরব নামেই পরিচিত। অতঃপর জলঙ্গী নামেই খ্যাত এবং জলঙ্গী নামেই নদীয়া জেলার স্বরূপনগরের নিকট ভাগীরথীর শেষ প্রান্তে মিশেছে। আবার হুগলী নদীতে এসে পড়েছেও বলা যায়। ভৈরব, জলঙ্গীর অববাহিকার উভয় পাশের ক্যাচমেন্ট এলাকা নানারকম

কৃষিজাত দ্রব্যের তার সঙ্গে ছোট বড়, স্থায়ী অস্থায়ী নানা প্রকার ফলের গাছ যেমন আম, জাম, কাঠাল, লিচু, আঁখ, তরমুজ, ফুটি, পাতিলেবু, কলা, বাতাবীলেবু, আনারস, শশা নানা প্রকার মরশুমী ফলের এবং বিভিন্ন রকম কাঁচা তরী-তরকারীর জন্য অতি উৎকৃষ্ট জমি এবং সেচের দারা সময়ে চাষ করলে ফলনও প্রচুর পরিমাণে হয়। বছরের প্রায় সব সময়েই এইসব ফল এবং সবজির চাষ হয়। এইসব ফল এবং সবজি চাষের জন্য সময়ে উপযুক্ত পরিমাণ সেচের জলের চাহিদাও আছে। কিন্তু স্থির, নিশ্চয় জল না থাকার দরুন যে যে রকমভাবে পারে খানা, ডোবা, মজা বিল, খাল, পুকুর, দিঘী হতে সেচের জলের প্রয়োজন মেটায়। চাষের জমির চারপাশে জমির কাছাকাছি পুকুর, ডোবা, খাল, বিল হতে প্রয়োজনীয় সেচের জল না পেলে যথেষ্টভাবে ভূতলের জলকে উত্তোলন করে সেচের প্রয়োজন মেটানো হয়। ভূতলের জল মাত্রাতিরিক্তভাবে উত্তোলন এবং ব্যবহার এত বেশী হচ্ছে যার ফলে তলদেশে জলের ভারসাম্য, জলের ব্যবহার ও তার উপযুক্ততা প্রভৃতি অতিমাত্রায় খারাপের দিকে চলে যাচ্ছে এবং কোন কোন স্থানে জলের গুণগত মানের দিকগুলি ভয়াবহভাবে অযোগ্য হয়ে উঠছে এবং ক্রমান্বয়ে ভূতলের জলের মধ্যে ক্ষতিকারক বস্তুর সংমিশ্রণ হয়ে চলেছে—যা বর্তমানে ব্যবহারকারী এবং সরকারের যথেষ্ট দুশ্চিন্তার কারণ হয়ে চলেছে। তাই সমগ্র বছরের বৃষ্টিপাতের জল যদি সুব্যবস্থামত এবং সঠিক স্থান নির্বাচন করে এবং বিশেষ বিশেষ অঞ্চলের আয়ত্তের মধ্যে রেখে এবং স্থানীয় সুবিধা তারসাথে সাধারণ এবং সহজ প্রযুক্তিকে কাজে লাগিয়ে জল ধরে রাখার ব্যবস্থা এবং ব্যবহার করতে পারা যায় তবে আঞ্চলিক অর্থনৈতিক চিত্র সুন্দরভাবে স্বচ্ছলতার দিকে ক্রমান্বয়ে যেতে পারে। বর্তমানের পরিপ্রেক্ষিতে উপযুক্ত স্থান নির্বাচন করে, সমগ্র জলাশয়সমূহ যেগুলি পূর্ব হতেই আছে এবং সংস্কারবিহীন, সরকারী বেসরকারী এবং নিম্নাঞ্চল এবং বর্ষায় জলমগ্ন অঞ্চলকে চিহ্নিত করে তার পরিমাপ করতে হবে। সমগ্র ক্যাচমেন্টের যদি এক চতুর্থাংশের বেশী জলাভূমির পরিমাণ হয় তবে সেই সমস্ত স্থানকে সর্বাবস্থায় কেবলমাত্র সুব্যবস্থামত জল সংরক্ষণের আধার হিসাবেই চিহ্নিত করে রাখতে হবে। জলাশয়ের গুরুত্ব অপরিসীম উপরন্তু পরিবেশগত দিকেরও সুরাহার দিক যা আমরা অধুনা সরকারী নির্দেশে পরিষ্কার বলা আছে। বর্তমানে জলাশয় বা জলাভূমি ভরাট করে বাসস্থান নির্মাণ বা শিল্প কারখানা স্থাপন বে-আইনি। শহরাঞ্চলের জলাভূমিকে মাটি বা আবর্জনা দিয়ে ভরাট করে বাসস্থান বা কারখানা নির্মাণ যেসব স্থানে হয়েছে সেসব স্থানের পরিবেশতো দূষিত হয়েছেই উপরন্তু আশে-পাশের অঞ্চল অহেতুক প্রতি বছর জলমগ্ন হয়ে চলাচল এবং দৈনন্দিন জীবনযাত্রার ত্রুটিসহ হয়ে উঠছে। সাথে সাথে রোগ, ব্যাধিরও প্রকপ বেড়ে চলেছে। আবার বিচ্ছিন্নভাবে ক্যাচমেন্টের স্থানে স্থানে, স্থানীয়ভাবে বিশেষ করে সরকারী যেসব বিল, জলাভূমি আছে তাকে হয় ভরাট করের চাষ করা নয়তো বাড়ীঘর নির্মাণ করে বাস করা হলে জলের ঢলের অস্থিরতা জলপড়ার সঙ্গে সঙ্গেই হতে থাকে। বিচ্ছিন্নভাবে জলাঞ্চলকে প্রতিরোধ করাতে জলসম্পদকে

বিশৃঙ্খলার দিকে নিয়ে জনপদ শস্যক্ষেত্র জলমগ্ন করে প্রতি বছরই অর্থনৈতিক অগ্রগতির উপর আঘাত হানা হয়। তাই জলাঞ্চল এবং উপযুক্ত নূতন নূতন স্থান উপযুক্তভাবে জলাঞ্চল হিসাবেই চিহ্নিত হওয়ার গুরুত্ব অসীম।

পদ্মানদী হতে উৎপন্ন হয়ে ভৈরব (জলঙ্গী) এবং চূর্ণী (মাথাভাঙা) নদী দুটিতে পদ্মানদীর আগত জলসম্পদকে ধ্রুব ধরে বর্ষিত জলসম্পদের সঠিক পরিমাণ জানতে হলে পদ্মানদীর যে দুটি স্থান হতে নদী বের হয়ে এসেছে সে সে স্থান হতে উভয়তীরের সমগ্র ক্যাচমেন্ট ভাগীরথী এবং হুগলী নদীতে মিলন পর্যন্ত সমগ্র অঞ্চলের মোট জলসম্পদের বার্ষিক পরিমাণ যা মোটের উপর গড় পরিমাণ, তার পর্য্যবেক্ষণ। শাখানদী দুটি পদ্মানদী হতে বের হবার স্থল হতে ভাগীরথী (হুগলীতে) পতন পর্যন্ত ভাগীরথী, হুগলী, জলঙ্গী, চূর্ণী নদীর যুক্ত ক্যাচমেন্টের পরিমাণ আনুমানিক ৫০০০০০ হেক্টর। এই অঞ্চলে বিশাল আয়তনের বিল বা জলাভূমির সংখ্যা অনেক আছে। এই যুক্ত ক্যাচমেন্ট অঞ্চলে বেশীর ভাগ স্থানই জনবসতি, সড়ক পরিবহন এবং কৃষির জমি হিসাবেই চিহ্নিত হয়ে আছে। বনাঞ্চলের সংখ্যা এ অঞ্চলে নেই বললেই চলে। কিন্তু অধুনা প্রায় সমস্ত সরকারী অঞ্চল তো বটেই ব্যক্তিগত প্রচেষ্টায়ও অনেক বনাঞ্চল সৃষ্টি হয়ে চলেছে। বিভিন্নরকম ছোট বড় ফলের গাছ, সবজি, ধান, গম, সরষে প্রভৃতি শস্য এবং মরসুমী ফলের চাষ সবত্রই হয়ে চলেছে। সম্পূর্ণ বছর ফসল উৎপাদনের কারণে এবং স্থায়ী বৃক্ষ সকলের জলের চাহিদা মেটায় বর্ষাকাল ব্যতিরিকে মাটির তলদেশের জলের সাহায্যে। মাটির তলদেশের জলের ভাণ্ডার সীমিত। সম্পূর্ণ বছরের বৃষ্টির জল বিগত বছরের তলদেশের ব্যয়িত জল কোন অবস্থাতেই পরিপূরণ হয় না। তাই প্রতি বছরই জল অতি গভীরে ছাড়া যথেষ্ট পরিমাণ পাওয়া সম্ভব হয় না। এই অবস্থায় অতি দূরবর্তী অঞ্চলের ভূমির অভ্যন্তরের জলশূন্য স্থান পূর্ণ করতে সচেষ্ট হচ্ছে। জল নিয়মানুসারে উঁচু স্থান হতে নীচুতে যায়। জমির উপরিভাগের জলই হোক অথবা ভূ-অভ্যন্তরের জলই হোক, কম বেশী গতিতে জল সমুদ্রের দিকে গড়িয়ে চলেছে। আমাদের এই প্রদেশের ঢাল উত্তরে হিমালয়ে উঁচু এবং ক্রমশঃ ঢালু হতে হতে সমুদ্রের জলের তলে এসে মিশেছে সর্বদক্ষিণে। ভূ-পৃষ্ঠের অভ্যন্তরের জলের চলার সঙ্গে হিমালয়ের তলদেশে অবস্থিত অন্যান্য খনিজ পদার্থের দ্রবণের সাথে আর্সেনিকও দ্রব অবস্থায় ঐ জলের সঙ্গে ক্রমশঃ নেমে আসছে। ভূ-অভ্যন্তরের বিভিন্ন পদার্থের অবস্থানের বা অনুসন্ধানকৃত তথ্য-তাতে জানা যায় হিমালয় সংলগ্ন অঞ্চলের মাটির অভ্যন্তরে আর্সেনিকের স্তরও আছে। ঘন জনবসতি এবং বিস্তীর্ণ কৃষি জমিযুক্ত নীচু অঞ্চলে তলদেশের জল যথেচ্ছ উত্তোলনের কারণে উঁচু অঞ্চল হতে জল নীচু দিকে বয়ে আসছে এবং আসার সময়ে দ্রবণীয় আর্সেনিকও আসার সম্ভাবনা আছে। ভূ-অভ্যন্তরে অত্যধিক পরিমাণে জল উত্তোলন এবং এই ক্যাচমেন্টের সমগ্র অঞ্চলে মাটির নীচের জলে এবং এই ক্যাচমেন্টের সমগ্র অঞ্চলে মাটির নীচের জলে আর্সেনিক দূষণের সম্ভবনা অযৌক্তিক নয়। ভূ-তলের জলের অহেতুক দূষণ এবং মাটির

অভ্যন্তরের জল উত্তোলনের অস্বাভাবিক ব্যয় রোধ করতে হলে একমাত্র উপায় কেবলমাত্র ভূ-পৃষ্ঠের উপর পতিত বৃষ্টিপাতের স্বাভাবিক এবং সহজ ধারার জলকে সহজ এবং সর্বদিক সুবিধাযুক্তস্থানে আবদ্ধ করে এবং সেই জলের সাহায্যে সব রকম প্রয়োজন মেটানো যায়। সেই দিকে লক্ষ্য রেখে অগ্রসর হওয়া বর্তমানের জলসম্পদের রক্ষণ, ব্যবহার, বন্যা এবং সেই জলের সাহায্যে সবরকম প্রয়োজন মেটানো যায়। সেই দিকে লক্ষ্য রেখে অগ্রসর হওয়া বর্তমানের জলসম্পদের রক্ষণ, ব্যবহার, বন্যা এবং জলডুবির হাত হতে রক্ষা পাওয়ার একমাত্র উপায়। আমার মনে হয় এবং স্থির বিশ্বাস আর্সেনিক দূষণ হতে পরিত্রাণ পাওয়ার উপায় ভূ-পৃষ্ঠের বৃষ্টিপাতের জল সংরক্ষণের দ্বারাই সম্ভব। সমগ্র ভূ-পৃষ্ঠের বৃষ্টিপাতের জল সংরক্ষণের দ্বারাই সম্ভব। সমগ্র বছরের সেচের জলের ব্যবস্থা, বৃক্ষ দ্বারা, জল শোষণ, গৃহস্থালী এবং শিল্পকর্মে এবং জলের অস্বাভাবিক দূষণ রোধে বিশেষ করে আসের্নিক দূষণ রোধের একমাত্র উপায় সমগ্র বছরের বর্ষিত জলের দ্বারাই সব কিছু কাজ করা।

বৃষ্টির জলকে কাজে লাগতে গেলে সেই জলকে অহেতুক গড়িয়ে চলে যেতে না দিয়ে তাকে উপযুক্তভাবে সংরক্ষণ করা উপায় উদ্ভাবন করা। ভৈরব-জলঙ্গী, মাথাভাঙ্গা, চূর্ণী নদীসমূহের সমগ্র ক্যাচমেন্টের পঁচিশ শতাংশ পরিমাণ স্থান যদি জলসংরক্ষণের কারণে নির্দিষ্ট করে রাখা হয় তবে তার পরিমাণ হবে যথা—

৫০০০০০ হেক্টর ÷ ৪ = ১২৫০০০ হেক্টর পরিমাণ স্থান।

ভৈরব, জলঙ্গী এবং মাথাভাঙ্গা, চূর্ণী নদীসমূহের ক্যাচমেন্টে বৃষ্টিপাতের পরিমাণ পশ্চিমাঞ্চল হতে সামান্য বেশি। পরিসংখ্যানে দেখা যায় যে এই অঞ্চলে গড় বৃষ্টিপাতের পরিমাণ ১৫০ সে.মি. হতে ২০০ সে.মি. এর মধ্যে অধিকাংশ বছরে বৃষ্টিপাত হয়। সর্বাধিক ২০০ সে.মি. পরিমাণ বৃষ্টিপাত ধরে জলসম্পদ সংরক্ষণ ব্যবস্থার দিক স্থির করলে সমগ্র বছরে যা বৃষ্টিপাতের জল হবে তার পরিমাণ হবে যথা :

৫০০০০০ × ২ মি. = ১,০০,০০০০ হে. মি.

এখন পঁচিশ শতাংশ পরিমাণ জমিতে পর্যাপ্ত পরিমাণ জল ধরে রাখতে গেলে কেবলমাত্র ভূ-পৃষ্ঠের তল হতে নিচের দিকে গভীরতা বাড়ালেই উপযুক্ত জলাশয় তৈরি করা সম্ভব হবে না। এই ক্যাচমেন্ট অঞ্চলে ভূ-পৃষ্ঠের অভ্যন্তরে জলের তল প্রধানত বৃষ্টির জল যখন যথেষ্ট পরিমাণ ভূ-পৃষ্ঠে পড়ে সেই সময় তো অনেক উপরেই এসে যায় অন্যান্য সময়েও মাটির অভ্যন্তরের জল অল্প গভীরতাতেই পাওয়া যায়। ভূ-গর্ভস্থ জলে স্বল্প গভীরতায় থাকার কারণে বৃম্পিষ্ঠপাতের জল ছাড়াই স্বল্প গভীরতায় বা সামান্য মাটি খুঁড়লেই জল পাওয়া যায়। এই অবস্থায় যদি কোন জলাশয় সামান্য পরিমাণ গভীরতা থাকে তবে বৃষ্টিপাতের জল ছাড়াও দুই চারদিন আগের বৃষ্টির জল মাটি চুইয়ে এসে সেই সব জলাশয়ে এসে পড়বে এবং সামান্য বৃষ্টিপাতেই জলাশয় পরিপূর্ণ হবে। কিন্তু অতীতকালের যে সমস্ত জলাশয় এই নদী অববাহিকাদ্বয়ে আছে সেসবগুলো

স্বাভাবিকভাবেই সংস্কারবিহীন হয়ে রয়েছে। ঐ সমস্ত জলাশয়গুলিকে আরও অধিক পরিমাণ গভীর করতে পারলে এবং নূতন নূতন জলাশয়গুলিকে পূর্ব হতেই গভীর করে খনন করতে পারলে কেবলমাত্র বৃষ্টির জলকেই অনেক পরিমাণ ধরে রাখা সম্ভব হয়। তার পর মাটির অভ্যন্তরের জল যা চুঁইয়ে আসবে এবং যা বাড়তি জল তা রৌদ্রতাপ এবং ব্যবহারেই সমতা আনবে। তাই এই ব্যবস্থায় বেশি পরিমাণ জল ধরে রাখা সম্ভব হবে। যে সমস্ত জলাশয় পূর্ব হতেই অবস্থিত যেগুলিকে সংস্কার করে গভীরতা এবং সম্ভব হলে আয়তন বাড়ানো যাবে সেগুলির সংখ্যা এবং আয়তন জানতে হবে। যে সমস্ত নূতন জলাশয় সৃষ্ট হবে তার চতুষ্পার্শ্বের অঞ্চলকে বিশেষভাবে জরিপ করে, বিশেষ করে যে যে দিকে জলের ঢাল পূর্ব হতেই চলে আসছে তা সঠিকভাবে লক্ষ্য করে উপযুক্ত নিম্নতম স্থান স্থির করলে জল সহজেই ঐ নিম্নতম স্থানে এসে জমবে। অতঃপর ঐ সব বিশেষ বিশেষ স্থানে অপরাপর পার্শ্বগুলি ঐ নিম্নতম স্থান হতে মাটি উত্তোলন করে ধারসমূহ সুদৃঢ় এবং সুউচ্চ করতে পারলে কোন বিশেষ অঞ্চলের প্রায় অধিকাংশ জলই শৃঙ্খলার মধ্যে রাখা সম্ভব হয় যদি না চিরাচরিত গড় বৃষ্টিপাত হতে অত্যধিক পরিমাণে একনাগাড়ে মুষলধারে বর্ষণ হয়। যে সমস্ত জলাশয় অঞ্চলে পূর্ব হতে অবস্থিত সেগুলিরও গভীরতা বৃদ্ধি করে উত্তোলিত মাটির কিয়দংশ দ্বারা ধারসমূহ উঁচু ও দৃঢ় করা হলে যে সবদিকগুলি ক্রমে ক্ষয়ে জলাশয়ের জল বের হয়ে যাওয়ার সম্ভাবনা আছে তার সুব্যবস্থা হয় এবং জল সহজে জলাধারের পাড় ধ্বসিয়ে বের হয়ে যেতে পারবে না। অস্বাভাবিক প্রাকৃতিক অবস্থায় বিশেষ করে কোন বছর অতিবৃষ্টি হয়, কোন বিশেষ অঞ্চলেই হোক কিংবা পার্শ্ববর্তী-দূরবর্তী অঞ্চলেই হোক এবং যে বৃষ্টির জলের ঢাল ঐ বিশেষ অঞ্চলে বা অন্য-কোন কোন অঞ্চলের দিকে যাওয়ার প্রবণতা থাকছে তাও চিন্তাভাবনার মধ্যে রাখতে হবে। এই অবস্থায় সামান্য ক্ষয় ক্ষতি হলেও যাতে বর্ধিত জল অল্পায়াসেই পার্শ্ববর্তী কোন নালা, জলাধার বা বৃহত্তর ক্ষেত্রে পার্শ্ববর্তী নদীতে গিয়ে পড়তে পারে তা পূর্ব হতেই স্থিরীকৃত থাকবে। আবার কোন বছর কোন অঞ্চলে অতিবৃষ্টিতে জলাশয়সমূহ পরিপূর্ণ হয়ে উপচিয়ে জল বের হয়ে যেতে পারে। এই অবস্থায় জলাধারের ধারসমূহ দুর্বল হয়ে যেতে পারে। অতিবৃষ্টিতেও জলাধারের পার্শ্বগুলি সুদৃঢ় রাখতে হলে জলাধারের সর্বোচ্চ পরিমাণ জলা ধরে রাখার পর অতিরিক্ত জল যাতে জলাধারে না প্রবেশ করে পাশের কোন নালার দ্বারা অন্যান্য উপযুক্ত স্থানে যেতে পারে তাও লক্ষ্য রাখতে হবে।

এই প্রক্রিয়ায় যদি বৃষ্টির জলকে আবদ্ধ করা এবং প্রয়োজনে অপসারণ করা সম্ভব হয় তবে উত্তোরত্তোর বৃদ্ধিপ্রাপ্ত এবং বিস্তীর্ণ অঞ্চলব্যাপি জলডুবী, বানভাসি বাৎসরিক ঘটনাগুলি অনেক পরিমাণে প্রশমিত হবে এবং বর্ষিত জলের একটা বড় অংশকে কাজে লাগানো সম্ভব হবে।

সর্বোচ্চ পরিমাণ পঁচিশ শতাংশ জমিতে বা সংস্কারঅন্তে অতীত জলাশয়ে চার মিটার

গভীরতার জল ধরে রাখতে পারলে জলের পরিমাণ হবে

১২৫০০০ হে. × ৪ মি. = ৫০০০০০ হে. মি.

এই অববাহিকা অঞ্চলে বর্ষারম্ভের কয়েকদিন পর হতেই ভূ-পৃষ্ঠের তলদেশে জল প্রবেশের প্রবণতা ক্রমেই হ্রাস পেতে থাকে। যে জল প্রবেশ করে তা ক্রমে ক্রমে অগভীর অঞ্চলেই অবস্থান করে। অগভীর জলের তল যা জলাশয়ের দিকে আসবে এবং জমা হবে তা বিভিন্ন প্রয়োজনে এবং প্রাকৃতিক রূপান্তরে খরচ হয়ে যাবে। এইভাবে বর্ষাঋতু-র মাঝামাঝি সময়ে যখন অনেক পরিমাণেই বৃষ্টির জল এবং জলাধারসমূহ পরিপূর্ণ হবে তখন একমাত্র এবং বিশেষকরে সেচের প্রয়োজনে স্থানান্তরিত না হলে জল মাটির অভ্যন্তরে এবং জলাধারে ক্ষমতার শেষপ্রান্তে অবস্থান করবে। এই অববাহিকা অঞ্চলে মাটির গঠন প্রকৃতির উপর নির্ভর করে জল মাটির অভ্যন্তরে প্রবেশ করার গতি প্রথম বর্ষারম্ভে ঘণ্টায় এক সে. মি. এর মত হবে। বৃষ্টিপাত যদি দুই একদিন পর পরই মাঝারি আকারের হতে থাকে তবে মাটির অভ্যন্তরে জল প্রবেশ একমাসের মত হবে। তারপর আর অতি সামান্য পরিমাণেই জল মাটির অভ্যন্তরে ঢুকবে। প্রথমদিকে দিন রাতে বা চব্বিশ ঘণ্টায় মাটির ভেতরে জল প্রবেশের পরিমাণ হবে দশ সে.মি. বা ০.১০ মিটার। অতঃপর জল ভেতরে প্রবেশ করার গতি ক্রমেই কমে আসবে। তারপর সাতদিন মাত্র দশ সে.মি জল প্রবেশ করবে। তারপর আরও কমে আসবে। জল প্রবেশের পরিমাণ গতি অতি নিম্নতম গড় হিসাবে নেওয়া হয়, তবে অতি কম করে হলেও সম্বৎসরে জল মাটির অভ্যন্তরে প্রবেশ করবে প্রায় এক মিটার গভীরতার জল। এই হিসাবে মাটির অভ্যন্তরে জল প্রবেশ করবে তার পরিমাণ হবে যথা—

৫০০০০ হে. × ১ মি. = ৫০০০০০ হে. মি.। অবশ্য জল মাটির অভ্যন্তরে প্রবেশের সঠিক গতি ঐ অববাহিকা অঞ্চলে মাটির গঠন প্রকৃতির উপরই সম্পূর্ণ নির্ভরশীল। সাধারণ হিসাব অনুযায়ী যে মাটিতে সূক্ষ্ম পলিমাটির পরিমাণ বেশি, সে সব স্থানের জল অতি ধীরে ভূ-অভ্যন্তরে প্রবেশ করে। তাই জলঙ্গী, চূর্ণ নদী দুটির অববাহিকা অঞ্চলে পলিমাটিরই প্রাধান্য। তাই জল মাটির তলে প্রবেশের গতিও স্বভাবতই কম হবে। সঠিক পরিমাণ জানা যাবে ঐসব স্থানে মাটির ভেতরে জল চলে যাওয়ার পরীক্ষা নিরীক্ষার পর। যাহোক সর্বনিম্ন গড় হিসাব ধরলে ঐ অববাহিকা অঞ্চলে জল প্রবেশের পরিমাণ হবে ৫০০০০ হে. মি.। জলঙ্গী, চূর্ণী ক্যাচমেন্ট অঞ্চলে জলাঞ্চল এবং কৃষি বহির্ভূত স্থান ছাড়া প্রায় সর্বত্রই বৃক্ষ, তৃণ, শস্য, ফল, ফুল এবং বৃহৎ গাছ দ্বারা আচ্ছাদিত। যদি বৃক্ষের দ্বারা জল শোষণ এবং রৌদ্র তাপের দ্বারা জল বাষ্পীভবনের পরিমাণ একই ধরা হয় তবে জুন মাস হতে সেপ্টেম্বর এই চার মাসে জল উড়ে যাবে তার গভীরতা হবে ০.৭৪ মিটার এবং মোট জলের পরিমাণ হবে

৫০০০০ হে. × ০.৭৪ মি. = ৩৭০০০০ হে. মি.

এই তিন প্রকার অবস্থা যথা বণ্টন রক্ষণ, ভূতলে গমন এবং আকাশে গমন প্রভৃতির

দ্বারাই সমগ্র বছরের বর্ষিত জলের পরিমাণ হতেও বেশি হয়ে যায়। এই সংরক্ষণ এবং পরিচালন, ভূতলে গমন এবং আকাশে উত্তরণ বিষয়গুলি আরও পর্যবেক্ষণ, পুঙখানুপুঙখ অনুসন্ধান, সঠিকস্থান নির্বাচন মজা এবং নিম্নভূমির উপযুক্ত সংস্কার প্রভৃতির মাধ্যমে জল সম্পদের ব্যবস্থার সঠিক পরিমাণ জানা যায়। বর্তমান দিনে অত্যন্ত জরুরি বিষয় এবং তা প্রাধান্য পাওয়া উচিত।

এখন দেখা যাক মোট বর্ষিত জল এবং তার বিভিন্ন অবস্থার দিকসমূহ।

ক্যাচমেন্ট অঞ্চলে বর্ষিত জলের পরিমাণ	জলের বিভিন্নস্থানে আশ্রয় লাভ এবং স্থানান্তরে গমন
১০০০০০০ হে.মি.	(ক) জল সংরক্ষণ — ৫০০০০০ হে. মি.
	(খ) ভূতলে গমন — ৫০০০০০ হে. মি.
	(গ) তাপ এবং বৃক্ষের দ্বারা জল হ্রাস — ৩৭০০০০ হে. মি.
	মোট — ১৩৭০০০০ হে. মি.

এখন যদি কেবলমাত্র জলাশয়ের জলকেই মাটির অভ্যন্তরে প্রবেশ করছে বলে ধরে নেয়া হয় তবে জল হ্রাসের পরিমাণ কম হবে। তবে জল মাটির ভেতরে প্রবেশ করবে তার পরিমাণ হবে যথা —

১২৫০০০ × ১ মি. = ১২৫০০০ হে. মি.

দ্বিতীয় অবস্থা অনুযায়ী মোট ব্যবস্থাকৃত জলের পরিমাণ হবে যথা

(ক) সংরক্ষণ — ৫০০০০০ হে. মি.

(খ) ভূতলে গমন — ১২৫০০০ হে. মি.

(গ) তাপ এবং বৃক্ষের দ্বারা জল হ্রাস — ৩৭০০০০ হে. মি.

মোট ৯৯৫০০ হে. মি.

দিনে দিনে এই অববাহিকা অঞ্চলে জলের চাহিদা বেড়ে চলেছে। অক্টোবর মাসের প্রায় প্রথম হতেই এ অঞ্চলের প্রায় প্রতিটি কৃষক পরিবার যাদের ন্যূনতম দুই থেকে তিন একর চাষের জমি আছে তারা শস্যে প্রয়োজনীয় সেচ দেবার জন্য শ্যালোর সাহায্যে ভূগর্ভের জল উত্তোলন করে খরিপ চাষের প্রয়োজন মেটাচ্ছে এবং রবি চাষের জমিতে বীজ বপনের জন্য শুষ্ক জমিতে জল সেচ করে মাটি নরম করছে। এই ব্যবস্থা পূর্বে এত বেশি পরিমাণে হতো না। কারণ খরিফ চাষের ফসল যা আগাম বা মধ্য বর্ষায় লাগানো হয়েছিল সেই গাছ হতে ফলন পাওয়ার জন্য জমির নিকটবর্তী নালা নর্দমার জলের সাহায্যে সেচ দিত। এই ব্যবস্থায় যা ফসল পাওয়া যেত তাতেই সে সন্তুষ্ট থাকতো। কিন্তু বর্তমানে শ্রম এবং অর্থ বিনিয়োগের সহিত সামঞ্জস্য রেখেই চাষী-পরিবারের চাষে আলোচনাপ্রাপ্ত বংশধরগণ আরও বেশি লাভ আশা করে এবং সাধ্যমত ও প্রয়োজনীয়

সেচ দেওয়ার ব্যবস্থা করে চলেছে। গ্রামাঞ্চলে কৃষক পরিবার নানা প্রকার অর্থকরী ফসল ফলিয়ে তার পরিবারের সাচ্ছল্য চাইছে। এই ব্যবস্থায় সে লাভজনক ফসল আগাম উৎপাদনের জন্য উন্নততর এবং বিজ্ঞানসম্মত চাষ করা এবং স্বনিযুক্তির জন্য এই চাষের দ্বারাই জীবিকার ব্যবস্থায় জল যে একটি অতি জরুরী প্রয়োজনীয় সামগ্রী তার উপলব্ধি প্রায় প্রত্যেকটি চাষী পরিবারেই অতি পরিষ্কারভাবে এসে গিয়েছে। শুধুমাত্র গোষ্ঠিবদ্ধভাবে যথাযথ এবং আন্তরিক সরকারি সহযোগিতায় এবং সমবায়ের মাধ্যমে প্রতি বিন্দু উপর হতে বর্ষিত জলকে এই অববাহিকা অঞ্চলে কাজে লাগানো খুব একটা কঠিন এবং অসম্ভব কাজ নয়।

এই ভৈরব-জলঙ্গী-ফরাক্কার পরে গঙ্গানদী যা নিম্নে পদ্মানদী নামে পরিচিত তারই একটি শাখা নদী। পদ্মা নদী বিশাল আয়তনের এবং সে নদীর দ্বারা পর্যাপ্ত পরিমাণ জল প্রবাহিত হয়। সেই অফুরন্ত বর্ষাকালের জলের কিয়দংশ এই শাখানদী ভৈরব-জলঙ্গীতেও প্রবেশ করে। কিন্তু ফরাক্কায় গঙ্গা-নিম্নে পদ্মা নদী-মুর্শিদাবাদ জেলার আংশিক পূর্ব-দক্ষিণে প্রকৃতিগত এবং মনুষ্যকৃত কারণে যারপরনাই বেসামাল এবং বিশৃঙ্খল অবস্থায় আছে এবং দিনে দিনে আরও বেশি বেসামাল হয়ে চলেছে। কেবলমাত্র ভাঙন রোধে কিছু বোল্ডার বা বাঁশ নদীর পাড়ে পুঁতে দিলেই ঐ বর্ষার অফুরন্ত জল হতে ভাঙন রোধ করা সম্ভব হবে না। এই গঙ্গা এবং পদ্মানদী-কে শান্তভাবে এবং কম ধারায় প্রবাহিত করতে হলে আরও সুদূর প্রসারী ব্যবস্থা নিতে হবে। নদীর আরও উপর হতে ব্যবস্থা নেয়া না গেলে এই ভাঙন, জলঙ্গীতে, আশে পাশে বন্যা হওয়া দিন দিন বেড়েই চলবে।

এই বিপুল জলরাশিরই একটি অংশ ভৈরব-মাথাভাঙা দ্বারা প্রবাহিত হয়। উভয়পাশের ক্যাচমেন্টের জল যদি ক্যাচমেন্ট অঞ্চলেই অবস্থান করানো যায় তবে মূল পদ্মানদীর অঞ্চলেই অবস্থান করানো যায় তবে মূল পদ্মানদীর জল যা শাখানদীর দ্বারা প্রবাহিত হবে তা কোন অবস্থাতেই প্লাবন এবং বন্যার আকার ধারণ করবে না এবং এই ক্যাচমেন্ট অঞ্চল ও বন্যাবিহীন অফুরন্ত জলসম্পদের ভাণ্ডার হবে।

২৬

হুগলী নদীর বামপার্শ্বের সর্বদক্ষিণের নদীসমূহ

হুগলী নদীর বামপার্শ্ব বা পূর্ব তীরের সর্বদক্ষিণে অসংখ্য ছোট বড় নদী এবং খাল ও নালার জল হুগলী নদীর মোহনার নিকটবর্তী স্থানে অথবা হুগলী নদীতে না পড়ে সুন্দরবন অঞ্চলের খাড়ির দ্বারা বঙ্গোপসাগরে পড়ে। উল্লেখযোগ্য নদীগুলির মধ্যে মাথাভাঙ্গা (চূর্ণী, ইছামতি), বিদ্যাধরী প্রভৃতি। এই নদী সমূহর ক্যাচমেন্টের পরিমাণ আনুমানিক ৬০০০০ হেক্টর। এই নদীগুলির মধ্যে বিদ্যাধরী নদী কলকাতা মহানগরী এবং তার আশপাশের ব্যবহৃত জল, বর্জিত জল এবং নানাপ্রকার দূষিত জলের নালা হিসাবে ব্যবহৃত হয়ে চলেছে। এই অঞ্চল, মুর্শিদাবাদ জেলার সীমান্ত পদ্মানদীর নিকট হতে দক্ষিণে বিদ্যাধরী নদীর উভয় তীর পর্যন্ত বিস্তৃত অঞ্চল। এই অঞ্চলের জল সংরক্ষণ, নিষ্কাশন, জলাধার এবং অতীতের জলাশয়, ভেরি, মহানগরী এবং বর্দ্ধিত মহানগরীর বর্জিত জল, অন্যান্য শহরাঞ্চল, কলকারখানা, ঘন বসতি, বিশৃঙ্খল জনবসতি, প্রাকৃতিক জলাধার এবং জলমগ্ন এলাকাকে ভরাট করে শিল্প-কারখানা বা শহর নির্মাণ প্রভৃতি বিষয়সমূহ এমন অবস্থায় হয়ে আছে যে এই ক্যাচমেন্ট অঞ্চলের বার্ষিক বর্ষিত বৃষ্টিপাতের জলসম্পদের ব্যবস্থাপনা খুবই জটিল বিষয়। এই অঞ্চলের বাৎসারিক বরাদ্দ-জলসম্পদের রক্ষণ এবং বহিষ্করণ দুইটি সম্পূর্ণ পৃথক অবস্থার মধ্যে অবস্থিত। একাধারে এই ক্যাচমেন্ট অঞ্চলের জলসম্পদের দ্বারা একদিকে যেমন মহানগরী এবং ইতস্ততঃ বিস্তৃত অনেক শহরের দৈনন্দিন চাহিদা মেটাবার জন্য প্রচুর জলের প্রয়োজন এবং ব্যবহৃত বর্জিত জল তার সঙ্গে অসংখ্য ছোটবড় কলকারখানার বর্জিত তৎসহ অতি ক্ষতিকারক দূষিত পদার্থের মিশ্রিত বর্জিত জল তার সম্পূর্ণ পৃথক ব্যবস্থা। আবার যেসমস্ত কৃষিজমি আছে যা অধিকাংশই ফুল ফল সবজি এবং কিছু পরিমাণ দানাশস্যের যে চাষ আবাদ হয় তার সেচের জলের চাহিদা এবং জোগান অন্য প্রকার। বর্তমানে মিশ্রিত উপায়ে বর্জিত জলের দ্বারাই অনেক ক্ষেত্রে কাজ করা হয়। অনেক ক্ষেত্রে তা অশেষ ক্ষতিকারক। আবার এই অঞ্চলের পশ্চিম পার্শ্ব দিয়ে হুগলী নদী বয়ে চলেছে। এই হুগলী নদীই তার দুই তীরবর্তী যত বর্জিত দূষিত জলের একমাত্র আশ্রয়স্থল। ইদানিংকালে অতি সামান্য ব্যবস্থা অবলম্বন করা হয়েছে যাতে সরাসরি বর্জিত জল (waste water) হুগলী নদীতে গিয়ে না পড়ে। কিন্তু যে পরিমাণ দূষিত জল এবং অন্যান্য দূষিত পদার্থ হুগলী নদীতে পড়ে অতি সামান্য ব্যবস্থা দ্বারা তার প্রশমন করা না করারই সামিল। নদীর দুই তীর বরাবর এই অঞ্চল দিয়ে নৌকাতেই হোক বা হেঁটে হোক অতি সাধারণ মানুষও স্বচ্ছন্দেই বলতে কোন দ্বিধা

করবে না যে এই জল সর্বকাজেই ব্যবহারের অনুপযুক্ত। বৈজ্ঞানিক পরীক্ষা নিরীক্ষার ফলাফল উক্ত জলের আকার প্রকারের সহিত সঠিক নয় তা আলোচনার বিষয়। আবার এই ক্যাচমেন্ট অঞ্চলে পূর্ব পাশে বিভিন্ন নালা নর্দমা দ্বারা পূর্বদিকের অসংখ্য ভেরিতে কিংবা বিদ্যাধরী নদীতে এই দূষিত জল যায়। এই জলের সাহায্যেই মাছের চাষ হয়। যদিও মাছের অনেক খাদ্যবস্তু এই জলে মিশে আছে। আবার অতি বিষাক্ত রাসায়নিক বস্তুও অনেক প্রকারের আছে। যে সব বিষাক্ত বস্তু ভেরির জলে মিশে মাছের খাদ্যের সঙ্গে বিষাক্ত বস্তুও মাছের শরীরে প্রবেশ করে যার অতি সামান্য পরিমাণই কঠিন কঠিন রোগের উৎস। দূষিত জল বিদ্যাধরীতে পড়ে গমন পথে আবার কিছু জল হুগলী নদীর জলেই পড়ে আবার কিছু জল বিভিন্ন খালের মাধ্যমে বঙ্গোপসাগরে পড়ে। এই ক্যাচমেন্ট অঞ্চলে এতই জলাজমি, নিম্নজমি, বিশাল ভেরি-অঞ্চল অসংখ্য খাল বিল প্রভৃতি আছে যে এই অঞ্চলের জলসম্পদ ব্যবস্থাপনায় মোট ক্যাচমেন্ট অঞ্চলের এক তৃতীয়াংশের বেশি জমিকে কেবলমাত্র জল সংরক্ষণ, বর্জনীয় বা ভেরি অঞ্চলের ব্যবহারের জন্য রাখা দরকার। বর্জিত জল এবং কলকারখানার জল বিভিন্ন পৃথক নালার সাহায্যে পৃথক ভাবে রাখা সমগ্র অঞ্চলের জলসম্পদের সুব্যবস্থার কারণে খুবই প্রয়োজন। তাতে হুগলী নদী যে পর্বতপ্রমাণ দূষিত পদার্থ বহন করে বয়ে চলেছে তার ভারও কিছু পরিমাণ লাঘব হবে। কিন্তু বর্তমানে সেই এক তৃতীয়াংশ জমি জলাজমি বা জলাভূমি হিসাবে ব্যবহৃত না হয়ে জটিল অবস্থার সৃষ্টি করেছে এ তার সাথে সাথে জলসম্পদের ব্যবস্থাপনা এবং পরিবেশ বেসামাল হয়ে পড়েছে। এখনও যে সব অঞ্চলে জলেরই আশ্রয়স্থল এবং জলের জন্যই স্থিরিকৃত সেই সমস্ত অঞ্চলকে যথাযথ সংস্কার করে ব্যবহারের জল এবং ব্যবহার পরবর্তী জলের আশ্রয়স্থল এবং বহিঃস্করণ সম্পূর্ণ পৃথক ব্যবস্থা থাকা দরকার। দূষিত জল এবং বর্জিত জল যা দুই প্রকার। এক প্রকার দূষিত এবং বর্জিত জল যা শিল্পে ব্যবহারের পর নিক্ষিপ্ত হয়। আবার একপ্রকার পৌর এলাকার বর্জিত জল। পৌর এলাকার বর্জিত জল পুনর্বার সরাসরি ব্যবহার বা বৃহৎ জলভাণ্ডারে মিশ্রিত না করে ঐ জল যদি পৃথকভাবে কোন স্থানে সংরক্ষণ করে সেই জলের দ্বারা সেচের কাজ করা হয় তবে ঐ জলে গাছের মিশ্রিতখাদ্য থাকার জন্য ঐ জল ব্যবহারে ফুল, ফল, ফসল বেশি ফলন দেবে এবং তা কোন ক্ষেত্রেই বিরাট ক্ষতিকারক নয়। শিল্পে ব্যবহৃত বর্জিত জলকে শিল্পস্থানের নিকটবর্তী কোন অঞ্চলে অবস্থান করাতে পারলেই সঠিক হয়। যে শিল্প পরিত্যক্ত জল উন্মুক্ত স্থানে অবস্থান করলে তা রৌদ্র তাপে—বাষ্পাকারে আকাশে চলে যাওয়া সহজ হয়। মাটির অভ্যন্তরেও কিছু জল চলে যায় তা কিন্তু ভাবনার বিষয়। শিল্পে ব্যবহৃত দূষিত জল যদি মারাত্মক ক্ষতিকারক রাসায়নিক বস্তুসমৃদ্ধ হয় তবে সেই জল, যাতে কোন অবস্থাতেই মাটির, তলদেশে যেতে না পারে জলাধার (বর্জিত জলের) সমূহ সেইভাবে তৈরি করা দরকার। শিল্পে বর্জিত দূষিত জল সুনির্দিষ্ট রক্ষণ স্থলে রাখার পর জল শুষ্ক হলে পতিত কঠিন বস্তুসমূহকে পুনর্বার ব্যবহার করাও যেতে পারে আবার উপযুক্ত স্থানে স্থানান্তকরণও

সম্ভব হয়। পারিবারিক ব্যবহারের বা পৌর অঞ্চলের বর্জিত জল অনেক রকম অল্পমাত্রায় রাসায়নিক বস্তু আছে তাকে বিশেষ বিশেষ নালার সাহায্যে দূরবর্তী কোন অঞ্চলে পাঠানো যায়। পার্শ্ববর্তী যে সব অসংখ্য ভেরী বা জলাভূমি আছে যা মৎসচাষের অতি উপযুক্ত স্থান সেই জলাভূমি বা ভেরিতে অবশ্যই যথাযথ সংস্কারের পর সেই সব অঞ্চলে ফেললে অনায়াসেই অপর্য্যাপ্ত পরিমাণ মাছের চাষ সম্ভব হয়। বর্ষার জল যদিও পতনের পর এবং নিম্নাঞ্চলের বহনের মুহূর্ত হতে অল্পমাত্রায় দূষিত হতে থাকে তাকে ভেরি অঞ্চলে ব্যবহার করতে হলে ভিন্নপথে পরিচালিত করে সংরক্ষণ করা যেতে পারে। জল সংরক্ষণ এবং তার নানাপ্রকার ব্যবহার কোনভাবেই অলাভজনক বিষয় নয়। উপরন্তু যথেষ্ট লাভজনক বিষয় এবং পরিবেশ সুরক্ষাকারী। তাই শহরাঞ্চলের পতিত এবং বাহিত জলকে স্থানে স্থানে সংরক্ষণ করে সামান্য শোধনের পরেই দৈনন্দিন কাজে বা সাধারণভাবে ব্যবহারের কাজে লাগোন যেতে পারে। কিন্তু ঐ জল কোনওভাবেই পানীয় জল হিসাবে ব্যবহার করা উচিত নয়। উপযুক্ত পানীয় জল ঐ সঞ্চিত জল হতেই করা সম্ভব হয় উপযুক্ত পরিশোধেনের পর। শহরাঞ্চলে স্থানে স্থানে পতিত জলের গতি, অবস্থান, সরবরাহ যদি অঞ্চলের অবস্থার উপর নির্ভর করে পৃথক হয় তবে ক্যাচমেন্টের অঞ্চল ভিত্তিক সংরক্ষণ ও ব্যবহারের জল বর্ষিত জল হতে পাওয়া যাবে। রাসায়নিক পদার্থযুক্ত দুষিত জলকে পৃথক পৃথক ভাবে অপসারণ এমনভাবে করতে হবে যাতে হুগলী নদী হতে কোন দূরবর্তী স্থানে পড়ে। এই ব্যবস্থা হুগলী নদীর জল প্রবাহ এবং বিশুদ্ধতার কারণে খুবই জরুরী বিষয়। অত্যধিক দুষিত এবং নানারকম আবর্জনায় নদী প্রায় মুমূর্ষ অবস্থায় আছে। এখন থেকে উপরোক্ত ব্যবস্থাগুলিকে অবলম্বন করলে নদী দীর্ঘকাল ধরে বইতে পারবে তাতে কলকাতা বন্দরের পক্ষে সুবিধা হবে কিনা তা বলা শক্ত। কিন্তু নদীর অস্তিত্ব থাকবে। বর্তমানের ক্রিয়াকলাপে হুগলী নদীর অস্তিত্বে আঘাত এসে যাচ্ছে।

এক তৃতীয়াংশ ক্যাচমেন্ট এলাকা যদি জল সংরক্ষণের জন্য নির্দিষ্ট করে রাখা যায় তবে তার পরিমাণ হবে ২০০০০০ হেক্টর জমি। এই অঞ্চলে বা ক্যাচমেন্ট এলাকায় বার্ষিক গড় বৃষ্টিপাতের হার ১৫০ সে.মি. হতে ২০০ সে.মি. এর মত। কোন কোন বছর নিম্নসীমার সামান্য কম আবার কোন বছর উদ্ধসীমার সামান্য বেশি। উর্ধ্বসীমার ২০০ সে.মি. পরিমাণ বার্ষিক গড় বৃষ্টিপাতের জলকে সম্পূর্ণ বছরে প্রাপ্ত বৃষ্টির জল ধরে যদি সংরক্ষণ, বহিঃস্করণ দিকগুলির বিশ্লেষণ করে সমগ্র বছরের বৃষ্টিপাতের বর্ষিত জলের পরিমাণের উপর নির্ভর করে জল সংরক্ষণ করা যায় এবং অতিরিক্ত জল কিভাবে স্থানান্তকরণ করা যায় সেই দিকগুলি দেখা যায়।

ক্যাচমেন্ট সমগ্র বছরের বৃষ্টিপাতের জলের পরিমাণ

৬০০০০০ হেক্টর × ২ মিটার = ১২,০০০০০ হে. মি.

যদি ২০০০০০ হেক্টর পরিমাণ স্থান জল ধারণের জন্যই নির্দিষ্ট থাকে এবং জল

সংরক্ষণ ক্ষমতা প্রতি বছরই যাতে তিন মিটার গভীরতা পর্যন্ত হয় তবে সম্ভাব্য জলের পরিমাণ হবে

২০০০০ হে. x ৩ মি. = ৬০০০০০ হে. মি.

এই ক্যাচমেন্ট অঞ্চলেও জলঙ্গী নদী অববাহিকার ক্যাচমেন্ট অঞ্চলের মাটি চূর্ণীর অনুরূপ। তাই মাটির তলদেশে জল প্রবেশও একই রকম। কিন্তু এই ক্যাচমেন্ট অঞ্চলে বাড়ি, ঘর, কলকারখানা, সড়ক পরিবহন এবং অন্যান্য সিমেন্ট দিয়ে বাঁধানো স্থানের পরিমাণ সর্বাধিক। একই কারণে বাড়ি ঘর, রাস্তার জল মাটিতে প্রবেশ করতে পারবে না। এইরূপ নিশ্ছিদ্র স্থানের সমষ্টিগত স্থানের পরিমাণ আনুমানিক এক তৃতীয়াংশ ক্যাচমেন্ট অঞ্চল।

অবশিষ্ট জমি জল ভূতলে প্রবেশ কিছু পরিমাণে করবে। অতি কম মাত্রায় জল যদি ভূ-পৃষ্ঠের অভ্যন্তরে প্রবেশ করে তবে সর্বনিম্ন ০.১০ মিটার জল জুন মাস হতে সেপ্টেম্বর মাস পর্যন্ত মাটির অভ্যন্তরে যায় তবে ৪০০০০০ হেক্টর পরিমাণ অঞ্চলে জল প্রবেশ করবে।

৪০০০০০ হে. x ০.১০ মি. = ৪০০০০ হে. মি.

আবার রৌদ্রতাপ এবং বৃক্ষদ্বারা জল গ্রহণ তাও পূর্ববর্তী ক্যাচমেন্ট অঞ্চলের মত। এই চারমাসে যে পরিমাণ জল অপসারিত হতে তার পরিমাণ হবে

৬০০০০০ হে. x ০.৫০ মি. = ৩০০০০০ হে. মি.

বৈশাখ মাস হতে চৈত্র এই বার মাসে যে পরিমাণ জল এই ক্যাচমেন্ট অঞ্চলের ভূ-পৃষ্ঠে পড়বে তার হতে কি পরিমাণ জল ভিন্ন ভিন্ন উপায় রক্ষণ, ভূ-অভ্যন্তরে গমন এবং বাষ্পকারে আকাশে গমন হতে পারে তার পরিমাণ

ক্যাচমেন্ট অঞ্চলে বর্ষিত জলের পরিমাণ	জলের বিভিন্নস্থানে আশ্রয় লাভ এবং স্থানান্তরে গমন	
১২,০০০০০ হে.মি.	(ক) সংরক্ষণ	— ৬০০০০০ হে. মি.
	(খ) মাটিতে জল প্রবেশ	— ৪০০০০ হে. মি.
	(গ) রৌদ্র তাপ এবং বৃক্ষদ্বারা জল শোষণ	— ৩০০০০০ হে. মি.
	মোট	— ৯৪০০০০ হে. মি.

এই ক্যাচমেন্ট অঞ্চলের বিশেষত্ব এই যে এখানে সর্বাধিক শহর এবং নানারকম কলকারখানা আছে। কলকারখানায় সামগ্রী-উৎপাদনের কারণে জলের প্রয়োজন হয়। বিশেষ করে বিদ্যুৎ, বস্ত্র কল এবং অন্যান্য শিল্পে বয়লারে জল গরম করে বাষ্প সৃষ্টি করা হয় এবং সেই বাষ্পের সিংহভাগ আকাশে বিলীন হয়। এইভাবে অনেক পরিমাণ জলই বাষ্পাকারে আকাশে উঠে যায়। আবার এ অঞ্চলে বছরের বার মাসই বিভিন্ন প্রকার শাক, সবজি, ফুল, ফলের চাষ হয়। এই জাতীয় সবজি, ফুল, ফল চাষে সম্পূর্ণ বছর ধরে

সেচের কারণে অনেক জলের প্রয়োজন হয়। এই বিরাট পরিমাণ জলের বর্তমানে প্রধান এবং একমাত্র উৎস বিভিন্ন গভীরতার নানা ব্যাসের নলকূপ। যদি নলকূপের ব্যবহারকে অযথা অধিক প্রাধান্য না দিয়ে বর্ষিত এবং পরবর্তী ব্যবস্থায় এবং অবস্থায় সঞ্চিত জলের মাধ্যমেই কলকারখানার এবং সেচের কাজ করা যায় তবে ভূ-গর্ভস্থ জল উত্তোলন যা ইদানীং দূষণ দিকগুলি ক্রমেই বেড়ে চলছে তার থেকে মুক্তিলাভ করা সম্ভব হয়। অন্য দিকে অন্যান্য প্রয়োজনে সঞ্চিত জলের সাহায্যেই পরিশোধন করে অল্পমূল্যে এবং স্বল্পায়নে পানীয় জল এবং অন্যান্য জলের প্রয়োজন মেটানো সম্ভব হয়। এই ব্যবস্থায় অতি দূরবর্তী স্থান হতে বাহাত্তর ইঞ্চি ব্যাসের পাইপ লাইনের সহযোগে জলসঞ্চয়ের প্রয়োজন হয় না। বিশেষ করে শহরাঞ্চলে জল বণ্টন ব্যবস্থায় জলের রক্ষণ স্থান যদি সম্বৎসরের প্রয়োজনের তুলনায় কম হয় তা জল সরবরাহ ঘাটতি পড়ে তবে ২৫০০০০ হে. মি. জল তো উদ্বৃত্ত রয়েই গিয়েছে। জলাধারের গভীরতা বৃদ্ধি করে বা অন্যান্য উপায়ে আরও জল সংগ্রহ করে রাখতে পারলে সম্বৎসরে স্বচ্ছলতার সঙ্গেই জল ব্যবহার করা যায়। এই পরিস্থিতিতে বা আরও অধিক জল যোগান দেয়ার কারণে সংরক্ষিত জলাধারের গভীরতা আরও দুই মিটার গভীর করা যায় তবে বর্ধিত জলের পরিমাণ হবে।

২০০০০০ হে. × ২ মি. = ৪০০০০০ হে. মি.

এই ব্যবস্থায় সমগ্র ক্যাচমেন্ট অঞ্চলের মোট বর্ষিত জল অতি সুন্দরভাবে ব্যবস্থাবায়িত হতে পারবে।

এইরূপ ব্যবস্থায় মোট বর্ষিত জলের পরিমাণ হতে আরও ১৬০০০০ হে. মি. জলেরও ব্যবস্থা করা যায়।

এই যদি বাস্তব চিত্র হয় তবে একমাত্র হুগলী নদীতে জল এবং পলিমাটি বৃদ্ধি ছাড়া অতি মূল্যবান জলসম্পদ সর্বকাজে সর্ব প্রয়োজনে, অর্থনৈতিক উন্নয়নে সবার কর্মসংস্থানে সর্বোপরি সমগ্র বৈষয়িক দিকগুলির এবং পরিবেশের উল্লেখযোগ্য উন্নয়ন সাধিত হতে পারে। পূর্ব ধারণায় এই দেশে নদীমাতৃক দেশ হিসাবে পরিচিত ছিল। কিন্তু বর্তমান সময়ে এবং নানাকাজে বর্ধিত জনসংখ্যার নানরূপ জলের প্রয়োজন মেটাতে নদী আর এখন আগের মত উল্লেখযোগ্য ভূমিকা নিতে পারে না। তাই নদীই যে নানা প্রয়োজনীয় জলের উৎস, নদী-পথে পরিবহন ক্রমে ক্রমে বিলীন হয়ে যাবে। নদীতে যেখানে সেখানে বাঁধ দিয়ে জলকে আটকিয়ে সাময়িক জলের প্রয়োজন মেটানো যায় ঠিকই কিন্তু কয়েকবছর বাদে নদীবন্ধনের খেসারত জন্মজন্মান্তরে দিয়ে যেতে হবে। নদীকে আর পূর্বের ভূমিকায় রাখা কালচক্রে কোনমতেই সম্ভব নয়। তাই পরিবর্তিত পরিস্থিতিতে যোগ্য স্থানে প্রয়োজনভিত্তিক জলসম্পদকে ধরে রেখে ব্যবহারের সময়ে এসে গিয়েছে। তাই নদী বাঁধ দিয়ে জলের যোগান, বন্যা নিয়ন্ত্রণ, অহেতুক জলমগ্ন হওয়া বিস্তীর্ণ অঞ্চল এবং নদী নালার পাড় ভেঙে বিস্তীর্ণ অঞ্চলে জলপ্লাবনের জন্য অফুরন্ত জলসম্পদ এখন আর থাকতে পারে না। যে পরিমাণ বৃষ্টিপাত হয় তার কিয়দংশ মাটিতে এবং রৌদ্রে অপসারিত

হবার পর অশিষ্ট জলসম্পদ এখন সম্পূর্ণ অর্থনৈতিক কাজে নিয়োজিত হলে আমাদের এই প্রদেশ তো বটেই এমনকি সমগ্র দেশের পক্ষেই অর্থনৈতিক উন্নয়নের একমাত্র সোপান হতে পারে। চিরাচরিত রক্ষণ এবং বহিঃষ্করণ ব্যবস্থার ব্যতিক্রম উল্লিখিত হল। আজ না হোক অদূর ভবিষ্যতে অতি সামান্য পরিমাণ জলও গুরুত্বপূর্ণ ভূমিকা নেবে। তাই যথেচ্ছভাবে জনপদ কৃষি জমির ফসল ভাসিয়ে, নদীর পাড় ভেঙে আরও অনেক অঞ্চল জলমগ্ন করে বর্ষিত জল সরাসরি চলে যাবে তা বোধহয় আর কয়েকবছরের পরেই সম্ভবপর হবে না। উল্লিখিত ব্যতিক্রম ব্যবস্থা, সঠিক জলের পরিমাণ, উপযুক্ত জলসংরক্ষণের স্থান, এবং আরও কিছু প্রয়োজনীয় অবস্থার জটিলতা থাকলেও জলসম্পদ সংরক্ষণ এবং ব্যবহারের দিকগুলি সময় এবং অবস্থার সঙ্গে সামঞ্জস্য রেখে ব্যবস্থা করার সময় পার হয়ে গিয়েছে। আরও বিলম্ব সামগ্রিকভাবে সবকিছু ছত্রভঙ্গ হওয়ার প্রতি এগিয়ে চলা। জলসম্পদের উপযুক্ত ব্যবহার এবং বন্যা, জলডুবি প্রভৃতির কারণ হতে মুক্তি লাভ নূতন চিন্তাধারার প্রচেষ্টা একটি নূতন দিক। বৃষ্টিপাতের জলকে সুবিধা মত স্থানে সংরক্ষণ করে তার সাহায্যে যাবতীয় কাজের প্রয়োজন মেটানোর কথা বলা হল তা খুবই সাধারণ প্রস্তাব। কিন্তু আধুনিক চাষ ব্যবস্থার প্রয়োজনে, সুপরিবেশ রক্ষার কারণে, বন্যার প্রকোপ প্রশমিত হওয়ার কারণে, নদীর জলধারাকে নূতনভাবে প্রবাহিত হওয়ার কারণে, ভাঙনরোধে বিশুদ্ধ পানীয় জলের সরবরাহ, জৈব সারের জোগানে, মৎস চাষে পরিবর্তিত এবং সময়ানুযোগী ব্যবস্থা অবশ্য আরও অনুসন্ধান এবং বিশ্লেষণের পরে কার্যে পরিণত করা হলে জলসম্পদ ও তার ব্যবহার নূতন দিগন্তের সূচনা করবে।

২৭

অতীতের জলাশয় এবং প্রাকৃতিক জলাজমির উন্নয়ন এবং নূতন নূতন জলাশয় খনন ও আর্সেনিক দূষণ রোধ

গঙ্গা (ভাগীরথী, হুগলী) নদীর অববাহিকার উভয় তীরের সমগ্র ক্যাচমেন্ট এলাকার (যার মধ্যে অন্যান্য নদীর ক্যাচমেন্টও যুক্ত) এক চতুর্থাংশ বা আরও বেশী আয়তনের জমি কেবলমাত্র জল সংরক্ষণের কারণে চিহ্নিত করে নির্দিষ্ট করার কথা হয়েছে তার মধ্যে পুরুলিয়া বাঁকুড়া, বীরভূমের প্রায় সমগ্র জেলাতেই অতীতের জলাশয়, প্রাকৃতিক বিল, জলাজমির সংখ্যা কম। আংশিকভাবে মেদিনীপুর এবং বর্ধমান জেলায় ভৌগোলিক কারণেই অপেক্ষাকৃত কম পরিমাণ স্থান জলাঞ্চল হিসাব নির্দিষ্ট আছে। আবার বর্ধমান, মেদিনীপুর এবং গঙ্গা, হুগলি অববাহিকার পূর্ব পাশের ক্যাচমেন্ট অঞ্চলে অসংখ্য প্রাকৃতিক জলাশয়, জলাভূমি ও নিম্নভূমি বিদ্যমান। ভাগীরথী (হুগলীর পশ্চিমতীর হতে দূরবর্তী অঞ্চলে বহুসংখ্যক নূতন নূতন জলাশয় খনন করে বৃষ্টিপাতের জলকে ধরে রাখতে হবে। নূতন জলাশয় সৃষ্টি করবার পূর্বে অন্তত পক্ষে দুই বছরের ভিন্ন ভিন্ন অঞ্চলের বৃষ্টিপাতের জলের পরিমাণ, জলের ধারা কোন কোন অঞ্চল অবলম্বন করে স্থান ত্যাগ করে, কোথায় কোথায় জল সামান্য সময়ের জন্য বা অধিক সময়ের জন্য অবস্থান কর তা পর্যবেক্ষণ সম্পূর্ণ হবার কর কোন অঞ্চলে কি পরিমাণ বছরের জল পাওয়া যায় (স্বাভাবিক বার্ষিক গড় বৃষ্টিপাত ধরে) তা স্থির করে সমস্ত পতিত জলকেই সেই অঞ্চলের নির্মিত বা সংস্কার পরবর্তী অবস্থায় আবদ্ধ করে রাখা সম্ভব হবে কিনা তা স্থির করা। যদি পতিত জলের সবটাই আবদ্ধ করে রাখান না সম্ভব হয় তবে বাড়তি জলকে সহজ পথে বা কোন সৃষ্টপথে পার্শ্ববর্তী অঞ্চলে স্থানান্তর করা যায় তা স্থির করা। জল স্থানান্তর করার যদি অসুবিধা থাকে অর্থাৎ দ্বিতীয় অঞ্চলেও কিছু পরিমাণ উদ্বৃত্ত জল থাকছে সেই অবস্থায় সম্মিলিত অবশ্যই সীমিত পরিমাণ জল হয় স্থায়ী কোন নালার মারফৎ যে সব বৃহত্তর নদী নালা আছে সেখানে উদ্বৃত্ত জল স্থানান্তর করা। চিহ্নিত নিম্নাঞ্চল, জলাভূমি বা বিল প্রভৃতির জলের জোগান কোন কোন স্থানের এবং কোন কোন দিক থেকে হয় সেই সব দিকগুলিকে চিহ্নিত করে সেই সব স্থান দিয়ে দূরবর্তী স্থানের জল যাতে বাধাহীন এবং সহজে গড়িয়ে এসে সংস্কার পরবর্তী নিম্নাঞ্চল, জলাভূমি বা বিল প্রভৃতিতে এসে পড়তে পারে তার সুব্যবস্থা করতে হবে। প্রায় প্রত্যেক অঞ্চলেই এক বা একাধিক জলাভূমি, বিল, নিম্নাঞ্চল প্রভৃতি সর্বত্রই আছে। তাদের পরিমাপ, জলধারণের বর্তমান ক্ষমতা, সংস্কার পরবর্তী বর্ধিত ক্ষমতা নির্দিষ্ট অঞ্চলের পতিত জলের পরিমাণ সঠিকভাবে স্থির করে

সর্বাধিক পরিমাণ জল আবদ্ধ করে রাখার লক্ষ্য পরিষ্কার থাকবে। আবার কোন অঞ্চলের চতুর্দিকের সর্বকাজে এবং নানাবিধ প্রয়োজনে সম্বৎসরের জলের চাহিদার পরিমাণ যদি পার্শ্ববর্তী অঞ্চলের চাহিদার বেশি হয় তবে স্বল্প চাহিদার জলাশয় নির্মাণ বা সংস্কার চাহিদা অনুযায়ী করে অতিরিক্ত জল যাতে অধিক চাহিদার স্থানে সহজপথে স্থানান্তরিত করা যায় তার দিকে দৃষ্টি রাখতে হবে। এই ব্যবস্থায় স্বল্প চাহিদাযুক্ত অঞ্চলের অতিরিক্ত বা বাড়তি জল কৃষিজমি, জনবসতি অহেতুক জলমগ্ন করে অর্থনৈতিক অবনতির কারণ হতো। বাড়তি জল স্থানান্তর করার পর রোপিত ফসল আর বাড়তি জলে নষ্ট হবে না। উৎপাদিত ফসলের পরিমাণ ও বৃদ্ধি পাবে এবং অঞ্চলের স্বাচ্ছন্দ্য আসবে। আবার ঐ বাড়তি জল অঞ্চলের স্থায়ী ক্ষতির কারণ হতো তা হবে না। চাহিদাযুক্ত স্থানে স্থানান্তরিত হলে প্রয়োজনীয় সেচের জলের অভাবে যে সমস্ত জমির ফসল শুকিয়ে যেত তা আমদানিকৃত জলের সাহায্যে প্রয়োজনীয় সেচ দেয়া সম্ভব হবে। ফসলের উৎপাদনও বৃদ্ধি পাবে। উপরন্তু যে বদ্ধ এবং বাড়তি জল কোন একটা বিশেষ অঞ্চলে বা শস্যক্ষেত্রে আবদ্ধ থেকে কৃষির এবং চলাচলের বাধা, মশা, মাছি, পোকা-মাকড়ের উপদ্রব হতো এবং জলীয় পরিবেশে নানা রকম রোগের সৃষ্টি হতো বাড়তি জল স্থানান্তরকরণ হলে মনুষ্য চলাচল বিঘ্নিত হবে না, জলে ফসল ডুববে না, মশা, মাছি ও রোগের নিরসন হয়ে পরিবেশ দূষণমুক্ত থাকবে।

যে যে অঞ্চলে নির্ধারিত ব্যবস্থানুযায়ী সম্বৎসরের বর্ষিত জলের প্রায় সিংহভাগ সেই অঞ্চলেই আবদ্ধ করে রাখার কথা বলা হল তার পরিমাণ নেহাৎ কম নয়। কোন নির্দিষ্ট অঞ্চলের পক্ষে যথেষ্ট। বর্তমানে নূতন নূতন পদ্ধতি, নূতন নূতন আবিষ্কৃত বিভিন্ন প্রথার শস্য, ফল, সবজির বীজ, হামেশাই কৃষিজীবির পরিবার জানতে পারছেন এবং ঐ বীজ বা কলম নিজ নিজ স্থানে লাগাতেও চাইছেন। আবার উন্নতমানের উচ্চ ফলনশীল বীজ এবং চারা লাগিয়ে ফলনও বাড়াবার দিকে তাদের লক্ষ্য আছে। কিন্তু সেইসব উৎসাহী কৃষিজীবি পরিবার সবরকম চেষ্টা করলেও কতিপয় ভাগ্যবান চাষী আর্থিক সংগতিসম্পন্ন কৃষক ছাড়া আর কারও দ্বারা মূল্যবান জল কিনে বৈজ্ঞানিকভাবে উন্নত মানের বীজ, তলা লাগিয়ে বেশী ফসল উৎপাদন করা সম্ভব হয় না। এখন যদিও আমাদের রাজ্যে যথেষ্ট পরিমাণ বৃষ্টির জল পাই কিন্তু আজ পর্যন্তও সর্বঅঞ্চলে স্বচ্ছল ভাবে এমনকি টিউবওয়েল ছাড়া পানীয় জল পাওয়াও সম্ভব হয়নি। আমাদের রাজ্যে চাষ ব্যবস্থায় একমাত্র বর্ষাকাল ছাড়া অন্যান্য সময়ে চাষে সেচের জল দেয়ার জন্য চাষীদের একটি মোটা অঙ্কের অর্থ ব্যয় করতে হয়। এখনও পর্যন্ত প্রায় অধিকাংশ স্থানে ভূগর্ভস্থ জল হয় স্যালোর সাহায্যে অথবা গভীর নলকূল দ্বারা উত্তোলন করতে হয়। ভূগর্ভের জল উত্তোলন করতে হয় মহামূল্য ডিজেল বা বিদ্যুতের সাহায্যে। ডিজেলের মূল্য দিয়ে কিংবা বিদ্যুতের ব্যবস্থা করে সেচ দেয়ার জল অনেকের পক্ষেই সম্ভব হয়ে ওঠে না। তাই সবরকম চেষ্টা এবং শ্রম করে ক্ষুদ্র ও প্রান্তিক চাষী অতি সামান্য পরিমাণেই ফসল পান। প্রাপ্ত ফসলে তার ক্ষুন্নি

বৃত্তি করে বাড়তি আর কিছু সঞ্চয় করতে পারে না ফলে কঠোর দারিদ্র্যের লাঘব হয় না। যথাসর্বস্ব ব্যয় করে ও বেশী ফসল পাবে আশা করে ঋণ গ্রহণ করেও যে ফসল লাগানো হলো সামান্য জল যা প্রচুর পরিমাণে অঞ্চলে ছিল এবং অনায়াসেই সেই জল রাখাও যেত সঞ্চয় করে তার অভাবে সাধারণ এবং ক্ষুদ্র চাষী অর্থনৈতিক ভাবে লাভবান হলো না। বৃষ্টির জল যদি প্রচুর পরিমাণে অঞ্চলেই আবদ্ধ হতো তবে ক্ষুদ্র এবং প্রান্তিক চাষী কায়িক শ্রমের বিনিময়েই জমিতে জল সেচের কাজে ব্যবহার করে বাড়তি ফসল পেতে পারতো। শ্রমই এখানে একমাত্র মূলধন। তার যথাযথ মূল্যায়ন এখনও আমাদের নিকট গুরুত্ব পায়নি। আমাদের দেশে চাষের কাজে কায়িকশ্রম কোন নূতন কথা নয়। অধিকাংশ ক্ষুদ্র চাষী যারা চাষকে অবলম্বন করে তার অস্তিত্ব রক্ষার কারণে জমিতে লাঙ্গল দেয়া, এধার ওধার থেকে জৈব সার সংগ্রহ করা, বীজবপন আগাছা পরিষ্কার, মাটি আলগা করা প্রভৃতি শ্রমযুক্ত কাজ করে চলেছে, সেই চাষীই শ্রমের দ্বারাই জলাশয় বা আবদ্ধ জলাশয় হতে জলের সাহায্যে সেচ দিয়ে তার বপন করা বীজ হতে উপযুক্ত পরিমাণ ফসল উৎপাদনকে নিশ্চিত করবে। অবশ্য কিছু কিছু সঙ্গতিসম্পন্ন বৃহৎ এবং মাঝারি চাষী তার নিজস্ব সংরক্ষিত জল তার জমিতে সেচ দেবার জন্য যন্ত্রচালিত পাম্প মেশিন ব্যবহার করবে। তাদের ক্ষেত্রে কায়িক শ্রম সম্পূর্ণভাবে লাগবে না। চাষ ব্যবস্থায় বৃষ্টিপাতের ধরে রাখা জল যদি চাষ অঞ্চলের নিকটেই পাওয়া সম্ভব হয় তবে বাধ্যতামূলক শ্রম শক্তিকে কাজে লাগালে অতি মূল্যবান অচিরেই শেষ হয়ে যাওয়া জ্বালানী তেলের সাশ্রয় হবে। অর্থসাশ্রয় হবার সাথে সাথে পরিবেশও দূষণমুক্ত হবে। বর্তমানে সর্বত্রই ডিজেল চালিত পাম্প মেশিন হতে গল গল করে বিষ ধোঁয়া পরিবেশকে বিষময় করে চলেছে। সেচের জল সরবরাহ করতে ডিজেল মেশিনকে সরাতে পারলে পরিবেশের বায়ু বিশুদ্ধ থাকবে। বর্তমানে যথেচ্ছ পরিমাণে ভূ-গর্ভস্থ জল উত্তোলন করে জমিতে সেচ দেয়া হচ্ছে। স্যালো মেশিন কিংবা ডিপটিউবওয়েল চাষের জমির যত্রতত্রই দেখা যাচ্ছে। মাটির নিচের জল যথেচ্ছভাবে উত্তোলন করে ব্যবহার হচ্ছে। ভূগর্ভস্থ জলের তল মাত্রাতিরিক্ত ভাবে আন্দোলিত হচ্ছে। ইদানিংকালে সম্পূর্ণ বছরে যে পরিমাণ জল মাটির অভ্যন্তরে আশ্রয় পায় তার থেকে বেশী জল মাটির উপরে তোলা হয়। এই অবস্থায় হিমালয় নিকটবর্তী মাটির জলদেশে যে আর্সেনিক অধ্যুষিত জলের স্তর আছে, সমতলের মাটির অভ্যন্তরের জল নিঃশেষিত হলে স্বাভাবিকভাবেই আর্সেনিকযুক্ত জলের সমতলে আসার প্রবণতা বাড়বে। ভূ-অভ্যন্তরের জলে যে আর্সেনিক মিশ্রিত জলের ইঙ্গিত পাওয়া যাচ্ছে তার প্রমাণ ভাগীরথীর অববাহিকার দুই পার্শ্বের ভূগর্ভস্থ জল ইদানিংকালে আর্সেনিক দূষণ প্রায় প্রতি জেলাতেই একটি অতিমাত্রায় ঘোষিত সংবাদ এবং আর্সেনিক দূষিত জল ব্যবহার জনিত রোগে আক্রান্ত হওয়ার সংবাদও পত্র-পত্রিকার মাধ্যমে প্রত্যেকেরই জ্ঞাত বিষয়। আর্সেনিক দূষণ প্রধানত দুইটি কারণে হতে পারে। প্রথমত: যথেষ্ট পরিমাণ আর্সেনিক যৌগ ব্যবহার এবং ব্যবহার পরবর্তী আর্সেনিকযুক্ত

বর্জিত পদার্থ যত্রতত্র নিক্ষেপ কিংবা রোগ, কীটানু নাশক দ্রব্য কৃষির জমিতে ব্যবহারের পর অবশিষ্ট আর্সেনিক যুক্ত ব্যবহৃত সেচের জলের ভূতলে গমনের সাথে অভ্যন্তরে প্রবেশ । আর্সেনিক যুক্ত বর্জিত পদার্থ বৃষ্টির জলে ঐ আর্সেনিকসহ জল ভূগর্ভে প্রবেশ করে ভূগর্ভস্থ জলের সহিত মিশে জলকে আর্সেনিকের দূষণ করে। দ্বিতীয়তঃ ভূগর্ভস্থ খনিজ পদার্থ অনেক প্রকার এবং তার মধ্যে আর্সেনিক প্রবণতাযুক্ত অঞ্চলও আছে। পূর্বেই বলা হয়েছে আমাদের এই রাজ্যের উত্তরাংশের হিমালয় পর্বতের তলদেশে আর্সেনিকের স্তর আছে। ভূতাত্ত্বিক বিশেষজ্ঞদের মতানুসারে সমগ্র উত্তরের হিমালয় পর্বতের তলদেশে পশ্চিম থেকে পূর্ব সীমান্ত পর্যন্ত বিস্তৃত ভূগর্ভস্থ অঞ্চল আর্সেনিক পদার্থের স্তর আছে। হিমালয়ের পূর্বাংশেই এর প্রাদুর্ভাব বেশী। তাছাড়া ভূগর্ভস্থ পদার্থ যা মাটির তলদেশে আছে তা খনিজ বিষয়ক পুস্তকে (Geology) উত্তরের হিমালয় পর্বতের পূর্বাংশের তলদেশে আর্সেনিক প্রবণতাযুক্ত অঞ্চলের তথ্য পাওয়া যায়। ভূগর্ভস্থ জলরাশি স্বাভাবিক নিয়মে উঁচু অঞ্চল হতে নিম্নাঞ্চলে স্থানান্তরিত হতে হতে সমুদ্রের জলের তলে যাত্রা শেষ করে। যদি ভূগর্ভস্থ জলের তল (level) তা সে কোন গভীরতাতেই হোক না কেন সাম্য অবস্থায় চলন অতি ধীর গতিতে হয় বা হয় না বললেই চলে। এই সাম্য অবস্থায় একটি বিশেষ গভীরতায় সর্বদা স্থির থাকার অবস্থায় থাকে। কিন্তু অত্যধিক জল উত্তোলনজনিত কারণে বিস্তীর্ণ অঞ্চলের ভূ-গর্ভ জলশূন্য হয়। শূন্যস্থান পূরণ করার জন্যে উচ্চ স্থানের জল শূন্যস্থান পূর্ণ করার কারণে গতি ক্ষীপ্র হয়। উচ্চ স্থানের জল নিচু অঞ্চলে আসার সময়ে ঐ স্থানের আর্সেনিক জলীয় দ্রবণে জলের সহিত আসে এবং যে স্থান পূর্বে আর্সেনিক দূষণের সম্ভাবনা ছিল না কিন্তু ইদানিং আর্সেনিকের মিশ্রণ দেখা যাচ্ছে। উপরাঞ্চল হতে আর্সেনিক পদার্থ জলের সহিত আসা এবং তা স্থানান্তর হয়ে সব জলাশয়ের জলকেই আর্সেনিকের দ্বারা দূষিত করা এবং ভূগর্ভস্থ জলের তলে আর্সেনিক মেশামেশি এবং ছড়ানো খুব অযৌক্তিক নয়। আমাদের সমতলে এত অধিক পরিমাণ আর্সেনিক ব্যবহার হয় না যে বর্জিত আর্সেনিক তলদেশে প্রবেশ করে জলে আর্সেনিক দূষণ ভয়াবহ করে চলেছে। যদিও বর্তমানে অনেক বেশী পরিমাণ রোগ ও কীটানুনাশক ঔষধ গাছে এবং চাযের জমির ফসলে দেয়া হচ্ছে। কিন্তু সেই ঔষধের ক্রিয়া গাছে কিছু এবং পরিবেশে কিছু স্বয়ংক্রিয়ভাবে নিশ্বেষিত হবার পর এখনও ভয়াবহভাবে কীটনাশক ঔষধের বিষক্রিয়া জমির তলদেশের জলে প্রবেশ করেনি। যদি সমতলের জল একটি সাধারণ নিয়ম অবলম্বন করে এবং অযথা বইয়ে না দিয়ে তাকে ঐ অঞ্চলেই অবস্থান করানো যায় তবে আর্সেনিক দূষণ অনেক পরিমাণেই দুরীভূত হবে।

জলাশয় খনন বা সংস্কার ও উত্তোলিত মাটির ব্যবস্থাপনা

কোন একটি বিশেষ অঞ্চলের ক্যাচমেন্টে যদি ১০০ হেক্টর পরিমাণ জমিকে জল সংরক্ষণের জন্য নির্দিষ্ট করা হয় তবে সমগ্র অঞ্চলের পরিমাণ পূর্ববর্তী হিসাবমত ৪০০০ হেক্টর। ঐ অঞ্চলের বাৎসরিক গড় বৃষ্টিপাত, জনবসতি, চাষের জমি শিল্প-কারখানা, বনাঞ্চল, জনসংখ্যা গৃহপালিত পশুপাখীর সংখ্যা প্রভৃতি বিষয়গুলির উপর নির্ভর করে জলসংরক্ষনের স্থানকে প্রয়োজনে বাড়াতে হবে এবং পুরানো জলাশয়কে সংস্কারকালে বেশী পরিমাণ গভীর করতে হবে। আবার প্রয়োজনে জল সংরক্ষণের স্থানকে কমাতেও হতে পারে। অপেক্ষাকৃত কম জলের প্রয়োজন হলে সেখানে কেবলমাত্র মজা জলাশয়-সমূহকে গভীর করে সংস্কার করলেই চলবে। প্রধান এবং একমাত্র উদ্দেশ্য থাকা উচিত যাতে উপরোক্ত চার হাজার হেক্টর পরিমাণ স্থানের বৃষ্টিপাতের জল ঐ অঞ্চলেই যাতে আবদ্ধ করে রাখা যায় তার ব্যবস্থা করা। জলাঞ্চল কোন অঞ্চলে সুশৃঙ্খলভাবে থাকলে কোন ক্ষতি নেই। উন্মুক্ত জলাশয় থাকলে অঞ্চলের পরিবেশও বিশুদ্ধ থাকে আবার ঐ আশ্রিত জল হতেও অনেক অর্থনৈতিক উন্নয়নের কাজ সুসম্পন্ন হয়। পূর্বে খনন করা যে সব জলাশয় আছে, সেগুলি সৃষ্টির সময় হতে আজ পর্যন্ত প্রায় অধিকাংশ জলাশয়ের সময়োপযোগী সংস্কার করা হয়নি। বর্তমানে সেইসব মজা জলাশয়ের আয়তনও কমে গিয়েছে তার সঙ্গে জল ধরে রাখার ক্ষমতাও হ্রাস পেয়েছে। এই পরিস্থিতি দেশের প্রায় অধিকাংশ অঞ্চলেই আছে। তাই বর্ষাকালে যত্রতত্র বিস্তীর্ণ এলাকা জলপ্লাবিত হয়ে যায়।

এখন ১০০ হেক্টর পরিমাণ জল ধরে রাখার কারণে নির্ধারিত স্থানকে (মজা জলাশয়) যদি সর্বাধিক দুই মিটার গভীরতা খনন করা হয় এবং গড়ে নূতন জলাশয় এরূপ গভীরতায় খনন করতে হবে যাতে ন্যূনতম চার মিটার গভীর জল বর্ষাকালে ধরে রাখা সম্ভব হয়। নূতন জলাশয় খনন এবং পুরানো জলাশয় সংস্কার কাজে গড়ে দুই মিটার গভীরতায় মাটি উত্তোলন করার ফলে সঞ্চিত বা ধরে রাখা জল এবং উত্তোলিত মাটির পরিমাণ হবে যথাক্রমে

$$১০০০ \text{ হে.} \times ৪ \text{ মি.} = ৪০০০ \text{ হেক্টর মিটার}$$

এবং উত্তোলিত মাটির পরিমাণ হবে

$$১০০ \text{ হে.} \times ২ \text{ মি.} = ২০০০ \text{ হেক্টর মিটার}$$

গড়ে দুই মিটার গভীরতার মাটি উত্তোলিত হবে কারণ পুরানো জলাশয়, মজা জলাশয়, বিল, পুষ্করিণী যেগুলো আছে স্বভাবতঃই সেইসব এলাকা হতে মাটি উত্তোলনের পরিমাণ

অনেক কম হবে। কার্যক্ষেত্রে এবং প্রকৃত অবস্থায় এই হিসাবের অনেক পরিবর্তন হতে পারে। কিন্তু উল্লিখিত পরিকল্পিত ব্যবস্থায় কোন স্থানের খনন কাজ বেশী বা কম করার প্রয়োজন হতে পারে। কিন্তু এই ব্যবস্থায় জল সংরক্ষণ করা, উত্তোলিত মাটির দ্বারা জনবসতি বা শস্যক্ষেত্র এবং সড়ক ব্যবস্থা যে যে স্থানে জল অবস্থান করে বা অনেকদিন পর্যন্ত জল দাঁড়িয়ে থাকে এবং চলাচল ও কৃষিকাজে বিঘ্ন ঘটায় এবং ফসলের ক্ষতি করে সেইসব স্থান ভরাট করলে জলডুবি হতে রক্ষা পাওয়া যায়। উত্তোলিত মাটি যা গাছপালা এবং মাঠের ফসলের খাদ্যগুণে ভরপুর সেই সারসমৃদ্ধ মাটি ব্যবহার করে মূল্যবান রাসায়নিক সারের খরচ হতে রক্ষা পাওয়া যায় এবং পরিবেশ বিশেষ করে চাষের জমি শস্য উৎপাদনের জন্য উপযুক্ত থাকবে। চাষের জমিতে, রাস্তাঘাট উঁচু করার প্রয়োজনে, বাসস্থানের চতুর্দিকের জমিতে অযথা যাতে জল না দাঁড়িয়ে থাকে, তার জন্য মাটির প্রয়োজন। কোন কোন অঞ্চল অন্যান্য অঞ্চল হতে অত্যধিক নীচু থাকে এবং বৃষ্টিপাতের জল সব অঞ্চলে সাময়িকভাবেই হোক বা দীর্ঘসময়ের জন্যই হোক প্রতি বছর জলমগ্ন হয়ে জনজীবন দুর্বিষহ করে। এইরূপ স্থান সমূহকে উত্তোলিত মাটির সাহায্যে এমনভাবে ভরাট করা উচিত যাতে কোন বিশেষ এলাকার বাড়তি জল বা ঐ অঞ্চলের জল নির্দিষ্ট ঢালে গড়িয়ে এবং সুবিধাজনক নালার দ্বারা ঐ অঞ্চলেরই জলাশয়ে গিয়ে জমা হতে পারে বা অঞ্চল ত্যাগ করে পার্শ্ববর্তী অঞ্চলের জলাধারে গিয়ে পড়তে পারে। জলাশয়ের ক্ষমতা সাধারণভাবে ঐ অঞ্চলের বার্ষিক গড় বৃষ্টিপাতের উপর নির্ভর করে করতে হবে। যদি কোন বছর গড় বৃষ্টিপাতের অধিক বৃষ্টিপাত হয় এবং জলাধার পূর্ণ হবার পরও অনেক জল উদ্বৃত্ত থাকে তবে সেই জলরাশি যাতে সুপরিকল্পিত এবং সুবিধাযুক্ত পথে বৃহত্তর নালার দ্বারা স্থানান্তরিত হতে পারে সেই ব্যবস্থাও রাখার প্রয়োজন।

২৯

উত্তোলিত মাটির শ্রেণীবিভাগ ও মাটিতে উদ্ভিদ সারের পরিমাপ

যেসব মজা জলাভূমি, মজা পুকুর, বিল, বিস্তীর্ণ জলাভূমি বা জলজঙ্গল, জাতীয় সড়ক বা বড় বড় রাস্তার দু-পাশে জল ও জঙ্গলাকীর্ণ অঞ্চল হতে মাটি উত্তোলিত হবে তা উদ্ভিদের খাদ্যগুণ সমৃদ্ধ পদার্থে ভরপুর। ঐসব জলাভূমি, অঞ্চল বছরের পর বছর বর্ষার জলে ধুয়ে নানা প্রকার গাছপালা, গাছের ঝরাপাতা, পশুপাখীর মলমূত্র ও তাদের মৃতদেহ প্রভৃতির পরিমাণ যথেষ্ট থাকে। ঐসব মজাজলে পতিত পদার্থ যা পূর্বে গাছের এবং সীমিত ও ক্ষুদ্র চাষীরা ব্যবহার করত এবং করে চলেছে। পচা গাছের সারে ভরপুর তা সর্বজনবিদিত। ইদানিং রাসায়নিক বিশ্লেষণের মাধ্যমে গাছের বৃদ্ধি এবং গাছ সতেজকারী পদার্থের পরিমাণ যা জানা গিয়েছে তা রাসায়নিক সারের মত যথেষ্ট পরিমাণ নাইট্রোজেন (এন) ফসফরাস (পি) এবং পটাশ (কে) না থাকলেও যে পরিমাণ এন, পি, কে থাকে তার সুষ্টু ব্যবহার এবং প্রয়োগ স্থায়ী, পরিবেশ সহায়ক সার হিসাবে ইদানিংকালের চাষ ব্যবস্থায় খুবই গুরুত্বপূর্ণ ভূমিকা নেবে। মজা জলাভূমি সংস্কারের ফলে যে পরিমাণ মাটি পাওয়া যাবে তার অধিকাংশ মাটিই কৃষি জমিতে ব্যবহার, নীচু জলমগ্ন কৃষি জমি, সড়ক পরিবহণের উভয় পাশের অঞ্চলে, ফুল, ফল, তরিতরকারীর ছোট বড় বাগানে, এমনভাবে ভরাট করতে হবে যাতে অবিরাম বৃষ্টিপাত হলেও জল স্থায়ীভাবে প্রয়োজন ছাড়া অবস্থান করবে না। উত্তোলিত মাটি কম বেশী জৈব মাটি। বারংবার বলা জৈব মাটি গাছের পুষ্টি এবং বৃদ্ধি র কারণে খুবই উপকারী। কিন্তু ভিন্ন ভিন্ন অবস্থায় এবং বিভিন্নরকম উদ্ভিদ চাষে নানারকম অনুখাদ্যের (micro-mutrient) এর প্রায়াজন এবং তা ঐ জৈব মাটিতে অধিক সময়ের জন্য অবস্থান করে। প্রয়োজনে অতি অল্প সময়ে জল অপসারণের কারণে মাটি বিভিন্ন ঢালে বিন্যাস করা হতে পারে। ভিন্নভিন্ন চাষ ব্যবস্থায় গাছের গোড়ায় জল বেশ সময় দাঁড়িয়ে থাকবে কি থাকবে না তা মাটির শ্রেণীর উপর নির্ভর করছে। মাটির কণার ছোট বড় ভেদে মাটিকে পাঁচটি পৃথক পৃথক শ্রেণীতে বিভক্ত।

(১) বেলেমাটি (Sandy Soil)

বেলেমাটিতে শতকরা ৬০ থেকে ৭০ ভাগ বিভিন্ন আকারের বালুকণা আছে। এই মাটিতে জল পড়ার সঙ্গে সঙ্গে অপসারিত হয়ে যায় অর্থাৎ মাটির অভ্যন্তরে চলে যায় মাটিতে বালির ভাগ বেশী থাকার জন্য। এই মাটিতে বড় কণার বালি এমনভাবে অবস্থিত থাকে যে বড় কণা পার্শ্ববর্তী স্থান ফাঁকা থাকে তাই সহজেই জল মাটির অভ্যন্তরে চলে যেতে পারে। এই বেলেমাটির উর্বরাশক্তি কম। কিন্তু বিশেষ বিশেষ উদ্ভিদ খুব সামান্য

খাদ্যের উপর এবং কম জলের উপর নির্ভর করে সজীব হয় ও বাড়তে পারে। এইরূপ কম জলের এবং বিশেষ বিশেষ উদ্ভিদ চাষের পক্ষে বেলেমাটি উপযুক্ত।

(২) দো-আঁশ মাটি (Loamy Soil)

কাদা অর্থাৎ অতি সূক্ষ্মবালুকণা অপেক্ষাকৃত কম সূক্ষ্মবালিকণা এবং সূক্ষ্ম বালিকণার ভাগ দো-আঁশ মাটিতে প্রায় সমান সমান। এই মাটিতে জল ঢাললে অতি মন্থরগতিতে জল জমির তলদেশে গমন করে। জল অতি ধীরে মাটির অভ্যন্তরে প্রবেশ সময়ে জমির মাটি অতি নরম থাকে। নরম মাটিতে অবস্থিত শস্য বা গাছ তার প্রয়েজ্রজনীয় খাদ্যবস্তু যদি জমিতে থাকে তা অতি স্বচ্ছন্দে গ্রহণ করে সতেজ ও সবল হয়ে বাড়তে থাকে। সেইজন্য এই দো-আঁশ মাটিতে বীজ বা চারা লাগালে তা অতি সহজেই বেড়ে উঠতে পারে, সবল ও সতেজ হয় এবং ফল বা ফসল উৎপাদনের পরিমাণও অনেক বেশী হয়।

(৩) পলিমাটি (Silty Soil)

পলিমাটিতে কাদা অর্থাৎ অতীব সূক্ষ্ম বালিকণা (fine silt) এবং সূক্ষ্ম বালিকণার (medium) পরিমাণ প্রায় সমান সমান। অতি সামান্য পরিমাণ সূক্ষ্ম বালিকণাও (coarse silt) এ মাটিতে বিদ্যমান। অতীব সূক্ষ্ম বালিকণা এবং সূক্ষ্ম বালিকণা আবার জৈব পদার্থ এবং অন্যান্য প্রয়োজনীয় গাছের অনুখাদ্য ও ঐ পলিমাটি মিশে থাকে। তাই এই মাটি খুবই উর্বর। কোনরূপ সার প্রয়োগ ছাড়াই এই পলিমাটিতে পর্যাপ্ত পরিমাণে ফসল উৎপাদিত হয়। প্রচুর পরিমাণে ফসল উৎপাদন করতে কোনরূপ জৈবসার বা রাসায়নিক সার প্রয়োগ করতে হয় না। ইদানিং সচরাচর যেসব সার চাষের জমিতে ব্যবহার করা হয় তার মধ্যে রাসায়নিক সারই বেশী এবং তার মূল্যও যথেষ্ট। পলিমাটি সমৃদ্ধ জমিতে কেবলমাত্র পরিচর্যাতে যে পরিমাণ ফসল উৎপন্ন হয় তার পরিমাণ রাসায়নিক সার প্রয়োগযুক্ত জমির উৎপাদিত ফসলের প্রায় সমান সমান। কোন কোন ক্ষেত্রে পলিমাটিযুক্ত জমিতে বাইরে থেকে সার প্রয়োগ ছাড়াই অধিক পরিমাণে ফসল ফলে। এই পলিমাটি সমৃদ্ধ চাষের জমিতে চাষ হলে চাষের জমির বন্ধ্যা ভাব থাকবে না। প্রতি বছরই একই হারে ফসল উৎপাদিত হবে। ইদানিং অত্যধিক রাসায়নিক সার জমিতে প্রয়োগ করার ফলে জমি ধীরে ধীরে ফসল উৎপাদনে অক্ষম হয়ে পড়ছে এবং বেশী বেশী সার প্রয়োগ করতে হচ্ছে। আশঙ্কা করা হচ্ছে, এইরূপ রাসায়নিক সারা ক্রমাগত বেশী বেশী পরিমাণে জমিতে প্রয়োগ করতে থাকলে এমন দিন আসবে আর যতই সার প্রয়োগ করা হোক না কেন ফসল উৎপাদিত হচ্ছে না। অত্যধিক রাসায়নিক সার প্রয়োগ করার ফলে পারিপার্শ্বিক জমি, জল, আর হাওয়া ভীষণভাবে দূষিত হয়ে পড়বে যখন গাছপালা এবং প্রাণীর অস্তিত্ব রক্ষাই কঠিন হয়ে পড়বে। পলিমাটিসমৃদ্ধ জমিতে ফসল উৎপাদন করলে মূল্যবান রাসায়নিক সারের খরচ হতে চাষী অব্যাহতি পাবে এবং

পারিপার্শ্বিক পরিবেশেও সুস্থ থাকবে এবং অঞ্চল সুপরিবেশে থাকবে ও অঞ্চলের জল, বায়ু, মাটি মনুষ্য ও জীবজন্তু নিরোগ থাকবে, গাছ্যপালা বৃদ্ধি পাবে এবং বহু বছর ফলদান করতে সক্ষম হবে।

(৪) এঁটেল বা কাদামাটি (Clayey Soil)

এঁটেল বা কাদামাটিতে কাদার ভাগ অর্ধেকেরও বেশী। কাদা অর্থাৎ অতি সূক্ষ্ম পলিকণা। এই সূক্ষ্ম পলিকণা এমনভাবে পরস্পরের সঙ্গে যুক্ত থাকে যে এই কাদামাটিতে জল প্রবেশ প্রায় হয় না বললেই চলে। যেসব উদ্ভিদ জমিতে জল অবস্থান করলে তার বৃদ্ধির এবং পুষ্টির সহায় হয় সেইসব উদ্ভিদ বা শস্যের চাষের পক্ষে এঁটেল বা কাদামাটি অতি উপযুক্ত। এই এঁটেল মাটিতে আরও একটি বাড়তি সুবিধা যে জমিতে অবস্থিত জল সহজে মাটির অভ্যন্তরে প্রবেশ করতে পারে না বলে মাঠে বা চাষের জমিতে বেশ কিছুদিন জল থাকে। রোপিত চারাগাছ্ সেই সময়ে তার প্রয়োজনী খাবার গ্রহণ করে সুস্থ, সবল হয়ে বৃদ্ধি পায়। এইরূপ এঁটেল মাটিযুক্ত জলাশয় হতে জল অতি কম পরিমাণেই অভ্যন্তরে প্রবেশ করে। তাই এরূপ জলাশয়ের জল অনেকদিন পর্যন্ত জলাশয়ে অবস্থান করে। আবার স্তরের পর স্তরের (alluvial) মাটি গঙ্গা অববাহিকার উভয় তীরের জমিও জলাশায় আছে। কিন্তু জলাশয়ে স্তরযুক্ত মাটি উপরে কাদা মাটির প্রলেপ থাকার জন্য অভ্যন্তরে জল অনুপ্রবেশ প্রতিরোধ করে। কিন্তু বেশী পরিমাণে কণার প্রলেপ জলধারণ ক্ষমতা ক্রমান্বয়ে কমে আসে। এইসব জলাশয়সমূহকে একটি নির্দিষ্ট ক্ষমতায় রাখতে হলে প্রতি বছরই বর্ষাকালের শেষে বা আরও সুবিধাজনক সময়ে চৈত্র-বৈশাখ মাসে যখন সঞ্চিত জলের পরিমাণ কম থাকবে তখন জলাশয়ের মাটি উত্তোলন করে পার্শ্ববর্তী চাষের জমিতে ফেললে, জমির অপসারিত মাটিরও অপসারণ হয়, জমি সারসমৃদ্ধ হয় আবার জলাশয়সমূহও তার পূর্ব ক্ষমতায় ফিরে আসে। গঙ্গা অববাহিকার পূর্বপার্শ্বে জলাধার সমূহের ক্ষীয়মান জলধারণ ক্ষমতাকে পূর্ণ ক্ষমতায় ফিরিয়ে আনতে হলে জলাশয়ে অবস্থিত পলিমাটি অপসারণ অতি জরুরী। জলাধার সমূহকে স্থায়ী এবং নির্দিষ্ট ক্ষমতায় রাখতে হলে প্রতি বছরই পলিমাটি অপসারণ প্রয়োজন। কিন্তু গঙ্গা অববাহিকার পশ্চিম পার্শ্বের নদীসমূহ বিশেষ করে পুরুলিয়া, বাঁকুড়া, মেদিনীপুরের পশ্চিমাংশ, বর্ধমান ও বীরভূম জেলার মাটির প্রকৃতি বা মাটির গঠন ছোট, মাঝারি পাথর, বড়, মাঝারি, ছোট বালির কণার দ্বারা গঠিত। এইরূপ মাটির গঠন ও স্তরের মধ্য দিয়ে অতি অনায়াসেই জল মাটি অভ্যন্তরে প্রবেশ করতে পারে। তাই মাটির এই গঠন প্রকৃতির জন্য এসব স্থানের জলাশয়সমূহ হতে জল অতি অল্প সময়ের মধ্যে জমির অভ্যন্তরে চলে গিয়ে জলাধারকে অতি অল্প সময়ে জলশূন্য করে। জল মাটির অভ্যন্তরে প্রবেশ প্রতিরোধ করতে হলে ঐ সব অঞ্চলের জলাধারের তলদেশে এঁটেল বা কাদামাটির স্তর সব সময়ের জন্য রাখা সম্ভব হয় তবে জলাধারের সঞ্চিত জল সহজে মাটির ভিতরে প্রবেশ করতে পারবে না সঞ্চিত

জলও অযথা ফুরিয়ে যাবে না। কিন্তু গঙ্গা অববাহিকার সর্বপশ্চিমের স্থানসমূহ এমনই যে নির্দেশিত এঁটেল বা কাদামাটির জলাধারের অভ্যন্তরে পুরুভাবে থিতিয়ে থাকা সহজে হয় না। কারণ ঐ অঞ্চলের ভূ-পৃষ্ঠে অতি সামান্য পরিমাণ কাদামাটি বা এঁটেল মাটি পাওয়া সম্ভব হয়। জলাধারে জল বেশীদিন ধরে রাখার জন্য ঐ অঞ্চলের মাটি এবং অন্যান্য বস্তুর সংমিশ্রণে এমন কিছু ব্যবস্থা নেয়া যেতে পারে যে ব্যবস্থায় জলাশয়ের সঞ্চিত জল মাটির অভ্যন্তরে সহজে প্রবেশ করতে পারবে না এবং জলাশয়ে জলও অনেকদিন পর্যন্ত থাকবে।

(৫) জৈব মাটি (Humus Soil)

সমতলের মাটিতে মাঠে, ময়দানে ও বনাঞ্চলে গাছ, পাতা, ডাল, শস্যের বর্জিত অংশ জীব, জন্তু, পশু, পাখীর মৃতদেহ এবং নানাপ্রকার বর্জিত জৈব পদার্থ জীবজন্তু পশুপাখীর এবং মাঠে ময়দানে মানুষের মলমূত্র মাটিতে পড়ে পচে গিয়ে কিয়দংশ মাটিতেই মিশে যায়, আবার কিছু পরিমাণ যা আলগা অবস্থায় থাকে বর্ষাকালে জলের ঢলে বাহিত হয়ে তার সাথে অতি সূক্ষ্মকণার পলিমাটি জলাশয় বা নদী-নালাতে এসে পড়ে। এই জৈব মাটিতে উদ্ভিদের খাদ্য-উপাদান প্রচুর পরিমাণে থাকে। জৈব পদার্থের খাদ্য উপাদান মাটিতে অতি ধীর গতিতে শোষিত হয়। তাই গাছের বৃদ্ধির কারণে খাদ্যবস্তু সমূহ অনেকদিন পর্যন্ত অবস্থান করে ধীরে ধীরে শেষ হয়। অনেক বছর ধরে বর্ষার জলে বাহিত হয়ে যেসব জৈব পদার্থ পুকুর, জলাধার, নদী, নালাতে পড়ে এবং ক্রমে ক্রমে তা থিতিয়ে জলাধারের তলদেশে যে মাটির স্তরের সৃষ্টি হয় তা উদ্ভিদের জৈবসার হিসাবে অতি উপকারী এবং এই জৈবসার বা পুকুরের পচা পাক, কাদা অনায়াসলভ্য পদার্থ।

জলাধারের বা মজা জলাশয়ের মাটিতে উদ্ভিদ এবং ফসলের খাদ্যবস্তুর পরিমাণ

জলাশয় বা মজা পুকুর, ডোবা, বিল প্রভৃতি বৃহৎ বা ক্ষুদ্র যেমনই হোক না কেন বর্ষার সময়ে আকাশ হতে বৃষ্টি সরাসরি জলাশয়সমূহে এবং বিস্তীর্ণ অঞ্চল জুড়ে সর্বত্রই একই ধারায় পতিত হয়। জলাশয়ের জলের সংগ্রহ কিন্তু জলাধারের চতুষ্পার্শের উঁচু অঞ্চলের জল যা ঢাল বেয়ে জলাধারে বা পুকুর, বিলে অবস্থান করে। চারিপার্শ্বের জল পুকুর বা জলাশয়ে গড়িয়ে আসার কালে প্রচুর পরিমাণে অঞ্চলের আবর্জনা, পচা এবং শুষ্ক লতাপাতা, ধুলা, মাটি যুক্ত হয় এবং জলের সহিত বাহিত হয়ে জলাশয়ে পড়ে। স্থানভেদে বাহিত আবর্জনা অবশ্যই জৈব পদার্থ এবং মাটি কম বেশি জলাশয়ে পড়ে। কিন্তু স্বাভাবিক বর্ষায় কোন অঞ্চলে বিশেষতঃ পল্লী অঞ্চলে সর্বাধিক দুইশত সেন্টিমিটার গভীরতার বৃষ্টিপাত হয় তবে জলাধারে সঞ্চিত পলিমাটির বেদ (thickness) হবে প্রায় কুড়ি সেন্টিমিটারের মত। এই মাটি অর্থাৎ পলিমাটি যা কাদা বা জৈব মাটি। এই মাটিতে সূক্ষ্ম জৈব কণা এবং অতিসূক্ষ্ম বালিকণার বা পলিমাটির প্রায় সমান সমান মিশ্রণ। ভিন্ন ভিন্ন অঞ্চলের এই মাটি উদ্ভিদ সারের গুনাগুণ সম্পন্ন বস্তু প্রতি বছরেই বর্ষায় জলে বাহিত হয়ে জলাধার বা জলাজমিতে এসে পড়ে। যদি এক একর পরিমাণ স্থানের জলাশয়ে বিভিন্ন দিক হতে বাহিত হয়ে জলে জমা পড়ে সেই জলাভূমিতে ৪০ কেজি নাইট্রোজেন, ৭০ কেজি ফসফেট এবং ১০০ কেজি পটাশ পাওয়া যায়।

১ একর × ০.১ মি. = ০.২০ একর মিটার মাটিতে উদ্ভিদ সারের পরিমাণ = ৪০ কেজি নাইট্রোজেন, ৭০ কেজি ফসফেট এবং ১০০ কেজি পটাশ। জলদ্বারা বাহিত এক বছরের সঞ্চিত পলিমাটিতে যার বেদ বা গভীরতা ২০ সে.মি.। ২০ সে.মি. বেদযুক্ত পলিমাটি বা ৮০ কিউ.মি. মাটিতে উপরোক্ত পরিমাণ মূল্যবান সার পাওয়া যায়।

এক একর আয়তন বিশিষ্ট স্থানের এক বছরের উদ্ভিদসার কেজিতে এন—নাইট্রোজেন, পি—ফসফেট, কে—পটাশ

এন	পি	কে
৪০	৭০	১০০

এক হেক্টর বা আড়াই একর জমিতে সারের পরিমাণ হবে

এন	পি	কে
১০০	১৭৫	২৫০

জলাশয় বিশেষ করে বৃহদাকারের জলাশয় বা জলাধার, বিল, দীঘি, মজাজমি বা জলমগ্ন স্থানের বিশালাতায় এক একর বা এক হেক্টর খুবই নগন্য। বিশাল এলাকা মাঝারি বৃষ্টিপাতেই প্লাবিত হয়। অতি বিশাল এলাকা জুড়ে প্লাবিত অঞ্চল বা বছরের বেশ কয় মাস জল অবস্থান করে স্থানকে বদ্ধ্যা অবস্থায় থাকে বা হেলায় পড়ে থাকে তার পরিমাণ লক্ষাধিক হেক্টর। এক বছর জল প্লাবিত হলে সেই বিশাল জলমগ্ন স্থানে যে জৈবসার এসে জমা হয় তার পরিমাণও প্রচুর। এ হলো এক বছরের প্লাবন বা বাহিত জলের সহিত মিশ্রিত জৈব পদার্থযুক্ত পলিমাটি তাতে যথাযথ উদ্ভিদ সারের পরিমাণ। এই জৈব পদার্থযুক্ত পলিমাটি তা চারিধারে আবদ্ধযুক্ত জলাশয়েও পড়তে পারে আবার উন্মুক্ত নিম্নাঞ্চলেও জমা হতে পারে। চতুর্দিকে আবদ্ধ জলাশয় বা পুকুর ছোটই হোক আর বড়ই হোক বিশাল আয়তনের দীঘি, বিল, জলাভূমি, বিশাল আকারের জলাধার সেখানে প্রতি বছর ন্যুনতম কুড়ি সেন্টিমিটার গভীরতার পলিমাটি সঞ্চিত হয়। এইরূপ অসংখ্য সংস্কার বিহীন জলাশয় বা জলাজমিতে বছরের পর বছর পলিমাটি স্তরে স্তরে সঞ্চিত হয়ে একাধারে জলাধারের ক্ষমতা হ্রাস করে এবং নূতন নূতন অঞ্চল জল প্লাবিত করে অন্যধারে প্রচুর পরিমাণ জৈবসারও জমা করে। এরূপ অসংখ্য জলাশয় এবং বিস্তীর্ণ জলাজমি সংস্কারবিহীন অবস্থায় অতি কম করেও পঁচিশ বছর হতে পড়ে আছে। বছরে যদি ২০ সে.মি. পলিমাটির স্তরের অবস্থান হয় তবে পঁচিশ বছরে পলিমাটি স্তরের গভীরতা হবে ২০ × ২৫ = ৫০০ সে.মি. বা পাঁচ মিটার। অতিতের জলাশয় বা পুকুর, বিল এবং বিস্তীর্ণ জলমগ্ন অঞ্চলে পাঁচ মিটার গভীরতার পলিমাটি পড়লে ঐসব স্থানে জল আর কতটুকু অবস্থান করবে। তাই জল তার চলার এবং অবস্থান করার রাস্তা খুঁজতে গ্রামে গঞ্জে শহরে সর্বত্রই প্লাবন সৃষ্টি করে। যে সব অঞ্চলে পূর্বে জল দাঁড়াতো না এখন সেইসব অঞ্চলে জল প্লাবনের সংবাদ প্রতি বছরই শোনা যায়। যদি মজা জলাশয়ের পরিমাণ কেবলমাত্র এক হেক্টর পরিমাণ অঞ্চল ধরা যায় এবং ঐ জলাশয়ের থিতিয়ে থাকা পচা কাদামাটি স্তর প্রতি বছরের ২০ সে.মি. বা ০.২ মিটার হয় তবে পঁচিশ বছর পর ৫ (পাঁচ) মিটার গভীরতার মাটিতে মোট এন. পি. কে সারের পরিমাণ হবে যথাক্রমে নাইট্রোজেন = ২৫০০ কেজি, ফস্‌ফেট্ = ৪৩৭৫ কেজি এবং পটাশের পরিমাণ হবে ৬২৫০ কেজি।

এক হেক্টর পরিমাপের কোন মজা জলাশয় যদি ২৫ বছর সংস্কারবিহীন বা প্রতি বর্ষাতেই জলের সহিত মিশ্রিত জৈবসারযুক্ত মাটি যদি প্রয়োজনমত জমির সার হিসাবে ব্যবহৃত না হয় তবে ২৫ বছরের সঞ্চিত অতি মূল্যবান, নিতান্ত প্রয়োজনীয় সুপরিবেশ রক্ষাকারী সারের অহেতুক জলাশয়ে অবস্থান করে জলধারন ক্ষমতা হ্রাস করে। রাসায়নিক সার ব্যবহার করে জমিতে ফসল ফলানোর প্রবণতা হ্রাস এবং প্রয়োজনীয় জল ঐ জলাশয়ে না থাকতে পারার দরুন আশ-পাশের অঞ্চলে অযথা জলপ্লাবন। উপরোক্ত এক হেক্টর জমিতে সারের যা পরিমাণ দেখা গেল অর্থমূল্যে তাও নেহাৎ কম নয়।

উপরোক্ত পরিমাণ সারের বর্তমান বাজার দরে কি পরিমাণ অর্থমূল্য তা দেখা যাক।

বর্তমান বাজারদর হিসাবে প্রতি কেজি নাইট্রোজেনের মূল্য = ৫ টাকা প্রতি কেজি ফসফেট = ৪ টাকা এবং প্রতি কেজি পটাশের মূল্য = ৪ টাকা। আবার সারের দর বেশীও হতে পারে। সারের কেজির উপরোক্ত দর হলে

২৫০০ কেজি নাইট্রোজেনের মূল্য	=	১২,৫০০	টাকা
৪৩৭৫ কেজি ফসফেটের মূল্য	=	১৭,৫০০	,,
এবং ৬২৫০ কেজি পটাশের মূল্য	=	২৫,০০০	,,
মোট	=	৫৫,০০০	টাকা

যে পলিমাটি অবাঞ্ছিত ভাবে বছরের পর বছর পড়ে থাকে তার বর্তমান অর্থমূল্য উপরোক্ত ৫৫,০০০ টাকা। তার সাথে অতি জরুরী একটি সহায়ক বিষয় পরিবেশের ভারসাম্য রক্ষা করা। বর্তমানে উপর্যোপরি রাসায়নিক সার ব্যবহার করে তাৎক্ষণিক অধিক ফসল পাওয়া সম্ভব হচ্ছে ঠিকই। কিন্তু ধীরে ধীরে চাষের জমি বন্ধ্যাত্ব প্রাপ্ত হচ্ছে। আবার বেশী বেশী রাসায়নিক সার প্রয়োগ এবং তাতে প্রাপ্ত ফসল সবজি যা উৎপন্ন হয় তা যে বিশেষ সময়ের বিশেষ ফসল বা সবজি তার স্বাদ পুরোপুরি লুপ্ত। আবার অত্যধিক রাসায়নিক সার প্রয়োগে প্রচুর পরিমাণে ফসল পাওয়া যাচ্ছে ঠিকই কিন্তু ঐ ফসল এবং ফলমূল, শাকসব্জি গ্রহণ করে অনেক রকম রোগ ব্যাধির আবির্ভাব হচ্ছে তার ইঙ্গিত বিভিন্ন ঘটনা এবং প্রচার মাধ্যম হতে জানা আছে সবারই। এইরূপও আশঙ্কা করা হচ্ছে যে যথেচ্ছ পরিমাণ রাসায়নিক সার প্রয়োগে উৎপাদিত ফসল যথেচ্ছভাবে গ্রহণ করতে থাকলে অদূর ভবিষ্যতে জীব জগতের অস্তিত্বের উপর যে আঘাত আসবে তা খুবই ভয়ঙ্কর। এই ভয়ঙ্কর আশঙ্কার বিলোপের সামনে জৈব সার প্রয়োগ এবং জৈব সার উৎপাদনের চেষ্টা যদিও সামান্যভাবে হচ্ছে এবং আরও চেষ্টা করা উচিত যাতে পরিবেশের ভারসাম্য রক্ষা পায়। এই পরিবেশ সুব্যবস্থায় রাখার ব্যাপারে বহু বছর ধরে স্তরে স্তরে সঞ্চিত পচা পাঁক এবং মজা জলাশয়, বিল, প্রভৃতির সঞ্চিত পচা পাঁক যথেষ্ট সাহায্য করবে তার সাথে ঐ পুকুর, বিল প্রভৃতির পচা পাঁক উত্তোলনের ফলে মজা জলাশয় সমূহের জলধারণ ক্ষমতা বৃদ্ধি পাবে। বর্দ্ধিত ক্ষমতায় সেই অঞ্চলের আরও বৃষ্টিপাতের জল ঐ অঞ্চলেই আবদ্ধ করে রাখা সম্ভব হবে। এই ব্যবস্থায় অহেতুক জলমগ্ন হওয়ার প্রবণতা হ্রাস পাবে এবং বেশী বেশী পরিমাণ জল ধরে রাখার ফলে ঐ সঞ্চিত জলের দ্বারা নানাপ্রকার সম্পদ সৃষ্টির ব্যবস্থা করা সম্ভব হবে।

৩১

বৃষ্টিপাতের জলে রাসায়নিক বস্তুসমূহ

বৃষ্টির জল রসায়নাগারের (Chemical Laboratory) পাতিত (distilled) জলের অনুরূপ। যে কোন জল উষ্ণতায় বাষ্পাকারে পরিণত হয় এবং অতঃপর স্থানান্তরে সেই বাষ্প শীতল করে পুনরায় যে পরিশুদ্ধ জল পাওয়া যায় তাই পাতিত জল বা distilled water. নানা প্রকার দ্রব্য এবং অদ্রব্য বস্তুসমূহ জল বাষ্পকরণ প্রক্রিয়ায় ঐ উষ্ণ জলপাত্রেই অবস্থান করে। তাই জলের বাষ্প জলে মিশ্রিত বস্তুসমূহ সম্পূর্ণভাবে পরিত্যাগ করে শুধুমাত্র পরিষ্কার জলেই পরিবর্তিত হয়। সেইরূপ বৃষ্টির জল পাতিতকরণ প্রক্রিয়াতেই সূর্যের তাপে উষ্ণতা প্রাপ্ত হয়ে উর্দ্ধাকাশে উঠতে থাকে। ভূ-পৃষ্ঠের জল বাষ্পিভবন হয়ে উপরে গমন, [illegible] এবং বিন্দু বিন্দু বাষ্পকণা ক্রমান্বয়ে বড় হওয়া আরও উপরে ওঠা এবং সর্বশেষে মাটিতে পড়া পর্যন্ত বাতাসে বাহিত ধূলিকণা এবং আবহাওয়া মণ্ডলে যেসব রাসায়নিক পদার্থ বায়বীয় অবস্থায় আছে যেমন সালফার ডাই অক্সাইড, নাইট্রাস অক্সাইড, কার্বন ডাই অক্সাইড ভেসে বেড়ায় তা জলবিন্দুতে মিশে যায়। কোন বিশেষ অঞ্চলে যেখানে নানা প্রকার শিল্প-কারখানা হতে গ্যাস নির্গত হয়ে আকাশে ওঠে সেইসব অঞ্চলের বৃষ্টিপাতের জলে উপরোক্ত পদার্থসমূহ বেশী পরিমাণে থাকবে। আবার গ্রামাঞ্চলে যেখানে শিল্প কারখানার সংখ্যা কম সেখানে বৃষ্টির জলে রাসায়নিক পদার্থের দ্রবণ কম থাকবে যদি হাওয়ার বেগ কম থাকে। কিন্তু অনেকদিন বৃষ্টি না হলে এবং এমনকি মৃদু বাতাস বইলেও বাতাসে ভাসমান রাসায়নিক পদার্থ সর্বত্র ছড়িয়ে যাবে এবং জলও ঐসব পদার্থের দ্রবণযুক্ত বৃষ্টির জল আমরা ভূ-পৃষ্ঠে পাব। অবশ্য উপরোক্ত রাসায়নিক পদার্থের দ্রবণ এবং ভাসমান ধূলিকণার পরিমাণ সামান্যই থাকে। কেবলমাত্র ঘন শিল্পাঞ্চলের আবহাওয়া মণ্ডলে উপরোক্ত রাসায়নিক বস্তুসমূহের পরিমাণ বেশী থাকে এবং মহানগরে যেখানে অসংখ্য যান্ত্রিক যান দিনরাত্রি চব্বিশ ঘণ্টা বিষাক্ত ধোঁয়া উদ্গিরন করে সেইসব অঞ্চলের আবহাওয়া মণ্ডলের বৃষ্টিপাতের জলে নানা প্রকার দূষিত এবং বিষাক্ত পদার্থের মিশ্রণ পাওয়া যায়। এইসব শিল্পাঞ্চল এবং মহানগর অঞ্চলে বৃষ্টির জলে মিশ্রিত দূষিত পদার্থসমূহ তার সাথে ভূমিতে পরিত্যক্ত দূষিত বস্তুসমূহ প্রচুর পরিমাণে বাহিত হয়ে জলাশয় সমূহের জলে পড়ে জলকে দূষিত করে। প্রাথমিকভাবে যদি কলকারখানা কম থাকেও কিন্তু যানবাহনসমূহ যারা চলনকালে ক্ষতিকারক ধোঁয়া উদ্গিরন করতে করতে চলে সেইসব অঞ্চলেও বৃষ্টিপাতের জল মাটিতে পড়ার মুহূর্ত হতে দূষিত পদার্থ যুক্ত থাকে। এই

জলকে বিভিন্ন কাজে ব্যবহার করতে হলে জলের দূষণ কি পরিমাণ তা নির্ধারণ করে প্রয়োজনীয় শোধন করে ব্যবহার করা যেতে পারে। উল্লিখিত দুইটি অঞ্চল ব্যতিরেকে সমগ্র বৃষ্টির জলই যা ভূ-পৃষ্ঠে পড়ে এবং উপযুক্ত আঁধারে অবস্থান করে তা সর্বপ্রয়োজনে ব্যবহারের পক্ষে সু-উপযুক্ত।

বৃষ্টির জল ভূ-পৃষ্ঠে পড়ার পর কী প্রকারে দূষিত হয়। ভূ-পৃষ্ঠের উপরিভাগের জলে দ্রব অবস্থায় রাসায়নিক বস্তুসমূহ। মনুষ্য জীবজন্তু এবং সেচের জলে ক্ষতিকারক বস্তুসমূহের মাত্রার পরিমাণ।

শিল্প-কারখানা এবং যন্ত্রচালিত যানবাহন পূর্ণ বর্তমান পৃথিবীতে বৃষ্টির জল ভূ-পৃষ্ঠে পড়ার মুহূর্ত হতে দূষিত হতে আরম্ভ করে এবং সেই জল নীচু অঞ্চল অবলম্বন করে চলার পথে সেই জলে দূষণ মাত্রা ক্রমান্বয়ে বাড়তেই থাকে। বর্তমান অবস্থায় এবং ব্যবস্থায় দূষণমাত্রা আশঙ্কাজনক ভাবে বৃদ্ধি পেয়ে চলেছে। দূষণের কারণে অনেক নদী-নালার জল এবং অন্যান্য জলাশয়ের জল ব্যবহারের অনুপযুক্ত হয়ে পড়েছে।

এমনকি বৃষ্টিপাতের জল ভূ-পৃষ্ঠে পতনকাল হতেই দূষিত হয়, পুরোপুরি বিশুদ্ধ থাকে না। তাছাড়া, ভূ-পৃষ্ঠের জল বিভিন্ন ভাবে দূষিত হয়।

প্রথমত: মেঘ থাকাকালিন এবং পতনকালে আবহাওয়া মণ্ডলের বিভিন্ন ভাসমান রাসায়নিক পদার্থের মিশ্রণ বৃষ্টির ফোঁটার জলে মিশতে থাকে।

দ্বিতীয়ত: কোন একটি অঞ্চলের সর্বস্থানে বৃষ্টির জল পড়ে এবং সেখানকার অঞ্চলে জলের পরিমাণ ক্রমে ক্রমে বৃদ্ধি করে। সেই জল যখন একটা নির্দিষ্ট মাত্রায় সেই অঞ্চলে পড়ে তখন নীচু অঞ্চল বা নালা নর্দমা দিয়ে জলাশয়, খাল, বিল, নদী, নালায় পড়ে। অঞ্চলের সব স্থান সমূহ আবর্জনা বিহীনও হতে পারে। যেমন বিস্তীর্ণ বনাঞ্চল, বিরাট জলাশয়, তৃণভূমি বা কৃষিক্ষেত্র। কৃষিক্ষেত্র যদিও আপেক্ষিকভাবে দূষিত বস্তুবিহীন হওয়া উচিত কিন্তু বর্তমান চাষ ব্যবস্থায় অত্যধিক রাসায়নিক সারা এবং কীটনাশক পদার্থ প্রয়োগে বৃষ্টির জল যা অপসারিত হয়ে নদী নালায় পড়ে তা আর তখন বিশুদ্ধ থাকে না। বরঞ্চ দূষিত বস্তুর পরিমাণ বৃদ্ধি করে। আবার যথেষ্ট আবর্জনাযুক্ত অঞ্চল, নালা, নর্দমা, রাস্তা, হাট বাজারের সর্বত্র, কলকারখানার আশেপাশে, পশু, পাখী, জন্তু জানোয়ারের আবাস স্থল প্রভৃতি স্থানের বৃষ্টির জল সমস্ত অঞ্চলে পড়ে এবং সেই জলে সমস্ত রকম আবর্জনা জল দ্বারা বাহিত হয়ে জলাধার, নদী, নালা, খাল, বিলে পড়ে জলকে দূষিত করে।

তৃতীয়ত: আধুনিক যান্ত্রিক যুগে দেশের প্রায় সর্বত্রই কলকারখানা, বিরাট, শিল্পাঞ্চল, ক্ষুদ্র এবং কুটির শিল্পের অঞ্চল অনেক আছে। শহরাঞ্চলে বিভিন্ন রকম ছোট ছোট কারখানা যেমন ঢালাই, ব্যাটারী, প্লাস্টিক শিল্প প্রচুর আছে। গ্রামাঞ্চলে পরিবেশ দূষিত করার কলকারখানা যদিও কম কিন্তু ফুল, ফল, সবজি এবং শস্য চাষের প্রয়োজনে যে

রাসায়নিক সার এবং কীটনাশক ঔষধ ব্যবহার করা হয় তাও শিল্প-কারখানার বর্জিত পদার্থেরই সমতুল্য।

উপরোক্ত কলকারখানায় নিজ নিজ পরিকাঠামো অনুযায়ী বিশেষ বিশেষ শিল্পদ্রব্য উৎপাদনের পর যে সমস্ত বর্জিত পদার্থ থাকে তার কঠিন অংশসমূহ কারখানার আশেপাশে যত্রতত্র ছড়িয়ে ছিটিয়ে থাকে। তরল বর্জিত পদার্থ নালা, নর্দমা দিয়ে আশেপাশের পুকুর বা জলাশয়ে পড়ে, কিংবা কাছাকাছি নদী, খাল বা বৃহৎ জলাধার থাকলে তাতে গিয়ে পড়ে। যদিও কলকারখানার বর্জিত জল যথাযথ শোধন করে এবং বিভিন্ন শিল্প-কারখানার বর্জিত জল নির্দেশিত শোধনমাত্রায় শোধন করে জলাধার বা নদীতে ফেলা উচিত। কিন্তু প্রকৃতপক্ষে অতি কম শিল্প কারখানাই নির্দেশিত শোধনমাত্রা অনুযায়ী বর্জিত জল জলাধার বা নদীতে ফেলে। শোধন ব্যতিরেকে জল নদী নালায় মিশে জল দূষিত হয়।

চতুর্থতঃ পৌর এলাকায় অনেক উন্মুক্ত নালা, নর্দমা আছে। পৌর এলাকার অধিবাসীদের দৈনন্দিন কাজে ব্যবহৃত বর্জিত জল তৎসহ অধিবাসীদের পরিত্যক্ত আবর্জনা, হাসপাতাল, নার্সিংহোমের বিভিন্ন রকম মারাত্মক দূষিত নোংরা বস্তু তাছাড়া আরও নোংরা বস্তু সেইসব উন্মুক্ত নালা, নর্দমার জলে বাহিত হয়ে জলাধার, খাল, বিল, পুকুর, নদী, নালার জল দূষিত করে।

পঞ্চমতঃ আধুনিক চাষ ব্যবস্থায় অধিক ফসল ফলনের জন্য পর্যাপ্ত পরিমাণ রাসায়নিক সার এবং সেই ফসলকে রোগ-পোকার আক্রমণ হতে রক্ষা করার জন্য নানারকম অতি মারাত্মক বিষ এবং কীটনাশক ঔষধ অত্যধিক পরিমাণে ব্যবহার করা হয়। সেইসব জমিতে ছড়ানো রাসায়নিক সার এবং কীটনাশক বিষ এবং ঔষধের বেশ কিছু পরিমাণের অব্যবহৃত অংশ জলবাহিত হয়ে জলাধার, নদী, নালার জল দূষিত করে।

তাছাড়া নানাপ্রকার নোংরা বস্তু এবং জঞ্জাল নদী, নালা, জলাধারে যেখানে সেখানে ফেলা। বিভিন্ন প্রকার রোগ জীবাণুযুক্ত নোংরা পোষাক, পরিচ্ছদ, কাঁথা কাপড় চোপড় ধোওয়া কলকারখানার কিংবা বাস, লরী, পরিষ্কার করা বা ধোওয়া, যত্রতত্র জলাশয়, পুকুর, বিল, নদী, নালার ধারে মলমূত্র ত্যাগ করা, গৃহপালিত পশু, পাখীর অবগাহন, নানা প্রকার আবর্জনা, কলকারখানার ব্যবহৃত নোংরা এবং গ্রিজ, মবিলযুক্ত কাপড়, বাস, লরী পরিষ্কার শেষে তেলকালি মাখানো জুট, ছিন্ন-বিচ্ছিন্ন গাড়ীর টায়ার-টিউব, মৃত গবাদি পশুর দেহ জলাশয়ে নিক্ষেপ ও বিভিন্ন প্রকার গলিত জৈব পদার্থ অহরহ জলাশয় নদী-নালাতে ফেলা প্রভৃতির কারণে জলাশয়ের জল দূষিত হয়ে চলেছে। ইদানিংকালে জলে নিক্ষেপিত বিভিন্নরকম আবর্জনা এবং কলকারখানা, গ্রাম, শহর এবং কৃষিক্ষেত্র হতেও দূষিত জল নদী, জলাধারে পড়ে নদী এবং জলাধারের জল আশঙ্কাজনক ভাবে দূষিত হয়ে চলেছে। নানারূপ জৈব পদার্থ মনুষ্য এবং জীবজন্তুর দেহাবশেষ এবং বিভিন্ন প্রকার গলিত জৈব পদার্থ পৃথিবীতে আদিকাল হতে পৃথিবীর জলেই মিশছে এমনকি যে জল

দৈনন্দিন গৃহস্থালী কাজে ব্যবহার করা হয় আবার সেই জলই ব্যবহারের পর আবর্জনা মিশ্রিত নোংরা জল নদী, বিল, জলাধার প্রভৃতিতে ফেলা হচ্ছে। উপরোক্ত নোংরা মিশ্রিত জল অতীতে যখন কলকারখানা, শহর, গঞ্জের এবং মানুষের সংখ্যা সীমিত ছিল তখন প্রাকৃতিক উপায়েই, যেমন রৌদ্রালোক, বাতাস, অক্সিজেনের সংমিশ্রণ এবং আরও বিভিন্ন প্রাকৃতিক ব্যবস্থায় জল বিশুদ্ধ হতো। এই প্রক্রিয়া অহরহই চলতে থাকতো। তাই ঐ জলই পুনরায় সর্ব কাজে এমনকি পানীয় জল হিসাবেও ব্যবহার করা হতো। কোন অঞ্চলে যদি ছোঁয়াচে রোগের প্রাদুর্ভাব ঘটতো তবে কোন একটা বিশেষ জলাশয়কে রোগীর ব্যবহৃত নোংরা বস্ত্র পরিষ্কার বা অন্যান্য নোংরা বস্তু নিক্ষেপ করার জন্য নির্দিষ্ট হয়ে থাকতো। ভূ-পৃষ্ঠের জল নানা কারণে দূষিত হওয়া এবং প্রকৃতির ব্যবস্থামত এবং প্রাকৃতিক নিয়মেই সেই জল বিশুদ্ধ হওয়া এই ধারাতেই জীব, জন্তু, গাছপালা তাদের নির্দিষ্ট আয়ুষ্কাল স্বচ্ছন্দেই অতিবাহিত করতো। মহামারি ব্যতিরেকে দূষিত জল ব্যবহার ছাড়া ভূ-পৃষ্ঠের জলই মানুষের সব প্রয়োজন মেটাতো। কিন্তু প্রাকৃতিক ব্যবস্থা এবং প্রকৃতির নিয়মেরও একটা ক্ষমতা আছে। প্রাকৃতিক স্বয়ংক্রিয় বিশুদ্ধকরণ প্রক্রিয়ার ক্ষমতার অতিরিক্ত দূষিত পদার্থ জলে মিশে থাকলে তখন জল আর ব্যবহারিক বিশুদ্ধতা থাকতে পারে না। তাই আমাদের যে জলাশয়সমূহ আছে, সেই সমস্ত জলাশয়ের জল যা আমরা নানারূপ প্রয়োজনীয় কাজে ব্যবহার করি তার বিশুদ্ধতা বা সর্বনিম্ন দূষিত পদার্থ থাকা উচিত তার থেকে অনেক বেশী আছে। ভূ-পৃষ্ঠের জলাধার, নদী, নালা, খাল, বিল, পুকুর, দিঘী প্রভৃতির জল সর্বনিম্ন কি পরিমাণ জৈব, অজৈব, রাসায়নিক পদার্থ এবং তাদের যৌগের অবস্থানের হিসাবে আমরা পানীয় হিসাবে, যান্ত্রিক শিল্প কাজে, সেচের কাজে, পারিবারিক ব্যবহারের কাজে জল ব্যবহার করতে পারি তার সর্বনিম্ন পরিমাণ এবং মাপকাঠি যা নানা প্রকার পরীক্ষা নিরীক্ষার পর উপরোক্ত বিভিন্ন কাজের জন্য স্থিরীকৃত হয়েছে। তার বেশী মাত্রা সর্বসময়েই ক্ষতিকারক।

জল দূষণীয় পদার্থসমূহের নিম্নতম পরিমাণ যার নির্ধারিত মাত্রা জলমিশ্রিত থাকলে জল বিভিন্ন কাজে ব্যবহার করা যায়। তাদের তালিকা ও পরিমাণ

তালিকা নং ১

শিল্প-কারকানার বর্জিত জল পরিশোধনের পর ভূ-পৃষ্ঠের উপরিভাগের জলের মিশ্রিত হওয়ার মাত্রা

ক্রমিক নং	পদার্থের নাম	সহ্যশীল দূষিত পদার্থে পরিমাণ	মন্তব্য
১	পি. এইচ মান p^H value	৫.৫ - ৯.০	
২	জলে দ্রব অক্সিজেন মিগ্রা/লি.	৬	
৩	জলে ভাসমান বস্তুর আকার	অতি ক্ষুদ্র shall pass 850 micron IS sieve	
৪	জলে অদ্রবণীয় বস্তুর সমষ্টি মিগ্রা/লি. Total Suspended solids maximum	১০০	
৫	উত্তাপ Temperature	80°C এর উর্দ্ধে হবে না বিশেষ করে ডাটার ১৫ মিটার পর্যন্ত	
৬	বি. ও. ডি. ৫ দিনের ২০°C তাপমাত্রায় মিগ্রা/লি. B. O. D. 5 days at 20°C mg / *l* maximum	৩০	

ক্রমিক নং	পদার্থের নাম	সহনশীল দূষিত পদার্থে পরিমাণ	মন্তব্য
৭	তেল এবং গ্রিজ মিগ্রা/লি. Oil & Grease mgl / *l*	১০	
৮	ফেনোলিক যৌগ মিগ্রা/লি.	১	
৯	সায়নাইড মিগ্রা/লি. Cyanides as (CN) mg/*l*	০.২	
১০	অবশিষ্ট ক্লোরিনের সমষ্টি মিগ্রা/লি. Total resedual Chlorine mg/*l*	১.০	
১১	সালফাইড মিগ্রা/লি. Sulphides (as S) mg/*l*	২.০	
১২	ফ্লোরাইড মিগ্রা/লি. Flurides (as F) mg/*l*	২.০	
১৩	আর্সেনিক মিগ্রা/লি. Arsenic (as As) mg/*l*, max	০.২	
১৪	ক্যাড্মিয়াম মিগ্রা/লি. Cadmium mg/*l*, max	২.০	
১৫	ক্রোমিয়াম মিগ্রা/লি. Hexavalent Chkromium mg/*l*, max	০.১	
১৬	তামা মিগ্রা/লি. Copper (as Cu) mg/*l*, max	৩.০	

ক্রমিক নং	পদার্থের নাম	সহনশীল দূষিত পদার্থে পরিমাণ	মন্তব্য
১৭	সীসা/লি. Lead (as Pb) mg/l, max	০·১	
১৮	পারদ মিগ্রা/লি. Mercury mg/l, max	০·০১	
১৯	নিকেল মিগ্রা/লি. Nickel (as Ni) mg/l, max	৩·০	
২০	দস্তা মিগ্রা/লি. Zinc (as Zn) mg/l, max	৫·০	
২১	সিলেনিয়াম মিগ্রা/লি. Selenium (as Se) mg/l, max	০·০৫	
২২	এমোনিয়াম নাইট্রোজেন মিগ্রা/লি. Ammonium nitrogen mg/l, max	৫০	
২৩	সি. ও. ডি মিগ্রা/লি. C. O. D mg/l, max	২৫০	
২৪	কীটপতঙ্গ ধ্বংসকারী ঔষধ Insecticides	অনুপস্থিত (Absent)	
২৫	তেজস্ক্রিয় পদার্থসমূহ (ক) আলফা বিচ্ছুরণ Alfa emitters $\mu c/ml$, max	$১০^{-৭}$	
	(খ) বিটা বিচ্ছুরণ Beta emitters $\mu c/ml$, max	$১০^{-৬}$	

তালিকা নং ২

শিল্প কারকানার পরিত্যাক্ত জল পরিশোধনের পর ভূ-পৃষ্ঠের কৃষিভূমিতে যা পড়তে পারে তার মাত্রা

ক্রমিক নং	পদার্থের নাম	সহনশীল দূষিত পদার্থে পরিমাণ	মন্তব্য
১	জলে মিশ্রিত দ্রব পদার্থসমূহ মিগ্রা/লি. Total dissolved solids mgl / *l*	২১০০	
২	পি. এইচ. pH	৫.৫-৯.০	
৩	বি. ও. ডি মিগ্রা/লি. B. O. D (for 5 dfays at 20°C) mg/*l*	৫০০	
৪	সালফেট মিগ্রা/লি. Sulphage (as SO_4) mg/*l*	১০০০	
৫	ক্লোরাইড মিগ্রা/লি. Chlorides (as Cl) mg/*l*	৬০০	
৬	শতকরা সোডিয়ামের পরিমাণ Percent Sodium, max	৬০	
৭	তেল এবং গ্রিজ মিগ্রা/লি. Oil and Greese mg/*l*	৩০	
৮	বোরন মিগ্রা/লি. Boron (as B) mg/*l*	২	
৯	আলফা এমিটারস্ Alfa emitters μc/m*l*	১০$^{-৯}$	
১০	বিটা এমিটারস্ Beta emitters μc/m*l*, max	১০^{৮}	

তালিকা নং ৩

১৯৮৩ সালে বিশ্বব্যাঙ্ক কর্তৃক নির্দেশিত পানীয় জলে সর্বনিম্ন দূষণীয় পদার্থের মাত্রা

ক্রমিক নং	পদার্থের নাম	সাধারণভাবে গ্রহণ করার মাত্রা পি.পি. এম	সর্বশেষ দূষণীয় পদার্থের মাত্রা পি. পি. এম	মন্তব্য
১.	কঠিন বস্তুর সমষ্টি	৫৫০	১৫০০	
২.	টারবিডিটি	৫	২৫	
৩.	ক্লোরাইড	২০০	৬০০	
৪.	লোহা	০.৩	১	
৫.	ম্যাংগানিজ	০.১	১.৫	
৬.	দস্তা	৫	১৫	
৭.	ক্যালসিয়াম	৭৫	২০০	
৮.	ম্যাগনেসিয়াম	৫০	১৫০	
৯.	ম্যাগনেসিয়াম এবং সোডিয়ামের লবন	৫০০	১০০০	
১০.	নাইট্রেট	৪৫		
১১.	ফেনল	০.০০১	০.০০২	
১২.	কার্বন এবং ক্লোরোফর্ম	০.২	০.৫	
১৩.	পি. এইচ	৭.৮	৬.৫-৯.২	

তালিকা নং ৪

মূখ্য রাসায়নিক পদার্থ যা সচরাচর জলে পাওয়া যায়, গ্রহণমাত্রা এবং মাত্রাতিরিক্ত গ্রহণের কুফল

ক্রমিক নং	পদার্থের নাম	জলে মিশ্রণের উৎস	গ্রহণ মাত্রা	পরিত্যাগ করার মাত্রা	ব্যবহারের কুফল
১	আরসেনিক Arsenic (mg/l)	খনিজ পদার্থ বিশ্লেষণ, শিল্পে বর্জিত জল, কীট ও রোগ, পোকা দমনের ঔষধ	০.০৫	০.০৫	আর্সেনিক বিষে ক্যানসার রোগ হতে পারে। ১০০ মিগ্রা আর্সেনিক গ্রহণে মারাত্মক বিষক্রিয়া হতে পারে। বহুদিন ধরে অল্পমাত্রায় গ্রহণ করলে নানা প্রকার শারীরিক বিক্রিয়া হতে পারে।
২	ক্লোরাইড Chloride (mg/l)	পাহাড় প্রভৃতির শিলা এবং মাটি জলে গলে যাওয়া, পৌর এবং শিল্পের বর্জিত জল	২০০	১০০০	জলে অত্যধিক পরিমাণে ক্লোরাইড থাকলে জলে লবণাক্ত স্বাদের হয়, এবং অত্যধিক লবণাক্ত জল শারীরিক ক্ষতি হতে পারে
৩	ক্রোমিয়াম Chro-mium (mg/l) as hexavalent Cr.	শিল্প কারখানার বর্জিত পদার্থ ও বর্জিত জল	০.০৫	০.৫	অধিক পরিমাণ ক্রোমিয়াম শরীরে জমা হলে ক্যানসার রোগের সম্ভাবনা থাকে।
৪	তামা Copper (mg/l)	পৌর এলাকার পয়ঃপ্রণালী, শিল্প; কারখানার বর্জিত পদার্থ	০.০৫	১.৫	যদিও তামা বয়স্ক ব্যক্তির পক্ষে প্রত্যহ ২ মি.গ্রা. প্রয়োজনে কিন্তু বেশি পরিমাণ গ্রহণ করলে লিভার খারাপ হতে পারে।
৫	সায়ানাইড Cyanide (mg/l)	লোহা প্রভৃতি ধাতুতে প্রলেপ দেয়ার শিল্পের বর্জিত পদার্থ	০.০৫	০.০৫	শারীরিক সুস্থতার যথেষ্ট ক্ষতি হতে পারে। এমনকি ৫০ কিংবা ৬০ মি. গ্রা. গ্রহণ করালে মৃত্যু অবধার্য্য।

ক্রমিক নং	পদার্থের নাম	জলে মিশ্রণের উৎস	গ্রহণ মাত্রা	পরিত্যাগ করার মাত্রা	ব্যবহারের কুফল
৬	ফ্লোরাইড Fluoride (mg/l)	অল্প পরিমাণে ফ্লোরাইড মাটি এবং শিলা হতে দ্রবীভূত হয়	১	১.৫	০.৫ থেকে ১.৫ মিগ্রা জলে দ্রবীভূত অবস্থায় থাকলে ব্যবহারে দাঁত শক্ত হয়। অত্যধিক ব্যবহারে দাঁত এমনটি শারীরিক কাঠমো বিকৃত হতে পারে।
৭	খরতার সমষ্টি Total Hardness (mg/l)	সাধারণত জল খর হয় বেশি পরিমাণে ক্যালসিয়াম এবং ম্যাগনেসিয়াম থাকার কারণে, শিল্প-কারখানা ও ব্যবসাকেন্দ্রের বর্জিত পদার্থ এবং জল।	২০০	৬০০	ক্যালসিয়াম এবং ম্যাগনেশিয়াম লবণ এবং বাইকারবনেট, কার্বনেট, সালফেটের লবণ তার সাথে সিলিকা যুক্ত হয়ে যে অধক্ষেপ পড়ে তা পাইপ-লাইন, বয়লার প্রভৃতির গায়ে প্রলেপ পড়ে। সাবান দিয়ে কাপড় কাচলে সাবান বেশি খরচ হয়।
৮	লোহা Iron (mg/l)	প্রাকৃতিক পরিবেশে, মাটিতে, শিল্প-কারখানার বর্জিত পদার্থে লোহার পাইপ এবং অন্যান্য বস্তুতে জং ধরার পর লোহার গুড়ো জলে মেশা।	০.১	১	বেশী মাত্রায় লোহা জলে থাকলে জলের রং পাল্টায়, খাদ্যও পানীয় বিস্বাদ লাগে, জামা, কাপড়ে লালচে দাগ হয়।
৯	সীসা Lead (mg/l)	ট্যাপ ওয়াটার বা পাইপবাহিত জল সিগারেটের অংশ, শিল্প কারখানা ও খনি অঞ্চলের পদার্থ জলে মেশা	০.১	০.১	শরীরের কোষে সীসা জমা হলে সীসাঘটিত রোগের বা বিষের সম্ভাবনা থাকে।

ক্রমিক নং	পদার্থের নাম	জলে মিশ্রণের উৎস	গ্রহণ মাত্রা	পরিত্যাগ করার মাত্রা	ব্যবহারের কুফল
১০	পারদ Mercury (mg/l)	শিল্প কারখানার বর্জিত পদার্থ ও জল	০.০০১	০.০০১	পারদ শরীরে গ্রহণের পর সরাসরি মস্তিষ্কে গিয়ে জমা হয় এবং মস্তিষ্কের নার্ভ সমূহকে ক্ষতি করে, বধিরতা আসে, লিভারেরও ক্ষতি হয়।
১১	পি. এইচ pH	নানাপ্রকার কারণে জলের পি. এইচ হ্রাস বৃদ্ধি হয়	৭ থেকে ৮.৫	নিম্নে ৬.৫ এবং উর্ধ্বে ৯.২	খুব কম বা খুব বেশি পি. এইচ সম্পন্ন জল হলে ধাতুর পাইপ বা অন্যান্য বস্তু ক্ষয় হতে থাকে।
১২	নাইট্রোজেন Nitrogen as Nitrates (mg/l)	পচা গাছ, পাতা, সবজি বা রাসায়নিক সার, মানুষ এবং জীবজন্তুর মলমূত্র ও মৃতদেহ	৪৫	৪৫	বেশি পরিমাণে জলে থাকলে জল অতি বিস্বাদ হয়। জলে শেওলা প্রভৃতির আধিক্য দেখা যায়।
১৩	সালফেট Sulphate (mg/l)	পাহাড়, টিলার পাথর জলে দ্রবীভূত হওয়া, শিল্প কারখানার বর্জিত জল কিংবা গ্যাস	২০০	৪০০	সালফেট ক্যালসিয়ামের সঙ্গে মিশে বয়লারে জল বাষ্প হয় সেই বাষ্প পাইপে বা নল দ্বারা বাহিত হলে পাইপ বা নলের ভেতরে দাগ পড়ে।
১৪	খোলা ভাব Turbity (Unitson J.T.U. scale)	জলে অদ্রবণীয় পদার্থের মিশ্রণ, যেমন সুক্ষ্ম কাদা, অতি ক্ষুদ্র জৈব পদার্থ অতি ক্ষুদ্র ব্যাক্টেরিয়া ও জীবাণু এবং শিল্প কারখানার বর্জিত জল	২.৫	১০	নোংরা খোলা জল ব্যবহারকারীদের পক্ষে অপছন্দের বিষয়, শিল্পকাজে বিশেষত বয়লারের জলের পক্ষে অযোগ্য, সেবনে পেটের ও বিভিন্ন রকম রোগ হতে পারে।

ক্রমিক নং	পদার্থের নাম	জলে মিশ্রণের উৎস	গ্রহণ মাত্রা	পরিত্যাগ করার মাত্রা	ব্যবহারের কুফল
১৫	দস্তা Zinc mg/l	স্টীলের বা লোহার যন্ত্রপাতি কিংবা অন্যান্য পাত্রকে গ্যালভানাইজ করার পর বর্জিত পদার্থ এবং বর্জিত জল	৫	১৫	সামান্য মাত্রায় দস্তা রক্তের লোহিত কণিকার পক্ষে উপকারী, রক্ত চলাচলের ক্ষেত্রেও উপকারী, অধিক গ্রহণে পেটের নানারকম অসুখ হতে পারে।

জলাশয়, নদী, বিল, খাল, নালা; সরোবর এবং অন্যান্য জলসংরক্ষণের স্থান এমনকি ভূ-গর্ভস্থ জল যা উত্তোলন করে আমরা নানা কাজে ব্যবহার করি উপরোক্ত পদার্থগুলির সর্বাধিক পরিমাণ থাকা, পদার্থগুলির জলে মেশার উৎস এবং অধিক পরিমাণে ব্যবহারে কুফল প্রভৃতি বলা হল। পদার্থের ব্যবহারের পক্ষে সহনশীল মাত্রায় থাকলে তা জলে মিশ্রিত অবস্থায় নিঃসংকোচে ব্যবহার করা যায়।

কল-কারখানা সমূহে নানাপ্রকার প্রয়োজনীয় সামগ্রী তৈরি হয়। ভিন্ন ভিন্ন বস্তু তৈরি হবার কালে অনেক রকম রাসায়নিক পদার্থের প্রয়োজন হয় এবং বিভিন্ন প্রক্রিয়ায় জলেরও প্রয়োজন হয়। সামগ্রী তৈরি হবার পর জলে মিশ্রিত অবশিষ্ট রাসায়নিক পদার্থ যা বর্জন বা পরিত্যাগ করা হবে সেই অবশিষ্ট পদার্থসমূহ জলের সাথে মিশে থাকে। সেই জল অন্য কোন কাজে ব্যবহৃত হয় না বলে পরিত্যক্ত হয় এবং নালা নর্দমার দ্বারা বা অন্য কোন উপায়ে আমাদের সমতলের জলে গিয়ে পড়ে। নদী বা অন্য জায়গায় শিল্পে ব্যবহৃত জল কোনমতেই প্রয়োজনীয় শোধন না করে নদী বা জলাশয়ে ফেলা উচিত নয়। শোধনকালে বা শোধনের পর কি কি পদার্থ সর্বাধিক সহনশীল মাত্রায় শিল্পে ব্যবহৃত জলে থাকলে পর সেই জল নদী বা জলাশয়ে ফেলা যাবে। সহনশীলমাত্রা জল যা শিল্পে ব্যবহারের পর নদীর জলে ফেলা হল তা রৌদ্র, বাতাস এবং চলনের দ্বারা পরিশুদ্ধ হবে। সাধারণ শিল্পে ব্যবহৃত বর্জিত জল শোধনের পর কি কি পদার্থ কত পরিমাণ থাকবে তার নির্ধারিত মাত্রা।

তালিকা নং ৫

ক্রমিক নং	পদার্থের নাম	সহনশীল পদার্থের পরিমাণ	মন্তব্য
১	দ্রবীভূত লবণের সমষ্টি মিগ্রা/লি Total soluble salt mg/l, max	১০০	
২	অদ্রবণীয় ভাসমান বস্তুর মাপ	অতি সূক্ষ্ম	চালুনী যার ছিদ্র অতি সূক্ষ্ম ৮৫০ মাইক্রন (আই. এস. চালুনী) চালুনী ছিদ্র অতিক্রম করবে।
৩	পি এইচ pH	৫.৫ থেকে ৯.০	
৪	উত্তাপ	৪০°C এর উর্ধ্বে হবে না।	
৫	বি. ও. ডি B. O. D. 5 days at 20°C mg/l, max	৩০	
৬	তেল এবং গ্রিজ Oil & Grease mg/l	১০	
৭	ফেনোলিক যৌগ Phenolic Compound mg/l	১	
৮	সায়নাইড Cyanides, mg/l	০.২	
৯	সালফাইড Sulphide mg/l	২	

নির্ধারিত জলসংরক্ষণের আধারে কি উপায়ে জল সঞ্চয় করা হবে

ভাগীরথী, হুগলী নদীর পশ্চিম তীর হতে পশ্চিমের মালভূমি পর্যন্ত বিস্তীর্ণ অঞ্চলে সমগ্র বছরে সাধারণত ১০০ থেকে ১৫০ সে.মি. পর্যন্ত বৃষ্টিপাত হয়। মালভূমি হতে পূর্ব-দক্ষিণ দিকে বা ভাগীরথী হুগলী নদীর তীর পর্যন্ত জমি অতি নমনীয় ঢালে উঁচু হতে ক্রমশ নিচুর দিকে অগ্রসর হয়েছে। বৃষ্টিপাতের জল ক্রমনিম্ন ঢাল অবলম্বন করে উত্তর পশ্চিম দিক হতে গড়িয়ে দক্ষিণ-পূর্ব দিকে ভাগীরথী বা হুগলী নদীতে পড়ে। এই জল বাহিত হয় ভিন্ন ভিন্ন নালা, খাল বা ছোট নদীর সাহায্যে পরে কোন বড় নদীতে পড়ে। কোন কোন স্থানে জমির ঢালের প্রকৃতি কিছু ব্যতিক্রম থাকে। হয় মধ্যবর্তী অঞ্চল অপেক্ষাকৃত উঁচু বা নীচু। মালভূমিতে পতিত জল উঁচু অঞ্চলের দিকে প্রবাহিত হয় না। নীচু ঢালজমি বা নালা ধরেই নীচু অঞ্চলের দিকেই প্রবাহিত হতে থাকে। তাই মালভূমি হতে জল যত দক্ষিণ-পূর্ব দিকে অগ্রসর হবে তত নিম্নতর অঞ্চলে জলাধিক্য হবে। আবার সেই বিশাল পরিমাণের জল যদি পথিমধ্যে বাঁধা পায় তবে সেই অঞ্চল এবং আশেপাশের অঞ্চলে জলপ্লাবন হবে এবং জনজীবন এবং ফসলের সমূহ ক্ষতি হবে। আবার উপরের অঞ্চলের জল অপসারিত হওয়ার কারণে উপরের অঞ্চল জলশূন্য অবস্থায় থাকবে। কৃষিকাজে সেচের জল এবং দৈনন্দিন জীবনযাত্রার প্রয়োজনীয় জলের অভাবে অঞ্চলে হাহাকার লেগে যাবে এবং অধিবাসী এবং গৃহপালিত জীবজন্তুর অশেষ কষ্টের মধ্যে দিন কাটাতে হবে। তাই জলসঞ্চয়ের আধার সৃষ্টি করবার পূর্বে জলবাহিত হওয়ার সুদূর অতীত হতে প্রবাহিত নদী বা নালার দুই পাশের ক্যাচমেন্ট অঞ্চল অতি যত্ন এবং নিষ্ঠার সঙ্গে জরিপ করতে হবে। সাধারণভাবে অঞ্চলভিত্তিক জলের ঢালের প্রবণতাকে লক্ষ্য করে এবং পূর্বস্থিত কোন ছোট বা বড় জলাশয় বা জলাজমি থাকে অথবা অপেক্ষাকৃত নীচু অঞ্চলসমূহকে সঠিকভাবে চিহ্নিত করতে হবে। আবার কোন উঁচু অঞ্চল যার সীমানার মধ্যে অনেক গ্রাম কৃষি জমি প্রভৃতি রয়েছে, বছরে প্রয়োজনীয় বৃষ্টিপাত হওয়া সত্ত্বেও উপযুক্ত পরিমাণ জল ধরে রাখার ব্যবস্থা না থাকার দরুণ জলাভাব অর্থনৈতিক দিকগুলোর পরিপূর্ণ বিকাশ সম্ভব হয় না। সেইরূপ উচ্চতর অঞ্চলে উপযুক্ত স্থান নির্বাচন করে যাতে বৃষ্টিপাতের জল সমস্তটাই ধরে রাখা সম্ভব হয় সেইরূপ প্রচেষ্টা গ্রহণ। অন্যথায় যত অধিক পরিমাণ জলকে ঐ অঞ্চলেই ধরে রাখা সম্ভব হয় তার দিকে দৃষ্টি দিয়ে উচ্চতর অঞ্চলের পৃথক পৃথক স্থানে ছোটই কিংবা বড়ই হোক জলাধার নির্মাণ করা। সঞ্চিত জলকে বহুমুখী অর্থনৈতিক উন্নয়নের কাজে বৈজ্ঞানিক উপায়ে সামগ্রিক

সচেতনতায়, অঞ্চলের জনগণের সক্রিয় অংশ গ্রহণের দ্বারা ব্যবহার করলে যে একমাত্র বাৎসরিক প্রাপ্ত জলসম্পদকে সংরক্ষণ, ব্যবহার এবং সঠিক প্রয়োগের মাধ্যমে অতি অল্প-সময়েই উৎসাহ, আশা এবং স্বাচ্ছন্দ্যের দিকগুলি খুলে যাবে এবং সামগ্রিকভাবে বাৎসরিক ভীতি, বন্যা, জল প্লাবন এবং প্রয়োজনীয় জলের জন্যে হাহাকার বন্ধ হবে। জলসম্পদ যা ঈশ্বরের আশীর্বাদস্বরূপ অমৃতধারা তাকে সামান্য ভেবে বৃষ্টিপাতজনিত অকারণ জলপ্লাবন ও নানাপ্রকার অসুবিধার বিষয় নয়। উপরোক্ত অঞ্চলের সমস্ত ব্যক্তির পদক্ষেপ হবে জলকে সংরক্ষণ করে কাজে লাগানো। একাজে সবাইকে সরাসরি অংশগ্রহণ করতে হবে। তা কায়িক পরিশ্রমই হোক, বুদ্ধিগত বা অর্থদ্বারাই হোক। সবাই এর কাজে সংযুক্তি একটি নির্দিষ্ট বয়সের সবারই আবশ্যিক কাজ। প্রয়োজনে সবরকম কাজ সবাইকেই করতে হবে। একই কাজে বা প্রচেষ্টায় শিক্ষাগত, অর্থগত, বর্ণগত এবং বংশগত ভেদাভেদ ভুলে অংশ নিতে হবে।

নিম্নতর অঞ্চলে অনেক বেশি জলাশয় খনন করে জল ধরে রাখার ব্যবস্থা করলে উপর অঞ্চলের যে জল চলে আসবে তা ধরে রাখা যায়। স্বভাবতঃ নিম্নতর অঞ্চলে জলের পরিমাণ ক্রমান্বয়ে বেড়ে চলে। তাই সুবিধামত এবং যে সমস্ত জলাজমি এবং নীচু জমি আছে সেই সব জমিকে স্পষ্টত জল আবদ্ধ করে রাখতে পারলে অনেক পরিমাণ জলই একটি ব্যবস্থার মধ্যে থাকবে। নীচু অঞ্চলে জল যথাসম্ভব আবদ্ধ করে রাখা হলেও অনেক জলই বাড়তি হবে। তাকে সুষ্ঠুভাবে বিভিন্ন অঞ্চলে অবস্থিত নদী নালার মাধ্যমে অপসারিত হবার প্রতি নজর রাখতে হবে। নিম্নতর অঞ্চলে জলের পরিমাণ বেশি। তাই ঐ অঞ্চলে অসংখ্য ছোট বড়, দীঘি, পুষ্করিণী, বিল, ডোবা প্রভৃতিও বেশি আছে। তাছাড়া উদ্দেশ্যহীনভাবে অনেক নীচু অঞ্চলে আছে। কিন্তু সাধারণত দেখা যায় ঐ সব অসংখ্য জলাশয় খননকাল হতে এবং প্রাকৃতিক জলাশয়ের জন্ম হতে অদ্যাবধি প্রায় সংস্কার হয়নি বললেই চলে। নীচু জমি এবং জলাজমি গুরুত্বহীন অবস্থায় বছরের পর বছর পড়ে আছে। তার মধ্যে আবার যে সব অঞ্চলে অধিবাসীর সংখ্যা বৃদ্ধি পাচ্ছে বা গ্রাম গঞ্জ শহরের আকার ধারণ করছে সে সব অঞ্চলে যত্রতত্র পুকুর, ডোবা বা নীচু অঞ্চল বিশৃঙ্খলভাবে ভরাট করে বাড়ি-ঘর তৈরি করা হচ্ছে। পুষ্করিণী, দীঘি, বিল, ডোবা প্রভৃতিতে বর্ষাকালে পলি পড়া ছাড়াও আশেপাশের জঞ্জাল জমে জমে জলধারণ ক্ষমতা কমে আসছে। যার ফলে যত্রতত্র জল দাঁড়িয়ে নানারকম অসুবিধার সৃষ্টি করছে। এইরূপ সংকট ক্রমে ক্রমে প্রায় প্রতি বছরই হয়ে চলেছে।

মালভূমি হতে উৎপন্ন নদীসমূহের চলনপথের দুই পার্শ্বের সুবিধাজনক স্থান, অতীতের খনন করা জলাশয়, পুষ্করিণী, জলাজমি, বিল অনেকই আছে। সড়কপথের দুই পার্শ্বের নীচু অঞ্চল যা রাস্তা উঁচু করার কারণে সুদীর্ঘ খালের আকার ধারণ করে আছে। সেইসব খালগুলি কোনরূপ গুরুত্বই পায় না। তারপর আছে অসংখ্য খানা, ডোবা। এইসব জলাশয়সমূহকে এবং নীচু জলাজমিকে যথাযথ সংস্কার অর্থাৎ গভীর করতে পারলে, নদী

যেখানে উভয়পার্শ্বের সমগ্র ক্যাচমেন্ট অঞ্চলের জল বহন করে করে সমুদ্রে ফেলে তার প্রায় সিংহ ভাগই আমরা আমাদের প্রয়োজনে রাখতে সক্ষম হব। জল সংরক্ষণের কারণে যথেষ্ট পরিমাণ জলাশয় বা জলাভূমি কোন অঞ্চলে না থাকে তবে ক্যাচমেন্টের উভয় পাশে সুবিধাজনক স্থানে জল আবদ্ধ করে রাখার কারণে নূতন নূতন জলাশয় খনন করতে হবে। নূতন জলাশয়ের স্থান এমনভাবে স্থির করতে হবে যাতে কোনরূপ স্থায়ী-ব্যবস্থা যেমন ঘর, বাড়ী শিক্ষায়তন, সড়ক ব্যবস্থা বা উপযুক্ত চাষের জমির কোনরূপ ক্ষতি না হয়। যদি কোন কারণে উপযুক্ত সুবিধাজনক স্থানের ব্যবস্থা করা সম্ভব না হয় যেমন ঘনবসতি, অনেক বেশী স্থান নিয়ে ফুল বা ফলের বাগান বা বিস্তীর্ণ স্থান জুড়ে উঁচু জমি বা ঘনভাবে অবস্থিত কলকারখানা। সেখানে স্বাভাবিকভাবেই উন্মুক্ত অব্যবহার্য্য নীচু জমির পরিমাণ সামান্যই হবে সেইসব স্থানে যথাসম্ভব স্থায়ী ব্যবস্থার পরিবর্তন না করে স্থায়ী জলাশয়ের পরিসীমা বাড়াতে হবে এবং গভীর করতে হবে যাতে ঐ অঞ্চলের জল ঐ অঞ্চলের প্রয়োজন মেটায়। ঐ অঞ্চলে যেসব চাষের জমি সর্বদিক দিয়ে উপযুক্ত না হয় তবে চাষের জমিকেই খনন করে জলাধার নির্মাণ করতে হবে। শস্য চাষের জমি জল ধরে রাখার স্থানে রূপান্তরিত হলে ক্ষতি হবে না বরং লাভই বেশী হবে। উপযুক্ত এবং বিজ্ঞানসম্মত উপায়ে জল সঞ্চয় করে রাখা এবং তার বহুমুখী ব্যবহার শস্য চাষের থেকে বেশ কয়েকগুণ বর্ধিত লাভ এবং সুবিধা পাওয়া যাবে। ধরা যাক কোন একটি নিকৃষ্ট চাষের জমির পরিমাণ একলপ্তে এক হেক্টর স্থান অর্থাৎ ১০,০০০ ব. মিটার। এই পরিমাণ জমির চতুষ্পার্শের ক্যাচমেন্ট এলকার পরিমাণ প্রায় দশ হেক্টর বা ১০,০০০০ ব. মিটার। এখন এই দশ হেক্টর বা ১,১০০,০০০ ব. মিটার স্থানের সবরকম জলের সুবিধার জন্য মধ্যবর্তী নিকৃষ্ট মানের এক হেক্টর বা ১০,০০০ ব. মিটার স্থানকে জলাশয়ে রূপান্তরিত করলে কতদিকে লাভবান হওয়া যায় তা দেখা যাক।

অঞ্চলে বার্ষিক গড় বৃষ্টিপাতের পরিমাণ যদি সর্বাধিক ১৫০ সে. মি. হয় বা ১.৫ মি. তবে ঐ স্থানে বছরে জলের পরিমাণ হবে

১,১০,০০০ ব.মি. × ১.৫ মি. = ১,৬৫,০০০ ঘন মিটার

১০,০০০ ব.মি. স্থানকে যদি ৫ মিটার গভীর করা যায় তবে জলাধারের ক্ষমতা হবে

১০,০০০ ব.মি. × ৫ মি. = ৫০,০০০ ঘন মিটার

অর্থাৎ অঞ্চলের সমগ্র বৎসরের বৃষ্টিপাতের জলের এক তৃতীয়াংশ ঐ অঞ্চলেই সঞ্চয় করে রাখা যাবে।

উত্তোলিত ৫০,০০০ ঘনমিটার পরিমাণ মাটি যা নূতন পরিস্থিতিতে জৈবসারযুক্ত তা আশেপাশের জমিকে উঁচু করা, ভরাট করা, সুবিধাজনক ঢালু করা, ঘর, বাড়ী, রাস্তা, ঘাট, মাঠ, ময়দান জল জমার হাত হতে রক্ষা করার এবং অঞ্চলের সব জল নবনির্মিত জলাধারেই যাওয়ার ব্যবস্থা করার কাজে ব্যবহৃত হবে। নূতন জলাশয়ে মাছ চাষ করলে এক বছর পরে যে পরিমাণ মাছ পাওয়া যাবে তার অর্থকরী মূল্যও কম হবে না। নবনির্মিত

জলাশয়ের চতুর্দিকে ঐ স্থানের ফলের গাছ কিংবা মূল্যবান কাঠের প্রয়োজনীয় গাছ লাগানো যায়। সঞ্চিত জলের সাহায্যে নির্ভাবনায় যে কোন ঋতুতে চারিপার্শ্বের জমির ফসলে সেচ দেওয়া সম্ভব হয়। উত্তোলিত মাটির সাহায্যে সব দিক উঁচু এবং ঢাল করার ফলে একনাগাড়ে যে পরিমাণেই বৃষ্টিপাত হোক না কেন কখনই কোন স্থানে বেশী সময় ধরে জল অবস্থান করবে না। অঞ্চলের মধ্যস্থানে উন্মুক্ত প্রান্তর যা জলে পরিপূর্ণ থাকবে তা সবদিক দিয়েই পরিবেশকে নির্মল রাখবে। অধিকন্তু যদি ঐ জলাধারের বৃক্ষাচ্ছাদিত চতুষ্পার্শ্বের হাঁটাচলা, বসার স্থানের ব্যবস্থা করা যায় তবে ঐ স্থান ভ্রমণ বা বিশ্রাম করার এক অতি মনোরম স্থান হিসাবে চিহ্নিত হতে পারে। আরও অনেক নূতন নূতন সুবিধা পাওয়া যেতে পারে নূতন জলাধার সৃষ্টি করতে পারলে।

৩৫

মজা পুকুর, বিল, দীঘি, জলাভূমি এবং অন্যান্য জলাশয়ের সঞ্চিত পচা পাঁক বা পলিমাটি তথা উদ্ভিদ এবং ফসলের খাদ্যগুণ-সম্পন্ন পরিবেশ সহায়ক জৈব সার উত্তোলন ও বণ্টন ব্যবস্থা

আমাদের এই রাজ্যে যে সমস্ত জলাশয় জল সঞ্চয় করে রাখার জন্যে নির্দিষ্ট তা এবং অন্যান্য নীচু জমি এবং জলাজমি অনেক আছে তা অনাদিকাল হতে গুরুত্বহীন ভাবে অবহেলিত হয়ে আছে। খুব কম সংখ্যক জলাশয়কে সংস্কার অর্থাৎ তলদেশের সঞ্চিত পলিমাটি উত্তোলন এবং অপসারন করে জলধারন ক্ষমতা প্রথমের খননকালিন অবস্থায় রাখার চেষ্টা করা হয়। একক চেষ্টায় ছোট জলাশয় বা পুকুর ডোবাকে সংস্কার ক'রে সেই মাটি দিয়ে পুকুরের চারিধার উঁচু করে চাষের জমি বা ঘর বাড়ি উঁচু করে। পুকুরের উঁচু পাড়ে লাউ, কুমড়ো বা অন্য ফসল এবং মাঠের ফসল বা অন্যান্য ফলের গাছ বেশ সবুজ সতেজ হয় এবং যথেষ্ট ফল দেয়। এরূপ ফলবান বৃক্ষলতা বা সতেজ ফলের গাছ আমাদের রাজ্যে অতি কম স্থানেই দেখা যায়। চিত্রটি দৃষ্টিনন্দন এবং প্রশংসনীয়। কিন্তু বিরল চিত্র। একক প্রচেষ্টা বা পাড়ার গুটিকয় ব্যক্তির সক্রিয়ভাবে বর্ষাকালে চলাচলের পথের জল দাঁড়ানো স্থানে মাটি ফেলে উঁচু করে। পরবর্তী বছর সেইস্থান থাকে খটখটে। তাই চলাচলও খুবই সচ্ছন্দে করা যায়। দূরদর্শী এবং উদ্যামী ব্যক্তি বা ক্ষুদ্র গোষ্ঠী স্বীয় প্রচেষ্টায় একাধারে চলাচলের পথকে বর্ষায় জল দাঁড়ানো বন্ধ করে রাস্তাকে সুগম করে অপরদিকে পুকুরের পচা পাঁক তুলে তার জমি, জলাশয় বা বাস্তুভিটাকে উঁচু করে। পরে ঐ জমি বা পুকুরের চারিপাশের বাঁধে নানারকম শাক, সবজি, ফল শয্যের চাষ করে প্রচুর ফসল পায়। পুকুরের মাটি অপসারিত হওয়াতে চাষের এবং অন্যান্য কাজে অফুরন্ত জল পায়। আবার সেই সঞ্চিত জলে মাছ চাষ করেও অনেক লাভবান হয়। এই প্রক্রিয়ায় সেই উদ্যমী ব্যক্তির মূল্যবান রাসায়নিক সার বাবদ খরচ বেশ কয়েক বছর করতে হয় না। যে ফসল পেল তাও খুব সুস্বাদু এবং রাসায়নিক ও কীটনাশক মারাত্মক এবং ক্ষতিকারক পদার্থ বর্জিত। সার্বিক প্রচেষ্টায় এবং সরকারের যথাযোগ্য সহযোগিতা এবং পৃষ্ঠপোষকতায় সমগ্র রাজ্যের প্রত্যেকটি জলাশয় জলাজমি এবং নিম্নভূমি হতে পলিমাটি উত্তোলন করা জরুরী বিষয়। আবার সেই উত্তোলিত মাটির দ্বারা গুরুত্বপূর্ণ জলমগ্ন স্থান ভরাট করা জলাশয়ের চতুষ্পার্শ্বস্থ স্থান উঁচু ও সুদৃঢ় করা, নীচু সমস্ত চাষের জমি উঁচু করা। চাষের জমিতে মজা পুকুরের পাঁকমাটি ছড়িয়ে দিলে কয়েক বছর রাসায়নিক সার ব্যবহার হতে রক্ষা পাওয়া সম্ভব হয়। এই ব্যবস্থায় বা সংস্কার পরবর্তী জলাশয়সমূহ বা

নীচু জমি অনেক বেশী পরিমাণ জল ধরে রাখাও সম্ভব হয়।

মনে করা যাক কোন একটি মাঝারি জলাশয়ের সর্বাধিক আয়তন এক একর বা ৪০৪৬.৫ ব. মিটার। সেই জলাশয়ের খননকালিন গভীরতা ছিল ৫ মিটার। জলাশয়ের পরিসীমাকে যদি বর্গাকার ধরে নেওয়া হয় এবং সেই পরিসীমার মধ্যবর্তী সর্বস্থানের গভীরতা যদি পাঁচ মিটারই ধরা হয় তবে খননের পরে যদি চার মিটার পর্যন্ত গভীর জল রাখা হতো তবে জল সঞ্চয় করে রাখা যেত

৪০৪৬ ব.মি. × ৪ মি. = ১৬,১৮৬ ঘন মিটার

কিন্তু খনন পরবর্তী বছরগুলিতে প্রতি বছর বর্ষাকালে জলের সঙ্গে সেই অঞ্চলের জলে বাহিত হওয়া মাটি, আবর্জনা, গাছপালা, খড়, বিচালি, পাতা এবং অন্যান্য জৈব পদার্থ এসে সেই জলে পড়ে এবং ক্রমে থিতিয়ে নীচে জমা হয়। এইভাবে প্রতি বছর জলের সঙ্গে আসা জৈব, অজৈব পদার্থ এবং আলগা মাটি জলাশয়ের তলদেশে জমা হতে হতে জলাশয়ের জল ধারণ ক্ষমতা ক্রমশই ক্ষীণ থেকে ক্ষীণতর হতে থাকে। জলাশয়ের জলের গভীরতা পূর্ণ ক্ষমতায় জল ধারনের পর দেখা গেল দুই মিটার গভীর জল আছে, অর্থাৎ দুই মিটার পরিমাণ পলিমাটি ইতিমধ্যেই জলাধারের তলদেশে থিতিয়ে আছে। জলাশয়ের তলদেশে সঞ্চিত পলিমাটির পরিমাণ হবে

৪০৪৬.৫ ব.মি. × ২ মি. = ৮০৯৩ ঘনমিটার

অর্থাৎ ৮০৯৩ ঘনমিটার জল আর ঐ জলাশয়ে আবদ্ধ করে রাখা সম্ভব হবে না। এই বাড়তি জল অবস্থানের কোনস্থান না পেয়ে নীচু অঞ্চল ধরে কিংবা ঐ জলাশয়ের সর্বদিক ভাসিয়ে আশেপাশের অঞ্চলকেও জলমগ্ন করবে। আবার উপরোক্ত যে মাটি এবং গাছপালা পড়ে উৎকৃষ্ট জৈবসার হয়ে আছে তাও অব্যহৃত হয়ে পড়ে থাকছে। জলাশয়ের এইরূপ ক্ষীয়মান অবস্থা প্রায় প্রতিটি অতীত জলাশয়েরই হয়ে আছে। পূর্বে কোন একটা বিশেষ অঞ্চলে যে পরিমাণ জল আবদ্ধ হয়ে থাকতে পারতো এখন অনেক কম পরিমাণ জল ঐ অঞ্চলে থাকে। তাই বাড়তি জলের পরিমাণ স্বভাবতঃ বেশী হয়। এই বাড়তি জল অনেক অঞ্চলেই জনবসতি, কৃষিজমি, সড়ক পরিবহন ব্যবস্থাকে জলে ডুবিয়ে জনজীবন, শস্য, পরিবহন প্রভৃতিকে বিশৃঙ্খল করে অর্থনৈতিক দিকগুলিকে অনিশ্চয়তার দিকে নিয়ে যায়।

রাজ্যের জলাশয়গুলিতে যে পরিমাণ পলিমাটি জমা হয়ে আছে সেই মাটিকে উত্তোলন করে যদি তাদের অতীতের ক্ষমতায় আনা যায় এবং রাজ্যের বিভিন্ন উপযুক্তস্থান নির্বাচন করে নূতন নূতন জলাশয় খনন করা যায় তবে স্বাভাবিক বৃষ্টিপাতে যত্রতত্র জলমগ্ন হবে না। উপরন্তু বর্ষিত জলের প্রায় সমস্তটাই নির্বাচিত স্থানে ধরে রাখার ফলে ঐ সঞ্চিত জলের সাহায্যেই অনেকরকম অর্থনৈতিক উন্নয়ন করা সম্ভব হয়।

উপরে উল্লিখিত এক একর বা ৪০৪৬.৫ ব. মিটার স্থানের ৮০৯৩ ঘনমিটার জৈব মাটি যা নিকটবর্তী অঞ্চলের মাটি, গাছপালা, আবর্জনা এবং অন্যান্য জৈব, অজৈব পদার্থ

তাকে উত্তোলন করে ঐ অঞ্চলেরই সর্বস্থানে বিশেষ করে কৃষি জমিতে, ফল, ফুল ও সবজির বাগানেও জলাশয়ের চারিপাশের জমিকে ভরাট বা উঁচু করলে একাধারে জলাশয়ের সুরক্ষা হয়, জলাধারের ক্ষমতা বৃদ্ধি পায়, জলাশয়ের বাঁধ প্রশস্ত ও সুদৃঢ় হয়। জলাশয়ের মাটি অপসারণ করাতে আরও ৮০৯৩ ঘনমিটার ঐ অঞ্চলের জলকেই আবদ্ধ করে রাখা সম্ভব হবে। আশেপাশের স্থান আর তখন জলে ডুবে থাকবে না।

এক একর পরিমাণ স্থানের যে ৮০৯৩ ঘন মিটার মাটি উত্তোলন করে সর্বস্থানে বিশেষ করে উদ্ভিদ ও শস্য উৎপাদনের স্থানে ছড়িয়ে দিলেন, তা গাছের খাদ্যগুণে ভরপুর এবং পরিবেশ সহায়ক।

উত্তোলিত মাটিতে কি পরিমাণ গাছের খাদ্যগুণ-সম্পন্ন বস্তু আছে তা বিশ্লেষণ করে দেখা যাক। অর্থাৎ ঐ ৮০৯৩ ঘ. মিটার মাটিতে গাছের পুষ্টির বস্তু যা নাইট্রোজেন, ফসফেট ও পটাশ আছে তার হিসাব করা যাক। পূর্বে হিসাব করে দেখা গিয়েছে প্রতি হেক্টর পরিমাণ জলাশয়ের বা জলমগ্ন স্থানের সুদূর অতীত হতে স্তরে স্তরে সঞ্চিত পলিমাটির এক মিটার গভীরতায় নাইট্রোজেন, ফসফেট এবং পটাশের পরিমাণ যথাক্রমে ৫০০ কেজি, ৮৭৫ কেজি এবং ১২৫০ কেজি। এই পরিমাণ কৃষি জমির সার যা পরিবেশকে সুস্থ রাখবে, চাষের জমিকে ফসল উৎপাদনের উপযুক্ত রাখবে তার বর্তমান বাজার মূল্য যথাক্রমে ২,৫০০ টাকা, ৩,৫০০ টাকা এবং ৬,০০০ টাকা মোট ১২,০০০ টাকা।

বহু বছরের জমে থাকা পলিমাটি জলাশয়ে জলমগ্নস্থান খাল, বিল প্রভৃতির উত্তোলন করে চাষের জমিতে ছড়িয়ে দিয়ে, জলাশয়ের চারিধারের পাড়কে উঁচু এবং সুদৃঢ় করার কাজে খুবই উপযুক্ত মাটি। যে পরিমাণ অর্থ ব্যয় করতে হবে বলে মনে হয় তার বর্তমানে ভয়াবহ দূষণ প্রভৃতির দূর হওয়া সহ আরও অনেক প্রকার সুবিধা পাওয়া যাবে তাতেও অর্থসমাগম ব্যয় হতে অনেক বেশীই হবে। এই জলাশয় সংস্কারমূলক দিকগুলি এবং রাসায়নিক সার প্রয়োগ ব্যবস্থার পরিবর্তনের দিকগুলি আপাত দৃষ্টিতে বিশেষ গুরুত্বপূর্ণ মনে নাও হতে পারে। কারণ আমাদের চিরাচরিত ঢিলেঢালা জীবন যাত্রার পথের থেকে সম্পূর্ণ পৃথক। কিন্তু সম্পদ, স্বাচ্ছল্য দেশের প্রতিটি অধিবাসীর সামগ্রীক অর্থনৈতিক উন্নতি উদ্যম এবং শ্রমের বিনিময়েই পাওয়া সম্ভব হয়। এই সঠিক অর্থনৈতিক উন্নতির মূল চাবি হল জলাশয়ের পাক, উপযুক্ত জলাশয় নির্মাণ, মাটিকে উপযুক্ত ভাবে অবস্থান করানো এবং আশেপাশের জল যা প্রতি বছরই বর্ষিত হয় তাকে রক্ষা করা।

মজা জলাশয় বছরের পর বছর সুপ্ত অবস্থায় পড়ে আছে এবং অবস্থার সঙ্গে তাল রেখে প্রতি বছরই আশে পাশের অঞ্চলকে জলে ভাসিয়ে দিচ্ছে। সমস্ত মজা জলাজমিতে বেশী পরিমাণে জল ধারন ক্ষমতায় আনার জন্য যে অর্থবল এবং লোকবলের প্রয়োজন হবে তা একক প্রচেষ্টায় এবং সরকারের চিরাচরিত চিন্তাধারা ও প্রণালীতে যথাযথ সংস্কার করা সম্ভব হয়নি। জলাশয় জলাজমি তা সরকারীই হোক বা ব্যক্তিগত মালিকানাতেই

থাকুক তার সঠিক পরিমাণ নির্ধারণ করা আশু প্রয়োজন। সরকারের ব্যবস্থাপনাতেই তা নির্ধারিত হওয়া উচিত। তারপর সেই সমস্ত মজা জলাশয় বা জলাভূমির আমূল সংস্কার করে এবং উপযুক্ত স্থানে মাটি সরবরাহ, জল বণ্টন, সেচের প্রয়োজনে জল সরবরাহ, উদ্বৃত্ত জল অপসারণ, মৎস চাষ প্রভৃতি বিষয়গুলিকে উদ্যমী ব্যক্তি বা গোষ্ঠীকে দায়িত্ব দিতে হবে। এই মহাদায়িত্বপূর্ণ কাজ সঠিক কতিপয় পদক্ষেপের দ্বারাই সম্পাদন করা সম্ভব। এই কাজে একমাত্র মূলধন কঠিন শ্রম ও শৃঙ্খলা। সমষ্টিগত শ্রম এবং যথাযথ নিয়ম শৃঙ্খলায় এই কাজ যদি ব্যক্তি বা গোষ্ঠি একটি নির্দিষ্ট সময়ে কোন ফলপ্রসু অগ্রগতি না দেখাতে পারে তবে সরাসরি সেই ব্যক্তি বা গোষ্ঠীকে অপসারিত করতে হবে। আবার সুশৃঙ্খল এবং যথাযথ কাজ যথাসময়ে সফলভাবে সম্পাদন করতে পারলেও একক ব্যক্তি বা গোষ্ঠী কাজের সঙ্গে ঘনিষ্টভাবে যুক্ত প্রত্যেকটি ব্যক্তিই সাফল্যের ফল যথাযথ সমর্যাদা সহকারে পাবে। আবার যোগ্য ব্যক্তি বা গোষ্ঠীকে বেশ কয়েক বছর লিজের মাধ্যমে এই কাজ দেওয়া যেতে পারে। সংস্কারমূলক কাজ এবং জলবণ্টন এবং মৎস চাষ প্রভৃতি একটি নির্দেশাবলীর উপর ভিত্তি করে সম্পাদন করতে হবে। লিজপ্রাপ্ত ব্যক্তি বা গোষ্ঠী সঠিকভাবে কাজ করছে কিনা তারও যথাযথ মূল্যায়ন করা প্রয়োজন। এই মহান কাজের প্রারম্ভে কিছু অর্থের প্রয়োজন হবে এবং তা সরকারের বা সরকার নির্দেশিত কোন সংস্থাকে লগ্নী করতে হবে। এই মহৎ কাজ যথাযথভাবে সম্পাদিত হলে সরাসরিভাবে যুক্ত ব্যক্তিদের আর্থিক সুরাহা তো হবেই। আবার এই ব্যবস্থায় প্রাপ্ত সম্পদের নানাদিকে নানাভাবে রূপান্তর করার কাজে নিযুক্ত ব্যক্তিদেরও সাফল্য আসবে।

মহানগরী যেমন কলকাতা, হাওড়া, শিলিগুড়ি, আসানসোল প্রভৃতির মত অঞ্চলে চাষের জমির পরিমাণ কম। ঐ অঞ্চলে অবস্থিত জলাশয়ের চারিদিক উঁচু এবং সুদৃঢ় করা ছাড়া এ অঞ্চলে উত্তোলিত মাটির প্রয়োজন হবে না। আবার সীমিত আয়তনের জলাশয়ে বেশী পরিমাণে জল রাখার কারণে ঐ সব জলাশয়গুলিতে অনেক বেশী গভীর করার জন্য মাটি উত্তোলন করতে হবে। এই প্রক্রিয়ায় অনেক পরিমাণে উত্তোলিত মাটি উদ্বৃত্ত থাকবে। সেই উদ্বৃত্ত মাটিকে পরবর্তী স্থানে স্থানান্তর করতে হলে পরিবহন বাবদ খরচও অনেক হবে। এই অবস্থায় মহানগরী অঞ্চলের জলাশয়গুলির তলদেশের উপরের মাটি যা উদ্ভিদের খাদ্যে সমৃদ্ধ তাকে সার হিসাবে এবং জৈব সারের গুণাগুনের মাত্রার উপর নির্ভর করে শহরবাসীর যেসব ব্যক্তি বা গোষ্ঠী তাদের বাড়ীর বাগান, ছাদে বা টবে ফুল, ফল, নানা প্রকার শৌখিন গাছ, লতা বা আলংকারিক গাছ করতে চনে তাদের প্রয়োজন ঐ মাটির সাহায্যেই মেটানো সম্ভব হবে। আবার সারযুক্ত মাটি যা জৈবসার (organic manure) প্রস্তুত করার কাঁচামাল তাকে বিশেষ প্রক্রিয়ায় সর্বগুণসম্পন্ন জৈব সার তৈরি করে বিক্রয় করা অতি অল্পায়াসেই সম্ভব হবে। অতঃপর পরবর্তী গভীরতার মাটি যদিও গাছের পুষ্টির প্রয়োজনে যথেষ্ট উপযুক্ত। কিন্তু শহরাঞ্চলে এইরূপ মাটি সীমিত বৃক্ষাদির প্রয়োজনে বা উদ্ভিদ চাষের জন্য ব্যবহৃত হবার সুযোগ কম। তাই এই উদ্বৃত্ত মাটিকে অন্য

প্রকার ব্যবস্থায় রূপান্তরিত করতে হবে, যেমন ইট প্রভৃতি তৈরির জন্য শহর বা মহানগরীতে নানাপ্রকার ইরামতি কাজে ইটের প্রয়োজন হয়। জলাশয়সমূহের নিকটবর্তী স্থানে পরিবেশ রক্ষা করে যদি ইট প্রস্তুত করা যায় তবে ইট হতে যে অর্থ পাওয়া যাবে তার দ্বারা জলাশয়গুলির রক্ষণাবেক্ষন এবং প্রয়োজনীয় সংস্কারের কাজ করা যাবে। নির্মাণ কাজে ইটজনিত খরচও অনেক কম হবে।

শহর, মহানগরীর ছোট, বড় জলাশয়, মজা হ্রদ বা সরোবর দিঘী প্রভৃতি জলাশয়সমূহ হতে মাটি অপসারণ এবং স্থানান্তরকরণ প্রভৃতির সম্ভাব্য দিকগুলি বলা হল। এই সংস্কার সাধন একক প্রচেষ্টা, ব্যক্তিগত মালিকের প্রচেষ্টায় বা পৌরসংস্থার দ্বারা বা প্রয়োজনে সরকারের যে কোন দপ্তরের দ্বারা সংস্কার ও যথাযথভাবে রক্ষা করা হতে পারে। কিন্তু শহর মহানগরীর বাইরের জলাশয়, জলাধার, জলাজমি, বর্ষায় জল দাঁড়ানো প্রবণতাযুক্ত নীচু জমি, বিশাল আকারের প্রাকৃতিক হ্রদ, বিল, দীঘি এবং প্রশস্ত সড়কের দুই পাশের নীচু জমি একক ব্যবস্থার দ্বারা সংস্কার এবং রক্ষণাবেক্ষন করা সম্ভব নয়। তাছাড়া ঐসব জলাঞ্চল সমূহ অধিকাংশ ক্ষেত্রে নির্দিষ্ট ব্যক্তি বা ব্যক্তিবর্গের নয়। কিন্তু এইরূপ বৃহৎ জলাশয়ের নিকটবর্তী অধিবাসীদের নিকট অতি গুরুত্বপূর্ণ বিষয়। কোন একটি অঞ্চলের বিশাল আকারের জলাভূমি বা জলাশয়ের সংস্কারের উপর ঐ অঞ্চলের অধিবাসীদের ভাল মন্দ, সুখ, দুঃখ ও সমৃদ্ধির অনেকটাই নির্ভর করে। কোন অঞ্চলের রাস্তা বা জনবসতি বর্ষাকালে সর্বস্থান জলে ডুবে থাকে। বর্ষাকালে বেশ কয়েক মাস কষ্টের মধ্যে দিন কাটাতে হয়। ঐসব অঞ্চলের জলাশয় বা জলাজমি সংস্কার করতে পারলে যে মাটি সংগৃহীত হবে তার দ্বারা নীচু অঞ্চল, উঁচুকরণ প্রতি বছর রাস্তায় জল জমে যাতায়াতের বিঘ্ন ঘটায় তা দূরীকরণ করা যায়। এছাড়া সংগৃহীত মাটির দ্বারা গৃহাদি নির্মাণ, জমিতে প্রয়োগের ফলে জমি সুগঠিত হওয়া এবং সার ব্যতিরেকে পর্যাপ্ত পরিমাণ ফসল উৎপাদন করা সম্ভব হয়। যেসব জলাজমি বা নীচু জমি সুদূর অতীত হতে আজ পর্যন্ত বিভিন্ন আগাছায় পূর্ণ হয়ে পড়ে আছে, সে অঞ্চল ক্রমান্বয়ে জঞ্জালের পাহাড় হয়ে জল ধারণের ক্ষমতাকে হ্রাস করেছে, যার ফলে কৃষিজমি, জনবসতি, রাস্তাঘাট প্রতি বছরই জলপ্লাবিত হওয়া প্রায় প্রতি বছরই বর্ষা ঋতুতে একটি স্থায়ী ঘটনা। ঐসব জঞ্জালযুক্ত নীচু আগাছাপূর্ণ জমিতে ম্যালেরিয়া রোগ ছড়ানো মশা, মাছি এবং নানাপ্রকার অনিষ্টকারী কীট পতঙ্গের সুন্দর আবাসস্থল। ঐসব নীচু জঞ্জাল ও আগাছাপূর্ণ নীচু জমি হতে মাটি উত্তোলন করে জল প্রবেশের পথ সহজ ও সাবলিল করতে পারলে অঞ্চলের সম্পূর্ণ চিত্রই পালটিয়ে যায়। ঐসব নব নির্মিত জলাশয়সমূহে বছরে যে জল অবস্থান করবে তার দ্বারা সামগ্রিকভাবে অর্থনৈতিক উন্নতি বা দারিদ্র দূরীকরণ, পরিবেশ বিশুদ্ধকরণ প্রভৃতি শুভ দিকগুলিকে উন্মুক্ত করা সম্ভবপর হয়। আমাদের এই রাজ্য তথা ভারতবর্ষ প্রাকৃতিক ভাবেই সর্বাংশে কৃষি ভিত্তিক দেশ। দেশের মাটি, জল, উষ্ণতা, শীতলতা ঋতুভেদে প্রাকৃতিক পরিবর্তন সবকিছুই বৃক্ষ, ফুল, ফল ও ফসল উৎপাদনের ক্ষেত্রে অতিমাত্রায়

সহায়ক দিকসমূহ। এই যখন সামগ্রিক উন্নয়নের দিকগুলি তখন প্রথম হতেই, জলসম্পদ, মাটি সম্পদ প্রভৃতির উন্নতিসাধন এবং ব্যবস্থাপনার দিকগুলির প্রতি নজর দেওয়াই অতি প্রয়োজনীয় প্রাথমিক দিক। জলসম্পদ এবং ভূমিসম্পদ যখনই ক্রমান্বয়ে উন্নততর ব্যবস্থার দিকে অগ্রসর হবে স্বাভাবিক ভাবেই অপরাপর উন্নয়নের দিকগুলিও প্রকাশ পাবে। একথা অতি সুস্পষ্ট যে আমাদের প্রাকৃতিক সম্পদ মাটি ও জলের দ্বারা সর্বশক্তি নিয়োগ করে আমাদের দারিদ্রতা দূর করা সহ এবং অন্যান্য বৈষয়িক দিকগুলির উন্নতি করতে হবে। রাজ্যের নানা স্থানে কোন কোন অঞ্চলে জনসংখ্যার অনুপাতে চাষবাসের জমি অপ্রতুল। বিশেষ করে সেইসব স্থানে জল, জমি এবং জনসমষ্টির উন্নতির লক্ষে জলসম্পদকে সঠিকভাবে সংরক্ষন করে তার দ্বারা অবহেলিত এবং পড়ে থাকা জমিতে আমাদের প্রয়োজনীয় ফুল, ফল, ফসলের চাষ করতে পারি। বর্ষাকালের বৃষ্টিপাতের জল আমাদের উপরিভাগে খুবই সীমিত। অর্থাৎ সুরক্ষার অভাবে অতি কম জলই উপরিভাগে অবস্থান করে। কিন্তু জলের প্রয়োজন অতি প্রকট। ভূ-গর্ভস্থ জল যথেচ্ছভাবে উত্তোলন করে বিভিন্ন প্রকার জলের প্রয়োজন মেটানো হচ্ছে। ভূ-গর্ভস্থ জল উত্তোলন করতে অনেক অর্থব্যয় হচ্ছে। ভূ-গর্ভস্থ জল অতিমাত্রায় উত্তোলনের জন্য জল নানাভাবে দূষিত হচ্ছে। ফসল রক্ষার জন্য প্রয়োজনের সেচের জলের জন্য দাঙ্গা-হাঙ্গামা প্রভৃতি দিনে দিনে বেড়েই চলেছে। কিন্তু বর্ষাকালে বর্ষিত জল আমরা অবহেলায় প্রায় সবটাই হারিয়ে ফেলছি। হিসাববিহীন, গুরুত্বহীন, অবহেলিত জলাভূমি, প্রাকৃতিক জলাশয়, নীচু জলাজমি যে অতি গুরুত্বপূর্ণ সামগ্রিক উন্নয়নের দিক সেইসব জলাজমির যথাযথ গুরুত্ব পাবার কারণে ভিন্ন ভিন্ন দিকগুলির বিশ্লেষণ করা হল। জলাভূমি, জলাশয়, নীচু জমি, খাল, বিল প্রভৃতির সংস্কার করা যে অতি জরুরী বিষয় তাতে দ্বিমত হবার কোনরূপ কারণ আমাদের রাজ্যের জনগণের পক্ষে কোনমতেই কাম্য নয়।

কিন্তু এই বিশাল কর্মকাণ্ডের অংশীদার কারা হবে। আমাদের চিরাচরিত মানসিকতায় এক কথাতেই বলতে পারি, কেন আমাদের সরকারই এই সমস্ত কাজ করবে। কিন্তু সরকার কে? দেশের আপামর জনসাধারণই সরকারের শক্তি এবং একমাত্র ভরসা। সুতরাং সমগ্র জনগণই সরকারের আহ্বানে, সবাই উৎসাহিত হয়ে সুশৃঙ্খলভাবে দেশের সার্বিক সমৃদ্ধির কাজে যুক্ত হবেন। গুরুত্ব সহকারে নিজের দেশের জনগণের আর্থিক উন্নয়নের কারণে স্বচ্ছ মানসিকতায় সবাই নিজেকে নিযুক্ত করবেন। আদর্শ, নিয়মশৃঙ্খলা এবং উদ্যমকে সাথী করে কাজ করলে আমার দৃঢ় বিশ্বাস সম্ভাব্য সুফল প্রাপ্তি অতি অল্প সময়েই হয়ে।

উচ্চাঙ্গের বৈজ্ঞানিক ক্রিয়া প্রক্রিয়া এবং সূক্ষ্ম হতে সূক্ষ্মতর যান্ত্রিক কুশলতার মান সর্ব অবস্থাতেই অতি উন্নত দিক। কিন্তু প্রাথমিক দিকগুলি যা সর্বাংশেই কায়িক শ্রম এবং অনুসন্ধান নির্ভর তা সর্ববস্থায় আরামদায়ক ব্যবস্থার বাইরে। সঠিক অনুসন্ধান, পর্যবেক্ষন পরবর্তী পদক্ষেপ উদ্যম এবং শারীরিক শ্রম দুর্ভোগের অবসান এবং উন্নতির সোপান।

মজা জলাশয় সংস্কার এবং বেশী পরিমাণে জল আবদ্ধ করে রাখার ব্যবস্থা কোন নিদৃষ্ট ব্যক্তি বা গুটিকয়েক ব্যক্তির দ্বারা সম্ভবপর নয়। কোন মজা জলমগ্ন এলাকাকে যথাযথ জল রক্ষণের কারণে সংস্কারকালে এলাকার অধিবাসীদের যে যথেষ্ট উপকার হবে তার ধারণা প্রায় প্রত্যেক ভুক্তভোগী চাষী-পরিবারের ব্যক্তিদের আছে। আরও অভিজ্ঞতা আছে প্রয়োজনে নিজের রোপিত ফসল বাঁচাতে প্রয়োজনে সেচের জল প্রাপ্তিরও দারুণ অভাব। সরাসরি উপলব্ধি থাকবে তাদের যারা সমস্তরকম পরিশ্রম করে নিজের সামান্য জমিতে ফসল রোপন করে প্রয়োজনে উপযুক্ত পরিমাণ সেচের জলের অভাবে ফসলপ্রাপ্তি পরিশ্রমের অনুপাতে অনেক কম হয়। আবার পাশাপাশি কোন সম্পন্ন চাষী তার নিজের জলাশয় হতে সময়ানুযায়ী জমিতে জল সেচ করে বেশ ভাল পরিমাণে ফসল ঘরে তুলতে পেরেছে। তাই প্রান্তিক চাষির ফসল ফলানোর বিভিন্ন বিষয়ের মধ্যে সময়মত ফসলের জমিতে জলসেচ একটি অতি প্রয়োজনীয় বিষয়। কিন্তু সময়ে জলসেচের ব্যবস্থা এখনও কোন স্থায়ী ব্যবস্থা হয়নি। কিন্তু পর্যাপ্ত পরিমাণ জল আকাশ হতে বর্ষিত হল। মাঠ, ঘাট সব ভাসিয়ে চলে গেল। সেই জল প্রয়োজনে খুব সামান্যই কাজে লাগলো। একক চেষ্টায় কোন ক্ষুদ্র চাষী তার প্রয়োজনের সেচের জল অর্থ বিনিয়োগ ছাড়া কোন মতেই সংগ্রহ করা বা সঞ্চয় করে রাখা সম্ভব নয়। তাই বৃহত্তর কোন জলাশয় সৃষ্টি করতে হলে বা জলাভূমি সংস্কার করতে হলে সবার সক্রিয় সহযোগিতায় করা ছাড়া অন্য কোন বিকল্প ব্যবস্থা নেই। জমিতে উপযুক্ত সময়ে ফসল, শাক, সব্জি, ফুল, ফল উৎপাদন আমাদের দেশে এখন খুবই গুরুত্বপূর্ণ অর্থ উপার্জন করার দিক। কৃষি বিজ্ঞান অল্পবিস্তর চাষে নিযুক্ত ব্যক্তিরা প্রায় সবাই জানেন। এই যখন দেশের অর্থনৈতিক অবস্থা তখন বিকল্প নিযুক্তির কারণে অনেক ব্যক্তিই অর্থকরী চাষের কাজে নিযুক্ত। জল কৃষিকাজে নিযুক্ত ব্যক্তি বা পরিবারের আশু প্রয়োজনীয় বস্তু। প্রয়োজনে জল অর্থমূল্যে ক্রয় করেন। জলের মূল্যবাবদ অর্থের পরিমাণও অনেক। সেই অবস্থায় অঞ্চলের সবার পক্ষে যদি মজা জলাশয় সংস্কার, বেশী করে জল আবদ্ধ করে রাখা, স্বল্পমূল্যে জল বন্টন, মৎস চাষ প্রভৃতি কাজের সহিত যুক্ত হওয়া যদি সম্ভবপর না হয়, অথবা সবার সংযুক্তি এই সংস্কার কাজের অগ্রগতির পরিপন্থি হয় তবে অঞ্চলের ইচ্ছুক ব্যক্তিগণ এই কাজে যুক্ত হতে পারেন। মজা জলাশয় যা জলাভূমির সংস্কারমূলক ব্যবস্থাপনায় নিযুক্ত গোষ্ঠী বা ইচ্ছুক ব্যক্তিগণকে প্রারম্ভিক কাজ করতে কিছু অর্থের প্রয়োজন হবে। অতঃপর কিছু কাজের অগ্রগতি হলে জলাশয় বা জলাধারের মাটি বা সার মাটি হতে যে অর্থ পাওয়া যাবে তার দ্বারাই পরবর্তী কাজগুলি সুসম্পন্ন হতে পারবে। এই ব্যবস্থায় পূর্বে যে ক্ষমতায় ঐসব মজা জলাশয় বা জলাভূমিতে জল অবস্থনা করতো তার থেকে আরও অনেক বেশী পরিমাণে জল সংস্কার পরবর্তী জলাশয়ে অবস্থান করতে পারবে। তখন বছরের বার মাসই কোন না কোন ফসল ফলানোর কাজে সময়ে জলসেচ দেওয়া সম্ভব। বর্তমানে চাষি যে মূল্যে জল ক্রয় করে সেচ দেয় জলাশয়ের সঞ্চিত জল

তা থেকে অনেক কম মূল্যে বা নামমাত্র মূল্যে কিংবা পর্যাপ্ত প্রাপ্ত ফসলের থেকে কিছু ফসল দিয়ে নামমাত্র জলের মূল্য পরিশোধ করতে পারবেন। সংস্কারের পরে জলাশয়ের আয়তন এবং ক্ষমতা আরও বৃদ্ধি পাবে। সেখানে প্রচুর পরিমাণে জল অবস্থান করবে। সেই জলাশয়ের জলে এক বছরেই যে মাছ উৎপাদিত হবে তার প্রাপ্ত মূল্যের দ্বারাই প্রারম্ভিক কাজে যে অর্থ ঋণ হিসাবে নেয়া হয়েছিল তাতো পরিশোধ হবেই এবং এই ব্যবস্থায় সরাসরি বা অন্যান্য কাজের সঙ্গে যুক্ত ব্যক্তিদের অতি সঙ্গত কারণেই নিযুক্ত হয়ে অর্থ উপার্জন করতে পারবে। জল আবদ্ধ করে রাখতে পারলে প্রত্যক্ষভাবে সেচের নির্দিষ্ট জল সরবরাহ, অধিক ফসল উৎপাদন, পরিবেশ সুরক্ষণ, জলমগ্ন হওয়া থেকে মুক্তি পর্যাপ্ত পরিমাণে মৎস চাষ প্রভৃতি দিকগুলি সুষ্ঠু হবে। আবার অপ্রত্যক্ষভাবে ফসল প্রক্রিয়াকরণ, ফসল আদান-প্রদান, সরবরাহ, মাছ ধরা, সরবরাহ, বণ্টন, ক্রয়, বিক্রয় প্রভৃতি কাজে নিযুক্ত ব্যক্তিগণেরও প্রয়োজনীয় অর্থ উপার্জিত হবে। আমাদের এই রাজ্যে মৎসচাষ একটি অতি লাভজনক অর্থ উপায়ের দিক। এই পণ্য যত বেশীই উৎপাদন করা হোক না কেন তার বাজার এবং ক্রেতা অনেকই আছে। আর মাছরূপ পণ্যের বাজার দরও বেশ উৎসাহজনক। সবার জন্য কর্ম এবং কর্মের বিনিময়ে যোগ্য উপার্জন। মৎস চাষ এবং ক্রয় বিক্রয় প্রভৃতি কাজে অনেক ব্যক্তি নিযুক্ত হতে পারবেন। এই কাজে নিযুক্ত ব্যক্তিরা যা অর্থ উপার্জন করবেন তা অন্যান্য উপার্জনকারী ব্যক্তিদের থেকে বেশীই হবে। তাই ক্ষোভেরও কারণ থাকবে না। মৎস চাষ এবং ক্রয়-বিক্রয়, সরবরাহ প্রভৃতি কাজে নিযুক্তি সম্পূর্ণ ভাবেই নির্ভর করছে বিশাল আকারের পরিপূর্ণ জলাশয়ের উপর। জলপূর্ণ বৃহৎ জলাশয় নির্ভর করছে মজা জলাশয় বা বিশাল জলমগ্ন এলাকার যথাযথ সংস্কারের উপর। তাই দেখা যাচ্ছে একমাত্র জলাশয় সমূহকে যথাযথ জল আবদ্ধ করে রাখার উপর নানারকম কর্মে নিযুক্তি দিকের মধ্যে মৎসচাষ এবং ব্যবসায়িক কাঠামো প্রধান দিক। জলাশয় সংস্কার এবং নীচু জলাভূমি ... পুনরুদ্ধার করতে পারলে সমস্ত বছর প্রচুর জল পাওয়া যায় এবং চলাচল ও জনবসতি প্রতি বছর জলমগ্ন হওয়া থেকে রক্ষা পায়। আবার অনেক স্থানে যেমন পুরুলিয়া, বাঁকুড়া, বর্ধমান জেলার পশ্চিমাংশ, বীরভূম প্রভৃতি অঞ্চলে বছরের বেশ কয়েক মাস জলের অভাব খুবই দেখা যায়। যথাযথ উপায়ে বর্ষাকালের বর্ষিত জল যদি ভিন্ন ভিন্ন উপযুক্ত স্থানে আবদ্ধ করে রাখা যায় তবে ঐসব অঞ্চলের অধিবাসীরা প্রয়োজনে সহজেই জল পাবে। সহজলব্ধ বৃষ্টিপাতের জল অঞ্চলের গুরুত্ব অনুসারে ছোট বড় স্থায়ী মজা জলাশয়, নানারূপ জল অবস্থানের আশ্রয় প্রভৃতির সংস্কারের পর যে জল বছরে অবস্থান করবে তার দ্বারা জনগণের অর্থনৈতিক স্বাচ্ছন্দ্যের দিক খুলে যাবে তা অতি স্পষ্ট। তাছাড়া বাৎসরিক বৃষ্টিপাতের জল বরাদ্দও পর্যাপ্ত পরিমাণের।

কিন্তু জলাধার সংস্কার এবং বৃষ্টিপাতের জল সংরক্ষণ কার্যে পরিণত করা প্রধানত তিন প্রকারে সম্ভব হতে পারে।

(১) ব্যক্তিগত জলাশয় বা জলাভূমি, নীচু জমি সংস্কার

(২) অঞ্চলের একাধিক ব্যক্তির অংশযুক্ত বড় জলাশয়, জলাভূমি বা নীচু জমি সংস্কার।

(৩) রাজ্যের বিভিন্ন স্থানে অবস্থিত জলাভূমি বা অন্যান্য জলাশয় বা নীচু জমি যা সরকারী জমি হিসাবে চিহ্নিত ও অবহেলিত সেগুলির সংস্কার।

প্রথম প্রকারের জলাশয়সমূহ : ব্যক্তিগত জলাশয়, জলাভূমি বা নীচু জমি সংস্কার। মজা জলাশয় বা ছোট খাট পুকুর, ডোবা প্রভৃতি সংস্কার পরবর্তী বিভিন্ন সুবিধাগুলি বিশ্লেষণ করে সেই সমস্ত জলাশয়ের মালিকগণকে উৎসাহিত করতে হবে। প্রয়োজনীয় সংস্কার করে তার চর্তুদিকের বৃষ্টিপাতের বর্ষিত জল বেশী পরিমাণে তার জমিতে আবদ্ধ করে রাখতে পারে। ব্যক্তিগত মালিকানায় মজা বা বদ্ধ জলাশয়সমূহকে প্রয়োজনীয় সংস্কার কাজের জন্য আর্থিকসামর্থ না থাকে তবে আর্থিক সহায়তা, তার উৎসাহ, আগ্রহের উপর ততটুকুই দিতে হবে যার দ্বারা সে কিছু পরিমাণ মাটি উত্তোলন করতে সক্ষম হয়। অতঃপর উত্তোলিত মাটি হতে চাষজনিত বাড়তি ফসল প্রাপ্তি এবং যে পরিমাণ জল প্রথম বছর তার জমা হবে সে জলের মাছ হতে কিছু অর্থ পাবে। এই অর্থের এক অংশ ঋণ পরিশোধে লাগবে এবং অপর অংশের দ্বারা সম্পূর্ণভাবে সে তার জলাশয়কে সম্পূর্ণভাবে সংস্কার করতে পারবে। মজা জলাশয়সমূহের প্রাথমিক সংস্কারমূলক কাজ পর্যন্ত কল্যাণকামী রাষ্ট্র ব্যবস্থার উপযুক্ত সহায়ক সংস্থা সর্বপ্রকার সংস্কার কাজের অবস্থা এবং ব্যবস্থার জন্য সংশ্লিষ্টভাবে যুক্ত থাকবেন—যেন যে অর্থে ঋণ হিসাবে দেয়া হল তা যেন অন্য কাজে ব্যয়িত না হয় বা অপব্যয় না হয়। এ হলো সাধারণভাবে প্রাথমিক বৈজ্ঞানিক ব্যবস্থা। কাজে উদ্যম, নিষ্ঠা, কর্ম এবং যত্ন থাকে তবে শুভফল হবেই। যদি এই প্রক্রিয়ায় কোন শুভফল বা সুফল না দেখা যায় তবে অবশ্যই মেনে নিতে হবে স্বাভাবিক ভাবেই উপারোক্ত কর্মের দিকগুলির কিছু কিছু ত্রুটি বিচ্যুতি এবং অভাব আছে। সেইসব ত্রুটির এবং যেসব দিকগুলি দেখা হয়নি তাদের খুঁজে বের করে সংশোধিত নিয়ম ব্যবস্থার পরবর্তী প্রচেষ্টা অবশ্যই সফল হবে। ব্যক্তিগত মালিক যখন সুফল উপলব্ধি করবেন তখন আর আপরাপর কোন ব্যক্তি বা সংস্থার কোনরূপ সহায়তা লাগবে না। জলসম্পদকে সুচারু ভাবে রক্ষা করে তার দ্বারা যে সমস্ত লাভজনক সম্পদ সৃষ্টি করছেন তা আশে-পাশের প্রতিবেশীগণের দৃষ্টির অগোচরে থাকবে না। আশেপাশের প্রতিবেশীরাও প্রথম ব্যক্তির সাফল্য দেখে তার পথ অনুসরণ করবেন এবং নিজেদের সংসারে স্বাচ্ছল্য আনার জন্য শ্রম করবেন। এইভাবে জলসম্পদের উন্নয়ন এবং সাফল্য প্রথমে একজন জলাশয়ের মালিকের দ্বারা, পরে আশে পাশের প্রতিবেশীর দ্বারা পরিলক্ষিত এবং অনুসৃত হবে। এইভাবেই রাষ্ট্র বা রাজ্য চালানোর সঙ্গে জড়িত ব্যক্তিদের এবং সেইসঙ্গে সরকারের ও সাফল্য পরিলক্ষিত হবে। সমাজের প্রত্যেকটি ব্যক্তির স্বাচ্ছন্দ্য অর্থাৎ খাওয়া পড়া এবং মোটামুটি বাসস্থান প্রভৃতির সুনিশ্চিত হয়েছে

বুঝতে পারলে তারাই সরকারের গুণগান করবেন। নিযুক্ত সরকারকে বারে বারে সফল কাজ করেছি বলে অঞ্চলের লোকদের জানাবার প্রয়োজন হবে না।

(২) দ্বিতীয় ব্যবস্থায় অঞ্চলের একাধিক ব্যক্তির অংশযুক্ত বড় জলাশয়, জলাভূমি বা নীচু জমিসংস্কার।

দ্বিতীয় প্রকার ব্যবস্থায় অনেক ব্যক্তির সহযোগিতা বা সম্মিলিত কাজ। যে সমস্ত বদ্ধ বা মজা জলাশয় বা জলাভূমির সংস্কার প্রয়োজন সেইসব জলাভূমির মালিকানাতে অনেক ব্যক্তির অংশ আছে। জলাশয়ের অংশিদারগণ যদি তাদের মজা জলাশয়সমূহ তাদের জীবন জীবিকাকে ক্রমান্বয়ে উন্নততর অবস্থায় নিয়ে যাবার আগ্রহ দেখান সেকাজে সরকারী ব্যবস্থারও সহযোগিতা জলশয় উন্নয়নের জন্য দরকার। মজা জলাশয় সংস্কার কাজে প্রয়োজনে আয়তন এবং গভীরতা বাড়ানো, উত্তোলিত সার মাটির যথাযথ বণ্টনের ব্যবস্থা করা, চাষের জলবণ্টন, জলে মাছ চাষ প্রভৃতির প্রারম্ভিক কাজগুলো করতে প্রথমে কিছু অর্থের প্রয়োজন হবে। যদি অংশিদারগণ নিজেদের অর্থ দ্বারাই সংস্কারমূলক কাজগুলো করতে সক্ষম হন তবে অন্য কোন স্থান হতে অর্থ সংগ্রহ করার প্রয়োজন হবে না। যদি নিজেদের প্রয়োজনীয় অর্থ না থাকে তবে সরকারের নির্দেশে কোন অর্থলগ্নি সংস্থা বা সরকার নিজেই ঋণ দিতে পারেন। অর্থ ঋণের পরিমাণ ততটুকুই হবে যতক্ষণ না কয়েক সপ্তাহের সংস্কার পরবর্তী উত্তোলিত মাটির মূল্যের অর্থপ্রাপ্তি না হয়। জলাশয়ের প্রথম বছরের মাটি উত্তোলিত ও স্থানান্তরিত হবার পর যে পরিমাণ জল বছরে অবস্থান করবে এবং সেই জলে যে পরিমাণ মাছ পাওয়া যাবে তার বিক্রয়মূল্য হতে যে অর্থ পাওয়া যাবে তার দ্বারা ঋণশোধ এবং পরবর্তী সংস্কারের কাজ সম্পূর্ণ হবে। অংশিদারগণ যদি তাদের মজা জলাশয় বা জলজমি পুনরুদ্ধার করে বৈষয়িক অগ্রগতির দিকে যেতে না চান তবে সরকারের কাজ হবে ঐরূপ জলাশয়ের পুনরুদ্ধার করা। মালিকবৃন্দের কাছ থেকে ঐ জলাজমি গ্রহণ করে ইচ্ছুক ব্যক্তি বা গোষ্ঠীর নিকট একটি মোটামুটি সময়ের দশ বছর কিংবা পনের বছরের জন্য লিজ দেবার ব্যবস্থা করবেন। লিজ নেওয়া ব্যক্তিগণ অঞ্চলেরও হতে পারে আবার দূরবর্তী অঞ্চলের অধিবাসীও হতে পারে। এই অবস্থায় লিজপ্রাপ্ত ব্যক্তিগণ যাতে সহজেই জলাশয়ের সংস্কারমূলক কাজসমূহ সহজে এবং সাবলিলভাবে সম্পন্ন করতে পারেন তার সঙ্গে প্রাথমিকভাবে সরাসরি যুক্ত থাকবেন। অবশ্য প্রয়োজনীয় সামান্য অর্থ ঋণ হিসাবে তাদের দেবেন। কাজের অগ্রগতি এবং সুফল প্রাপ্তি এবং সুশৃঙ্খল বণ্টন ব্যবস্থা। মৎস চাষের অগ্রগতি লক্ষ্য করে ধীরে ধীরে সরকারী সংযোগের দিকগুলি সরিয়ে নেবেন। ইতোমধ্যে লিজপ্রাপ্ত ব্যক্তিরা অবশ্যই ঋণ পরিশোধ করবেন। জলাশয় এবং তার চারিপাশের জমির জরিপের কাজ এবং প্রাথমিক ভাবে জলাশয় সংস্কার এই দুই প্রকার কাজের জন্য যে অর্থ ব্যয় হবে তা সরকারী তহবিল হতে বা লগ্নীকারী সংস্থা সর্তসাপেক্ষে সুদের বিনিময়ে জলাশয় সংস্কারের কাজের গুরুত্ব বুঝে সামান্য ঋণ সর্বাধিক পাঁচ বছরে সুদসহ ঋণ পরিশোধ করতে হবে। শুধুমাত্র অর্থদান

করে এবং উপর উপর কিছু নির্দেশ দিলেই কিন্তু এইরূপ মহৎ কাজ সম্পূর্ণ হবে না। বৃষ্টিপাতের জল আমাদের রাজ্যেরই উপরিভাগে আবদ্ধ করে রেখে তার দ্বারা আমাদের বৈষয়িক উন্নতি সাধন করা। এই কাজ অতি সরল এবং সাধারণ ব্যবস্থা। পৃথিবীর জীবনের সংস্রাতে জল গুরুত্বপূর্ণ রশদ। যেখানে জল ছাড়া জীবনেরই অস্তিত্ব নেই এবং জলের বিনিময়েই উন্নত জীবনযাত্রার যাবতীয় সরঞ্জাম পাওয়া যাবে। সেখানে অঢেল জলসম্পদকে একমাত্র শ্রমের বিনিময়ে উন্নততর জীবনের যাবতীয় সম্পদ সংগ্রহ করা যায় সেখানে বৃষ্টিপাতের জল নদী নালা ধরে, অঞ্চল ভাসিয়ে চলে যাওয়া মনুষ্য জীবনের আদিম যুগের জীবন ধারনের প্রায় সমতুল্য। নোবেল পুরস্কার প্রাপ্ত শ্রদ্ধেয় শ্রীঅমর্ত্য সেন মহাশয়ের একটি মহান মন্তব্য—"Education is a labour intensive activity and does not require any machinery or huge capital investments. Even a poor country can ensure education for its children, why can't India—Professor Amartya Sen Noble Laurcate—The Statesman dt. 10.01.99." শিক্ষা শ্রমপেক্ষ কর্ম পদ্ধতি। বিশাল পরিমাণে অর্থ এবং যন্ত্রপাতীর প্রয়োজন হয় না। এমনকি একটি দরিদ্র দেশ ও তাদের সন্তানসন্ততিরে শিক্ষার ব্যবস্থা করেন। ভারতবর্ষ কেন পারবে না। জল সম্পদের ক্ষেত্রেও একথা প্রযোজ্য।

জলসম্পদের সুরক্ষা এবং তার বিনিময়ে উন্নত মানের জীবন যাত্রার প্রকাশ। সেই জলসম্পদের সার্বিক উন্নতি শিক্ষার উন্নতির সঙ্গে সর্বতোভাবে সমতুল্য। উভয়ই প্রকার উন্নয়নের একমাত্র মূলধন শ্রম। শিক্ষা হতে সরাসরি অর্থনৈতিক উন্নতি প্রথমে আসবে না। কিন্তু জলাসম্পদের সুরক্ষা এবং তার যথাযথ ব্যবহারে এক বছরের মধ্যেই শ্রমের মূল্য যে পাওয়া যায় তার ইঙ্গিত দেখা যায়। জলসম্পদ সুরক্ষার কাজে মানবিক মূল্যবোধ, স্বচ্ছতা, শৃঙ্খলা, নিয়ম, শ্রম প্রভৃতি দিকগুলি যথাযথ কাজের অনুকূল কিনা তা বিচার বিশ্লেষণ এবং অনুসন্ধান করে তবে এই কাজের সঙ্গে যুক্ত হওয়া উচিত। আমাদের দেশে গরীব, দিন আনা-দিন খাওয়া শ্রমিক কৃষক আমার মতে উপরোক্ত উন্নতমানের চারিত্রিক দিকগুলো প্রায় সবারই আছে। কিছু স্বার্থান্ধ, তথাকথিত শিক্ষিত ব্যক্তির সংস্পর্শে সাধারণ মানুষের ভাল দিকগুলির মৃত্যু হয়। তাই কোন মহৎ কাজে লোক দেখানো সবকিছু করা হলো, অনেক লোক পরিশ্রম করে গেল, মর্হমুর্হ গাড়ী চলাচল করলো। নানা ভাবে নানা পদমর্যাদা সম্পন্ন ব্যক্তি পরিদর্শন করলো, দেশবাসীর অঢেল টাকা খরচ হল। কিন্তু লাভের পরিমাণ প্রায় শূন্যেই থেকে গেল। তাই যে দেশে সামান্য মাটি খুঁড়ে গাছ লাগালেই প্রয়োজনীয় ফলে শস্যে গাছ ভরে যায় সে দেশ এখনও গরীব দেশ হিসাবেই জগতের লোকের কাছে চিহ্নিত। আমরা অনেক প্রচেষ্টা এবং পরিকল্পনার ফল বিশেষ করে জলসম্পদের উন্নয়নের পরিকল্পনা বিস্তর অর্থনাশের পর যথা পুর্বং তথা পরম বা আরও খারাপের দিকে যাওয়া। বন্যা, খরা, নদীর কুল ভাঙ্গা, মাঠের ফসল, গৃহ, গৃহপালিত গবাদি পশু ভাসিয়ে নিয়ে যাওয়া অতীতে তো শুনেছি। কিন্তু এখন প্রতি বছরই আরও বেশী

বেশী করে জলডুবির কথা শুনতে হচ্ছে। ইতিমধ্যে জনগণের পরিশ্রমলব্ধ বিরাট অঙ্কের অর্থ জলে ধুয়ে গেল। তাই প্রথম এবং শেষ কথা এই উন্নয়নমূলক কাজে শ্রম, কিছু নৈতিক গুনসম্পন্ন, পরোপকারী যোগ্য ব্যক্তিব সংযুক্তি প্রধান মূলধন।

(৩) তৃতীয় অবস্থা : রাজ্যের বিভিন্ন স্থানে অবস্থিত জলাভূমি বা অন্যান্য জলাশয় বা নীচু জমি যা সরকারী জমি হিসাবে চিহ্নিত ও অবহেলিত সেগুলির সংস্কার।

তৃতীয় অবস্থায় আছে সমস্ত প্রদেশের অসংখ্য বৃহদাকারের জলাভূমি, নিম্নভূমি, খাল, বিল প্রভৃতি। এছাড়াও আছে প্রশস্ত রাজপথের দুই ধারের খালের আকারে বিশাল জলাভূমি। এইসব জলাজমি অনাদিকাল হতে নিষ্ফল অবস্থায় পড়ে আছে। এইসব অবহেলিত স্থান সরকারের মালিকানায় আছে। ষাটের দশকের মাঝামাঝি সময়েও দেখা গেছে খালগুলি আগাছায় পূর্ণ এবং রাস্তার দুই ধার বৃক্ষহীন অবস্থায় ধু-ধূ করছে। কিন্তু ইদানিং রাস্তার দুই পাশেই নানা প্রকার বিভিন্ন উচ্চতার গাছ দেখা যায়। সরকারের তরফ থেকেই গাছ লাগানো হয়েছে। কিন্তু খালরূপ অতি লম্বা জলাশয়, দুই একজন অর্থাৎ অতি গরীব শ্রেণীর কিছু ব্যক্তি তার শ্রমের দ্বারা ঐ জমিতেই ফসল রোপন এবং ঐ জলেই যে মাছ ভেসে আসে তাকে দুই এক মাস নজরে রেখে তার দ্বারা কিছু পয়সা উপার্জন করে। তাছাড়া ঐ সমস্ত অতি লম্বা খাল অবহেলাতেই পড়ে আছে। স্থানে স্থানে বিশৃঙ্খলভাবে খালের জলের ব্যবহার এবং রাস্তার দুই পাশের বৃক্ষ দ্বারা কোন অর্থের সমাগম হচ্ছে না তবুও অন্যান্য দিক যেমন পরিবেশ, জলবায়ু, মাটি অপসারণ বন্ধ হওয়া এবং আবহাওয়ার যথেষ্ট উন্নতি হয়েছে। রাস্তার দুই পাশে গাছের সারি দৃষ্টিনন্দন তো বটেই। রাস্তার দুই পাশের বিস্তীর্ণ এলাকা রাস্তা তৈরি করার সময়ে যে গভীরতায় ছিল সেই গভীরতা বা যদি সম্ভব হয় তারও একটু বেশী গভীর করে ঐ মাটির দ্বারা রাস্তার সুরক্ষা এবং পার্শ্ববর্তী বৃক্ষাচ্ছাদিত অঞ্চলের ছড়িয়ে দিলে গাছও সতেজ হয় এবং খালসমূহতেও সম্পূর্ণ মাছ চাষ সম্ভবপর হয়। সরকার যদি এই কাজের যথাযোগ্য উদ্যোগ নেন এবং এই কাজের সাফল্যের দিকগুলি সাধারণের নিকট তুলে ধরেন তবে উদ্যমি এবং যারা স্বনিযুক্তিতে উৎসাহী। জলসংরক্ষণ, বন্টন ও মৎস চাষ প্রভৃতি বিষয়ে সম্যক ধারণা আছে এমনকি মোটামুটি ধারণাও আছে সেইসব ব্যক্তিদের নিকট লিজের মাধ্যমে বন্টন করে দেওয়া সামান্য সহায়তা করে এবং কিছু অর্থ ঋণ দিলে ঐ সমস্ত অঞ্চল সম্পদ সৃষ্টির স্থায়ী স্থান বলে স্বীকৃত হবে। সেই সঙ্গে পরিবেশের উন্নতি এবং পারিপার্শ্বিক স্থানসমূহের সৌন্দয্যও বাড়বে। আমাদের এই রাজ্যে নিম্নাঞ্চল, জলাজমি, বিল প্রভৃতি বিরাট আকারের স্থান নিয়ে অবস্থিত। ঐসব অঞ্চল অনাদিকাল থেকে গুরুত্বহীন অবস্থায় পড়ে আছে এবং স্থায়ী দুর্ভোগের কারণ হচ্ছে। বর্তমানে আমাদের দেশে লোকসংখ্যাও বেড়েছে এবং সবার জন্যে কর্ম সংস্থানেরও ব্যবস্থা করা যাচ্ছে না। তখন এইসব অবহেলিত অঞ্চলের সংস্কার, মাটি বণ্টন, সঞ্চিত জল বণ্টন, মৎস চাষ প্রভৃতি প্রয়োজনীয় অর্থকরী বিষয়গুলি সম্পাদিত হতে পারে এবং নানা প্রকার এবং বহু

ব্যক্তি কর্মে নিযুক্ত হতে পারে। এই কাজে অনেক ব্যক্তির নিয়োগের সম্ভাবনা অতি উজ্জ্বল। ঠিকঠিক কাজ বৈজ্ঞানিক উপায়ে সম্পন্ন হলে প্রচুর অর্থকরী সম্পদ পাওয়া যাবে। ঐ সম্পদ অর্থে রূপান্তরিত হলে নিযুক্ত ব্যক্তিরা তাদের শ্রম এবং উদ্যমের অনেক বেশী সুফল পাবেন।

এই তিন প্রকার ব্যবস্থার দ্বারা জলাভূমির পুনরুদ্ধার, জলসম্পদ সংরক্ষণ, বিভিন্ন প্রয়োজনে সরবরাহ বিভিন্ন সময়ের মৎস চাষ, ফুল, ফল, ফসল, সবজির যথেষ্ট পরিমাণে স্থায়ী চাষ এবং উৎপাদন হবে। উত্তোলিত সার সমৃদ্ধ মাটির ব্যবহারে রাসায়নিক সার এবং কীটনাশক ঔষধের ব্যবহার কম হবে। বন্যা প্রতিরোধ করা সম্ভব হবে। এই ব্যবস্থায় বাড়তি জল যা নদীর দ্বারা বাহিত হবে তাতে পলিমাটির পরিমাণও কম হবে ও নদীর পাড় ভাঙা কম হবে। সর্বোপরি প্রাকৃতিক পরিবেশ যা বর্তমানে আশঙ্কাজনক অবস্থায় চলে গিয়েছে তাকে রোধ করা, ধীরে ধীরে সুপরিবেশের সৃষ্টি হবে।

৩৬

জলাধার সৃষ্টি, মজা জলাধার সংস্কার এবং সেই কাজে লোকবল এবং অর্থবলের পরিমাণ ও তার ব্যবস্থা

নূতন জলাধার খনন বা মজা জলাশয়ের সংস্কার

ইতিপূর্বে বর্ণিত তিন প্রকার ব্যবস্থা অনুযায়ী জলাভূমির সংস্কার বা নূতন জলাশয় তৈরির জন্য ব্যবস্থামত জলাধার সংস্কারের ফলে কত লোক সরাসরি উপকৃত ও লাভবান হবেন নানাভাবে যেমন জলের দ্বারা, সার মিশ্রিত পলিমাটির দ্বারা, নীচু জমিকে উঁচু করা, বাস্তুভিটার ব্যবস্থা করা, বাসস্থান নির্মাণ। অভিজ্ঞতা ও শিক্ষাকে কাজে লাগিয়ে মাছ চাষ তার মধ্যে অন্যতম। এইরূপ সরাসরি উপকৃত হওয়া ব্যক্তিদের মোট সংখ্যা জানা দরকার। অতঃপর সেইসব সংশ্লিষ্ট অধিবাসীগণ জলাশয়ের উন্নয়নের স্বার্থে এবং তাদের বিভিন্ন দিকের প্রয়োজনে ও আর্থিক সংগতির দিক নিয়ে পরিষ্কার মত বিনিময় করবে। কোন কোন ব্যক্তির এই কাজে আর্থিক জোর নেই, কারও বা বাস্তুভিটা নির্মাণ করার জন্য মাটির প্রয়োজন, কোন অঞ্চলে চলাচলের রাস্তাকে জলডুবি হতে রক্ষা করা, সেচের জলের প্রয়োজন কত লোকের, কারা কারা মাছ চাষ করতে চান তাদের আগ্রহ এবং সমষ্টি, অর্থসংস্থান প্রভৃতি দিকগুলির একটি পরিষ্কার চিত্র সংশ্লিষ্ট ব্যক্তিদের সবারই জানা দরকার। অতঃপর উপরিউক্ত বিষয়গুলি লিপিবদ্ধ করে এবং বিভিন্ন বস্তু যেমন সার, জল, মাটির প্রয়োজন কত ব্যক্তির এবং কি পরিমাণ, মৎস চাষ করবেন কতজন প্রভৃতি। কাজে সংশ্লিষ্ট ব্যক্তিগণ অঞ্চলের সমস্ত ব্যক্তি, না অর্দ্ধেক পরিমাণ না অতি অল্প সংখ্যায় তা দেখতে হবে। যদি সবায়ের বিশেষ করে পরিবারের কর্তা ব্যক্তিদের এই সংস্কারের কাজে আগ্রহ এবং যুক্ত হবার ইচ্ছা থাকে তবে জলাভূমি সংস্কার বা নূতন জলাশয় খনন প্রস্তাবকে পাকাপাকি রূপ দেবার জন্য সক্রিয় হতে হবে। দ্বিতীয় পদক্ষেপ হল মজা জলাভূমির চিহ্নিতকরণ। তার পরিমাণ, নূতন জলাশয় খনন করতে হলে তার স্থান নির্বাচন। পরিবারের সমর্থ ব্যক্তিদের সংখ্যা নির্ণয়। বৃষ্টিপাতের পরিসংখ্যান প্রভৃতি বিষয়গুলি অতি যত্নসহকারে অনুসন্ধান। কোন বছর বৃষ্টিপাত কম হল। আবার কোন বছর প্রচুর পরিমাণে বৃষ্টিপাত হল। উল্লেখযোগ্য ভাবে অধিক বর্ষণ বা অনাবৃষ্টি কত বছর পর পর হয়েছিল। অতিবৃষ্টি ও অনাবৃষ্টি সর্বাধিক এবং সর্বনিম্ন কত তার সঠিক পরিমাণ। এই জ্ঞাতব্য বিষয় এইজন্যে দরকার যাতে স্বাভাবিক বৃষ্টিপাতে সর্বাধিক কত বেশী জল অঞ্চলে ধরে রাখা যায় আপৎকালীন প্রয়োজন মেটাবার জন্য। উপরিউক্ত তথ্যসমূহ জেলা শহরের সংশ্লিষ্ট কর্তৃপক্ষের নিকট পাওয়া যাবে। আরও জানতে হবে স্থানীয় ভাবে অধিকাংশ জলের ধারা

স্বভাবত কোনদিক দিয়ে বয়ে চলে। বর্ষার জল প্রকৃতিগতভাবে কত পরিমাণ নিঃশেষ হয়। কি পরিমাণ জল নিবিড় চাষের কারণে প্রয়োজন হতে পারে। কি পরিমাণ লোকবলের প্রয়োজন হবে তার একটা সঠিক হিসাব তৈরী করা। উপরোক্ত অনুসন্ধানমূলক কাজগুলি সম্পাদনের কারণে সরকারী সেচ বিভাগের অনুসন্ধানের শাখা, বিশ্ববিদ্যালয়ের জলসম্পদ বিষয়ক শাখা, ভূমি ও রাজস্ব বিভাগ, মহকুমা শাসকের বা জেলা শাসকের দপ্তর, গ্রামীণ ব্যাঙ্ক প্রভৃতির প্রতিনিধি এবং অঞ্চলের জনগণ সবাই উপস্থিত থাকলে এবং সহযোগিতা করলে ভাল হয়। অন্যথায় একটি উপযুক্ত এবং সক্রিয় গোষ্ঠী অঞ্চলে উপযুক্ত জলাশয় খনন করা বা মজা জলাশয় সমূহের সংস্কার পরবর্তী শুভ দিকগুলি সবার সামনে তুলে ধরা। একাজে অঞ্চলের সবায়ের সহযোগিতা বিশ্লেষণ করে সুফলের দিকগুলির উজ্জ্বল চিত্র তুলে ধরা এবং সবাইকে উদ্বুদ্ধ করা। অতঃপর এই সংস্কার বা খননের কাজে কি পরিমাণ অর্থ বিনিয়োগ এবং কাজ সমাপ্তির পর জলপূর্ণ নূতন জলাশয় সংস্কারপ্রাপ্ত জলাশয় হতে কি পরিমাণ অর্থ আসবে তার একটা মোটামুটি ধারণা পাওয়া। সম্বৎসরে জলের নানা প্রয়োজন মেটাবার পর জলাশয়ে কি পরিমাণ জল অবশিষ্ট থাকবে। তার দ্বারা খরা মরসুমে মাছ চাষের কোনরূপ অসুবিধা হবে কিনা ... তারও ধারণা পাওয়া। একাজে যে পরিমাণ অর্থ বিনিয়োগ হবে এবং কতশীঘ্র পরিশোধ হবে তাও স্থির হওয়া প্রয়োজন। অঞ্চলে দূষিত বস্তু ও চাষে ব্যবহৃত রাসায়নিক সার ও রোগ ও কীটনাশক বিষ প্রয়োগে কি পরিমাণে, মাটি, জল ও আবহাওয়া দূষিত হয়েছে তা জেনে সংস্কারমূলক কাজে যাতে সু-পরিবেশের সৃষ্টি হয় তার দিকেও লক্ষ্য রাখতে হবে। এই সুপরিবেশ রক্ষার্থে রাসায়নিক সারের ব্যবহার কমিয়ে জৈব সার বেশী পরিমাণে ব্যবহার করতে হবে।

পরবর্তী কাজ উল্লিখিত অঞ্চলের জনগণের সক্রিয় সহযোগিতা। শৃঙ্খলার সাথে নির্দিষ্ট প্রক্রিয়া অবলম্বন করে নীতি, নিয়ম, সততা, নির্দেশ ঠিক ঠিক পালন করে নিরলস শ্রমের মাধ্যমে জল, মাটি অপসারণ, স্থানান্তকরণ, মূল্যের বিনিময়ে মাটি বিতরণ ও জল বিতরণ, মৎস চাষ প্রভৃতি বিষয়গুলির যথাযথ কার্যে রূপান্তর করা। এই কর্মদ্যোগে কার্যের বিস্তার অনুসারে কি পরিমাণ লোকবল দরকার, অধিবাসীদের মধ্যে কত ব্যক্তি সরাসরি কাজে সক্রিয়ভাবে অংশ নেবে, কি পরিমাণ অধিবাসী শ্রমের বিকল্প ব্যবস্থা অর্থ দ্বারা পরিপূরণ করবে জানা থাকলে কত কম পরিমাণে বাইরের সংস্থা থেকে অর্থ ঋণ করা হবে তা জানা যাবে। জলাশয় সংস্কার বা নূতন জলাশয় খনন কোন অঞ্চলে কোন মাপের হবে। কত মাটি উত্তোলিত হবে, কত পরিমাণ লোকবলের প্রয়োজন হবে এবং ন্যূনতম কাজ সম্পূর্ণ করতে কত সময় লাগবে তা স্থির করা। কাজ ত্বরান্বিত করার প্রয়োজনে আরও কত বেশী লোকবল ও অর্থবলের প্রয়োজন হবে তার সঠিক পরিমাপ কাজ হাতে দেবার পূর্বেই সঠিকভাবে নির্ণয় করে নিতে হবে।

এখানে একটি সাধারণ দৃষ্টান্ত দিয়ে দেখা যাক এই সংস্কার কাজ বা নূতন জলাশয় খনন কিভাবে করা সম্ভবপর হতে পারে।

কোন একটি বিশেষ অঞ্চলের সর্বমোট জমির পরিমাণ ৫০০০ হেক্টর। ঐ অঞ্চলে সমস্ত অধিবাসীর সংখ্যা ১৫০০। বসতি অঞ্চলের পরিমাণ দেয়া হল না।

মোটামুটি হিসাব অনুযায়ী বিভিন্ন উদ্দেশে জমি ব্যবহৃত হয় তার সাধারণ বিভাগ যথাক্রমে—

ক) কৃষির জমি—	শতকরা ৫০ ভাগ বা ২,৫০০ হেক্টর
খ) ব্যবস্থাপনা, বাগিচা এবং উন্মুক্ত স্থান—	শতকরা ২০ ভাগ বা ১,০০০ হেক্টর
গ) সমতলের রাস্তা বা পার্শ্ব অঞ্চল—	শতকরা ১০ ভাগ বা ৫০০ হেক্টর
ঘ) জলাভূমি, জল বহনের নালা, নীচু জমি বা পুকুর, ডোবা, বিল প্রভৃতি—	শতকরা ৫২০ ভাগ বা ১,০০০ হেক্টর

১০০ ভাগ— মোট ৫,০০০ হেক্টর

কায়িক শ্রম দেওয়ার ক্ষমতাসম্পন্ন অঞ্চলের জনবলের সংখ্যা সর্বাধিক ২০০। তারমধ্যে কায়িক শ্রমের বিকল্প ব্যবস্থা বা অর্থ বিনিময়ে (যদিও যৌথ উদ্যোগের পরিপন্থি) করতে চান তাদের সংখ্যা ১০ জন।

যদি ৫০ হেক্টর সমতল জমিকে ৫ মিটার গভীর করে জলাশয় নির্মাণ করতে হয় তাতে যে পরিমাণ মাটি উত্তোলন করতে হবে তা হলো

৫০ হেক্টর × ৫ মি. = ২৫০ হে.মি.

বা ৫০ × ১০০০০ ব.মি. × ৫ মি. = ২৫০০০০০ ঘ.মি.

এই বিশাল পরিমাণ মাটি খনন, উত্তোলন, অপসারন জনিত বিষয়গুলি যদিও গণিতের হিসাব বিষয়ক দিক। তার সঙ্গে মোট লোকবলের সংযুক্তির সংখ্যা দৈনিক সম্পন্ন কাজের পরিমাণ, বর্তমান দৈনিক একজনের শ্রমের মূল্যের অর্থ, অর্থপ্রাপ্তি ও বিনিয়োগ তার সূক্ষ্মাতিসূক্ষ্ম হিসাব-নিকাশ আপাতত: সরিয়ে রেখে সারযুক্ত ও চাহিদার মাটি খনন, উত্তোলন এবং অপসারণকে একক কাজ ধরে প্রতি ঘনমিটার মাটির সামান্য মূল্য নির্ধারণ করলে প্রাথমিক দিক অর্থাৎ জলাশয় খনন বা সংস্কার অনেক সহজ এবং সরল হতে পারবে। যেসব ব্যক্তি বা সংস্থার মাটির প্রয়োজন হবে সেইসব ব্যক্তি বা সংস্থা সংস্কার কাজে যেসব যোগ্যব্যক্তি পরিচালনা করবেন তাদের নিকট মাটি ক্রয়বাবদ মূল্য প্রদান করে তাদের নির্দেশমত মাটি নিতে পারবেন। মাটির মূল্য খুব কম এক টাকা ঘনমিটার হিসাবে স্থিরিকৃত হলে ৫০ হেক্টর জমির ৫ মিটার গভীর করে অপসারণের পর মোট ২৫ লক্ষ টাকা পাওয়া যাবে। সুতরাং ২৫ লক্ষ ঘ.মি. মাটি খনন, উত্তোলন এবং অপসারণ জনিত অর্থ ২৫ লক্ষ টাকা মাটির মূল্যেই কাজ সম্পূর্ণ হতে পারবে।

আবার উত্তোলিত মাটি যদি গাছের খাদ্যের পরিমাণ বেশী থাকে বা মাটি যদি জৈব

সারে সমৃদ্ধ হয় তবে মাটিতে জৈব সারের পরিমাণ নির্ণয় করে অনায়াসে ঐ মাটি ৫ টাকা ঘন মিটার দরে অতি স্বাচ্ছন্দেই বিক্রয় করা যাবে। জনবসতি এবং কৃষি প্রধান অঞ্চলে আলগা মাটির চাহিদা অনেক। চাষের জমিতে জৈব সার ছিটানো. নীচু জমিকে উঁচু করতে, এলাকাকে উঁচু করতে, গৃহ নির্মাণ প্রভৃতিতে মাটি উত্তোলনের সঙ্গে সঙ্গেই বিক্রী হয়ে যাবে। উত্তোলিত মাটির সিংহভাগ পূর্বে যেরূপ খড়, গোবর, গাছপালা বাড়ীর আশেপাশের জন্মাল চাষের জমিতে ছড়িয়ে দেয়া হতো সেইরূপ জলাজমির জৈব সারসমৃদ্ধ মাটি চাষের জমিতে ছড়িয়ে দেয়া হবে। এইরূপ সার সমৃদ্ধ মাটির মূল্য অনায়াসেই ১০ টাকা প্রতি ঘন মিটার দরে বিক্রয় হওয়া কিছুই কঠিন কাজ নয়। তাই যদি হয় তবে ২৫০০০০ ঘনমিটার মাটি ১০ টাকা ঘনমিটার দরে বিক্রয় হলে মোট মাটির বিক্রয় মূল্য হবে ২৫০০০০০ ঘনমিটার × ১০ টাকা = ২,৫০,০০,০০০ টাকা অর্থাৎ ঐ উত্তোলিত মাটি হতেই ২ কোটি ৫০ লক্ষ টাকা পাওয়া সম্ভব হবে। কাজে হাত দিতে প্রাথমিকভাবে যদি অর্থের কোনরূপ সংস্থান না থাকে তবে ন্যূনতম এক লক্ষ টাকা ঋণ নিলেই কাজ আরম্ভ করে এবং উত্তোলিত মাটি বিক্রয় করে ঋণ পরিশোধ করা যাবে এবং হাতেও কিছু অর্থ মজুত থাকবে।

এখানে একটি কথা বিশেষভাবে উল্লেখ করা যেতে পারে সাধারণ কৃষক পরিবার তাদের নিজস্ব সামান্য জমিতে নিজেরাই শ্রম দিয়ে এবং আশেপাশের গোবর, জঞ্জাল এবং ছাই পাঁশ দিয়ে জমিতে ফসল লাগিয়ে পর্যাপ্ত পরিমাণে ফসল আশা করে না। কিন্তু শুধু শ্রমেই পর্যাপ্ত ফসল আসে না। চাষের প্রয়োজনীয় যে যে বস্তুর দরকার তার মধ্যে প্রয়োজনীয় সার এবং সময়ে সেচ বাড়তি ফসল ফলানোর মূল বিষয়। কিন্তু সাধারণ চাষীদের তার সংস্থান নেই। সেখানে পচা পুকুরের উত্তোলিত জৈব সার এবং জলাশয় সম্পূর্ণ হয়ে গেলে তার জলে সেচ দিয়ে আরও কিছু বেশী ফসল একাধিকবার পাবে। এই ব্যবস্থায় আমাদের দেশের অধিকাংশ কম পরিমাণের জমির কৃষক পরিবার যারা চিরকাল দুঃখে কষ্টে দিন কাটালো তাদের কিছু স্বাচ্ছল্য আসবে।

উত্তোলিত জৈবসারযুক্ত মাটি জমির সার হিসাবে ব্যবহারের ইচ্ছা প্রায় প্রত্যেক কৃষিজীবি পরিবারেরই থাকবে। তাই মহার্ঘ যে রাসায়নিক সার চাষের জমিতে প্রয়োগ করে ফসল উৎপাদন করে সেখানে জৈব সার ব্যবহারে খরচ অনেক কম হবে—তাতে জলাভূমির মাটির মূল্য হতেই খনন, উত্তোলন এবং অপসারণ সহজেই সম্ভব হবে। তাই জলাধার খনন, মাটি উত্তোলন এবং অপসারন বাবদ খরচ নেই বললেই চলে। প্রাথমিক কাজগুলি এইভাবে সম্পন্ন হলে অঞ্চলের অধিবাসীরা এর কিছু সুফল দেখতে পাবেন। তাতে সবারই সংযুক্তি সহজেই হবে। কিন্তু লাভ, নেতৃত্ব, মোড়লী, হুকুম, পরের ধনে হাত দেওয়া, নিজস্ব সুবিধা আদায়, শ্রমে বিমুখ আরও বহু চারিত্রিক অশুভ দিকগুলি তার কিছু পরিমাণ ত্যাগ না করলে মহৎ কাজ সম্পূর্ণ হওয়া প্রায় অসম্ভব।

কোন এক অঞ্চলের বিশৃঙ্খল জলপ্রবাহ এবং কোন বিশেষ স্থানে দাঁড়িয়ে থাকার

কারণে চাষের জমি বসবাসের বাস্তুভিটা, চলাচলের রাস্তাঘাট জলমগ্ন হয়ে অপরিসীম ক্ষতির ও দুর্দশার কারণ হয়। বছরের বেশ কয়েক মাস দুর্ভোগের মধ্যে দিন কাটাতে হয়। যদি ঐ বিশেষ অঞ্চলে অর্থাৎ ১০০ হেক্টর পরিমাণ স্থানে ঐ অঞ্চলের বৃষ্টিপাতের জল নবনির্মিত জলাশয়ে বা সংস্কার প্রাপ্ত জলাশয়ে সঞ্চয় করে রাখা যায় অঞ্চল জলমগ্ন হবে না। ঐ বিশেষ অঞ্চলে বছরে সর্বাধিক গড় বৃষ্টিপাতের পরিমাণ যদি ২০০ সেন্টিমিটার বা ২ মিটার হয় তবে ঐ বিশেষ অঞ্চলে জলের পরিমার হবে

১০০০ হেক্টর × ২ মি. = ২০০০ হে.মি.

যদি নূতন এবং সংস্কারপ্রাপ্ত জলাশয় সমূহের পরিমাণ ঐ অঞ্চলে সর্বাধিক ১০০ হেক্টর পরিমাণ স্থান নির্দিষ্ট থাকে। আবার ঐসব জলাশয়ে সমূহতে বর্ষারম্ভের পরেই আনুমানিক চার মিটার গভীরতার জল ধরে রাখা সম্ভব হয়। এই ব্যবস্থায় সম্পূর্ণ প্রাপ্ত জলের এক পঞ্চমাংস জল সব সময়েই আবদ্ধ করে রাখা যাবে। বৃষ্টিপাতের জল সময়, স্থান, অপসারন, প্রভৃতি নির্দিষ্ট স্থায়ী বিষয় নয়। যেমন মাসের কোন একদিন বা সাতদিন একনাগাড়ে আনুমানিক ২৫ সেন্টিমিটার বৃষ্টিপাত হল। এই অবস্থায় রাস্তা, বসবাসের অঞ্চলে জলাশয়ে জলের পরিমাণ অনেক বেড়ে গেল। আবার পরবর্তী সাত দিন কিংবা এক দিনও যদি ধরা যায় তবে অনেক জলই মাটির তলদেশে এবং উদ্ধাকাশে চলে যায়। এই অবস্থায় বিশেষ করে জলাশয়ের জলও অনেক কমে যাবে। সেই অবস্থায় জল হ্রাস এবং জল পূর্ণ হওয়া প্রক্রিয়ায় ঐসব খনিত এবং সংস্কারপ্রাপ্ত জলাশয় সমূহতে আনুমানিক দশ মিটার গভীরতার জল রাখা যাবে। তবে বছরের বৃষ্টিপাতের জলের প্রায় অর্দ্ধেক জলই আবদ্ধ করে রাখা যাবে। সেই অবস্থায় বাকি অর্দ্ধেক জল পরিচলন বা অবস্থানের কোনরূপ অসুবিধাই হবে না। অবশ্য অতিবৃষ্টি বা অনাবৃষ্টির সময়ে কিছু অসুবিধার সৃষ্টি হবে। সেইদিকেও লক্ষ্য রেখে অসময়ে বা দুঃসময়ে প্রয়োজনীয় জলের চাহিদা মেটাতে এবং অতিবৃষ্টির বাড়তি জল যাতে সহজেই স্থান ত্যাগ করতে পারে তার দিকেও দৃষ্টি দেওয়া।

গ্রামাঞ্চলের অনেক জায়গাই আছে যে স্থানসমূহ বেশ একটি উল্লেখযোগ্য পরিমাপের স্থান বহু বছর ধরে জল দাঁড়িয়ে থাকা অঞ্চলে জলমগ্ন হবার পরিমাণ বৃদ্ধি করে। বছরের বেশ কয়েক মাস চলাচলের ক্ষেত্রে নানারকম অসুবিধার সৃষ্টি করে। তাছাড়া অনেক পরিমাণ জমি উদ্দেশ্যহীন ভাবে পড়ে থাকা, অকেজো এবং নানা রকম অসুবিধার বিষয়গুলি আমাদের রাজ্যে অনেক আছে। সেব অঞ্চলে না হয় কৃষিকাজ না হয় মৎস পালন। কেবলমাত্র ক্ষতিকারক কীট পতঙ্গের আবাসস্থল এবং নানা প্রকার রোগ ব্যধির কারণ হয়ে অঞ্চলের অধিবাসীদের নিকট দুঃখ কষ্টের ক্ষেত্র হয়ে আছে। সাধারণত: এইসব জলাজমি কোন প্রকার ব্যক্তিগত মালিকানায় নেই। তাই এই জলা অঞ্চল সংস্কার করে সম্পদ সৃষ্টি করার প্রয়োজনীয়তা বা মাথাব্যথা কারোই নেই একথা ঠিক। কিন্তু কিছু কিছু জলাঞ্চলের সম্পন্ন চাষী বা অতি উদ্যমি, পরিশ্রমী জমিহীন কৃষক ঐ জলাভূমিতে

কিছু শস্য উৎপাদনের কারণে জলাজমির কিছু অঞ্চল বিশৃঙ্খলভাবে এখানকার মাটি ওখানে সরিয়ে মোটামুটি চাষের জমি তৈরি করে। সাময়িকভাবে দুই চার মরশুমের ফসল উৎপাদন করার চেষ্টা করে। এই ব্যবস্থায় সাময়িকভাবে সামান্য কিছু ফসল উৎপাদিত হলো ঠিকই। এই জমির মালিক সরকার কিন্তু বিশৃঙ্খল করা হয় উদ্দেশ্যহীন ভাবে ঐ জমির এখানে সেখানে বাঁধ দিয়ে জমি তৈরি করাতে। উল্লিখিত জলাঞ্চল আগাছা, কচুরীপানা, নলখাগড়া এবং বুনোগাছে অঞ্চল দুর্গম হয়ে আছে। এইসব জমি স্বভাবতঃই আশেপাশের জমি হতে নীচু। অনাদিকাল হতে স্থানীয় অঞ্চলের বর্ষিত জল নানপ্রকার ঢালু স্থান দিয়ে ঐ জলাজমিতে অবস্থান করছে। এইসব নীচু জলাজমিতে সহজ ব্যবস্থার মাধ্যমেই অনেক পরিমাণ জলের অবস্থান হতে পারে। জল নীচু জমিতে অবস্থান করার নানারকম পথ আগের থেকেই আছে। সেই জলের ঢলকে মোটামুটি ব্যবস্থার মাধ্যমে বইয়ে নিয়ে জলাধারে ফেলতে পারলে অহেতুক অপরাপর পার্শ্বজমি আর বেশী জলমগ্ন হতে পারবে না। এই ব্যবস্থা কার্যে রূপান্তরিত করতে পারলে বর্ষকালে চলাচলের সুবিধা হবে। জলাশয় বা নীচু জমিতে অনেক দিন পর্যন্ত জল থাকবে তার দ্বারা সেচের জল এবং মৎস উৎপাদন করা যাবে। কিন্তু এতো অতি নিয়ম মাফিক সাধারণ ব্যবস্থা। এই ব্যবস্থা অতি ক্ষণস্থায়ী। উন্নততর জলসম্পদের সুরক্ষা, তার দ্বারা অঞ্চলের সবায়ের বৈষয়িক উন্নয়ন, পরিবেশ উন্নয়ন এবং জনবসতি এবং সড়ক ব্যবস্থার যথাযথ উন্নয়ন হবে না। জল সংরক্ষণের স্থায়ী উন্নত ব্যবস্থা করতে হলে আশে পাশের এবং চর্তুদিকের কি পরিমাণ জল ঐ মজা জলাজমিতে আশ্রয় পায় তা অনুসন্ধান করতে হবে। স্বাভাবিক বার্ষিক গড় বৃষ্টিপাতের জলকে প্রতি বছরের জলের পরিমাণ ধরে জলের পরিমাণ স্থির করতে হবে। যদি সংস্কারের পর বছরের বর্ষিত জল সমস্তটাই ঐ জলাশয়ে আবদ্ধ করে রাখা সম্ভব হয় তবে জলাশয়ের আয়তন আর বাড়ানোর প্রয়োজন হবে না। আবার যদি দেখা যায় বর্ষিত জল ঐ জলাশয়ে আশ্রয় পাবার পরও উদ্বৃত্ত থাকবে তবে সংস্কার করার সময়ে চারিপার্শ্বের কিছু বেশী স্থান নিয়ে জলাশয় নির্মাণ করতে পারলে অঞ্চলের চারিপার্শ্বের সব জলই ঐ অঞ্চলে আশ্রয় পাবে।

ধরা যাক কোন এক বিশেষ অঞ্চলে এইরূপ নিম্নভূমি, জলাজমি বা বিল আছে। স্বভাবতই সে অঞ্চল কচুরীপানা বা আগাছায় পূর্ণ হয়ে আছে। এইরূপ জলাঞ্চলের পরিমাণ আনুমানিক ১০০ হেক্টর। আবার অঞ্চলের পরিমাণ কম বা বেশী হতে পারে। একই অঞ্চলে একাধিক পৃথক পৃথক জলাজমি থাকতে পারে। যাহোক ১০০ হেক্টর পরিমাণ স্থানে আশেপাশের ২০০০ হেক্টর পরিমাণ স্থানের জলের স্বভাবগতি ঐ নিম্নাঞ্চল। এই অঞ্চলের বার্ষিক গড় বৃষ্টিপাতের পরিমাণ সর্বাধিক ১৫০ সেন্টিমিটার। স্বভাতই এই পরিমাণ জল মজা নিম্নভূমি আশ্রয় না পেয়ে আশেপাশের স্থানকে জলমগ্ন করবে। এখন অঞ্চলের তল হতে নিচু জলাভূমি এক মিটার নিচে। অর্থাৎ নীচু জমিকে যদি জলাশয় হিসাবে ধরা যায় তবে তার গভীরতা সর্বাধিক এক মিটার। জলাশয়ের

গভীরতা সবত্রই একই গভীরতা হতেও পারে আবার নাও হতে পারে। ঐ মজা জলাশয়কে উপযুক্ত জলের আশ্রয় করতে হলে আরও তিন মিটার গভীর করতে হবে। স্থানের ও জলের চাহিদার এবং বৃষ্টিপাতের জলের প্রাপ্তির উপর নির্ভর করে জলাশয়ের গভীরতা আরও বাড়ানো যেতে পারে। যদি তিন মিটার আরও অধিক গভীর করে কাটতে হয় নীচু জলাজমিকে তবে উত্তোলিত মাটির পরিমাণ হবে

১০০ হেক্টর বা ১০,০০০ ব.মি. × ৩ মি. = ৩০,০০০ ঘন.মি.

এই জৈব মাটি কিন্তু অন্যান্য নূতন খনিত জলাধারের মাটি হতে অনেক বেশী জৈব সারা সমৃদ্ধ। কারণ অনাদিকাল হতে চারিপার্শ্বের অঞ্চলের গাছাপাতা মৃতপত্র, শুষ্ক মলমূত্র জলে ধুয়ে এসে নীচু জমিকে সবটা ভরাট করে সামান্য এক মিটার গভীরতায় এনেছে। তিন মিটার পর্যন্ত তো গভীর করার কথা বলা হলো। এমনও হতে পারে জৈবসার সমৃদ্ধ মাটির গভীরতা সর্বাধিক দশ মিটারও হতে পারে।

এই ৩০,০০০ ঘ.মি. মাটি কেবলমাত্র উদ্ভিদের সার হিসাবে নির্দিষ্ট করে বিক্রয় করতে পারলে প্রতি ঘনমিটার মাটির মূল্য আন্যান্য নবনির্মিত জলাশয়ের প্রতি ঘনমিটার মাটি হতে আরও বেশী দরে বিক্রয় হতে পারবে। তার আগে প্রতি ঘনমিটারে কি পরিমাণ গাছের খাদ্য যথা নাইট্রোজেন, ফসফরাস বা পটাশ আছে তা জেনে নিতে হবে। নূতন খনিত জলাশয়ের মাটি প্রতি ঘনমিটার যদি খননসহ দশ টাকা হিসাবে ধার্য হয় তবে মজা জলাশয়ের মাটি খুব কম করেও প্রতি ঘনমিটার কুড়ি টাকা দরে অতি সহজেই বিক্রয় হয়ে যাবে।

৩০,০০০ ঘ. মি. মাটির মূল্য হবে

৩০,০০০ ঘ.মি. × ২০ টাকা = ৬,০০,০০০ টাকা

অর্থাৎ সহজ প্রক্রিয়ায় এবং সামান্য নির্দেশাবলীর মাধ্যমে ঐ মজা জলাশয়ের পাঁকমাটি অপসারণ করা সম্ভব হবে। এই কাজে অতি সহজেই ছয় লক্ষাধিক টাকা পাওয়া যাবে। যে টাকার দ্বারা জল সংরক্ষণ এবং পরবর্তী অর্থ আগমনের কাজগুলি সুষ্ঠভাবে সম্পন্ন হতে পারে। কিন্তু মজা জলাশয়তো সরকারী মালিকানায় আছে। ঐ জলাজমির উপর ঐ অঞ্চলের স্থানীয় অধিবাসীদের দাবীই সর্বাগ্রগণ্য। জলাধার সংস্কার প্রাপ্ত হলে স্থানীয় অধিবাসীরাই উপকৃত হবেন বেশী এবং উত্তোলিত মাটির প্রয়োজনও তাদেরই বেশী হবে। যেহেতু সরকার মালিক তাই সরকারকে কিছু বিধি নিষেধ আরোপ করে স্থানীয় সবার সহযোগিতায় জলাধারর সংস্কার করা। নিজস্ব অঞ্চলের ভালমন্দের অনুভবের উপর নির্ভর করে স্থানীয় ব্যক্তিরা সুশৃঙ্খলভাবে সংস্কারের কাজে যুক্ত হবেন। সংস্কার পরবর্তী আশু শুভদিকগুলি এবং বর্তমানের অসুবিধাসমূহ সুন্দরভাবে বিশ্লেষণ করে স্থানীয় অধিবাসীদের জলাশয় উন্নয়নের কাজে উৎসাহ দিতে হবে। উন্নয়নের বিভিন্ন বিষয় বিশ্লেষণ করার পরও স্থানীয় অধিবাসীরা উৎসাহসহ উন্নয়নমূলক কাজে অনীহা প্রকাশ করেন তবে অন্যপ্রকার উপায়ও অবলম্বন করা যেতে পারে।

ইদানিংকালে দেখা যায় কিছু উৎসাহী ব্যক্তি এমনকি সরকারী ব্যবস্থাও শহরাঞ্চলের বিভিন্ন জায়গায় বা নূতন নূতন স্থানে একলপ্তে শতাধিক এমনকি সহস্রাধিক বাড়ী তৈরি করে গৃহহীন ব্যক্তিদের নিকট অর্থের মূল্যে বিক্রয় করছেন। উৎসাহী ব্যক্তিরা আকছারই শহরের এদিকে-ওদিকে পৌর নিয়মকানুন মেনে খালি জমিতে বহুতল বিশিষ্ট বাড়ী তৈরি করে একাধিক গৃহহীন পরিবারকে বাড়ী বিক্রয় করছেন। এই পন্থায় দুইশ্রেণী পরিবারের সুবিধা হল। এমনকি একাধিক শ্রেণীর পরিবারের লোকেদেরও অর্থ উপার্জন ও অন্যান্য সুবিধা হচ্ছে।

ধরা যাক কোন খালি জমির খানিক তার জমিই শুধু আছে। কিন্তু গৃহ নির্মাণের অর্থ নেই। তাই অতি কষ্ট করে অন্য আশ্রয়ে আছেন। আবার অনেক পরিবারের সামান্য কিছু পরিমাণ অর্থ আছে। কিন্তু তার দ্বারা তার পক্ষে সবদিক দেখাশোনা করে বাসগৃহ নির্মাণ করা সম্ভব নয় এবং সম্পূর্ণ গৃহনির্মাণ বাবদ আশু অর্থ সংগ্রহ করা সম্ভব নয়। আবার কিছু কারীগরী কুশলতাপ্রাপ্ত যুবক যোগ্য কোন কাজ না পেয়ে বেকার হয়ে আছেন। এই তিন প্রকার ব্যক্তি একজোট হয়ে খালি জমির উপর বহুতল বিশিষ্ট না হলেও চারতলা পর্যন্ত বাড়ী নির্মাণ করে একাধিক ব্যক্তির বাসস্থানের স্থায়ী ব্যবস্থা করেন। বাড়ী তৈরি কাজে কুশলতাপ্রাপ্ত যুবকগণ কিছু অর্থ উপার্জন করেন। জমির মালিকও তার জমিতে তার এবং তার পরিবারের লোকদের বাসস্থানের ব্যবস্থা করতে পারেন। এবার প্রশ্ন এই বাড়ী নির্মাণের অর্থ কোথা হতে আসবে। কিন্তু অর্থপ্রাপ্তি অতি সহজ। যে সমস্ত ব্যক্তিরা বাড়িতে আশ্রয় পাবেন তাঁরা দেবেন। সবকিছু আইনগত কাজ সম্পূর্ণ হবার পর তার বাসস্থানের পরিমাণের মূল্যের এক তৃতীয়াংশ অগ্রীম দিতে হবে। সবায়ের কাছ হতে এই এক তৃতীয়াংশ অগ্রিম মূল্য পেলে প্রাথমিক কাজসমূহ অতি সহজেই সম্পন্ন হতে পারবে। কিছু কাজ হবার পর যারা আশ্রয় পাবেন তারা কাজ দেখে পরবর্তী দ্বিতীয় বার আবার এক তৃতীয়াংশ অর্থ হয় নিজের সঞ্চিত টাকা হতে বা সহজ সুদে ঋণ করে দেবেন। অতঃপর বাড়ী যখন সম্পূর্ণ হবে তখন বাসস্থানের টাকা পরিশোধ করবেন। কারীগরী কুশলতাপ্রাপ্ত যুবকবৃন্দ এই উপায়ে অনেক গৃহনির্মাণ করে অনেকের আশ্রয়ের ব্যবস্থা করেছেন এবং নিজেদেরও কিছু অর্থপ্রাপ্তি হচ্ছে এবং কর্মে নিযুক্ত আছেন। জমির মালিকেরও নিখরচায় বাসস্থানের ব্যবস্থা হল সহজেই। যদি কোন ব্যক্তির নিজের আশ্রয়ের মূল্য সংগ্রহ করতে না পারেন কিন্তু মাসে মাসে কিছু অর্থ জমা রাখতে পারেন। সেইসব অর্থাভাবী ব্যক্তিগণ যুবকবৃন্দের সহায়তাতেই স্থানীয় কোন অর্থকরী সংস্থা হতে সহজ শর্তে অর্থ ঋণ পেতে পারেন। ঋণের অর্থ সুদসহ সমস্ত পরিশোধের পর তার বাসস্থানের অংশ তার হবে। কিন্তু তিনি তার নিজের অংশে বাস করতে পারবেন। নির্দিষ্ট সময়ে অথবা প্রয়োজনে আরও কিছু সময়ের মধ্যে টাকা শোধ করতে না পারলে অংশ ছেড়ে দিতে বাধ্য হবেন। ঋণ পরিশোধের পর যে টাকা অংশের মূল্য হবে তা ফেরৎ পাবেন।

এরূপ বহুতল বিশিষ্ট বাড়ী নির্মাণ এবং অনেক ব্যক্তির বাসস্থানের ব্যবস্থা এবং এই কার্যে নিযুক্ত ব্যক্তিরা স্ব-স্ব প্রয়োজনে এবং সুবিধার জন্য যৌথভাবে নিজ নিজ স্বার্থকে সঠিক রেখে অর্থ উপার্জন এবং বাসস্থানের ব্যবস্থা করছেন। বিভিন্ন স্থানে যেরূপ এজাতীয় বহুতল বিশিষ্ট এলাকা দেখা যায় তাতে মনে হয় বেশ একটি উৎসাহজনক কর্মযজ্ঞ। এইরূপ প্রক্রিয়া বর্ষিত জলের আশ্রয়স্থানই বা হবে না কেন।

জলাভূমির স্থানীয় কিছু উদ্যোমি এবং উৎসাহী কুশলতাপ্রাপ্ত যুবক বাসগৃহ নির্মাণের মতই মজা জলাশয় সংস্কার প্রভৃতি কাজে লিপ্ত হতে পারেন তাতে। অঞ্চলের বহু রকম সুবিধা হবে। এই কাজে নিযুক্ত ব্যক্তিরাও যথেষ্ট উপার্জন করতে পারবেন যা সাধারণ চাকুরী হতে অনেক বেশী এবং স্বাধীন। সরকার কিছু নির্দেশাবলী দিয়ে স্থানীয় অঞ্চলের যুবকবৃন্দের নিকটই জলাশয় সংস্কার সামান্য অর্থমূল্যে জলবন্টন মৎস্য চাষ প্রভৃতি কাজের ভার দেন সামান্য কিছু জরীপ তথ্যাদি সরবরাহের পর তবে নিযুক্ত যুবকবৃন্দই পরবর্তী কাজগুলো সম্পাদন করতে পারবেন। এখানে অগ্রীম অর্থ ঋণ হিসাবে দেয়ার কোন প্রশ্ন ওঠে না। কারণ সার সমৃদ্ধ বদ্ধ জলাশয়ের মাটি অঞ্চলের প্রায় সবারই প্রয়োজন হবে। তারাই মাটির কিছু অগ্রীমমূল্য দিয়ে মাটি নিয়ে যেতে পারবেন। সংশ্লিষ্ট যুবকবৃন্দও প্রাপ্ত অর্থের দ্বারা প্রাথমিক কাজগুলো সম্পন্ন করতে পারেন। নিযুক্ত যুবকবৃন্দ কিন্তু যথার্থই যোগ্য হতে হবে। তাদেরকে সমগ্র জলাশয় উন্নয়ন, অন্যান্য উন্নয়ন যথাযথ মৎস চাষ আনুমানিক কাজগুলো সুষ্ঠভাবে করতে হবে। সম্পূর্ণরূপে সফল কাজ কোন সময়েই অধিকাংশ ব্যক্তিকে হাজার রকম উপায়ে জানাবার প্রয়োজন হয় না। কোন স্থানের সমৃদ্ধি সাফল্য জলাশয় উন্নয়ন, সু-পরিবেশ, রাস্তার উন্নয়ন সহজেই তা অনুভব করতে পারবেন। ঢাক বাজাবার কি দরকার। খেয়ে পড়ে যথাযথ শিক্ষাস্বাস্থ্য পেয়ে উৎফুল্ল হৃদয়ে সবার অবস্থানই বড় ঢাক।

আবার কোন বিশেষ অঞ্চলের আনুমানিক ৫০০০ হেক্টর পরিমাণ স্থানের বৃষ্টিপাতের জল জমির ঢালের প্রকৃতি অনুসারে কোন না কোন ভাবে ঐ অঞ্চলেরই যে সমস্ত অপেক্ষকৃত নীচু জমি আছে বিশৃঙ্খলভাবে সেখানে অবস্থান করে। ঐরূপ নীচু জমির পরিমাণ আনুমানিক ৫০০ হেক্টর। জল দাঁড়িয়ে থাকার প্রবণতাযুক্ত স্থান ঐ অঞ্চলে একাধিক হতে পারে। জল সংরক্ষণ, সুপরিচলন দিকগুলিকে বলিষ্ঠ পদক্ষেপের মাধ্যমে স্থায়ী আকারের জলাশয় সমূহে ঐ ৫০০০ হেক্টর পরিমাণ অঞ্চলের বৎসরে প্রাপ্ত জল কোনরূপ ক্ষয়ক্ষতির কারণ না করে যত বেশী জল আবদ্ধ করে রাখা যায় তার প্রচেষ্টা নেওয়া। প্রয়োজনে বাৎসরিক বৃষ্টিপাতের জলের পরিমাণ বুঝে ঐ ৫০০০ হেক্টর পরিমাণ স্থানের এক চতুর্থাংশ অর্থাৎ আরও অধিক ৫০০ হেক্টর পরিমাণ স্থানে জলের আশ্রয় হিসাবে চিহ্নিত করতে হবে। সমগ্র বছরের বৃষ্টিপাতের জল যদি অঞ্চলেই আবদ্ধ করে রাখা সম্ভব হয় তবে কেবলমাত্র সঞ্চিত জলের মাধ্যমে নানা প্রকার অর্থনৈতিক উন্নয়নের দিকগুলি খুঁজে পাওয়া যাবে। অর্থনৈতিক উন্নয়নের বিভিন্ন দিকগুলি আমাদের এই

দেশের পক্ষে খুবই সহায়ক দিক। তাদের যথাযথ প্রয়োগ এবং শ্রমের মাধ্যমে আগামী দিনের অশুভ দিকগুলির ইঙ্গিত সময়ে তা সম্পূর্ণভাবে অপসৃত হয়ে যাবে।

৫০০০ হেক্টর পরিমাণ অঞ্চলে বিশেষত গড় পড়তা গ্রামাঞ্চলে অধিবাসীর সংখ্যা ৫০০০ হাজার। গড়ে এক পরিবারে অধিবাসীর সংখ্যা চার জন হলেও ঐ অঞ্চলে ১২২৫ বাড়ি বা পরিবারের বাসস্থানের আশ্রয় আছে। গ্রামাঞ্চলে সর্বত্রই এই পরিবারসমূহ স্বাভাবিক সমাজব্যবস্থায় বাস করে চলেছে। এই ১২২৫টি পরিবারের প্রত্যেক ব্যক্তিই ঐ জলাভূমির ভাল মন্দের উপর অঙ্গাঙ্গীভাবে সম্পর্কযুক্ত। আবার এই পরিবার সমষ্টির মধ্যে পাঁচশতাংশ পরিবার অতি স্বচ্ছল দশ শতাংশ পরিবার স্বচ্ছল, দশ শতাংশ পরিবার সময়মত বীজ, সার সেচের জল, তৎসহ চাষের প্রয়োজনীয় উপাদান পেলে চাষ বাসের দ্বারা সংসার প্রতিপাল করে। দশ শতাংশ পরিবারের অতি সামান্য পরিমাণ কৃষিজমি আছে। কৃষিকর্মের দ্বারা তাদের পরিবারের নিত্য প্রয়োজনীয় দ্রব্যসমূহ সংগ্রহ করতে পারে না। তাই অতিকষ্টে দিন কাটায়। এ ছাড়া ঐরূপ অঞ্চলের অবশিষ্ট পরিবারসমূহ তাদের শ্রমের বিনিময়ে অর্থ উপার্জন করার চেষ্টা করে। কিন্তু আমাদের রাজ্যে এখনও শিল্পের আকারে কৃষির কর্মব্যবস্থা করা সম্ভব হয়নি। অতি সামান্য স্বচ্ছলচাষী পরিবার সময়ের ফুল, ফল, ফসল, সবজি চাষে প্রয়োজনীয় চাষের সামগ্রী অর্থের বিনিময়ে এবং ঐ শ্রমজীবি পরিবারের শ্রমের সাহায্যে চাহিদাযুক্ত কিছু কিছু ফসল সময়ে উৎপাদন্ করছে। তাতে শ্রমজীবি মানুষদের সাময়িকভাবে আরও কিছু বেশিদিন ঐ অঞ্চলে কাজ পাচ্ছে। অন্যান্য মাঝারি চাষী-পরিবার সময়ে অর্থ বিনিয়োগ করতে পারছে না। তাই বাড়তি ফসলও উৎপন্ন হচ্ছে না এবং পরিবারে কোনরূপ উন্নতিই হচ্ছে না। কষ্টেসৃষ্টে ঐ অঞ্চলে দিন কাটিয়ে চলেছে। সামান্য চাষী পরিবারের সদস্যগণ এবং শ্রমজীবি পরিবারের সদস্যগণ যুক্তভাবে সংখ্যায় অনেক। তাদের নিজেদের স্বাচ্ছল্যের জন্য এবং অন্যত্র গিয়ে যাতে প্রতিদিন কাজ পায় সেই আশায়, ঐ অঞ্চল ছেড়ে যাচ্ছেন। অঞ্চলের অধিবাসীর সংখ্যা কমল। চলে যাওয়া ব্যক্তিদের মধ্যে যাদের সামান্য জমি আছে যদি প্রবাসে ভালভাবে খেয়ে পড়ে বাঁচার মত অর্থ উপার্জন করতে পারেন তবে আর গ্রামাঞ্চলে আসেন না। কাউকে তদারকি শ্রমজীবি ব্যক্তির নিকট ভার দিয়ে যান। তাই ঐ জমিতে আগে যা ফসল হত এখন আর তাও হয় না। এই অবস্থায় ঐ সব গ্রামাঞ্চলের সর্বাঙ্গীন উন্নতির গতি খুবই শ্লথ। সমস্যা দিনদিন বাড়তে থাকে এবং অধিবাসীরা স্থান ত্যাগ করে।

৫০০০ হেক্টর পরিমাণস্থানে যে জলসম্পদ সম্বৎসরে বর্ষিত হয় তার যথাযথ সংরক্ষণের মাধ্যমে দারিদ্র পীড়িত গ্রামবাসীর রুজি রোজগারের নানা রকম পথ খুলে যাবে। আমাদের রাজ্যে সেচের জল অতি দুষ্প্রাপ্য সামগ্রী। প্রয়োজনে সেচের জলের কিছু কিছু ভয়াবহ ঘটনার সংবাদ মাঝে মধ্যে পাওয়া যায়। অঞ্চলের কৃষক পরিবার প্রাচীনকাল হতে অঞ্চলের সংস্কারবিহীন জলাশয় ও ডোবা নালায় যে সামান্য পরিমাণ জল থাকে

তার দ্বারা তার বোনা ফসলে সেচ দেয়। কিন্তু ইদানিং কালে অঞ্চলের কিছু ক্ষমতাবান ব্যক্তি গায়ের জোরে ঐ জলের দ্বারা নিজের ফসল রক্ষা করে। দুর্বল ব্যক্তিদের মাঠের ফসল সেচের অভাবে মাঠেই শুকিয়ে যায়। অতি সামান্য ফসল ঘরে তুলতে পারে। সময়ে সেচের জলের জন্য অনেক সময় অনেক জায়গায় দাঙ্গার সৃষ্টি হয় এমনকি খুনখারাবি পর্যন্ত হয়ে যায়। প্রয়োজনে সেচের জল এমনই মহামূল্য সম্পদ। তাছাড়া সুপানীয় জলেরও যথেষ্ট অভাব। তলদেশের জল উত্তোলন ছাড়া পানীয় জল পাওয়া দুষ্কর। তাও এখন দূষিত হয়ে গিয়েছে তলদেশে জলের ভাণ্ডার। এমতাবস্থায় বর্ষাকালের জমির উপরিভাগের জল সংরক্ষণ এবং যে পরিমাণ তলদেশের জল নিঃশেষিত হয়ে পড়েছে তার পরিপূরণ করতে বর্তমানে খুবই জরুরি বিষয়। এই জরুরি বিষয়কে যথাযথ গুরুত্ব দিতে হলে ঐ ৫০০০ হেক্টর পরিমাণ অঞ্চলের ৫০০০ অধিবাসী কি উপায়ে তাদের অঞ্চলের জল সংরক্ষণ করতে পারবে এবং তার দ্বারা অঞ্চলের সবাইয়ের সুরাহা হয় তা আলোচনা করা যাক।

অঞ্চলের অধিবাসীদের মধ্যে নানারকম শ্রমের দ্বারা জীবিকা নির্বাহ করে তাদের শতকরা ৬৫ জন ব্যক্তি কোন নির্দিষ্ট মাসে সব দিনই কাজ পাবে বা থাকবে তার কোন স্থিরতা নেই। অঞ্চলের এই ৬৫ শতাংশ ব্যক্তি কেবলমাত্র শ্রম সম্পদ দ্বারাই পরিবারে জীবিকার সংস্থান করে। এলাকার মরশুমী চাষে অর্থাৎ বর্ষারম্ভে ধান চাষের সময়ে এবং হেমন্তে ফসল কাটা এবং তার রক্ষণাবেক্ষণের কাজে মোট তিন মাসের কাজের ব্যবস্থা থাকে। এই তিনমাসে চাষের এবং ফসলের সঙ্গে সম্পর্কযুক্ত আরও কিছু ব্যক্তির কর্মসংস্থান হয়। বাকি নয় মাস কাজ পাওয়া ভাগ্যের উপর নির্ভর করে। এই অনিশ্চয়তার হাত থেকে রক্ষা পাওয়ার জন্য হয় অসামাজিক কাজকর্মে লিপ্ত হয়ে অঞ্চলের সামাজিক পরিবেশ নষ্ট করে, না হয় অঞ্চল ত্যাগ করে এবং কাজের সন্ধানে শহর বা শিল্প কারখানার দিকে চলে যায়। এইরূপ পরিস্থিতিতে আমাদের দেশের অর্থনৈতিক উন্নয়নের যে মূল বিষয়সমূহ সেখানে লক্ষণীয়ভাবে মন্দা এসে যায়। ফলস্বরূপ যে দেশ সর্বাংশেই কৃষিকর্ম এবং কৃষিজাত পণ্যের উৎপাদন ব্যবস্থাপনা, প্রক্রিয়াকরণ ও উন্নতমানের কৃষির দেশ তার বিষয়ে যথাযুক্ত গুরুত্ব পায় না। স্থান ত্যাগী জনসম্পদ সামগ্রীক উন্নয়নের সঙ্গে সংযুক্ত না হয়ে প্রথমে বিভ্রান্তি পরে ভিন্নতর পরিবেশে অতি কষ্টে মানিয়ে নিয়ে এবং নানাভাবে শ্রম না করে অর্থ উপার্জন করার দিকে প্রলোভিত হতে থাকে। এইরূপ অবস্থা যা সামাজিক বিশৃঙ্খলতার এবং শ্রমবিমুখতার অবস্থা। এই অবস্থায় ঐসব ব্যক্তির নিকট দেশ, দেশাত্মবোধ, দেশের জনগণ, দেশের উন্নতি ও অগ্রগতি একেবারেই প্রাধান্য পায় না। কেবলমাত্র নানারকম অনুন্নয়নমূলক কাজের সঙ্গে যুক্ত হয়ে নিজের সমৃদ্ধির দিকটাই শুধু দেখে। তাই উপর উপর উন্নয়নমূলক পরিকল্পনাগুলি এত বেশী .... থাকলেও গুটি কয় স্বার্থান্ধব্যক্তিদের উন্নয়ন ছাড়া সমভাবে সবাইয়ের উন্নতি হয় না। বাস্তবক্ষেত্রে বৃহত্তর অবস্থায় সামগ্রিক উন্নতি হতে অবনতির পাল্লাই বেশি ভারি হয়। ৬৫ শতাংশ ·

শ্রমজীবি পরিবার যারা গ্রামাঞ্চলেরই অধিবাসী তাদের নিজ অঞ্চলে সন্তুষ্ট চিত্তে হাসিমুখে উন্নয়নের সঙ্গে যুক্ত হয়ে আনন্দ পাবে। সেই সঙ্গে কিছু সুফলও লাভ করলে যৌথভাবে এবং উৎসাহসহকারের কর্মব্যবস্থার সঙ্গে যুক্ত হয়ে উৎসাহ এবং তৃপ্তি পাবে। এই প্রকারের অঞ্চলের সমৃদ্ধির জন্য যে কোন কাজই হোক না কেন সবাই যথাযথভাবে রূপায়তি করবে। অঞ্চলের এইরূপ উন্নয়নমূলক কাজ করার সঙ্গে সঙ্গে সামগ্রিক উন্নয়নের দিকগুলিও উন্নত হবে।

আমাদের দেশের জলসম্পদ সুদূরপ্রসারী সম্পদ সৃষ্টির সম্ভাবনায় পরিপূর্ণ। তাই জলসম্পদের উপযুক্ত গুরুত্ব দিয়ে তাকে নানারকম সম্পদ সৃষ্টির কাজে নিযুক্ত করা ছাড়া অন্য কোনো উপায়ে সম্পদ সৃষ্টির আর কোন সহজ উপায় নেই। জলসম্পদকে কাজে লাগানোর প্রয়োজনে ঐ ২০০০ হেক্টর পরিমাণ স্থানের জলসম্পদকে প্রথমে মজা জলাশয়, পুকুর, বিল, নিম্নভূমি সংস্কার করে তাতে আবদ্ধ করে রাখা। প্রয়োজনে নূতন নূতন জলাশয় খনন করে সর্বাধিক পরিমাণ কাজগুলি উন্নয়নের স্বার্থে ঐ অঞ্চলে থাকবে অধিবাসীবৃন্দই তা সম্পূর্ণ করে রাখবে। তাদের প্রাপ্ত জল তাদের অঞ্চলে আবদ্ধ করে রাখবে।

এবার ১০০০ হেক্টর পরিমাণ অঞ্চল বিশেষ করে পুরুলিয়া, বাঁকুড়া, বীরভূমের পাহাড়ী অঞ্চলে বা ছোট অঞ্চলের দৃষ্টান্ত দিয়ে দেখা যাক। এই পরিমাণ অঞ্চলের মধ্যে জনবসতি, কৃষি জমি, রাস্তা, বনাঞ্চল উন্মুক্ত জমি, জলাজমি পুকুর, ডোবা প্রভৃতি সবই আছে। ১০০০ হেক্টর পরিমাণ স্থানে ১০০০ জন অধিবাসী বা ১২৫টি পরিবার আছে। ঐ ১২৫টি পরিবারে প্রতিটি সদস্যই ঐ অঞ্চলের সম্পদের উপর নির্ভরশীল। কাগজে কলমে এক চতুর্থাংশজমি জলাজমি হিসাবে চিহ্নিত হয়ে আছে। বাস্তবে অঞ্চলের সর্বত্র অনুসন্ধান এবং জরীপ করে দেখা গেল কেবলমাত্র ১০০ হেক্টর মত অতীতের নির্মিত বা প্রাকৃতিক জলাশয় যা সংস্কারবিহীন অবস্থায় পড়ে আছে। বাকি ১০০ হেক্টর পরিমাণ নীচু জমিতে জল ও সময়ে আশ্রয় পায় না আবার উপযুক্ত কৃষি জমিরও আকার পায় না। নিজ মালিকানার ব্যক্তিগণ যেমন তেমন করে এধার ওধার থেকে মাটি সংগ্রহ করে চাষের জমি করছে। বাকি-সরকারী মালিকানার জমি অবহেলায় পড়ে আছে। নীচু অঞ্চলকে বিক্ষিপ্তভাবে ব্যবহারের কারণে আরও নূতন নূতন নীচু জমির সৃষ্টি হয়ে চলেছে। পূর্বে নীচু জমিতে চিরাচরিত উপায়ে যে ভাবে জল অবস্থান করতো বিক্ষিপ্তভাবে ব্যবহারের কারণে বর্তমানে নূতন নূতন অঞ্চলে জলমগ্ন হওয়ার প্রবণতা বাড়িয়ে চলেছে। এই হল ২০০ হেক্টর পরিমাণ জলাভূমির হিসাব। অতিরিক্ত আরও ৫০ হেক্টর পরিমাণ সুবিধাযুক্ত স্থানকে জল সংরক্ষণের স্থান হিসাবে চিহ্নিত করা প্রয়োজন।

২৫০ হেক্টর জমি, যে জমিকে কেবলমাত্র বাৎসরিক বৃষ্টিপাতের জলের অবস্থানের জন্যই নির্দিষ্ট রাখতে হবে। স্থায়ী এবং প্রাকৃতিক যেসব মজা জলাশয় আছে তাদের গড় গভীরতা কোনক্রমেই এক মিটারের অধিক নয়। ১০০০ হেক্টর পরিমাণ স্থানের বর্ষণের

জল ধরে রাখতে হলে খুব কম করেও ৫ মিটার গভীরে অবশ্যই করতে হবে। স্থানবিশেষে জলাশয়ের গভীরতা ৬ মিটারও হতে পারে। যদি উল্লিখিত অঞ্চলে জলাশয়সমূহের গভীরতা ৫ মিটার করা হয় তবে ঐ সব জলাশয় সমূহতে ৪ মিটার গভীর জল ২৫০ হেক্টর পরিমাণ জমিতে রাখা সম্ভব হবে। অঞ্চলে অবস্থিত মজা জলাশয়সমূহ যা পূর্ব হতেই আছে তাদের মাটি উত্তোলন নূতন খনিত জলাশয়ের মাটি হতে কম হবে। যদি সর্বত্র মজা জলাশয়সমূহের সংস্কারপ্রাপ্ত গভীরতা ন্যূনতম ধরা যায় তবে উত্তোলিত মাটির পরিমাণ হবে

২৫০ হেক্টর × ৪ মি বা ২৫০০০০০ ব. মি. × ৪ মি.

= ১০০০০০০০ ঘন মিটার

এই মাটি উত্তোলন এবং স্থানান্তকরণ, জনবসতি, এলাকার উঁচুকরণ জমিতে মাটি ফেলে (সারমাটি) একাধারে জল দাঁড়িয়ে থাকা নীচু চাষের জমি উঁচু করাও জৈব সার সংযুক্ত হওয়ার কারণে পর্যাপ্ত ফসল প্রাপ্তির পথ করতে পারে। জৈব সার প্রয়োগ হেতু, মূল্যবান রাসায়নিক সারবর্জন তৎসহ মারাত্মক কীটনাশক ঔষধ ও রোগপোকার বিষ বর্জন। কীটনাশক ঔষধ ও রোগ পোকার বিষে আর্সেনিক জাতীয় বিষ আছে। ঐ বিষ এবং অন্যান্য ক্ষতিকারক বিষ ও ঔষধ জলে এবং শষ্যে কিছু পরিমাণ থাকেই এবং আমাদের শরীরেও প্রবেশ করে। আবার ঐ বিষ জলে দ্রবীভূত হয়ে ধীরে ধীরে মাটির অভ্যন্তরে প্রবেশ করে এবং ভূতলে নীচের জলকেও দূষিত করে। বর্তমানে মাটির তলদেশে আর্সেনিক দূষণের কারণের মধ্যে কোন কীটের ঔষধ একটি।

জলাধার সংস্কার এবং নূতন জলাশয় খনন কাজ এককথায় বিশাল মহাকাজ আবার মহান কাজও। জলাধার সংস্কার এবং খনন কর্ম যদি ঐ অঞ্চলের অধিবাসীবৃন্দই সিদ্ধান্ত নিয়ে নিজেরাই শৃঙ্খলাসহকারে মাটি খনন উত্তোলন এবং অপসারণ করেন এবং এই কাজে আর কোন বিরাট অঙ্কের অর্থের প্রয়োজন হবে না। আবার কাজ আরম্ভ করার ছয়মাস কি একবছরের মধ্যেই কিছু আর্থিকসহ অন্যান্য সুবিধা পাবেন। অতপর একটি নির্দিষ্ট সময়সীমায় জলাশয় সম্পূর্ণ হয়ে যাবে। মাটিও অপসারিত হবে। পরবর্তী জলসম্পদ ব্যবহার বৈজ্ঞানিক উপায়ে করতে পারলে নানারকম সম্পদ সৃষ্টি করা সম্ভব হবে।

সর্বনিম্ন বার্ষিক গড় বৃষ্টিপাত যদি একমিটার হয় তবে সমগ্র বছরে মোট বর্ষিত জালের পরিমাণ হবে

১০০০ হেক্টর × ১০০০০ ব. মি. × ১০০০০০০০ ব. মি.

১০০০০০০ ব. মি. × ১ মি. = ১০০০০০০ ঘন মিটার বা এক কোটি ঘন মিটার।

আবার নূতন খনন করা এবং সংস্কারপ্রাপ্ত জলাশয়ের ক্ষমতা তাও এক কোটি ঘনমিটার। ১০০০ হেক্টর পরিমাণ স্থানে বছরে যদি এক মিটার গভীর বৃষ্টিপাত হয় তবে প্রতি বিন্দু জলও আবদ্ধ করে রাখা যায়।

যদি সর্বোচ্চ গড় বৃষ্টিপাত দুই মিটার ধরা হয় তবে জলের পরিমাণ হবে ১০০০০০০ ব. মি. × ২ মি. = ২০০০০০০০ ঘ. মি. অর্থাৎ দুই কোটি ঘন মিটার। বৃষ্টির জল সমগ্র অঞ্চলেই পড়বে এবং পতনের পর বিভিন্নভাবে স্থানত্যাগ করবে তা পূর্বেই বলা হয়েছে। এই অবস্থায় জল ধরে রাখার পরিমাণ অনেক কম হবে। জলাশয়সমূহ যা সৃষ্টি হলো স্বাভাবিকভাবে জলাশয়ের উপযুক্ত ক্ষমতার মধ্যেই থাকবে। অতিরিক্ত বিশাল পরিমাণের জল কোন বছরই উপচিয়ে গিয়ে পার্শ্ববর্তী অঞ্চলকে জলে ভাসিয়ে দেবে না বা জলমগ্ন করবে না। বর্ষিত জল বর্ষারম্ভ হতে বর্ষা শেষপর্যন্ত এবং বছরের অন্যান্য সময়ে যদি কোনদিন ভারি বৃষ্টিপাতের পরিমাণ বেশি হয় তবে সহজ উপায়ে যাতে বাড়তি জল সহজে সরে যেতে পারে তার ব্যবস্থা রাখা দরকার। আবার কোন বছর যদি বৃষ্টিপাতের পরিমাণ কম হয় তবে জলাশয় সমূহ হতে সঞ্চিত জল দ্বারাই চাষের ফসলের প্রয়োজনীয় সেচ দেওয়া সম্ভব হবে। জমিতে যে ফসল চাষ করা হয়েছে তা সময়ে সেচের জলের অভাবে শুকিয়ে যাবে না। সেই বছরের অনাবৃষ্টির জন্য জলাশয়সমূহের জল প্রায় সবই নিঃশেষিত হবার সম্ভাবনা থাকবে। তাতে প্রধানত ক্ষতি হবার সম্ভাবনা থাকবে যে মাছ জলাশয়সমূহে চাষ করা হয়েছে তাদের। এই অবস্থায় অনাবৃষ্টির বছরে জলাভাবজনিত কারণে জলাশয়ের সমস্ত মাছই তুলে বিক্রয়ের ব্যবস্থা করতে হবে। অনাবৃষ্টির বছরে জলাশয়ের মাছ স্বাভাবিক বৃদ্ধির মুখে বা অতি ছোট অবস্থাতেই বিক্রয় করা হতে পারে। অনাবৃষ্টি বছরে মাছের চাষের কিছু ক্ষতি হবে ঠিকই কিন্তু মাঠে লাগানো ফসল রক্ষা পাবে। জলাভাবে শুকিয়ে যাবে না। অনাবৃষ্টির বছরের বিভিন্নরকম অসুবিধার মধ্যেও কিন্তু একটি অতি মূল্যবান সুবিধা পাওয়া যাবে। স্বাভাবিক বর্ষণের বছরে জলাধার সংস্কার করতে হলে জলাশয়সমূহের জল সম্পূর্ণভাবে অপসারণ করতে হতো। কিন্তু অনাবৃষ্টি বছরে জল স্থানান্তর করার কোনরূপ ব্যবস্থা করতে হবে না। তাই মাটি অপসারণসহ জলাশয়ের সর্বদিক জলাধারণের উপযুক্ত করা সম্ভব হবে। তাছাড়া জলাশয়ের নির্মাণকাল হতে প্রতি বছরই তাদের ক্ষমতা হ্রাস পেতে থাকে। সম্পূর্ণ জলহীন অবস্থায়, মজা জলাশয়ের সংস্কার কাজ এবং অপরাপর জলাশয়সমূহের মাটি উত্তোলনের কাজ ত্বরান্বিত হবে স্বাভাবিক গড় বৃষ্টিপাত প্রতি বছরই বেশ কিছু পরিমাণের গাছ পাতা, মলমূত্র মাটি জলের সঙ্গে জলাধারে এসে পড়ে এবং তলদেশে পড়ে তা থিতিয়ে যায়। জলাধার সমূহকে পূর্বক্ষমতায় আনার জন্য প্রতি বছরই সেই থিতিয়ে থাকা জৈব সার জলাশয় হতে তুলে সার হিসাবে চাষের জমিতে ব্যবহার করতে হবে। এই ব্যবস্থায় জলাশয়ের পূর্বের জলধারণ ক্ষমতা অক্ষুণ্ণ থাকবে। যত কমই জৈব-সার পাওয়া যাক না কেন চাষের সুপরিবেশ কিছু পরিমাণে রক্ষা পাবে, রাসায়নিক সার কম প্রয়োজন হবে এবং পরিবেশও অক্ষুণ্ণ থাকবে।

জলসম্পদের গুরুত্ব অনুধাবন করে এবং তদঅঞ্চলের সবারই সুবিধার কারণে অঞ্চলের ব্যক্তিগণই নিজেদের মধ্যে আলোচনা করে কি উপায় কাজ সম্পাদন করা যায় তা

ক্ষতিয়ে দেখবে। নিজেদের সুবিধা এবং স্বাচ্ছন্দ্যের কাজ নিজেরা করাই শ্রেষ্ঠ উপায়। অঞ্চলের জলসম্পদের যথাযথ নিয়োগ করে যে সম্পদ সৃষ্ট হল তাকে অবস্থার, অংশগ্রহণের পরিমাপের উপর এবং অঞ্চলের জমির কম বেশি মালিকানার উপর ভিত্তি করে যথাযোগ্যভাবে বণ্টনের মাধ্যমে বিলিব্যবস্থা করলে এবং কোন কোন বিষয়ে সরকারের নির্দেশ, সুপারিশ এবং ব্যবস্থাপনা থাকলে অনেক অহেতুক প্রশাসনগত এবং আইনগত বিষয় হতে অব্যবহতি পাওয়া যাবে। এবং উন্নয়নের কাজ ত্বরান্বিত হবে। অঞ্চলের সাফল্য অল্পসময়েই বাস্তবে রূপান্তরিত হবে। এই কর্মব্যবস্থায় সর্বপ্রধান এবং একমাত্র বিষয় হল কায়িক শ্রম এবং এই শ্রমের কোনো বিকল্প নেই।

জলসম্পদের সুব্যবস্থাপনা বিষয়গুলি কিভাবে পরিবেশ তথা অঞ্চলের সৌন্দর্যের বিভিন্নদিক হতে পারে তা ভাবনা চিন্তার কালে একটি ঘটনার উল্লেখ না করে পারা গেল না। আমার বাসস্থানের অতি নিকটেই একটি খাল আছে। পূর্বে সেই খাল হুগলি নদীর সঙ্গে যুক্ত ছিল। কিন্তু বিক্ষিপ্তভাবে এই দুই চার জনের সুবিধার নিমিত্ত খালের স্থানে স্থানে মাটি ফেলে বন্ধ করা হয়েছে। যাতে সবসময়েই সহজ যাতায়াতের পথ জলে ডুবে না থাকে। খালের দুই তীরেই পাকা রাস্তা এবং খালের ধার পর্যন্ত অনেকটা জায়গাতে অধুনা সামাজিক বন সৃজন পরিকল্পনায় তিন বছরের প্রচেষ্টায় শতকরা দশটি গাছ নিজের কাণ্ডের উপর দাঁড়ালো এবং নিজের জীবন রক্ষার প্রয়োজনীয় বস্তু গ্রহণ করে ক্রমে ক্রমে বড় হতে লাগলো। এখন এই দশ শতাংশ গাছই পুষ্পে পত্রে মনোরম দৃশ্য হয়েছে। কিন্তু বৃক্ষসমূহের তলদেশে এবং পার্শ্ববর্তী অঞ্চলে অস্বাস্থ্যকর পরিবেশের সৃষ্টি হয়েছে। স্থানীয় এবং আশেপাশের অঞ্চলের যাবতীয় মৃত পশু, পাখীর দেহ নিক্ষেপ, ঐ স্থানে যত্র তত্র মলমূত্র ত্যাগ, গৃহস্থালীর নানা আবর্জনা প্রভৃতি ফেলে স্থানটি মনুষ্য চলাচলের অগম্য হয়ে আছে যে অঞ্চল অনেকদূর হতে ঢালু হয়ে খালের দিকে এসেছে। বর্ষার জল স্বভাবতই ঢালু পথ বেয়ে খালে এসে পড়বে তাই জলের নিয়ম। কিন্তু নানারকম বাধার সম্মুখীন হয়ে জল অঞ্চলের বসতবাটির চারিধারে দাঁড়িয়ে থাকছে। খালের উভয়তীরের নিকটবর্তী অঞ্চলের চিত্রও একই রকম। বৃষ্টিপাতের অতিরিক্ত জল কোন উপায়েই খালে এসে পড়ছে না। যদিও খালটি জলের অবস্থান এবং জল চলাচলের কারণেই সৃষ্টি হয়েছিল। বর্তমানে নানারকম আগাছায় এবং আবর্জনায় পূর্ণ হয়ে খাল এবং বৃক্ষাচ্ছাদিত অঞ্চলও দুর্গম হয়ে আছে। খালের উভয়পাশের যে পরিমাণ অঞ্চলের গাছ বড় হয়ে উঠেছে তার তলদেশ যদি পরিষ্কার আবর্জনাবিহীন এবং নির্মল পরিবেশ থাকতো এবং মধ্যস্থানের খালটিতে যদি জলে পূর্ণ হয়ে থাকতো এবং তাতে মাছ থাকুক আর নাই থাকুক কিন্তু স্থানটি মনোরম হত। সুন্দর প্রাকৃতিক পরিবেশে একটু ভ্রমণ, বা একটু বসার ও ক্লান্তি দূর করার আশ্রয় হতো এবং মনের প্রশান্তি হতো।

এই স্থানে এবং স্থানের সুন্দর পরিবেশ সম্বন্ধে আমার এক প্রতিবেশীর নিকট বিষয়টি উল্লেখ করলাম এবং এও বললাম স্থানটি সুন্দর, পরিষ্কার হলে আমাদের মানসিক প্রফুল্লতা,

সকাল সন্ধ্যায় অবসর বিনোদন বা ভ্রমণ প্রভৃতির সুবিধার জন্য আমার তো বটেই এমনকি স্থানীয় প্রত্যেক ব্যক্তিরই সামর্থ অনুসারে স্বেচ্ছাশ্রম দেয়া দরকার। কেবলমাত্র কায়িক শ্রম এবং সুশৃঙ্খলা ও সহযোগিতা এই কাজের মূলধন। আমার এই কথার উত্তরে তিনি বললেন, 'এ জমিতো ফরেষ্ট ডিপার্টমেন্টের তারাই সব করবে। আমরা এ জমিতে হাত দিতে পারি না। আর যদি কিছু করার থাকে তো পৌরসভা করবে। আমার আপনার মাথা ব্যথার কারণ নেই। সরকারি সংস্থা বা পৌরসভা আমার স্বাচ্ছন্দ্যের, এবং স্থানের সৌন্দর্য্যের অতি সামান্য খুঁটিনাটির বিষয়ের প্রতি আমি এবং আমার প্রতিবেশীগণ সর্ব অবস্থাতেই নির্ভর করে থাকি তবে সুপরিবেশে বাস করা এবং অবসর বিনোদন করা কখনওই সম্ভব নয়। সরকার এবং পৌরসভার আন্তরিক আবেদন, অনুরোধ, এবং প্রচেষ্টা এবং আমাদের দলমত নির্বিশেষে একই প্রকার মানসিকতায় স্বতঃস্ফূর্ত সহযোগিতাই সুপরিবেশ রক্ষা করার প্রধান বিষয়। সরকার, পৌরসভা এবং স্থানীয় অধিবাসীদের পরিষ্কার (transperent) মানসিকতায় কাজ সম্পন্ন করা কি সম্ভব হবে? এটি অতি জটিল প্রশ্ন এবং তার সমাধানমূলক উত্তর ও একটি স্মরণীয় আবিষ্কার।

ইতিপূর্বে জলাশয় উন্নয়ন সম্বন্ধে যেসব বিষয় আলোচনা করা হোলো তাকে যথাযথ কার্যে রূপান্তরিত করাতে হলে বারংবার বলা কথা যেমন শৃঙ্খলাযুক্ত গোষ্ঠী-বদ্ধ জনসম্পদ, বিবেকেরে শাসন, ন্যায়, মানবিক ধর্ম, পরোপকার, প্রতিবেশীসুলভ আচরণ, নৈতিক দায়দায়িত্ব, দয়া, মমতা পরের দুঃখ কষ্টকে নিজের মনে করা প্রভৃতি মহান গুণযুক্ত ব্যক্তিবর্গের সমষ্টি এইরূপ প্রচেষ্টার অতি গুরুত্বপূর্ণ মূলধন। এইরূপ মহানগুণসম্পন্ন ব্যক্তিবর্গের সংঘবদ্ধ কাজ মনুষ্য-সৃষ্ট অনেক আইন কানুন অসার হয়ে যায়। মহৎ প্রচেষ্টায় মহান কাজই মানুষের ধরায় আসার আনন্দ। নির্দিষ্ট সময়ের ধরাতে অবস্থান যদি অতি সামান্যও অপরের সুখদুঃখের সঙ্গে একাত্ম হতে পারা যায় তার প্রাপ্তি জাগতিক সব সম্পদের উর্ধ্বে।

এ তো হলো অতি মানবিক ও মহামানবিক গুণসম্পন্ন পৃথিবীতে স্বর্গীয় অবস্থানের ব্যবস্থা। তাতো বাস্তবে সম্ভব হচ্ছে না। তার জন্যেই আইনকানুনের এত কড়া ব্যবস্থা।

এবার পার্থিব অবস্থাকে সমানে রেখে কিভাবে জলসম্পদের সুরক্ষা করা যায় তা আলোচনা করা যাক।

অঞ্চলের নূতন জলাধার খনন এবং মজা জলাশয় সমূহকে ঠিকমত সংস্কার করতে অঞ্চলের ১০০০ ব্যক্তির মধ্যে যে সকল উপযুক্ত এবং সমর্থ ব্যক্তির সংযুক্তি ত্বরান্বিত করবে এবং কাজ ঠিকমত সম্পন্ন হবে অঞ্চলে সেইরূপ একটি জনসমষ্টির সন্ধান। তারাই অঞ্চলের সবার সঙ্গে বিস্তারিত আলোচনা করে পরবর্তী সংস্কার এবং খননের কাজে অগ্রসর হবে। এই উপযুক্ত জনসমষ্টি বিবেচিত হবে অঞ্চলের সবার পরিষ্কার কামনার দ্বারা। এই কর্মদ্যোগ প্রথম দিকে যেসব ব্যক্তিদের (বাস্তবিকই) উপযুক্ত পারদর্শিতা আছে তারাই কাজের পরের পর ধাপগুলো ঠিক করবেন। এইসব ব্যক্তিবর্গের কাজের নমুনাই

তাদের উপযুক্ততার মাপকাঠি, বিশ্ববিদ্যালয়ের সর্বোচ্চ উপাধি নয়। এইরূপ ব্যক্তিদের সহযোগিতায় কাজের আরম্ভ হতে কাজ সম্পূর্ণ হওয়া পর্যন্ত একটি অতি পরিষ্কার কর্মপন্থা নির্ধারিত করবেন এবং অঞ্চলের অধিবাসীদের অবগত করাবেন। প্রাথমিক অবস্থায় সরকার এবং অঞ্চল পঞ্চায়েতের সহায়তা খুবই প্রয়োজন। সরকারি বিভিন্ন ব্যবস্থাপনা যা অঞ্চলের পঞ্চায়তী ব্যবস্থারই নামান্তর।

অতঃপর জলাজমি চিহ্নিতকরণ, নূতন জলাশয় খননের স্থান নির্বাচন, মাটি খনন, মাটি অপসারণ, মাটি বণ্টন কি ভাবে হবে; অঞ্চলের চারিপাশের জল কোন সহজ উপায়ে জলাধারে পড়বে, ব্যক্তিগত জলাজমির মাটি খনন ও অপসারণ, জলপ্রবেশের পথ নির্দেশ (জরিপের মাধ্যমে), জল বণ্টন, লভ্যাংশের বণ্টন, মৎস চাষ, মাছ বেচা কেনা প্রভৃতি বিষয়গুলি সরকারি নির্দেশেই সম্পাদিত হবে কোনরূপ মতভেদ হলে (যা হওয়া উচিত নয়) মতৈক্য এলে এবং নির্দেশিত বিষয়গুলি যাতে সঠিকভাবে পালিত হয় তার দিকে দৃষ্টি দিয়ে কাজ করে যেতে হবে। যে নির্দেশাবলী এবং সঠিক যোগ্য কর্মীগোষ্ঠী বিবেচিত হয়েছেন তাদের দ্বারা এবং অঞ্চলের সবাইয়ের জ্ঞাত কর্মপ্রণালী পূর্বেই যা বিশদ পরিকল্পনায় সবাই জেনে বুঝে অঙ্গীকার করেছেন যে পূর্ব সিদ্ধান্ত অনুযায়ীই সব কাজ সম্পন্ন হবে তা সত্ত্বেও কোনরূপ বিচ্ছিন্ন ঘটনাবলী কর্মযজ্ঞের অন্তরায় তা সরকারি বা সরকারকৃত উপদেষ্টাবলীর দ্বারা সত্বর জটিল অবস্থার মীমাংসা হবে এবং কাজের অগ্রগতি অব্যাহত থাকবে।

এই কাজে প্রাথমিকভাবে কিছু অর্থের প্রয়োজন। অপসারণজনিত কাজে বিশেষ করে এককোটি ঘনমিটার মাটির খনন উত্তোলন এবং অপসারণজনিত কাজে কিছু অর্থ লাগবে। যদি অতি কম করেও ধরা হয়, তবে এক ঘনমিটার মাটি খনন উত্তোলন এবং অপসারণজনিত কাজে কুড়ি টাকা হিসাবে যদি স্থির করা হয় তবে খনন অপসারণের জন্য ঐ অঞ্চলে ২০ কোটি টাকার প্রয়োজন হবে। যদিও এই পরিমাণ অর্থের প্রয়োজন হবে খনন কার্যে কিন্তু প্রাথমিকভাবে কিছু অর্থ ঋণদিলেই হবে। একটি স্থায়ী জলাধার পরববর্তী একসপ্তাহ খনন, উত্তোলন এবং মাটি অপসারণ হলে কিছু অর্থ .... পাওয়া যাবে। এইভাবে যদি ঋণের অর্থের দ্বারা খননজাতীয় কাজগুলো করা হয় পরের মাসে যে কাজ হবে তার খরচ আগের মাসের প্রাপ্ত অর্থ থেকে অনেকটা মেটানো সম্ভব হবে। সেই অবস্থায় ঋণও পরের মাসে কিছু কম নিলেই কাজ চলবে। তাই প্রাথমিক চিন্তা ধারায় যে বিশাল কুড়ি কোটি অর্থের প্রয়োজন হবে বলে স্থির হয়েছিল কার্য আরম্ভ হবার পর প্রায় অতি সামান্য পরিমাণ অর্থই ঋণ নেওয়ার প্রয়োজন হবে। এছাড়া ঐ মজা জলাশয় বা জলাভূমির মাটি পরীক্ষার পর স্থির হয় যে মাটিতে অনেক বেশি-পরিমাণে গাছের সার অর্থাৎ এন. পি. কে. আছে তবে ঐ মাটি এন. পি. কে-র মাপকাঠির উপর ভিত্তি করে মূল্য স্থির করা যাবে। অবশ্যই সেই মূল্য সাধারণ মাটি হতে অনেক বেশি হবে।

এখানে একটি অতি প্রয়োজনীয় কথা বলা দরকার। চাষ আবাদ বেশীমাত্রায় জৈবসার

প্রয়োগ করে এবং পরিবেশ সহায়ক প্রযুক্তির মাধ্যমে হওয়া দরকার। অত্যধিক রাসায়নিক সার এবং ভয়ঙ্কর ক্ষতিকারক কীটনাশক পদার্থের ব্যবহারে আমাদের চাষের জমি যে পরিমাণে ক্ষতিগ্রস্ত হয়েছে তার কিছু পরিমাণ সংশোধনের কারণে যতদূর সম্ভব জৈবসার প্রয়োগ খুবই জরুরী। এমতাবস্থায় সরকারী কিছু বিধি নিষেধ, প্রচার ও বিশ্লেষণের মাধ্যমে জৈবসার যাতে অধিক পরিমাণে জমিতে ব্যবহার হয় তার ব্যবস্থা করা। আমাদের চাষ ব্যবস্থায় অতি সহজ উপায়ে রোগ পোকার আক্রমণ হতে ফসল রক্ষা এবং বাজারে বেশী বেশী পরিমাণে শস্য সবজি, ফুল, ফল জোগান দেওয়ার কারণে মারাত্মক রকম বিষ জাতীয় কীটনাশক পদার্থ প্রায় সর্বত্রই ব্যবহৃত হয়। শস্য আনাজপাতি ও ফল যেভাবেই পরিষ্কার করে, জল দিয়ে ধুয়ে বিষ ক্রিয়া বিনষ্ট করার চেষ্টা হোক না কেন গ্রহণে মানুষ এবং জীবজন্তুর শরীরে বিষের কিছু অংশ অতি সামান্য পরিমাণের হলেও ফসল, ফলের সহিত প্রবশ করবে। বারংবার ব্যবহারের ফলে অনেক রকম নূতন নূতন কঠিন এবং সাধারণের চিকিৎসার উর্দ্ধে রোগের সৃষ্টি হচ্ছে এবং তা ক্রমে বেড়েই চলেছে। নূতন চাষ প্রণালীতে অর্থাৎ পর্যাপ্ত পরিমাণে ফসল উৎপাদনের কারণে অনেক বেশী পরিমাণে এবং বারে বারে রাসায়নিক সার এবং কীটনাশক ঔষধ ও বিষ ব্যবহার আবশ্যিক বিষয়। কিন্তু এই প্রকার চাষ প্রণালীতে জমিতে ফসল উৎপাদনের ক্ষমতা দিন দিন হ্রাস পায়। অনেক বছর ধরেই একমাত্র রাসায়নিক সার এবং কীটনাশক ঔষধ ব্যবহার করে আমরা ফসল পাচ্ছি। চাষের জমিও প্রায় বন্ধ্যাত্বে এসে পৌঁচেছে। আগের থেকে বেশী বেশী পরিমাণে সার এবং ঔষধ না ছিটালে ফসল পাওয়া যায় না। এই অবস্থায় প্রায় বন্ধ্যাত্বপ্রাপ্ত জমিতে মজা জলাশয়ের পচা পাঁক চাষের জমির স্বাস্থ্য পুনরুদ্ধার করতে সাহায্য করবে। চাষের জমির আবার স্বাভাবিক উৎপাদিকা শক্তি ফিরে আসবে। চাষের জমির বর্তমান ক্ষীন উৎপাদন ক্ষমতা পুনরুদ্ধার এবং জমিতে পূর্বের অবস্থায় চাষের কারণে পচা পাঁক মাটি প্রায় সবরকম ফসল উৎপাদনকারীরা সাদরে গ্রহণ করবে। ইতিমধ্যে অনেক বছর রাসায়নিক সারা প্রয়োগ করে চাষীরাও পরিবর্তন উপলব্ধি করেছেন। বর্তমানের সময়ানুযায়ী চাষ এবং উন্নত মানের চাষের ক্রিয়া কৌশলে অল্পবিস্তর প্রায় সব চাষী পরিবারই জানেন। সুতরাং মজা জলাশয়ের মাটি অপসারণ এবং উপযুক্ত অর্থমূল্যে বণ্টন খুব একটা কঠিন কাজ হবে না। পূর্বেই আলোচিত হয়েছে যে মজা জলাভূমির পাঁক মাটি ফসলের খাদ্যগুনসম্পন্ন মাটি, যাতে গাছের পুষ্টির অনেক উপাদান আছে। তাই এক ঘনমিটার মাটির সারে মূল্য সহ অতি অল্পমূল্যে অর্থাৎ প্রতি ঘনমিটার মাত্র ১৫ টাকা দরে বণ্টন করলে যে মাটি নেবে তার এবং মাটি উত্তোলনের প্রয়োজনে যে অর্থের প্রয়োজন হবে তারও আংশিক সুরাহা হবে। এইভাবে মজা জলাধার সম্পূর্ণভাবে সংস্কার প্রাপ্ত হবে।

উপরোক্ত পরিকল্পনা মত কাজে নামলে মাটি উত্তোলন এবং অপসারণ জনিত কাজ আরম্ভ করতে যে পরিমাণ অর্থ কাজ সম্পূর্ণ হতে লাগবে তার থেকে অর্থপ্রাপ্তির পরিমাণ

অনেক হবে। অঞ্চলের জনগণের সিদ্ধান্ত নেওয়া জলাশয়সমূহের খনন এবং সংস্কারের কাজ সম্পূর্ণ হতেই এককোটি ঘনফুট মাটির মূল্য সরাসরি পনের কোটি টাকা পাওয়া যাবে। এই অবস্থায় পূর্বে উল্লিখিত যে কুড়ি কোটি টাকার মূলধন এই কাজে প্রয়োজন হবে বলে স্থির হয়েছিল। কিন্তু দেখা যাচ্ছে কাজ আরম্ভ মুহূর্ত হতেই অর্থপ্রাপ্তি হচ্ছে। তাই এই জলাশয় বিষয়ক উন্নয়নের কাজে অর্থলগ্নীর প্রয়োজন আর কুড়ি কোটির বেশী নয়। একমাত্র মাটি হতেই যদি পনের কোটি টাকার সংস্থান হয় তবে অন্যান্য বস্তু যেমন জলাশয়ের জল, জলাশয়ের নিকটবর্তী অঞ্চলে জলদি উৎপাদিত ফুল, ফল, ফসল হতেও আরও অর্থের আমদানি হতে পারবে। সামান্য কিছু পরিমাণ অর্থের প্রয়োজন কাজ আরম্ভ মুহূর্তে দরকার হবে। বিশেষ করে দরকার হবে অঞ্চলের সবায়ের নিরলস শ্রম এবং শৃঙ্খলায় ও স্বচ্ছ মানসিকতায় কাজ। কিন্তু প্রচলিত ধ্যান, ধারনায় অভ্যস্ত অর্থ বিনিয়োগই একমাত্র প্রধান বিষয় নয়। আমার মতে কাজ চালনার ক্ষেত্রে আনুষঙ্গিক পাঁচটা বিষয়ের মধ্যে অর্থ একটি। কাজ হবে এবং অঞ্চলের অগ্রগতি ক্রমান্বয়ে বেড়ে চলবে যদি অঞ্চলের অধিবাসীদের উপলব্ধি, স্বচ্ছ মানসিকতা, অনুপ্রেরণা, শৃঙ্খলা, উদ্যম, সমষ্টিগত নিরলস শ্রম এবং নিয়মানুবর্তীতা। এই প্রয়োজনীয় বিষয়সমূহের প্রারম্ভে সরকারের যোগ্য ব্যবস্থায় যোগ্য ব্যক্তি দ্বারা নির্দেশিত এবং অনুপ্রাণিত হলে এইরূপ মহান কাজে সহজেই সাফল্য লাভ করা যায়।

এই তো হলো খনন এবং মাটি অপসারণ। মাটি জমিতে, বাস্তায়, অঞ্চলের বিভিন্ন স্থানে দেওয়ার সময়ে লক্ষ্য রাখা দরকার যাতে বৃষ্টির ঢল অতি সহজে জলাশয় সমূহতে গিয়ে পড়তে পারে। বৃষ্টির জলের এইরূপ স্বচ্ছন্দ চলন ব্যবস্থা থাকলে অনেকদিন পর্যন্ত জল সহজে জলাশয়ে পড়তে পারে। তাই আনুসঙ্গিক বাৎসরিক সংস্কারের কাজগুলি সামান্য ব্যবস্থার দ্বারাই সম্ভব হবে। সহজতম উপায়ে যে সমস্ত সহজ প্রাকৃতিক জল স্থানান্তরের ব্যবস্থা আছে তার সাথে সামান্য মাটি স্থানে স্থানে সরিয়ে বা ভরাট করে অঞ্চলের বৃষ্টিপাতের জলরাশি যাতে জলাশয় সমূহতে যেতে পারে তার প্রতি বিশেষ করে বর্ষাকালে লক্ষ্য রাখা। খননের বছরেই এই কাজ হবে না বা দৃষ্টি দেওয়াও সম্ভব হবে না। কারণ প্রাচীন ব্যবস্থায় জলের ঢল যেদিকে বহে তা জ্ঞাত থাকলেও নূতন অবস্থায় জলের গতি কোন কোন দিক দিয়ে অগ্রসর হবে এবং অঞ্চলের প্রায় সব বাড়তি জলই যাতে জলাশয়ে পড়তে পারে তার সর্বদিক বর্ষন এবং ঢল চলাকালে লক্ষ্য এবং চিহ্নিত করে রাখলে বর্ষাশেষে প্রয়োজনমত সংস্কার করা হলে প্রায় সব জলই অঞ্চলে অবস্থিত হবে। জরীপ এবং বাস্তব পরিস্থিতির সম্যক অনুসন্ধানে জল সংরক্ষন ব্যবস্থা সম্পূর্ণ হবে।

খনন এবং গড়বৃষ্টিপাতের সব জল কিভাবে নবনির্মিত এবং সংস্কারপ্রাপ্ত জলাশয়সমূহতে পড়বে তা বলা হলো। এবার বর্ষাশেষে জলাশয়সমূহ মাত্রানুযায়ী পূর্ণ হলো। জলে মাছ চাষ একটি অতি গুরুত্বপূর্ণ এবং অতি মূল্যবান অর্থকরী চাষ। বর্তমানে বিভিন্ন প্রকার তাড়াতাড়ি বেড়ে যাবে সেইরূপ প্রজাতির মাছের পোনা যা বড় হলে

প্রোটিন এবং পোষ্টির উপযুক্ত হবে। তাছাড়া নানারকম সুস্বাদু মাছের যেমন রুই, কাতলা, মৃগেল, বাটা, কই, মাগুর, চিতল, বোয়াল এবং অন্যান্য ছোট জাতের মাছের চাষ মাছের প্রকৃতি অনুসারে ভিন্ন ভিন্ন জলাশয়ে চাষ করা সম্ভব হবে। ক্রমে ক্রমে মধ্যবর্ষায় জলাশয়ে জলও পূর্ণ হতে থাকবে এবং ছোট ছোট মাছের পোনাও বৃদ্ধি পেতে আরম্ভ করবে। জলাশয়সমূহে বিশেষ করে দুই একটি জলাশয় ছাড়া এক বছরের বেশী সময় মাছ বাড়তে দেয়া সম্ভব হবে না। বর্ষা ঋতুতে যে সর্বাধিক পরিমাণ জল আবদ্ধ করে রাখা হল তিন মাস ধরে সেই জলকে নয় মাস নানা রকম কৃষিজাত ফসল উৎপাদনে সেচের কাজে ব্যবহৃত হবে। বর্তমানে বৈজ্ঞানিক উপায়ে বছরে একাধিক ফসল উৎপাদন করতে গেলে যে যে বস্তুসকল বিশেষভাবে প্রয়োজনীয় তার মধ্যে সময়ে জল দ্বারা সেচ দেওয়া খুবই জরুরী। সময়ে সেচ দেওয়ার একটি স্থায়ী আধার নবনির্মিত জলপূর্ণ জলাশয়সমূহ।

এখন কিভাবে মাটি খনন হবে, কিভাবে মাটি অপসারিত হবে, কোথায় কোথায় মাটি দিয়ে অঞ্চল ভরাট হবে, মাটিতে কি পরিমাণে জৈবসার আছে তার পরিমাণ, জলাশয়ে যাতে সহজে জল এসে পড়তে পারে তার ব্যবস্থা, জল অবস্থিত হলে কিভাবে মাছ চাষ করতে হবে তার ব্যবস্থা এবং কি কি প্রকারে মাছ চাষ হবে এবং সেই মাছ কোথায় কেমনভাবে বিক্রি হবে তা অঞ্চলের অধিবাসীরাই তাদের অঞ্চলের অবস্থার উপর নির্ভর করে সবরকম ব্যবস্থা করবেন।

সাধারণভাবে কোন একটি অঞ্চল যার আয়তন ১০০০ হেক্টর পরিমাপের জমি এবং যে অঞ্চলের বার্ষিক গড় বৃষ্টিপাতের পরিমাণ সর্বাধিক দুই মিটারের মত সেই অঞ্চলের মূল্যবান জলসম্পদের যা বছরে পাওয়া যায় সচারুরূপে ব্যবস্থার মাধ্যমে ঐ অঞ্চলের অর্থকরী উন্নয়নের দিকগুলোর আলোচনা করা গেল।

৩৭

ছোট এলাকায় জলাশয় সংস্কার ও নির্মাণ—অর্থবিনিয়োগ এবং প্রাপ্তি

কোন ছোট অঞ্চলের আয়তন ১০০ হেক্টরের মত আয়তনবিশিষ্ট স্থান যেখানে বসবাস এবং চাষ আবাদ প্রভৃতি সব কাজই হয়। সেই স্থানের জলাশয় এবং জল ধরে রাখার ব্যবস্থা কিভাবে করা যায় তা আলোচনা করা যাক। ১০০ হেক্টর স্থানে অতিতকালে যে সমস্ত জলাশয় নির্মিত হয়েছিল তা ব্যতিরিকে আর নূতন কোন জলাধার তৈরি করা হয়নি। অতিতের জলাশয়গুলির মধ্যে প্রায় অধিকাংশই মজা জলাশয়। তাতে জল ধরার ক্ষমতাও কম। পলি মাটি পড়ে পড়ে জলধারণ ক্ষমতা অনেকটাই হারিয়ে ফেলেছে। ঐ অঞ্চলে সর্ব মোট মজা ও সংস্কারবিহীন এবং একটি কি দুটি গভীর জলাশয় আছে তাদের আয়তনের সমষ্টি দশ হেক্টর পরিমাণ স্থান। তাছাড়া আছে চাষের জমির নিকটে বিচ্ছিন্নভাবে কিছু কিছু জায়গা, সেখানে বর্ষণকালে জল থাকে বলে চাষ হয় না। যেটুকু জল শেষ পর্যন্ত থাকে আশেপাশের ফসলে সেচ দিতে ফসল কাটার অনেক আগেই শেষ হয়ে যায়। এই সমস্ত নিচু জমি, ডোবা প্রভৃতির আয়তন তিন হেক্টরের মত। যাদের সর্বাধিক গভীরতা চতুষ্পার্শের অঞ্চল হতে এক মিটার নিচে। এই সমস্ত মজা পুকুর, নালা, ডোবা নিচু জমি প্রভৃতিকে তাদের প্রত্যেকের সর্বাধিক আয়তন স্থির করে, সেচের জলের এবং অন্যান্য কাজের জলের প্রয়োজনে যথেষ্ট জল ধরে রাখার ব্যবস্থা করলে ঐ ছোট অঞ্চলেই বৃষ্টিপাতের অনেক জল ধরে রাখা সম্ভব হয়। জলাশয়গুলি পূর্ণ গভীরতা পেলে ঐ সংরক্ষিত জলে বছরের বার মাসই মাছ চাষ করা যাবে। সেচের এবং অন্যান্য প্রয়োজনে জল কমে গেলেও যে পরিমাণ জল অবশিষ্ট থাকবে তাতে মাছ পালন করার কোন অসুবিধা হবে না। অবশ্য কোন বছর যদি অনাবৃষ্টি বা অল্পবৃষ্টি হয় তবে পুকুরসমূহ জলশূন্য হতে পারে। এইরূপ ছোট অঞ্চল যেকানে প্রাকৃতিক জলাশয়, নদী আছে স্বাভাবিকভাবেই ঐ স্থানের জলাঞ্চল সম্পূর্ণ অঞ্চলের এক চতুর্থাংশ হতে কিছু কম হবে। যদি ১৫ হেক্টর আয়তন বিশিষ্ট স্থানকে সর্বোতোভাবে জলের আশ্রয় হিসাবে স্থির করা হয় তবে ঐ অঞ্চলে আরও দুই হেক্টরের মত স্থানকে জলাধার খননের জন্য উপযুক্ত স্থানকে চিহ্নিত করতে হবে। মোট পনের হেক্টর পরিমাণ স্থানকে উপযুক্ত গভীর করে যাতে বর্ষিত জলের অনেকটাই আবদ্ধ করে রাখা যায় তার দিকে গুরুত্ব দেয়া। এইরূপ ছোট অঞ্চল যেখানে খানা, ডোবার পরিমাণও কম স্বভাবতই সেই সব অঞ্চলে বার্ষিক গড় বৃষ্টিপাতের জল কম হবে। যদি এই অঞ্চলে সর্বাধিক গড় বৃষ্টিপাতের পরিমাণ বছরে ১৫০ সে.মি. বা ১.৫ মি হয় তবে মোট জলের পরিমাণ হবে

১০০ হেক্টর × ১০০০ ব. মি. = ১০০০০০০ ব.মি.

$$১০০০০০০ \text{ ব.মি. } \times ১.৫ \text{ মি. } = ১৫০০০০০ \text{ ঘ.মি.}$$
বা ১৫ লক্ষ ঘন মিটার।

বার্ষিক জলের প্রায় সবটাই ব্যবহারের কারণে জলাশয় সমূহের গভীরতা প্রয়োজনানুযায়ী বাড়াতে হবে। সাধারণ অবস্থায় প্রত্যেকটি জলাশয়ের গভীরতাই পাঁচ মিটার ধরে হিসাব করা যাক।

এখন এই ১৫ হেক্টর পরিমাণ অঞ্চলকে পাঁচ মিটার গভীর করতে হবে। স্থায়ী জলাশয় সমূহের গভীর করার কারণে মাটি কিছু কম উত্তোলন করতে হবে। কিন্তু নূতন বা নীচু জমিকে প্রায় পাঁচ মিটার গভীর পর্যন্ত মাটি কাটতে হবে। মাটি কাটতে এবং সরাতে লোকবলের প্রয়োজন, যেখানে কায়িকশ্রমই একমাত্র অবলম্বন।

স্বাভাবিকভাবে এই ১০০ হেক্টর পরিমাণ স্থানে ১০০০ জন অধিবাসী বসবাস করে। যদি গড়ে প্রতি পরিবারে চার জন করে লোক আছে বলে ধরা হয় তবে ঐ অঞ্চলে পরিবারের সংখ্যা ২৫০ জন। এই ১০০ হেক্টর জমি ঐ ২৫০টি পরিবারের এবং সরকারের মালিকানাতেই ন্যস্ত আছে। অঞ্চলের ২০টি পরিবারের উদ্যম, নিরলস শ্রম সাথে সরকারের আন্তরিক সহযোগিতার মাধ্যমেই জলাশয়সমূহে সংস্কার এবং খনন কাজ সুসম্পন্ন হতে পারে। জলাশয়সমূহ পূর্ণ ক্ষমতায় ঐ স্থানের জলই আবদ্ধ হলে ঐ জলের দ্বারা অঞ্চলের অধিবাসীদের অর্থনৈতিক উন্নয়নের পথ প্রশস্ত হয় সাথে সাথে প্রকৃতি, পরিবেশ এবং চলাচলের রাস্তা সুন্দর, সুপরিবেশ এবং স্বচ্ছন্দ হয়। তাই সবার ঐকান্তিক আগ্রহ এবং বাস্তব সহযোগিতা স্বভাবতই স্বতঃস্ফূর্ত হওয়া অতি আবশ্যিক বিষয়। নিজেদের স্বীয় কাজ মনে করে প্রাথমিকভাবে নিজেদেরই এগিয়ে আসতে হবে। কাজের একমাত্র মূলধন উদ্যম এবং দৈহিক শ্রম। সবাই সমভাবে আগ্রহ নিয়ে কাজ আরম্ভ করার দিকে অগ্রসর হলে সরকারী ব্যবস্থাও নিশ্চুপ থাকতে পারে না। সরকারী প্রয়োজনীয় ব্যবস্থাগুলোও স্বভাবতই তখন আসতে বাধ্য হবে। সরকারী ব্যবস্থাসমূহ এবং নির্দেশাবলীকে সহযোগী করে নিজেদেরই কাজ এই দায়িত্ব সবাই বহন করে জলাশয় সংস্কার এবং খনন কাজ আরম্ভ করলে সাফল্য আসবেই এবং তার ফলে জীবন যাত্রার মান অতি অবশ্যই সর্বদিকে উন্নত হবে। সবাই খেয়ে, পড়ে, শিক্ষা, স্বাস্থ্য পেয়ে বাঁচবে।

জলাশয় খনন, মজা জলাধার সংস্কার এবং আনুষঙ্গিক উন্নয়নের প্রথম কাজ আরম্ভে কিছু অর্থের প্রয়োজন হবে। আমাদের রাজ্যে বিশেষ করে গ্রামাঞ্চলে যারা বাস করে তাদের অধিকাংশই শ্রমের বিনিময়ে উপার্জন করেন তা দৈনিক খাওয়া পরাতেই কষ্টেসৃষ্টে দিন চলে যায়। আবার বছরের সব মাসেই কাজ থাকে না। তাই উপার্জনও হয় না। তাই কিছু না কিছু ঋণ অধিকাংশ গ্রামবাসীদের থাকে। গ্রামের সামান্য কয়েকজন ব্যক্তি যৎসামান্য সঞ্চয় করতে পারেন। এই অবস্থায় প্রাথমিক খনন কাজে সাময়িকভাবে কিছু টাকা ঋণ হিসাবে পেলে খনন এবং সংস্কার কাজ সহজেই আরম্ভ করা যায়। অর্থ ঋণের এবং পরিকাঠামো ব্যবস্থাপনায় আঞ্চলিক ব্যাঙ্ক বা গ্রামে অবস্থিত গ্রামীণ ব্যাঙ্ক এং সরকারের

বিভিন্ন অর্থদানের সংস্থা প্রয়োজনীয় অর্থ ঋণ দিলে কাজ ভালভাবেই করা যেতে পারে।

অঞ্চলের ২৫০টি পরিবারের মধ্যে ২৫০ জন সমর্থ ব্যক্তি আছেন অল্পবিস্তর সবাই নানারকম কায়িক শ্রমে অভ্যস্ত। এই ২৫০ জন ব্যক্তির মধ্যে সবাই গ্রামে অবস্থান করে না। আবার কিছু কিছু ব্যক্তি অন্যান্য কাজে বা সমাজ সেবামূলক কাজে নিযুক্ত আছেন বলে সর্বসময়ের জন্য এইরূপ মহান কাজে লিপ্ত হতে সক্ষম হবেন না। তাই যথার্থ উপযুক্ত সবার আস্থাভাজন ব্যক্তিবর্গের মধ্যে প্রয়োজনীয় সংখ্যক ব্যক্তির একটি মিলিত গোষ্ঠি হবে। এই মিলিত গোষ্ঠি কাজের বিষয়গুলি জলাশয় সংস্কার, তাদের স্থান এবং আয়তন নির্ণয় কোথায় কোথায় নূতন জলাশয় খনিত হবে, জল কিভাবে জলাশয়ে পড়বে তা স্থির করবেন। এই কাজে নিয়োজিত ব্যক্তির সংখ্যা কত হবে তা কাজের প্রকৃতির উপর নির্ভর করবে। অঞ্চলের অধিবাসীর দ্বারাই সম্ভব হবে কিনা বা অন্য অঞ্চল হতে লোক সংগ্রহ করতে হবে কাজের পরিমাণ বুঝে তা স্থির করবেন। গ্রামের অধিবাসীই হোক বা বাইরের লোকই হোক যারা সমস্ত দিন কায়িক পরিশ্রম করবেন প্রত্যেককেই দৈনন্দিন নায্য প্রাপ্য মজুরী অবশ্যই দিতে হবে। কারণ যেসব ব্যক্তি কায়িক শ্রম করবেন তারা সবাই শ্রমের বিনিময়েই জীবিকা নির্বাহ করেন। আবার কিছু ব্যক্তি বা ঐ অঞ্চলেরই অধিবাসী সাময়িকভাবে দৈনিক মজুরীর আংশিক বা বিনা মজুরীতে এই মহান কাজ করবেন। আংশিক মজুরীপ্রাপ্ত ব্যক্তি এবং বিনা পারিশ্রমিকের অধিবাসীবৃন্দের শ্রমের মূল্য যখন জলসম্পদ ব্যবস্থাপনায় যে সুফল এবং অর্থ আমদানি হবে তা হতেই তাদের মজুরী বা শ্রমের মূল্য প্রদান করা সম্ভব হবে। তাছাড়া আরও অনেক দিক আছে যা কাজ আরম্ভ হবার সময়ে উপলব্ধি করা যাবে। উপযুক্ত এবং যথার্থ গুণসম্পন্ন সজ্জন ব্যক্তিদের ব্যবস্থাপনায় অঞ্চলের সবার সঙ্গে ঐক্যমত্য হয়ে কাজ আরম্ভ হলে অহেতুক ছোট খাট বাঁধা আসতে পারবে না এবং কাজও যথার্থ সাফল্যের দিকে অগ্রসর হতে পারবে।

অতঃপর কাজ আরম্ভ হলে জৈবসার সম্বলিত মাটি এবং নূতন খনন করা জলাশয়ের মাটি কিভাবে অন্যস্থানে নিয়ে যাওয়া হবে এবং সামগ্রিকভাবে কোন কোন স্থান যেমন সড়ক, রাস্তা বা অন্য কোন স্থান ভরাট করা হবে তা স্থির করতে হবে। সেইসব স্থানে কত ঘনমিটার মাটির প্রয়োজন হবে তার একটা সঠিক পরিমাণ নির্ণয় করতে হবে। পরবর্তী অবস্থায় অঞ্চলের সবায়ের চাষের জমিতে সারযুক্ত মাটি কে কত পরিমাণ নেবে তার সঠিক পরিমাণ জানা প্রয়োজন। অঞ্চলের মাটি যাতে অঞ্চলেই প্রয়োজনীয় এবং উপযুক্ত স্থানে থাকে তার প্রতি দৃষ্টি দেওয়া খুবই জরুরী। যদি সবাই প্রয়োজনীয় সার মাটি বা অন্যা মাটি প্রয়োজন মত নেবার পরও অবশিষ্ট থাকে তবে উদ্বৃত্ত মাটিকে সর্বসিদ্ধান্তনুযায়ী ইট তৈরি করে নিজেদের বসতবাটীর তৈরি প্রভৃতি দিকগুলির মীমাংসা খনন, উত্তোলন কাজের সঙ্গে সঙ্গেই করতে হবে।

পনের হেক্টর আয়তন বিশিষ্ট স্থানের প্রথম তের হেক্টর পরিমাণ জলাশুলের গভীরতা হবে গড়ে তিন মিটার এবং অবশিষ্ট দুই হেক্টর পরিমাণ স্থানের গভীরতা হবে পাঁচ মিটার।

সুতরাং আংশিক খনন এবং মাটি উত্তোলন করতে হবে যথাক্রমে

(ক) ১৩ হেক্টর বা ১৩০০০০ ব.মি. × ৩ মি. = ৩৯০০০০ ঘন মিটার

(খ) ২ হেক্টর বা ২০০০০ ব.মি. × ৫ মি. = ১০০০০০ ,,

মোট—৪,৯০,০০০ ঘ. মিটার

প্রতি ঘনমিটার মাটি খনন এবং উত্তোলন করতে যদি সর্বনিম্ন কুড়ি টাকার প্রয়োজন হয় তবে ৪,৯০,০০০ ঘনমিটার মাটি খনন এবং উত্তোলন কাজে অর্থের প্রয়োজন হবে

৪,৯০,০০০ × ২০ টাকা = ৯৮,০০,০০০ টাকা

প্রারম্ভিক কাজের বা কাজ আরম্ভের আগে মোট অর্থের যদি এক চতুর্থাংশ বা ২৪,৫০,০০০ টাকা অগ্রীম ঋণ হিসাবে পাওয়া যায় তবে খনন এবং উত্তোলন কাজ আরম্ভ হবার মুহূর্ত হতে অর্থ আমদানি হতে থাকবে।

কি উপায়ে অর্থ আমদানি হবে তা দেখা যাক। সাধারণ ভাবে প্রতি লরীতে আনুমানিক দুই ঘনমিটার মাটি বহন করতে পারবে। আবার একটি গরুর গাড়ীতেও এক ঘনমিটার মাটি বহন করা যেতে পারে। প্রতি ঘনমিটার মাটি সামান্য পাঁচ টাকা হিসাবে মূল্য ধরলে অঞ্চলের অধিকাংশ অধিবাসী সন্তুষ্ট চিত্তে মাটি বহন করতে পারবে। গ্রামাঞ্চলে বিশেষতঃ জলাশয় সংস্কার স্থানে বা খনন স্থানে লরীর যাতায়াত করা বা লরী জোগাড় করা অসুবিধা হতে পারে। তাছাড়া লরীর ভাড়াও অনেক লাগবে। এই পরিস্থিতিতে গরুর গাড়ীই মাটি বহনের একমাত্র বাহন। প্রতি ঘন মিটার মাটি পাঁচ টাকা হিসাবে ৪,৯০,০০০ ঘন মিটার মাটির মূল্য হবে

৪,৯০,০০০ ঘন ফুট × ৫ টাকা = ২৪,৫০,০০০ টাকা

অর্থাৎ মাটি খনন এবং উত্তোলন হলেই সরাসরি ২৪,৫০,০০০ টাকা আমদানি হতে পারবে। মাটি গরুর গাড়ীতে তোলা এবং স্থানান্তরে নিয়ে যাওয়া যিনি মাটি কিনবেন তারাই করবেন। আগত অর্থের থেকে মজুরী এবং আনুসঙ্গিক খরচ বাদ দিয়ে বেশ কিছু ঋণ পরিশোধ করা সম্ভব হবে। এখানে সম্পূর্ণ মাটির মূল্যই ধরা হয়েছে। কিন্তু বাস্তবে সবমাটি রাতারাতি খনন এবং উত্তোলন সম্ভব হবে না। সেই অবস্থায় জনবলের পরিমাণ, তাদের কাজের অগ্রগতির উপর অর্থঋণ এবং ঋণ পরিশোধ করা যাবে। তাছাড়া যে গুটিকয় জলাশয় সংস্কার হল তার সঞ্চিত জল এবং মাছ হতেও আবার অর্থ আসবে।

কিন্তু বর্তমানের দুর্মূল্যের বাজারে যখন সবকিছু জিনিষেরই দাম বেড়ে চলেছে সেখানে মাটি যা মহামূল্য সম্পদ তার মূল্য কোনভাবেই এক ঘনমিটার মাটি সামান্য পাঁচ টাকার বিনিময়ে পাওয়া যুক্তিযুক্ত নয়। তাছাড়া যে মাটি গাছের খাদ্যগুনে ভরপুর তার মূল্য তো সাধারণ মাটি হতে বেশী হওয়া উচিত। এই পরিস্থিতিতে যদি কাউকে চিহ্নিত স্থানের মাটি প্রয়োজন মত পরিচালক গোষ্ঠীর নির্দেশ মেনে তার নিজের খরচেই খনন, উত্তোলন এবং স্থানান্তরিত করেন তবে পাঁচ টাকা ঘনমিটার দরে মাটি বিক্রয় করা খুব অলাভজনক হবে না। এই ব্যবস্থায় কেবলমাত্র সামান্য নির্দেশ এবং পরিদর্শনেই খনন

কাজ এবং সংস্কার কাজ সম্পন্ন হয়। এইভাবে যদি মাটি খনন উত্তোলন এবং অপসারান করা সম্ভব হয় তবে জলাধার খনন এবং সংস্কারের জন্য প্রাথমিকভাবে লোকবল এবং অর্থবলের প্রয়োজন হবে বলে মনে হয়েছিল তা কেবলমাত্র সঠিক সিদ্ধান্ত, পরিদর্শন ও সামান্য নির্দেশাবলীর দ্বারাই সম্ভব হতে পারে। আর যদি সিদ্ধান্ত নেওয়া হয় জলাধার খনন এবং সংস্কার নিজের অঞ্চলের লোকেরাই করবে এবং সঞ্চিত মাটি একস্থানে রাখা হবে। অঞ্চলের অধিবাসীগণ তাদের প্রয়োজন মত প্রতি ঘনমিটার কুড়ি টাকা দরে মাটি কিনে নিয়ে যাবেন। এই মূল্যও মাটি কেনার অনেক লোক পাওয়া যাবে। দ্বিতীয় ব্যবস্থায় মাটির মূল্য চর্তুগুণ পাওয়া যাবে। দ্বিতীয় ব্যবস্থায় টাকা পাওয়া যাবে—

২৪,৫০,০০০ টাকা × ৪ = ৯৮,০০,০০০ টাকা

অবশ্য দ্বিতীয় প্রক্রিয়ায় প্রাথমিক ভাবে মাটি খনন, উত্তোলনের কাজে বেশ কিছু টাকার প্রয়োজন। কিন্তু দ্বিতীয় অবস্থায় আরও অনেক বেশী টাকার প্রয়োজন হবে।

এই মাটি খনন, উত্তোলন এবং অপসারন জনিত কাজে অঞ্চলের বাড়ী, ঘর, রাস্তা, সড়ক, নীচু চাষের জমি উঁচু করন, চাষে জমিতে ছড়ানোর কারণে বিক্রয়মূল্য বলা হলো।

বর্তমানে অধিক ফসল উৎপানের কারণে যথেচ্ছ রাসায়নিক সার এবং ক্ষতিকারক কীটনাশক ঔষধ সর্বত্র ব্যবহার করা হচ্ছে। যথেচ্ছ রাসায়নিক সার ব্যবহারের ফলে মাটিতে ফসল উৎপাদন ক্ষমতা দিন দিন ক্রমশ কমে আসছে তার বিষয়ে সবারই সম্যক ধারনা হয়েছে এবং রাসায়নিক সার ব্যবহারের বিকল্প ব্যবস্থা হিসাবে পরিবেশ সহায়ক সার প্রয়োগের জন্য নানাদিকে ও নানাভাবে চিন্তা, পরীক্ষা, নিরীক্ষা এবং গবেষণা হয়ে চলেছে। কৃষিজাত ফসল উৎপাদনে চিরাচরিত যে প্রাকৃতিক ব্যবস্থার প্রয়োগেরর নিমিত্ত নানা প্রকার জৈবসার চাষের জমিতে দেওয়ার চেষ্টা করা হচ্ছে। প্রকৃতির সুস্থ অবস্থাকে আলোড়িত না করে প্রকৃতি সৃষ্ট জৈবসার প্রয়োগের দ্বারা চাষে ফসল উৎপাদন করার প্রবণতা প্রত্যেক চিন্তাশীল কৃষক পরিবারই ভাবছেন। এই অবস্থায় বহু বছরের সঞ্চিত পাঁকমাটি, যে মাটি কোনরূপ উদ্ভিদের খাদ্য হিসাবে ব্যবহৃত হয়নি সেইসব মাটিতে প্রকৃতির দেওয়া গাছের বাড়বাড়ন্তের দ্রব্যসমূহ অনেক পরিমাণেই আছে। মজা জলাশয়ের পাঁকমাটি এবং নূতন জলাশয় খনন করা মাটি বিশ্লেষণের মাধ্যমেই কি পরিমাণ গাছের সজীবতা এবং বৃদ্ধির প্রয়োজনীয় বস্তুসকল যেমন নাইট্রোজেন, ফসফেস এবং পটাশ আছে তার মূল্যায়ন করলে উত্তোলিত মাটির মূল্য আরও বেশী হওয়া উচিত। চাষের কাজে রাসায়নিক সারের বিকল্প যাতে মজা জলাশয়ের পাঁক মাটির দ্বারাই পরিপূরণ করা হয় সরকারী ব্যবস্থাও এই প্রচারে সক্রিয়ভাবে অংশ নেওয়া উচিত। পূর্বে উল্লিখিত জলের ঢলে উঁচু অঞ্চল হতে যে পলিমাটি জলাশয়, পুকুর বা বিলে পড়ে তার মধ্যে গাছের সারের পরিমাণ উল্লেখ করা হয়েছে। পনের হেক্টর পরিমাণ স্থানের চার মিটার গভীরতার মাটির মধ্যে পূর্বে উল্লিখিত হিসাব অনুযায়ী কি পরিমাণ নাইট্রোজেন, ফসফেট এবং পটাশ থাকবে তা হিসাব করা যাক। যদিও এক বছরের সঞ্চিত পলিমাটিতে যে পরিমাণ

জৈবসার জমা হয় তাতে প্রতি ১০০০ ঘনমিটারে ১০০ কেজি নাইট্রোজেন, ১০০০ কেজি ফসফেট এবং ৩০০০ কেজি পটাশ থাকে। সেইরূপ গভীরতা যদি চার মিটার হয় তবে ৪০০০ ঘনমিটারে নাইট্রোজেনের পরিমাণ হবে ১০০×৪=৪০০ কেজি, ফসফেট হবে ১০০০×৪=৪০০০ কেজি এবং পটাশ হবে ৩০০×৪=১২০০ কেজি

জলাশয়ের আয়তন সর্বমোট পনের হেক্টর বা ১৫০০০০ ব. মিটার

১৫০০০০ ব. মিটার × ৪ মিটার = ৬০০০০০ ঘনমিটার

প্রতি ১০০০ ঘ. মি. মাটিতে নাইট্রোজেনের পরিমাণ = ১০০ কেজি

৬০০০০০ „ „ „ „ =৬০০০ „

বা ৬ মেট্রিক টন

প্রতি ১০০০ ঘ. মি. মাটিতে ফসফেটের পরিমাণ = ১০০০ কেজি

৬০০০০০ „ „ „ „ =৬০০০০ কেজি

বা ৬০ মেট্রিক টন

প্রতি ১০০০ ঘ. মি. মাটিতে পটাশের পরিমাণ = ৩০০ কেজি

৬০০০০০ „ „ „ „ =১৮০০০০ কেজি

বা ১৮০ মেট্রিক টন

বর্তমানে বাজার দরে প্রতি মেট্রিক টন নাইট্রোজেনের মূল্য ৭০০০ টাকা, ফসফেটের মূল্য ৬০০০ টাকা এবং পটাশের মূল্য ৫০০০ টাকা

সুতরাং ৬ মেট্রিক টন নাইট্রোজেনের মূল্য = ৪২,০০০ টাকা

৬০ „ ফসফেটের „ = ৩,৬০,০০০ „

এবং ১৮০ „ পটাশের „ = ৯,০০,০০০ „

মজা জলাশয় ও নূতন খননকৃত জলাশয়ের মাটির সর্বত্রই একই পরিমাণ এন. পি. কে. নাও থাকতে পারে। যে হিসাব দেওয়া হল তার থেকে বেশী বা কম থাকতে পারে। কম বেশীর পরিমাণ খুব বেশী হেরফের হবে না। পাঁক মাটিতে এন. পি. কের পরিমাণ কম বেশী হওয়া নানা প্রকারে হতে পারে। চাষ হয় না এমন জমিতে সাধারণত: গাছপাতা এবং সামান্য পরিমাণ পশুপাখীর মলমূত্র বা মৃতদেহ প্রভৃতি চারিপাশের কৃষিজমির থেকে এসে পড়ে। আবার লোকালয়ের নিকটবর্তী অঞ্চলে বৃহৎ জলাশয়ের অঞ্চলেরর নানা প্রকার জৈববর্জিত পদার্থ এবং পশুপাখী এমনকি মানুষেরও মলমূত্র যথেষ্ট পরিমাণে জলাধারে এসে পড়ে। এই কারণে এন. পি. কের পরিমাণের হেরফের হয় যদিও পাক মাটিতে যে পরিমাণেই জৈবসার থাকুক না কেন তবুও ঐ পাকমাটিতেই গাছ যে সবুজ, সতেজ হয় এবং ফলনও বাড়ে তা অতি স্বীকৃত সত্য। এই অবস্থায় পরিমাণের হেরফের যদিও হয় বর্তমান চাষ ব্যবস্থায় এন. পি. কে অতিশয় পূর্ণ মূল্যবান সামগ্রী। তাই বেশী পরিমাণে এই পাকমাটি ব্যবহার করে উন্নত প্রণালীর অধিক ফসল উৎপাদন করতে নামমাত্র রাসায়নিক সার প্রয়োগ করলেই অনেক দিকের সুরাহা হবে। চাষের জমি এবং

উৎপাদিত ফসল অনেক পরিমাণে দুষনমুক্ত থাকবে যার ফলে গ্রহণে ক্ষতি হবে না। কৃষি জমির বন্ধ্যাত্ব নিবারিত হবে এবং বহু বছর ফসল উৎপাদনের উপযুক্ত থাকবে। অঞ্চলের এবং অঞ্চলের জলসম্পদও দুষণমুক্ত থাকবে। তাই জৈবসার বা মজা জলাশয় সমূহের স্তরে স্তরে থিতিয়ে থাকা পচা পাঁক চাষের জমিতে ব্যবহার করা খুবই জরুরী। এই প্রাকৃতিক জৈবসার প্রচলিত করার জন্য সরকার এবং বিশেষজ্ঞ ব্যক্তিদের সক্রিয় প্রচেষ্টা খুবই প্রয়োজন। পচা পাঁক চাষের জমিতে সার হিসাবে ব্যবহৃত হলে পরিবেশ উন্নত থাকবে, মূল্যবান রাসায়নিক সরা কম প্রয়োগে ফসলে রোগ পোকার আক্রমণ কম হবে, ফসল দুষণমুক্ত থাকবে, তাই সুস্বাদুও হবে। মূল্যবান রাসায়নিক সার আমদানির যে প্রচুর পরিমাণে অর্থ ব্যয় হয় তা হবে না। বছরের সব মাসেই জলাশয়ে যে জল থাকবে তার দ্বারা সেচের জলের সুব্যবস্থা হবে। জলাশয়ের জলে পর্যাপ্ত পরিমাণে মাছ পালন করা যাবে।

যাহোক অর্থ বিনিয়োগ এবং অর্থপ্রাপ্তির বিষয়সমূহ যা বলা হল তাতে পরিষ্কারই দেখা গেল উত্তোলিত মাটির মধ্যে যে পরিবেশ সহায়ক জৈবসার আরও অনেক বেশীও হতে পারে।

১০০ হেক্টর পরিমাণ স্থানে যদি সম্পূর্ণ বছরে সর্বাধিক ২০০ সে.মি. বা ২ মিটার বৃষ্টিপাত হয় তবে নবনির্মিত এবং সংস্কারপ্রাপ্ত জলাশয়ে কত পরিমাণ জল আবদ্ধ করে রাখা যায় তা দেখা যাক।

১৫ হেক্টর পরিমাণ জলাশয়ের জল অবস্থান করার সর্বাধিক ক্ষমতা ৪,৯০,০০০ ঘনমিটার

সম্পূর্ণ বছরে বর্ষনের জলের পরিমাণ, অঞ্চলের আয়তন

১০০ হেক্টর বা ১০০ × ১০,০০০ ব.মি. = ১০,০০,০০০ ব.মি.

পতিত জলের গভীরতা = ২ মি.

মোট জল ১০,০০,০০০ ব.মি. × ২ মি. = ২০,০০,০০০ ঘন মিটার

মোট বর্ষণের জলের পরিমাণ = ২০,০০,০০০ ঘন মিটার

অর্থাৎ এক চতুর্থাংশ পরিমান জল কোনরূপ অপসারণ, ভূতলে গমন বা উদ্ধাকাশে গমন ছাড়াই অঞ্চলে ধরে রাখা সম্ভব হবে। তাছাড়া পতিত জলের সবটাই যে জলাধারে থাকবে তাও নয়। বাহিত হওয়ার পথে, মাটির অভ্যন্তরে, রৌদ্রতাপে, গাছে, ঘাসে অনেক পরিমাণ জল বাদ হয়ে যাবে। এই প্রক্রিয়ায় অনিয়মিত এবং সময়ের বিরতিতে অবস্থিত জল অনেকটাই অপসৃত হবে। এই অবস্থায় বাড়তি জল যা অঞ্চল ডুবিয়ে রাস্তা ভাসিয়ে অন্যত্র চলে যায় তা কখনই হবে না। তাছাড়া এতো বলা হলো আমাদের রাজ্যের যে পরিমাণ বার্ষিক গড় বৃষ্টি তার থেকে অনেক বেশী ধরেই হিসাব করা হল। হিমালয় অঞ্চলের বৃষ্টিপাতের পরিমাণ বেশী। কিন্তু দক্ষিণ-পশ্চিম অঞ্চলে বার্ষিক গড় বৃষ্টিপাত ১৫০ সে.মির মধ্যেই থাকে। তাই কখনই জল বিশৃঙ্খলভাবে চারিদিক ভাসাবে না।

আবার অঞ্চল ছেড়েও চলে যাবে না। এই অবস্থা যদি রাজ্যের সর্বত্রই অনুসৃত হয় তবে প্রতি বছরের স্থায়ী ঘটনা অসংখ্য স্থানে প্লাবন, বাসস্থান জলে ডুবে যাওয়ার ফলে নিরাশ্রয় হওয়া, মাঠের বোনা ফসল জলে ভেসে যাওয়া, ধ্বসে অঞ্চল নিশ্চিহ্ন হওয়া, শতছিদ্র করে মাটির অভ্যন্তরের জল তুলে শেষ করা, জল তুলতে মহামূল্য পেট্রোল, ডিজেল পোড়ানো এবং তার দ্বারা বায়ু দূষণ প্রভৃতির সুরাহা হয়। সমগ্র রাজ্যের প্রাকৃতিক পরিবেশ অক্ষুন্ন থাকে এবং মারাত্মক রোগ, মহামারীর আক্রমণ হতে রক্ষা পেয়ে তারও বেশীদিন সুপরিবেশে বাস করা সম্ভব হয়।

ধরা যাক ২০ লক্ষ ঘনমিটার জলের মধ্যে সর্বাধিক ৪,৯০,০০০ ঘনমিটার জল জলাশয়গুলোতে থাকছে। বর্ষাশেষে এই পরিমাণ জলই থাকছে। আবার জল জলাশয়ে পড়বে বছরের বিভিন্ন সময়ে। অনেক দিনের তফাতেই হোক বা অল্প দিনের হোক বছরের যে কোন সময় বৃষ্টি হতে পারে। কোন কোন সময়ে বর্ষাকালের পরেও একনাগাড়ে দুই তিন দিন মুষলধারে বৃষ্টি হতে পারে সাধারণ এবং স্বাভাবিক রীতি অনুযায়ী বর্ষাকালেই বৃষ্টিপাত বেশী হয়ে জুন মাস হতে সেপ্টেম্বর পর্যন্ত। এই রীতিতে বর্ষাশেষে অর্থাৎ অক্টোবর মাসে জলাশয়ে জল থাকবে ৪,৯০,০০০ ঘনমিটার। জলাশয়ের জল বিভিন্ন কারণে ব্যবহার এবং সেচে খরচ হওয়া ছাড়াও বেশ কিছু পরিমাণ জল কমে যাবে বিভিন্ন প্রাকৃতিক কারণে। ধরা যাক মোট জলের এক তৃতীয়াংশ এইরূপ প্রাকৃতিক কারণে কমে যাবে। অবশিষ্ট জলের মধ্যে গ্রীষ্মকালের জলাভাবের সময়ে কম করেও ১,০০,০০০ ঘনমিটার জল অতি অবশ্যই জলাশয়ে থাকবে। তা নাহলে যে মাছের পোনা জলে ছাড়া হয়েছে তা বাড়তে পারবে না। এমনকি মরেও যেতে পারে। বাকি জল ৪,৯০,০০০ ঘনমিটার (১,৬৩,০০০ ঘ.মি. + ১,০০,০০০ ঘ.মি.) = ২,২৭,০০০ ঘ.মি.

বা, ২,২৫,০০০ ঘ.মি.

চাষের জমিতে সেচের কাজে নভেম্বর মাস হতে মে মাস পর্যন্ত সাত মাস ব্যবহার করা যাবে। নভেম্বর মাস হতে মে মাস পর্যন্ত সেচের জলের খুব অভাব দেখা যায়। কারণ ইদানিং প্রতি চাষী পরিবারই তার জমিতে একাধিক ফসল ফলানোর চেষ্টা করে। তাই ইদানিং সেচের জলের প্রয়োজনও খুবই বেশী। ফসল বাঁচাবার জন্য মাটির নীচের থেকেই হোক বা ফসলের জমির আশেপাশের খানা, ডোবা, পুকুর, দিঘী, বিল হতে যথেষ্ট পরিশ্রম এবং অর্থ ব্যয় করে জলের সংস্থান করা হয়। এই ২,২৫,০০০ ঘনমিটার জল স্বাভাবিক ভাবেই ১০০ হেক্টর পরিমাণ অঞ্চলের ৫০ হেক্টর পরিমাণ চাষের জমিতে সেচের জল হিসাবেই পাওয়া যাবে। প্রতি হেক্টর চাষের জমির জন্য ৪,৫০০ ঘন মিটার জল সেচের কাজে মজুত থাকবে। চাষের জমিতে সহজ ব্যবস্থায় জল প্রবেশ করানোর সুবন্দোবস্ত করলে সামান্য খরচেই জল সবার প্রয়োজনে সবারই জমিতে সরবরাহ করা সম্ভব হবে। বর্তমানে তো প্রত্যেকেই প্রয়োজনে সেচের জল মূল্যের বিনিময়ে ক্রয় করে

থাকেন এবং সেই অর্থের সমষ্টিগত পরিমারও কম নয়। জলাশয়ের জল যা যৌথ প্রচেষ্টায় ধরে রাখা হল তা অতি অল্প মূল্যেই বিশুদ্ধ জল যথেষ্ট পরিমাণে সবাই নিতে পারবেন। প্রতি ঘনমিটার জল নিজ নিজ কায়িক শ্রমের দ্বারা নিজের নিজের জমিতে নেওয়া বাবদ প্রতি ঘনমিটার জল যদি সামান্য দুই টাকার বিনিময়ে কেনেন তবে নামমাত্র মূল্যেই সবারই সেচের জল পাবেন। এই নামমাত্র মূল্যে সেচের জল ক্রয় করা কারও পক্ষেই অসাধ্য হবে না।

এবার সেচের জল হতে কি পরিমাণ অর্থ আসে তা দেখা যাক।

২,২৫,০০০ ঘ.মি. × ২ টাকা = ৪,৫০,০০০ টাকা

এক বছর সেচের জল প্রয়োজনে সরবরাহ করতে পারলে সাড়ে চার লাখ টাকা অনায়াসেই পাওয়া যাবে।

এবার এক বছরে জলে মাছের পোনা ছেড়ে অল্প সময়ের ব্যবধানে কি পরিমাণ অর্থ পাওয়া যায় তা দেখা যাক। জলাশয় সমূহকে সম্পূর্ণভাবে মাছশূন্য হিসাবে ধরে নিয়ে বর্ষারম্ভে মাছের পোনা জলে ছাড়লে কি হতে পারে তা দেখা যাক। যে আকারের মাছের পোনা ছাড়া হবে তা এককথায় ডিম ফোটাবার পর চলমান বস্তু। অবশ্য ঐরূপ ক্ষুদ্র পোনা নবনির্মিত বা সংস্কারপ্রাপ্ত জলাশয়ে বেচেবর্তে থেকে বড় হতে পারে তার দিকেও লক্ষ্য রাখতে হবে। এইরূপ অতি ক্ষুদ্র মাছের এক ঘন সেন্টিমিটার পরিমাণ পোনার সংখ্যা হবে পাঁচ হাজার। সেই হিসাবে ১০০ ঘন সে.মি. পোনার সংখ্যা হবে পাঁচ লক্ষ্য। প্রতি হেক্টর পরিমাণ জলাশয়ে মাছের পোনার প্রয়োজন হবে আনুমানিক প্রায় এক কোটির মত। আরও সূক্ষ্ম হিসাব করতে পারবেন মাছের চাষে যাদের অভিজ্ঞতা আছে। সেই হিসাবে পোনা কমও লাগতে পারে আবার বেশীও লাগতে পারে। মোটামুটি হিসাব অনুযায়ী মাছের পোনার ...... হতে হবে হেক্টর প্রতি দুই হাজার ঘন সেন্টিমিটার। এই পোনার বড় হতে হতে বেশ কিছু সংখ্যক পোনা বিভিন্ন সময়ে বিভিন্নভাবে নষ্ট হবে বা মরে যাবে। এই এক কোটি ক্ষুদ্র পোনার মধ্যে সবরকম বিপর্যয় কাটিয়ে প্রায় কুড়ি শতাংশ মাছ জীবিত থেকে বড় হতে থাকবে যদি প্রয়োজনীয় খাবার এবং মাছ চাষের কারণে বিশুদ্ধ জল পায়। এই প্রক্রিয়ায় মাছের পোনা যদি বাড়তে থাকে তবে ছয় থেকে আট মাসের মধ্যে প্রতিটি পোনা একশ গ্রাম ওজনের হতে পারবে। আট মাস পরে এক হেক্টর পরিমাণ জলাশয়ে কুড়ি লক্ষ মাছ পাওয়া যাবে যার প্রত্যেকটির ন্যূনতম ওজন একশত গ্রাম।

মাছের পোনার দর মোটামুটি প্রতি ঘন সেন্টিমিটারে পোনার মূল্য একশত টাকা। সুতরাং দুই হাজার ঘন সে.মি. পোনার মূল্য হবে

২০০০ × ১০০ টা. = ২,০০,০০০ টাকা

পোনার চাহিদার এবং জোগানের উপর দর হেরফের হতে পারে। একটা নির্দিষ্ট এবং কাছাকাছি পোনার দরকে স্থির রেখে পরবর্তী মাছের মূল্যের তুলনামূলক ফলাফল নির্ধারণ করার নিমিত্ত এবং বর্তমানে মাছের দরের পরিপ্রেক্ষিতে বিষয়টি আলোচনা করার চেষ্টা

করে আট মাস পরে প্রতি দশটি মাছের পোনার ওজন হবে এক কেজি।

২০,০০,০০ ÷ ১০ = ২০০০০০ কেজি, বা, ২০০ কুইন্টাল।

পাইকারী মূল্যে অতি চাহিদাপূর্ণ একশত গ্রাম ওজন বিশিষ্ট মাছের সর্বনিম্ন মূল্য প্রতি কুইন্টাল = ২০০০ টাকা হলে, ২০০০ কুইন্টাল মাছের মূল্য হবে ২০০০ টাকা x ২০০ = ৪০,০০,০০ টাকা।

১০০০ হেক্টর পরিমাণ আয়তন বিশিষ্ট স্থানের মধ্যে পনের হেক্টর পরিমাণ জলাঞ্চলে সম্বৎসরের বৃষ্টিপাতের জলকে সুব্যবস্থা অনুযায়ী ঐ অঞ্চলেই আবদ্ধ করে রাখার কারণে এক বছরে মজা জলাশয় সংস্কার, নূতন জলাশয় খনন, বর্ষারম্ভে জল আবদ্ধ করে রাখার জন্য যে পরিমাণ অর্থলগ্নী করতে হবে এবং কি পরিমাণ অর্থের আমদানি হবে তার আনুমানিক হিসাব নিম্নরূপ :

বিভিন্ন ব্যবস্থাপনায় অর্থলগ্নীর পরিমাণ (আনুমানিক)	টাকা
স্থান নির্বাচন, মজা জলাশয় চিহ্নিতকরণ, বিশেষভাবে জরীপ এবং আইনগত ব্যবস্থার কিছু সরলীকরণ প্রভৃতি	৫,০০,০০০ = ০০
জলাশয় সংস্কার, নূতন জলাশয় খনন, নালা তৈরি প্রভৃতি	৯৮,০০,০০০ = ০০
মাছের পোনা, মাছের খাবার ও আনুসঙ্গিক বিষয় প্রভৃতি	২,৫০,০০০ = ০০
মোট	১,১৫,৫০,০০০ = ০০

মোট এক কোটি পনের লক্ষ পঞ্চাশ হাজার টাকা।

মোট অর্থের দশ শতাংশ টাকা অর্থকরী সংস্থা বা ব্যাঙ্ক থেকে ঋণ নিলে অর্থের পরিমাণ হবে ১,১৫,৫০,০০০ ÷ ১০ = ১১,৫৫,০০০ টাকা।

জলাশয়গুলির পূর্ণ কার্যক্ষমতার পর অর্থপ্রাপ্তির বিভিন্ন দিকগুলি ও অর্থের পরিমাণ (আনুমানিক)	টাকা
মাটি বাবদ (সর্বনিম্ন)	২৪,৫০,০০০ = ০০
জৈব সার	৪,৯২,০০০ = ০০
জলের মূল্য	৪,৫০,০০০ = ০০
মাছের মূল্য	৪০,০০,০০০ = ০০
মোট অর্থের পরিমাণ	৭৩,৯২,০০ = ০০

বর্তমান বাজার দরের পরিপ্রেক্ষিতে মাটির দর ধরলে প্রাপ্ত অর্থমূল্যের আরও বেশী অর্থ আসবে।

বাজারদরে মাটির মূল্যের জন্য আমদানি হবে আরও ৬৩,৫০,০০০ টাকা

মোট অর্থ আমদানি হবে ৭৩,৯২,০০০ + ৬৩,৫০,০০০ = ১,৩৬,৮২,০০০ টাকা।

জলাশয় সংস্কার, খনন এবং নূতন জলাশয় খনন যদি এক বছরের মধ্যেই সমাপ্ত হয় তবে সংস্কার, খনন এবং মাছের পোনা বাবব খরচ হবে ১,১৫,৫০,০০০ টাকা এবং আমদানি হবে ১,৩৩,২৮,০০০ টাকা।

অর্থ আগমন   অর্থ বিনিয়োগ

১,৩৬,২৮,০০০ টাকা   ১,১৫,৫০,০০০ টাকা

মোট লাভ ২১,৩২,০০০ টাকা

আলোচনা সাপেক্ষে যদি প্রথম বছরে কাজ আংশিকভাবে হয় বলে ধরে নেয়া যায়। অর্থাৎ এক দশমাংশ কাজ প্রথম বছরে শেষ করা হবে বলে স্থির করা হয় তবে অর্থ বিনিয়োগ এবং অর্থ আগমনও এক দশমাংশ হবে। তাহলে প্রথম বছরে অর্থপ্রাপ্তি এবং অর্থ বিনিয়োগ যথাক্রমে ১৩৬,৩২,৮০০ টাকা এবং ১১,৫৫,০০০ টাকা।

তাই প্রথম বছরেই যে টাকা ঋণ হিসাবে গ্রহণ করা হবে তা সম্পূর্ণ পরিশোধ করার পরও হাতে অর্থ থাকবে ১৩৬,৩২,৮০০ টাকা — ১১,৫৫,০০০ টাকা = ১,৭৭,৮০০ টাকা

তাই জলাশয় সংস্কার এবং খনন মুহূর্ত হতেই সেখানে অর্থাগমন হওয়ার পথ উজ্জ্বল সেখানে প্রচুর অর্থের প্রয়োজন বলে এইরূপ অর্থনৈতিক উন্নয়নমূলক কাজ যদি গুরুত্ব না পায় তবে আমাদের রাজ্য তো বটেই সমগ্র ভারতবর্ষের দারিদ্র্য এবং অনুন্নত অবস্থার কোনদিন অবসান হবে না।

কাজ সম্পূর্ণ হবার পর সারমাটি, জল এবং মাছ হতে পাওয়া যাবে একই দরে যদি মূল্য ধরা হয় তবে অর্থ পাওয়া যাবে—

	টাকা
এক বছরের পলিমাটি	৫০,০০০
জল	৪,৫০,০০০
মাছ	৪০,০০,০০০
	মোট ৪৫,০০,০০০
অর্থবিনিয়োগ করতে হবে	
মাছের পোনা ক্রয়	
(মাছের খাবার, জল পরিষ্কার প্রভৃতি)	২,৫০,০০০
ব্যবস্থাপনা বাবদ খরচ (আনুমানিক)	১০,০০,০০০
	১২,৫০,০০০

নেট লাভের পরিমাণ ৪৫,০০,০০০ টা. — ১২,৫০,০০০ = ৩২,৫০,০০০ টাকা

এছাড়া জমির বাড়তি ফসল, একাধিক ফসল, রাস্তাঘাট, সহজ সাবলিল, সুপরিবেশ, বিশুদ্ধ জল প্রভৃতির অর্থমূল্য ধরলে সামগ্রিকভাবে লাভের পরিমাণ বহুগুণ।

শেষ কথা অঞ্চলের সবাই সুস্থ, স্বচ্ছলভাবে, খাদ্য, পানীয়, শিক্ষা, স্বাস্থ্য সবই সহজ সুন্দরভাবে পাবে এবং সামগ্রিকভাবে সম্পূর্ণ অঞ্চলের অধিবাসীরা উন্নত সমাজ ব্যবস্থার মধ্যে বসবাস করতে পারবেন।

৩৮

আলগা মাটি স্থান ত্যাগ করা প্রতিরোধ

বর্ষাঋতু ছাড়া আর পাঁচটি ঋতুতেই নানা কারণে জমির উপরিভাগের মাটি ধূলামাটিতে পরিণত হয়। সমতলের মাটি যদি দূর্বাঘাসে আচ্ছাদিত থাকে সেখানকার মাটি অতি সূক্ষ্মকণায় পরিণত হতে পারে না। মাটি দূর্বাঘাস দ্বারা আচ্ছাদিত থাকার জন্য মাটিকে বৃষ্টির ফোটার ধাক্কা সহ্য করতে হয় না যার ফলে আলগাও হয় না। আবার যে যে অঞ্চল স্থায়ী বৃক্ষদ্বারা আচ্ছাদিত থাকে সেই জমির তলদেশেও নানারূপ লতাগুল্ম জাতীয় উদ্ভিদ প্রচুর জন্মায়। সুতরাং সেখানকার মাটিও স্থানান্তরিত হতে পারে না। আবার ঐসব অঞ্চলে মাটির তলদেশ গাছের শেকড়ের জাল দ্বারা সর্বদিকে আষ্টেপৃষ্ঠে বাঁধা থাকার দরুন মাটি সহজে স্থানান্তরিত হতে পারে না। বৃষ্টির জলের ধারা যদি বেশী মাত্রার ঢালে এবং একনাগাড়ে অনেকক্ষণ ধরে প্রবলবেগে বইতে থাকে তবে অনেক সময়ে ঐ ঢালের জলে মাটি খসে যায় এবং জলবাহিত নালাতে পড়ে। এইরূপ প্রবল জলের ঢল পাহাড়ী অঞ্চলেই বেশী হয়। জলের তোড়ে পাহাড় হতে ঢল নামলে মাঝে মধ্যে গাছপালাকে উপড়িয়ে জলে ফেলে। পাহাড়ের শীর্ষদেশ হতে ছোটবড় স্খলিত পাথরের ধাক্কাতে মাটি এবং গাছপালা জল প্রবাহের সহিত যে অঞ্চল দিয়ে ধারা বয়ে চলে তার দুই পাশের জমি মাটি সঙ্গে নিয়ে বয়ে চলে। এই জাতীয় পাহাড়ী ঢলে মাটি আলগা করা এবং বাহিত হয়ে জলের সঙ্গে চলা বন্ধকরা সুকঠিন। কিন্তু অসম্ভব নয়। এইরূপ স্খলিত মাটি এবং পাথর স্বভাবতই বেশী ক্ষতি করে যে পাহাড়ী অঞ্চলে বৃষ্টিপাত বেশী হয়, ঢাল খুব প্রখর এবং বৃক্ষও তৃণ গুল্মশূন্য। এইসব স্থানে যদি নিবিড়ভাবে বৃক্ষদ্বারা আচ্ছাদিত থাকে তবে মাটি ও পাথর গাছের শেকড় দ্বারা দৃঢ়ভাবে বাঁধা থাকবে। তাই সহজে মাটি স্থানান্তরিত হতে পারবে না। উত্তরবঙ্গের পাহাড়ী অঞ্চল অতি প্রখর ঢালের অঞ্চল। এ অঞ্চলে বৃষ্টিপাতের পরিমাণও বেশী। আবার যে পরিমাণ পাহাড়ী জমিতে ঘন গাছপালা, তৃণগুল্ম থাকা উচিত সে পরিমাণ গাছপালা, তৃণ গুল্মের অভাব। তাই পাহাড়ের শীর্ষদেশের বৃষ্টির জল প্রথমে সামান্য পরিমাণ কাঁকড় জলে মিশে নামতে থাকে। পরে যতই জল নিচের দিকে নামতে থাকে ততই আলগা মাটি জলের তোড়ে বেশী পরিমাণে নামতে থাকে। ফলে ছোট বড় পাথরও মাটির ঘষায় এবং জলের তোড়ে বৃহৎ হতে বৃহত্তর পাথর এবং পাথরের ধাক্কায় জলে নামতে থাকে। যার ফলে ধ্বংসের পরিমাণ বহুগুণ বৃদ্ধি পায়। মাটি যদি শক্ত বাঁধনযুক্ত থাকতো তবে কেবলমাত্র জলই বইতো। প্রবল বেগে জলের রাশি যদি ভাসমান এবং চলমান কঠিন পদার্থশূন্য থাকতো তবে জলের ধারা চলনপথের দুই তীরকে বিশেষ

ক্ষতি করতে পারতো না। অববাহিকার দুই তীরবর্তী অঞ্চল গাছাপালা ও তৃণ দ্বারা আচ্ছাদিত থাকতো, গাছের শেকড় ও ঘন ঘাস মাটিকে শক্ত করে ধরে রাখতো। সে অবস্থায় জলের পরিমাণ এবং বেগ যত বেশীই থাকুক না কেন কুলভাঙা ও কুলধবসা অনেক কম হতো। আদিকাল হতে নদী-আঁকাবাঁকা পথে বয়ে চলে। নিচুর দিকে জল চলার পথে যেখানে সহজেই মাটি সরিয়ে জলের ঢল চলতে পারবে সেই ভাবেই পথ করে নেয়। সহজভাবে মাটি কেটে জলের চলন কোন সময়েই সরলরেখা পথে করা সম্ভব হয় না। তাই নদী তার জল চলার সুবিধার্থে আঁকাবাঁকা পথে চলে। এই পথ করার জন্য যেখানেই বাধা পায় উপর অঞ্চল হতে জলের বেগ এবং পরিমাণ পার্শ্ববর্তী দুই পাশের সুবিধাজনক স্থান দিয়ে জলের পরিমাণ ও বেগের বলের সাহায্যে জল বয়ে যাওয়ার পথ সৃষ্টি করে। এই প্রকারে নদী নিম্নাঞ্চলের দিকে চলতে চলতে অনেক বাঁকের সৃষ্টি করে। এই জাতীয় জল বাহিত হওয়ার বাঁকাপথ জলপ্লাবন, অঞ্চলের ভাঙন, অঞ্চলের ও দুই কুলের মাটি খসে খসে জলে মেশার দিকগুলি প্রশস্ত করে। কুল ভাঙার সহকারী হিসাবে কাজ করে জলে মিশ্রিত বড় দানার বালি, অঞ্চল বিশেষে কাঁকড়, পাথর, ঝড়, জলে উপড়ানো গাছপালা। জলের ঢল যদি কম বালি, মাটি, কাঁকড়, পাথর বয়ে নিয়ে চলে এবং জলের প্রবাহপথ যদি সরলরেখায় থাকে তবে খুব কম অবস্থাতেই প্লাবন, ভাঙন প্রভৃতি অশুভ দিকগুলির লক্ষন প্রকাশ পায়। অবশ্য এইসব সরলপথে, কাঁকড়, পাথরবর্জিত কম পরিসরের অল্প দৈর্ঘ্যের নদী-অববাহিকার ক্ষেত্রেই উপযুক্ত। আদিকাল হতে নদী-আঁকাবাঁকা পথে বয়ে এসেছে। কোন, কোন বছর জলের প্রাবল্যে বিস্তীর্ণ অঞ্চলে জলপ্লাবন হচ্ছে ঠিকই। তখন বৈজ্ঞানিক ব্যবস্থাসমূহ এত উন্নত হয়নি। আবার জনসংখ্যাও সীমিত ছিল। তাই বছরে একবারমাত্র অঞ্চলভিত্তিক ধান এবং পাট চাষ ছাড়া সামান্য পরিমাণে রবি ফসলের চাষ হতো। এখন বর্ধিত জনসংখ্যার খাদ্য সংগ্রহের কারণে এবং অধিক ফসল ও বছরে একাধিক ফসল উৎপাদনের কারণে সেচের জলের চাহিদা অনেক। জমির উপরিভাগকে যত্রতত্র ফুটো করে তলদেশের জল আর সম্পূর্ণভাবে চাহিদা মেটাবে না। সেখানে উপরিভাগের বর্ষিত জল আদি ব্যবস্থানুযায়ী নদীপথে বইয়ে দিয়ে চলন পথের ক্ষতি করার পর্যাপ্ত পরিমাণ জল আর বোধহয় নিশ্চিন্তে বইয়ে দেয়ার অবস্থা থাকবে না। তাই যদি হয় তবে কেবলমাত্র সামান্য পরিমাণ জল যা বিভিন্ন অঞ্চলে ধরে রাখার পর অবশিষ্ট থাকবে কেবলমাত্র সেই জলই নদী-পথে নিম্ন অঞ্চলের দিকে অগ্রসর হবে। এইরূপ পরিস্থিতিতে অবশিষ্ট জলকে সরলপথে প্রবাহিত করা খুব কঠিন কাজ হবে না। নদী-অববাহিকার সোজা এবং সরল পথ করা হলে বছর বছর ধরে যে পরিমাণ ক্ষতির সৃষ্টি করে তার থেকে স্থায়ীভাবে পরিত্রান পাওয়া যাবে। বিভিন্ন অঞ্চলে জল সংরক্ষন জাতীয় বিকল্প ব্যবস্থায় ক্যাচমেন্ট অঞ্চলে যে পরিমাণ জল বর্ষিত হবে বিভিন্ন স্থানে জল আবদ্ধ হওয়ার ফলে স্থায়ী নদীপথে জলের পরিমাণ অনেক কম থাকবে। বর্ষিত জলের একটি বিরাট অংশ সেই অঞ্চলেই আবদ্ধ করে রাখার পরেও যে পরিমাণ জল অবশিষ্ট

থাকবে তার পরিমাণও কম হবে এবং জলপ্রবাহও শান্ত থাকবে। তাই চারিপাশের পলিমাটি জলে ধুয়ে কম আসবে। স্থানবিশেষে জলের প্রবাহ স্বচ্ছ পরিষ্কার থাকবে। উত্তরবঙ্গের নদীসমূহ প্রায় সবই স্থায়ী। তাই স্থায়ী সমাধানের নিমিত্ত উপরোক্ত ব্যবস্থাদি অবলম্বন করলে জলের ঢল যে প্রতি বছর অশেষ ক্ষতি করে সরাসরি সাগরে চলে যায় তার অবসান হবে। আবদ্ধ জলরাশি উদ্বৃত জলকে নির্বিঘ্নে জলপ্রবাহের সহায়ক হবে।

দক্ষিণবঙ্গের নদী-অববাহিকায় জলপ্রবাহ জলে মিশ্রিত কাঁকড়, পাথর, বালি এবং জলের পরিমাণ উত্তরবঙ্গ হতে ভিন্ন। তাই জলে পলিমাটি কমানোর পদ্ধতিও ভিন্ন হবে। দক্ষিণবঙ্গের অনেক নদীই স্থায়ী নদী নয়। বর্ষাকালে বর্ষার জলপ্রবাহ হতেই নদীর আকার পায়। বর্ষার জলের প্রকার ভেদে নদীর প্রকৃতি শান্ত বা রুদ্র হয়। বছরের নয় মাসই নদী-অববাহিকা জলশূন্য থাকে। সেই সঙ্গে উভয় তীরের ক্যাচমেন্ট অঞ্চলও শুষ্ক থাকে। বিভিন্ন রকম প্রাকৃতিক বিপর্যয়, মানুষ ও গৃহপালিত পশুর কারণে মাটি আলগা হয়ে ধূলায় পরিণত হয়। তাই বর্ষার জল পড়লেই সেই আলগা মাটি বা ধূলা, বালি জলবাহিত হয়ে নদীবক্ষে পড়ে। নদীর দুই কুলের তীরবর্তী অঞ্চলে বিশেষ প্রকারের গাছাপালা যা মাটির অভ্যন্তরস্থ সামান্য জলেই বা বিনা জলেই বেঁচে থেকে বাড়তে পারে সেইরূপ বিশেষ শ্রেণীর গাছ লাগালে মাটি শক্ত হবে। আবার গাছের তলদেশে গাছ বড় হলেই তৃণগুল্ম লতাপাতায় ভরে যাবে। বৃষ্টির জল আর সরাসরি মাটিকে ছুঁতে পারবে না। তাই মাটিও কম আলগা হবে। এইভাবে নদীর জলে পলিমাটির পরিমাণ অনেক কম হবে। আবার পূর্বে উল্লিখিত ক্যাচমেন্ট অঞ্চলের বিভিন্ন স্থানে বৃষ্টির জলকে আবদ্ধ করে রাখার কারণে নদীবক্ষে অনেক কম পরিমাণে জল পড়বে। এই দুই প্রকারে পলিমাটি জলে মেশা বন্ধ করতে পারলে অযথা পলিমাটিযুক্ত জল যাত্রাপথের কোন স্থানকেই ক্ষতি করতে পারবে না। দক্ষিণবঙ্গের নদীসমূহের অববাহিকা জলের প্রাচুর্যের অনিশ্চয়তার কারণে যে পরিমাণ প্রশস্ত দেখা যায় পরিবর্তিত অবস্থায় নদীর প্রসার অনেক কম হবে। বর্ষাকালে প্রতি বছরই নদীর শান্তরূপ দেখা যাবে।

নদীর কুলভাঙা তার ফলে জলে মাটির মিশ্রণ তার সাথে যুক্ত হয় আলগা মাটি, জনবসতি অঞ্চলের নানাবিধ জঞ্জাল নির্বিধায় এবং নির্বিকারভাবে নদীবাহিত জলসম্পদ এসে পড়ছে। আবর্জনা ও জঞ্জাল নদীর জলে মিশে জলের স্বয়ংক্রিয় দূষণমুক্ত প্রক্রিয়া নষ্ট হচ্ছে। তার সাথে পলিমাটির মিশ্রণ জলের গতির এবং জলসম্পদের শুভ দিকগুলি বেসামাল হয়ে নানাভাবে নানাদিকে ক্ষতির পরিমাণ বৃদ্ধি করেই চলেছে।

জলের পলিমাটি দূরীকরণ, কুলভাঙা রোধ প্রভৃতি অতিত ও বর্তমানের ভয়াবহ দিকগুলির অবসানের কোনরূপ উন্নততর অগ্রগতির পথ উন্মুক্ত হয়নি। এই ক্ষতিকারক দিকগুলির তাৎক্ষণিক বা অলৌকিক নিবারণের উপায় বা পথ উদ্ভাসিত হয়নি। এমনকি বৈজ্ঞানিক কারিগরী কৌশল বাস্তবক্ষেত্রে আশাপ্রদ হয়নি। এইসব দুর্গতির জন্য জল, মাটি,

উদ্ভিদ তৃণের অবদান এবং তা কার্যে রূপান্তরিত করা বৃহত্তর ব্যবস্থায় ক্ষতির দিকগুলির অবসান করা যেতে পারে।

বর্তমান কালের উন্নততর প্রযুক্তিতে এবং সামাজিক চেতনায় বর্ষার জলের চলনপথ সহজ সরলরেখা অনেক ক্ষেত্রেই সম্ভব। হিসাবে প্রাপ্ত গড় বার্ষিক জলসম্পদ অবলিলায় সেখান দিয়ে বয়ে চলে প্রথম থেকেই ক্ষতি করতে করতে নদীতে পড়ে। নদীর সম্মিলিত জলসম্পদ বৃহত্তরভাবে ক্ষতি করার দিকেই ধেয়ে চলেছে। অতিতে বৃষ্টির জল মাটিতে পড়ে পলিমাটি ও আবর্জনাসহ জলে পড়তো। সেখানে জল পলিমাটির জন্য ঘোলা হলেও যে পরিমাণ আবর্জনা থাকতো সেইসব আবর্জনা প্রাকৃতিক উপায়েই দূর হতো। কিন্তু নানাভাবে নানাদিক হতে অত্যধিক আবর্জনা এবং পলিমাটি মিশ্রিত নদীর জল আশঙ্কাজনক স্থানে চলে গিয়েছে। যে জলসম্পদ আমাদের সর্বাঙ্গিন উন্নতির একমাত্র উৎস তাকে অবহেলা করার অর্থই আমাদের সবার দুর্দশা। এই যখন পরিস্থিতি তখন পলিমাটিকে স্থানে স্থানে অর্থাৎ নূতন সংস্কারপ্রাপ্ত জলাশয়ে আবদ্ধ করে বৎসর শেষে সেই মাটি চাষের জমিতে ব্যবহার করে কৃষিজমির স্বাস্থ্য ঠিক রাখা, নদীর দুই কুল বৃক্ষ ও তৃণাচ্ছাদিত করলে, স্থানে স্থানে জল আবদ্ধ হওয়ার দরুন নদীর প্রবাহ শান্ত হয়। শহরাঞ্চলের বর্জিত জল এবং নানাবিধ আবর্জনা প্রাকৃতিক বা মনুষ্যকৃত জলাশয়ে ফেলা জাগতিক পাপ। মানবিক আইনের (যে আইন বিবেকের) দ্বারা শাসিত হয়ে এবং সবাই নিজের বিবেক নামক শাসকের অনুশাসনের দ্বারাই জলসম্পদ পলিমাটি ও আবর্জনা মুক্ত হতে পারে। সরকার নিয়োজিত গুটিকয় ব্যক্তির প্রচুর অর্থ বিনিয়োগের দ্বারা একাজ সম্ভবপর নয়। প্রতিটি ব্যক্তি বিবেকের দ্বারা পরিচালিত হলেই তা সম্ভব। আমাদের একমাত্র এবং প্রধান অভাব বিবেকের অনুশাসন।

৩৯

জল শিল্প (Water Industry)

জলসম্পদের বহুমুখী উন্নয়ন যথা রক্ষন, সরবরাহ, বাড়তি জল নিষ্কাসন, জলাধারের পলিমাটি উত্তোলন, মৎসচাষ প্রভৃতি দিকগুলি আকৃতি বা প্রকৃতি সুদুর অতীত হতে ক্ষুদ্র পরিসরের মধ্যেই সীমাবদ্ধ হয়ে আসছে। ছোট বা বড় পুষ্করিণী, রাজা, রাজরার খনন করা দিঘী, বা পথিপার্শ্বে রাজকীয় জলাশয় প্রভৃতি জলের আশ্রয় ছিল এবং আজও মজা জলাশয় হিসাবে চিহ্নিত হয়ে আছে। এইসব ক্ষুদ্রাকারের জলাশয়গুলি চারিপাশের খুব সামান্য পরিমাণ জলই ধরে রাখতে পারতো। বর্তমানে জল আবদ্ধ করে রাখার ক্ষমতাও দুর্বল। কারণ প্রায় অধিকাংশ অতীতের জলাশয়ই মজা জলাশয়। এইসব ক্ষুদ্রাকার জলাশয় ব্যক্তিগত মালিকানাতেই খনন করা হয়েছিল। এইসব ব্যক্তিগত মালিকানার জলাশয়ের কেবলমাত্র পরিবারের বা নিকটবর্তী দুই একটি পরিবারের পানীয় জল, সাংসারিক ব্যবহারের জল এবং পরিবারের চাহিদা মত মাছের পালন এবং বিশেষ বিশেষ পুকুরে স্নান ও কাপড় কাচার জন্য ব্যবহৃত হতো। জলাশয়ের ক্ষমতা যে দিনে দিনে কমে আসতো তা গুরুত্বহীন ছিল। জলাশয়ে যে প্রতি বছরেই জল কম থাকছে তা নিয়েও কেউ মাথা ঘামাত না। বর্তমানে বৃষ্টিপাতের জল সংরক্ষণ ও তার দ্বারা সম্পদ সৃষ্টি করা, জলে আশ্রিত মাছ পালন এবং জলাশয়ের তলদেশের জৈবসার উত্তোলন ও ব্যবহার—এই তিন প্রকার জলসম্পদের রূপায়ণই জলশিল্প । জলসম্পদ যদিও প্রাকৃতিক অপর্যাপ্ত সম্পদ যেমন—আকরিক পাথর, কাঠ প্রভৃতি। প্রাকৃতিক সম্পদের বিভিন্ন পরিবর্তনের মাধ্যমে যে প্রয়োজনীয় ব্যবহারিক সম্পদ তৈরি করা যায়—তাই শিল্প। সেইরূপ জলশিল্প ও প্রাকৃতিক সম্পদের ব্যবহারিক সম্পদ সৃষ্টিকারী এক প্রকার শিল্প। অধুনা এই শিল্পের ভবিষ্যৎ অতি উজ্জ্বল।

অতীতে যার যেমন আর্থিক সামর্থ ছিল সে সেইরূপ লোকবল দিয়ে জলাশয় খনন করতো তার পরিবারের প্রয়োজনে। আবার নিম্নবিত্ত পরিবার তাদের মাটির ঘর উঁচু করা বা ঐ মাটি দিয়েই গৃহ নির্মাণ করতো। তাতে যে গভীরতা হতো তাকে আর একটু বড়সড় করে নিজস্ব ব্যবহারের জন্য জলাশয় তৈরি করতো। ঐ জলাশয়ে কিছু মাছ পালন করে তাদের প্রয়োজন মেটাতো। স্বাভাবিক ভাবেই ঐসব জলাশয় কখনই বড় আকারের হতো না। তাছাড়া বৃষ্টির জল শুধুমাত্র গৃহস্থালি এবং পরিবারের মৎস্য উৎপাদন ছাড়াও জলাশয়ের জলের একটা বৃহৎ অংশ সেচের জন্য নির্দিষ্ট রাখতে হবে তার দিকে লক্ষ্য রাখার প্রয়োজনবোধ করেনি। পরবর্তী সময়ে নদীবাঁধ প্রকল্পে অর্থাৎ বিস্তীর্ণ এলাকার জল

যা পূর্ব হতেই পলিমাটি সহ নদীতে পড়তো তাকে একটা কোন সুবিধাজনক স্থানে নদীকে বাঁধ দিয়ে জলকে অনেকটা অঞ্চলজুড়ে আটকিয়ে রাখা হত। নদীর উপরের অঞ্চলের জল সঙ্গে পলিমাটি বাঁধের নিকট এবং সমস্ত জলাধারে থিতিয়ে থাকতো। জলের সঙ্গে প্রতি বছরই জলাধারে পলিমাটি জমা হতো। ঐসব নদীবাঁধ প্রকল্প এবং বিস্তীর্ণ অঞ্চল জুড়ে জলের আশ্রয় একটি নির্দিষ্ট ক্ষমতা এবং সময়ের মধ্যে সীমাবদ্ধ। নির্দিষ্ট সময়ের পরে ঐসব জলাধার পলিমাটির পূর্ণ হওয়ার দরুন চিরাচরিত জলের ধারা বাঁধ অঞ্চলে প্লাবনের সম্ভবনা অবশ্যম্ভাবী। তাছাড়া ঐ জলাধারের জল চারিদিক সেচের প্রয়োজনে অনেক বৃহৎ খাল খনন করতে হয়। অতি লম্বা সুউচ্চ ও চওড়া বাঁধ নির্মাণ, মাটি অপসারণ, জলাধার (reservoir) খনন, চারিধার এবং খালের এবং বাঁধের আশে-পাশের স্থান পাকা করার জন্য প্রচুর অর্থ খরচ করতে হয়। সরকারী কোষাগারের অর্থলগ্নী এবং তা হতে লাভজনক ফেরৎ (return) পাওয়া জনকল্যাণ কাজের স্থায়ী ব্যবস্থায় পুঙ্খানুপুঙ্খ রূপে পর্যালোচনা করা হয় না। যে বিশাল নদীবাঁধ করা হল তার ভবিষ্যৎ ও অস্পষ্ট। তাই অর্থ বিনিয়োগ এবং সাময়িক সুফল লাভ ভবিষ্যতের পক্ষে আরও কঠিন সমস্যা হয়ে রইলো। ভারতবর্ষ সর্বোতোভাবেই কৃষিপ্রধান দেশ। ভারতবর্ষের কৃষিজাত অনেক ফসলেই সারা পৃথিবীতে প্রচুর চাহিদা আছে। কিন্তু অর্ধ শতাব্দিকাল অনেক কিছু করা সত্ত্বেও কৃষিজাত ফসলের উৎপাদন যথেষ্ট হয়নি। কেবলমাত্র ধান, গম, যব, বাজরা প্রভৃতি উৎপাদন করে দেশের অধিকাংশ মানুষের ক্ষুধা দূর করা হয়েছে। আবার অনেক স্থানে খরা, বন্যায় প্রয়োজনের খাদ্যশস্য উৎপাদিত না হওয়ার দরুন অনাহারেই কাটাতে হয়। দেশের অধিকাংশ লোকই দরিদ্র সীমার নীচে আছেন। আবার বর্তমানে দেশের চারিদিকে চিরাচরিত শিক্ষায় শিক্ষিত মহিলা, পুরুষের সংখ্যা যথেষ্ট। তারা সবাই স্ব-স্ব ক্ষেত্রে যে শিক্ষায় শিক্ষিত হন তার উপযুক্ত কাজের ব্যবস্থা আমাদের দেশে খুবই কম আছে। শিক্ষিত তরুণ সম্প্রদায় কিন্তু যথেষ্ট উৎসাহী ও উদ্যোমি। পুরানো উচ্চ চাকুরীর কাঠামোতেই নিয়োজিত হয়ে থাকতে চান। কিন্তু তার পরিবেশ এবং পরিস্থিতি আমাদের দেশে খুবই কম। তাই এত শিক্ষিত সম্প্রদায়ের নিযুক্তিতে এত জল্পনা-কল্পনা, পরিকল্পনা খুব বেশী ফলপ্রদ হচ্ছে না। যা উন্নয়ন হয়েছে তা উন্নতকামী দেশের উর্দ্ধে অর্ধশতাব্দীতেও উত্তোরণ করা সম্ভব হয়নি। উন্নয়নের জটিল এবং সূক্ষ্মদিক নিয়ে কূটকচালি না করেও বোঝা যায়—যা করা হয়েছে তা ভারতবর্ষের মত অতি সুফলা, সুজলা দেশের পক্ষে খুবই সীমিত কাজ হয়েছে। এই সীমিত সাফল্য বা জনগণের ক্ষুধা দূর করতে লেগেছেও পঞ্চাশ বছর।

এই পরিস্থিতিতে যদি কোন নির্দিষ্ট অঞ্চলের জলসম্পদ যা ভোগ্যপণ্য উৎপাদনের কাঁচামালরূপে পরিগণিত হওয়া উচিত। ঐ কাঁচামাল নানারূপ প্রক্রিয়ার মাধ্যমে। যেমন সুপানীয় জল, খাদ্য, পরিবেশ প্রভৃতি দিকগুলির উৎপাদন ও উন্নয়ন করা অন্যান্য শিল্প ব্যবস্থারই অনুরূপ। তাই কোন অঞ্চলে লৌহশিল্প, বস্ত্রশিল্প, রসায়ন শিল্পের মতই জলশিল্পও সমগোত্রীয় হলে নানারকম অতিব জরুরী সম্পদ উৎপাদন করা সম্ভব হয়।

জলসম্পদের সুষ্ঠ শিল্প-ব্যবস্থাপনায় যদি অর্থবিনিয়োগ সহজ, সুবিধায় না হয় তবে বর্তমান সময়ের বিভিন্নরূপ স্ব-নিযুক্তির আবহাওয়ায় বিশ্বের চাহিদাপূর্ণ সম্পদের উৎপাদনের মানসে স্বীয় সম্পদের চাহিদাপূর্ণ রূপান্তর জলশিল্পের মাধ্যকে হওয়ার দিক উজ্জ্বল। সম্পদ সৃষ্টি তার মাধ্যমে দেশের স্বাচ্ছল্য বর্তমানের বিশ্বশিল্প পরিবেশ আমাদের দেশের জনগণ ও উন্নত যোগাযোগ ব্যবস্থায় অবগত। দেশের অতি অল্পসংখ্যক ... ব্যক্তি একক প্রচেষ্টায় নিজেই নানাভাবে অর্থ সংগ্রহ করে সামগ্রী বা চাহিদার সামগ্রী উৎপন্ন করে এবং তা সরবরাহ করে অর্থ উপার্জন ও সাফল্য লাভ করেছেন। কিছু কিছু ব্যক্তি সমষ্টিগত ভাবেও নানা প্রকার জিনিষ তৈরি করে আর্থিক স্বাচ্ছল্যের চেষ্টা করছেন। আবার কিছু ব্যক্তি বা গোষ্ঠী স্বীয় চেষ্টায় কিছু উৎপাদনমূলক কাজ করার ইচ্ছা পোষন করছেন। কিন্তু কি করবেন উৎপাদন এবং সেই উৎপাদিত সম্পদের বাজারে বা বিশ্বে চাহিদা আছে কিনা তা তাদের কাছে অজ্ঞাত। সেই অবস্থায় জলসম্পদ কাঁচামাল একমাত্র কায়িক শ্রমের মাধ্যমেই অতি চাহিদাপূর্ণ সম্পদ-উৎপাদন করা অতি সহজ শিল্প-ব্যবস্থা। আবার কিছু-কিছু ব্যক্তি বা গোষ্ঠীর বা পুরানো শিল্প সংস্থার যেমন চটকল, নয়া শিল্প-সামগ্রী উৎপাদনের ইচ্ছা এং প্রয়োজনীয় অর্থ আছে।

জলসম্পদের শিল্প ব্যবস্থাপনায় যদি অঞ্চলের অধিবাসীদের দ্বারাই সামগ্রী উৎপাদনের কাজ সম্পন্ন হয় তা হবে অতি উত্তম ব্যবস্থা। তা যদি সম্ভব না হয় তবে বিভিন্ন প্রক্রিয়া এবং প্রচেষ্টার মাধ্যমে অঞ্চলের অধিবাসীরাই যাতে নিজের অঞ্চলের জলশিল্পের কাজ করেন তার চেষ্টা বারংবার করে যাওয়া। এই নিজের অঞ্চলের কাজ নিজেরাই করলে অনেক বাড়তি সুবিধা পাওয়া যাবে এবং অঞ্চলের সবাই কাজে নিযুক্ত থাকবেন। প্রচেষ্টা ও প্রক্রিয়া যদি সফল না হয় অঞ্চলের অধিবাসীরা যদি জলশিল্প কাজে অপরাগ হন, তবে সুস্পষ্ট নির্দেশ, পরিকল্পনা ও সিদ্ধান্তের মাধ্যমে উপযুক্ত ব্যক্তিদের মধ্যে অঞ্চলভিত্তিক জলসম্পদের ব্যবস্থাপনা, সরবরাহ, মৎসচাষ, জৈবসার বিতরন প্রভৃতি বিষয়গুলি একটি নির্দিষ্ট সময়ের জন্য লিজ দেওয়া হবে। লিজপ্রাপ্ত ব্যক্তি বা সংস্থা চাহিদাযুক্ত বস্তু যথা সময়ে সেচের জল, পুষ্টির কারণে মাছ পালন ও মাছ সরবরাহ এবং পরিবেশ রক্ষায় জৈবসার একটি সর্বসম্মতভাবে সিদ্ধান্ত নেওয়া অঞ্চলে বিক্রয় করতে পারবেন। এই শিল্প-ব্যবস্থায় ব্যক্তি বা গোষ্ঠী প্রচুর অর্থ উপার্জন করতে পারবেন। জলশিল্প স্বনিযুক্তি এবং অসংখ্য কর্মসংস্থানের দিক খুলে যাবে। ফসল উৎপাদন যাঁরা করেন তারা প্রয়োজনীয় সেচের জল এবং জৈব সার সময়ে পেলে অতি উৎসাহে বছরের একাধিক ফসল প্রচুর পরিমাণে উৎপাদন করতে পারবেন। এই কাজে যেহেতু যথেষ্ট ফসল উৎপাদিত হবে। বাড়তি ফসল বিক্রয় করে তার অর্থ আমদানি হবে। প্রাপ্ত অর্থের দ্বারা উন্নত জীবন ধারায় যাবেন। বাসের এবং চাষের উন্নত ব্যবস্থা হলে এবং অর্থ আগমন হলে ও উন্নত মানের জীবনযাত্রার ব্যবস্থা হলে পরিবারের প্রত্যেকেই উৎফুল্ল চিত্তে ফসল উৎপাদনে নিযুক্ত থাকবেন। মৎস চাষ, মৎস পোনা চাষ, মৎস বণ্টন, বিক্রয় প্রভৃতির কাজে অনেকে

নিযুক্ত থাকবেন। অঞ্চলের চাহিদার অধিক ফসল এবং মাছ স্থানান্তরে বা প্রক্রিয়া করনের কাজে অনেক ব্যক্তি নিযুক্ত থাকবেন।

জল, মাটি, মাটিতে উৎপন্ন উদ্ভিদ ও ফসল ও জলে মাছ প্রভৃতি পণ্য উৎপাদনের একমাত্র সম্পদ জল ও মাটি। এইসব সম্পদ সুস্থ জীবন ধারনের মূল উপাদান। এই পণ্য উৎপাদনের কাঁচামাল আমাদের রাজ্যে এমনকি সমগ্র ভারতবর্ষের প্রায় অধিকাংশ অঞ্চলে অঢেল পরিমাণ আছে। সম্পদ সৃষ্টির প্রাকৃতিক পরিবেশও সহায়ক। কেবলমাত্র শ্রম, শৃঙ্খলা এবং বিভিন্ন দিকের বৈজ্ঞানিক প্রযুক্তির সহজলব্ধ সমাহারে সম্পদ সৃষ্টি করা অতি সহজ। সুতরাং এই শিল্প যাতে উৎসাহজনক হয় সে সম্বন্ধে সরকারের প্রচার ও সহায়তাযুক্ত হলে অদূর ভবিষ্যতে জলশিল্পের মাধ্যমেই ভারতবর্ষের দারিদ্র দূর করা সম্ভব। উপরন্তু উদ্বৃত্ত সম্পদের অর্থকরী বিনিময়ে অন্যান্য প্রয়োজনীয় সামগ্রী পেতে পারি। তাছাড়া অর্থের সংস্থান থাকলে যে সমস্ত সূক্ষ্ম যান্ত্রিক দ্রব্য যাতে আমাদের যথেষ্ট জ্ঞাত প্রযুক্তি জানা নেই সেসব বস্তু সামগ্রী পেতে পারি। খুব বেশী পূর্বের কথা নয় যখন সামান্য মোটাদানার খাদ্যশস্যের অভাবের দরুন আমাদের দেশকে অনেকরকম সর্তসাপেক্ষে খাদ্যশস্য আমদানি করতে হত। এমনকি বিদেশের পশুখাদ্যও আমাদের ক্ষুন্নিবৃত্তির জন্য আনতে হতো। পরবর্তী সময়ে জাতীয় মানসিকতায় এবং সরকারের প্রচেষ্টায় সামান্য কয়েক বছরের মধ্যেই আমাদের দেশ মোটা খাদ্যশস্য দানায় স্বয়ম্ভর হয়েছে। কিন্তু খাদ্যশস্যের এই স্বয়ংভরতার পেছনে যে জলসেচের ব্যবস্থা করা হয়েছে তা কেবলমাত্র কয়েকটি নদীতে বাঁধ দিয়ে জল আটকিয়ে খালের সাহায্যে তা সরবরাহ করে এবং ভূতলের অভ্যন্তরে জলকে যথেচ্ছ উত্তোলন করে। মাত্রাতিরিক্ত ভূতলের জল উত্তোলনের ফলে তলদেশে দিনদিন জলের অভাব বেড়েই চলেছে। অথচ আশ্চর্যের বিষয় বছরে যেপরিমাণ জল বৃষ্টিপাতের ফলে ভূতলে বর্ষিত হয় তার প্রায় আশি শতাংশেরও বেশী সমুদ্রে চলে যায়। তাই জলশিল্প আমাদের রাজ্যের পক্ষে এক গুরুত্বপূর্ণ প্রয়োজনীয় শিল্প। এই জলশিল্পে বিনিয়োগ, যা খুবই নগন্য এবং যথাযথ কার্যাবলী আমাদের রাজ্যের একটি অতি মূল্যবান শিল্প ব্যবস্থা।

জন কুশলতা (Population Technolgy)

জলশিল্প ব্যবস্থায় অনায়াসলব্ধ বৃষ্টিপাতের জল সংরক্ষন ও ব্যবহার, জল আশ্রিত মাছের পালন ও তার ব্যবহারিক ও ব্যবসায়িক দিক, সম্বৎসরের চারিদিক হতে জলে আগত জৈবসার সম্বলিত পলিমাটি। এই তিন প্রকার চাহিদা পূর্ণ বস্তুর সুব্যবস্থা সর্বোতোভাবেই জনকুশলতার (Population technology) উপর নির্ভরশীল। জলশিল্পের উৎপাদিত শিল্পসামগ্রী সময়ে সেচ, বিশুদ্ধ পানীয় জল, জলে উৎপাদিত চাহিদাপূর্ণ মাছ যোগান কিন্তু সহজসাধ্য নয়। চাহিদা এবং জোগানের মধ্যে তফাৎ অনেক এবং তা অনেকাংশেই নির্ভর করছে জাতীয় মানসিকতার উপর। সামগ্রিক জনকুশলতার (Total population Technology) উপর জলসম্পদ ও ভূ-সম্পদের উন্নয়নের একমাত্র পথ। অনেক রকম কারিগরী শিল্পশিক্ষার উন্নয়নের নির্মিত বিভিন্ন প্রকার ব্যবস্থা করা হয়। কিন্তু জন কারিগরী (population engineering)-র ব্যবস্থা এখনও আমাদের দেশে সুপরিচিত ও সুপরিচালিত হয়নি। জলসম্পদের ব্যবস্থাপনাও জলসম্পদের সাহায্যে অর্থনৈতিক বিভিন্ন দিক উন্নয়নের কারণে সামগ্রিক শ্রমের সাবলিল সংযুক্তি জনকুশলতার দ্বরাই সম্ভব। চিরাচরিত ঔপনিবেশিক ধ্যানধারনায় ও ব্যবস্থার কর্মপদ্ধতি কেবলমাত্র বিরাট অঙ্কের অর্থব্যয়। তাতে সাময়িক কিছু লাভ হলেও শেষ অবস্থা অতি খারাপ। জলসম্পদ ও তার দ্বারা অর্থনৈতিক উন্নয়নের জন্য জনকুশলতা (population technology)-র ভিন্নভিন্ন শাখার উন্নতির কারণে যথাযথ প্রশিক্ষণের প্রয়োজন। এই শিক্ষায় শিক্ষাপ্রাপ্ত ব্যক্তিগণ স্ব-স্ব ক্ষেত্রে যুক্তভাবে নিজ নিজ কাজ করার মাধ্যমেই অপরাপর সূক্ষ্ম বৈজ্ঞানিক দিকগুলির আচ্ছাদন উন্মচিত হবে। ফলে সেইসব ব্যক্তিগণ তার নিজস্ব ক্ষেত্রে উপযুক্ত হবে। এইরূপ স্ব-স্ব স্থানের উপযুক্ত ব্যক্তিবর্গের সমষ্টিগত কর্মের দ্বারাই সমগ্র দেশ তথা জাতীয় উন্নতি। তাই এই জনকুশলতার উন্নয়ন সর্বাগ্রে প্রয়োজন।